U0103234

鄭志明著

中國善書與宗教

臺灣學生書局印行

自序

傳統中國有其自成系統的社會文化，反映基層民衆的生活模式與文化理念。近代人文學者研究社會的實際具體運作狀況時，發現其社會文化的內涵相當的複雜，有一套社羣共享而又互相傳遞的文化傳統。

我們對基層社會的族羣文化理解多少呢？本書以「善書」作爲研究的對象，探求傳統社會的實質狀況與文化結構。這樣的嘗試，基本上想要疏解大傳統的精緻文化，如何經由調適性的轉化實現，成爲小傳統常民文化的生活原理與價值體系。民族慧命的代代相傳，往往經由一些通俗性社會教育的教科書，這些教科書有的或許神話連篇，相當地俚俗粗陋，往往被知識分子所鄙視與抨擊，但是其潛化爲老百姓習慣性認知與行爲模式，却是個不爭的事實，儘管我們對這種文化現象有所詬病與輕視，還是應該停下來自我反省，是否社會文化本身仍有其自足性的調適功能，以安頓社會大衆在實際利益的追求下找到安身立命的憑藉。因此，對於傳統社會固有的價值觀值得探討，探知支配了社會機制下角色行爲的基本意識，進而經由學理的重新測量與評價，建立共識以來關愛我們所生存的社會。

本書寫作的目的，主要卽基於如此的文化關懷，然因個人學養的不足，粗俗錯漏之處請專家們不吝指教，共同地來關懷與參予小傳統常民文化的價值趨向，以便調適與安置其合乎理性文明要求的現代化生活。

鄭志明

民國七十七年四月八日於中和潛心齋

中國善書與宗教　目錄

第一章　緒論

「善書」是中國基層社會最具代表性的文化遺產，反映出小傳統民衆文化的意識形態與價值趨向，從其中可以追溯出我國固有的宗教思想與處世哲學，探討著在傳統社會的文化機制下，民衆的衆趨性格與行爲模式。日本學者對善書的研究已頗有成績，較著名的學者有酒井忠夫、吉岡義豐、西澤嘉朗、奧崎裕司、澤田瑞穗等人，其中以酒井忠夫的「中國善書の研究」，可說是經典之作。

「中國善書の研究」偏重在明末清初這個階段，並未對中國的善書作全面性的研究。台灣善書的研究，自蔡懋堂先生首開風氣以後，目前有幾個同好專研於此，研究的方向偏重在清代以來台灣的善書，茲將其研究成果條列於後，以供參考：

1. 台灣現行的善書　蔡懋堂　台灣風物二十四卷四期、二十六卷四期　六十三、六十五
2. 從善書見地談「白衣神咒」在台灣　鄭喜夫　台灣文獻三十二卷三期　七十
3. 清代台灣善書初探　鄭喜夫　台灣文獻三十三卷二期　七十一
4. 關聖帝君善書在台灣　鄭喜夫　台灣文獻三十四卷三期　七十二
5. 補話清代善書　鄭喜夫　聖理月刊四十三期　七十一

6. 鸞門暨台灣聖堂著作之善書經懺　林永根　聖德雜誌社　七十一
7. 善書的宗教倫理要義初探　陳主顯　民間信仰與社會研討會論文集　七十一
8. 功過格倫理思想試探　陳主顯　神學與教會十六卷一期　七十四
9. 清代台灣的善書事業　林漢章　台灣史研究暨史料發掘研討會論文集　七十六
10. 民間的善書　張之傑　宗教世界三十三期　七十六
11. 台中聖天堂善書之研究　中原理工學院心理系社會學研究小組吳國慶等　台中聖天堂「普化的神蹟」　七十六

鄭喜夫、林漢章、張之傑等人，談到善書時最先考慮的是定義的問題，表達出「善書」一詞在語意上仍未取得共識，以致有所謂最廣義、廣義與狹義的定義區分。本書的主要特色是擺開煩瑣的歷史考證，純就中國歷代以來，選擇濃厚鄉土色彩的民間教化典籍中較具代表性的作品，就其內容作思想性的考察，探討基層社會集體意識下的生活傳統。這種生活傳統有其內在的義理結構與表達方式，故本書寫作的態度是以抽樣式的作品爲個案，企圖追溯出不同時代善書內涵所表現的通俗文化現象。

本書共分十六章，除首章續論，研究的對象計有十五個單元，每一個單元都是獨立自足的完整單位，雖然彼此間仍有著相互貫通的延續關係，但本書不另作整體性說明，希望能在單一的個案中呈現出民間脈絡可尋的文化內涵。

由於敦煌文物的出現，使得善書研究可以推到中古時期，第二章「敦煌寫本王梵志詩所反映的社會庶民倫理」即是以中古時期通俗詩文集爲材料，探討王梵志詩所表達的民間文化理念，分析詩歌懲惡勸善的社會教化功能。

第三章「太上感應篇的倫理思想」與第四章「功過格的倫理思想初探」主要是探討民間勸善性質的社會規範書，從這些書中分析傳統社會個人行爲的倫理法則及其對善惡的價值判斷。第五章「太上清靜經的形上思想」自成一個單元，其寫作的目的是想瞭解民間自成系統的宇宙觀念，探討由理性哲思到宗教信仰之間，形上思想如何被轉化爲民衆的行爲準則與價值觀念。第六章「菜根譚的社會思想」與第七章「醉古堂劍掃所顯示的社會人格」在追溯文人對通俗文化的影響，以上二書雖屬於知識分子的作品，在民間却被當作善書看待，視爲個人行爲如何社會化的文化教導書。第八章「竈君寶卷中的竈神信仰」，竈君寶卷與竈君眞經是民間流傳相當普遍的善書，本文寫作的目的是要從竈君寶卷中，追溯出司命信仰的文化形式。第九章「台灣勸善歌謠的社會關懷」主要是藉勸善歌謠探討台灣通俗教化的現象及其文化內涵。

民間宗教團體所刊印的善書爲數不少，第十章以後偏重在民間教團的教義分析上。第十章「日據時代蘇澤養的新約龍華教及其經書」是以台灣齋教龍華教的改革派爲個案，探討該改革派的時代背景與宗教信仰內涵。第十一章「台灣先天道的基本教義」與第十二章「台灣一貫道的基本教義」二篇文章在義理上是相貫串的，主要在探討台灣目前勢力最龐大的民間教團，其宗教思想的內在本質與外在形式。第十三章「夏教的宗教體系及其善書思想」與第十四章「弘化院的宗教體系及其善書思想」是台北地區二個小教派的調查報告。第十五章「鸞書聖賢眞理的社會思想」與第十六章「遊記類鸞書所顯示之宗教新趨勢」則是就最近新著作的善書，探討當代新興宗教的社會思想及其發展的新趨勢。台灣民間善書事業最近極爲興盛，蔚成奇觀，頗受學者們的注意。本書的寫作與刋印，是希望有著拋磚引玉的效用，引出更精彩的作品來。若有粗疏錯漏的地方，盼其他先進者不吝指教。

第二章　敦煌寫本王梵志詩所反映的社會庶民倫理

第一節　王梵志詩的文化價值

在傳統文獻裏，流傳於民間的通俗詩文集，由於過於簡陋，難登大雅，一直未被妥善保存，以致銷聲匿跡，往往被埋沒而不再留傳，尤其是明代以前的通俗作品已難窺其全貌。光緒二十五年（一八九九）敦煌石室遺書的出土，保存了豐富的民間通俗作品，頗受海內外學者的矚目與重視，引起了學界整理與研究的熱潮。這些作品在內容上大多鄙陋，文辭也簡淺俚俗，在純文學史上恐難登廟堂之勝境，但是其價值是多重的，因此類寫卷是流傳於基層社會大衆化的作品，能確實地反映出當時民衆日常生活的社會情境與意識形態，特別是今日民間文獻的缺失，更顯得備增珍貴。其中又以王梵志詩集的發現，最具有代表性，其寫實的詩風表露出當時社會背景與文化意識，有助於對中古時期社會文化的研究，是相當具有學術價值的作品。

自民國十四年劉復自巴黎抄錄「王梵志詩一卷❶」後，六十年以來國際學者一直對此寫卷頗感興趣，校輯、譯注或研究等成果極爲豐富，尤其是關於王梵志的年代與生平的考證，掀起了廣泛的爭辯與討論，胡適之❷、鄭振鐸❸、入矢義高❹、戴密微（Paul Demiéville）❺、吳其昱❻、金岡照光❼、遊佐昇❽、趙和平、鄧文寬❾、張錫厚❿、潘重規⓫、菊池英夫⓬、朱鳳玉⓭等人有許多原創性的發現與論證。在內容的研究上大多集中在歷史背景的探討，遊佐昇的「敦煌文獻にあらわれた童蒙庶民教育——王梵志詩、太公家教為中心」一文指出王梵志詩與童蒙庶民教育有很密切的關係，類似童蒙教科書，在敦煌寫本裏尚有太公家教、武王家教、辯才家教⓮、新集文詞九經鈔⓯、二十四孝、古賢集⓰、新集嚴父教、崔氏夫人訓女文⓱等，皆是一般民衆的通俗讀物與教訓童蒙的教材，透過這些書籍可以有效地理解小傳統社會族群的行為模式與價值體系，以及鄉土百姓的生活樣態與文化意識。若從庶民教育的立場來研究王梵志詩，探求其內在義理形態與外在的表達方式，可以追溯出中國基層文化自足的倫理結構與教化形態，頗能掌握到中古時期民衆文化的整體內涵與實質意義了。

朱鳳玉的「王梵志詩研究」第三章王梵志詩的思想與內容，對王梵志詩詳為分析，將其思想內涵分成四類，即儒家思想、佛教思想、道家思想與非佛非道的思想，認為我國的文學思想，自來莫不深受儒釋道三家的影響與支配⓲，此一論點基本上是沒有問題，但是王梵志詩大致上反映的是百姓的衆趣性格與信仰模式，有其固有的理解體系與詮釋系統，未必與儒釋道三家思想完全符合，有其轉型與安置的歷史因素與文化因素，混融在基層社會生活習俗中，受到求生本能與利益關係等引誘下，在思想、行動、信仰、價值等集體妥協的要求，逐漸形成習慣性與普遍性的具體人格與行為特質。本文以「庶民倫理」為主題，探求王梵志詩所表達而出的民間文化理念，希望透過其脈絡可尋的歷史背景，客觀地分析其來自於社會結構的集體意識。由於王梵志詩產生的時代與作者的生平，衆說紛紜，有許多不同的推論，因此本文寫作的態度避開繁瑣的歷史考證，不去計較王梵志的生平及其各種相關的考證⑲，純粹就其詩中所描述的內容，尋找出彼此間相互貫通的結構關係，分析王梵志詩如何從其所生存的生態環境社會化歷程中，反映出民國固有的意識形態與文化傳統。任半塘認爲王梵志詩內在的特色爲「早」、「多」、「俗」、「辣」⑳，指出王梵志是初唐以前多產的民間通俗詩人，其詩通俗淺易形式自由，不守經典法則，擅長於捕捉常見的人情世態。任氏以「辣」字來說明詩人「直言時事，不浪虛談㉑」的寫作勇氣，敢於揭露某些不合理的社會現象，以潑辣犀利的詩風，達到針砭頑俗補弊救偏的詩歌懲惡勸善的社會功能。本文則著重在分析這種社會教化功能的內在特質及其基本形態。本文以張錫厚的「王梵志詩校輯」一書爲底本，部分引用文句參考潘重規、朱鳳玉等人的考訂而修正之㉒。

第二節　王梵志詩中的眞實社會情境

王梵志詩的通俗化與口語化，刻劃了當時社會百態，直言社會人情的眞實面貌，充滿了相當的現實性，對社會風尙、政治制度、經濟狀況、價值觀念與人際關係等都有深入的描述，反映出當時社會體系實際運作下整合而成的結構模型，可以經由一些公式化的概念，追溯出在中古社會的時空範疇裏，屬於民間一連串交互關係的文化現象。所謂公式化的概念是指在一個原來的社會結構，因某些外在環境的變動，以一種有秩序的、可預測的或重複的方式，形成普遍共通的行動法則，以因應實際生活中個人與社會間互動的文化系統。

王梵志詩對他所生存的時代與社會有著極爲痛切的認識，其犀利寫實的詩歌足以反映現實社會的眞切狀況，主要是由於創作者來自民間，深入民間，接觸四周環境所造成的生活壓力，表露出累積於民衆心底的深沉悲憤與濃郁蘊藉的感情與思想。有些學者強調王梵志詩是有意的對醜惡現實作無情嘲弄與辛辣諷刺，故攫取當時社會存在的各種醜惡的世態人情，予以嚴厲的批判㉓。如此的強調似乎過於偏激，王梵志詩雖有勸世警俗的社會教化功能，但是大致上仍具有民歌的性質，是詩人在外在情境壓力下所直抒胸臆的作品，客觀地描述百姓鬱積心頭的內在情緒。這種情緒雖然對世態人情有所嘲弄，其態度是無奈的，點出世俗社會重財貨而輕人情的交易法則，如云：

吾富有錢時，婦兒看我好。吾若脫衣裳，與吾疊袍襖。吾出經求去，送吾卽上道。將錢入舍來，見吾滿面笑。繞吾白鴿旋，恰似鸚鵡鳥。邂逅暫時貧，看吾卽貌哨。人有七貧時，七富還相報。從財不顧人，且看來時道。（〇〇二）

「從財不顧人」的現象，往往發生在人與人進行社會交易時的一種普遍現象，如台灣諺語或歌謠云：「有錢時逐個都欽仰，無錢時逐個都避嫌。」「社會全是錢作人。」等㉔，是一種經常發生的人際交易現狀，以「權力」作爲實際運作的參考標準。王梵志詩將這種社會行爲作深入的描述，其作用應在於疏解百姓無法寬懷的情緒，企圖建立一種適合生存情境的人情法則，而非嚴厲的價值批判。又如云：「說錢心卽喜，見死無不愁。廣貪財色樂，時時度日休。」（〇七一）講的卽是凡夫俗子常表現而出的心理樣態，以財貨的滿足作爲其日常生活追求的目標。

錢財等物質條件的需求，本就是重要的民生問題，與社會經濟繁榮或凋敝有相當密切的關係。在王梵志詩裏鄉土百姓的生活相當困苦，尤其貧富不均，差別甚大，如詩云：「世間日月明，皎皎照衆生。貴者乘車馬，賤者膊擔行。」（〇五八）貴者與賤者除了財貨多少的差別外，也由於貧富懸殊造成許多社會的弊端，如富有者仗著資財勢力，勾結官員，取得更佳的生存空間，貧賤者則在繁苛的賦斂下，有著更多的苦痛與災難，其詳情見於下列兩首詩的相互對照：

富饒田舍兒，論情實好事。廣種如屯田，宅舍青煙起。槽上飼肥馬，仍更買奴婢。
牛羊共成群，滿園豢肥子。窖內多埋穀，尋常願米貴。里正追役來，坐著南廳裏。
廣設好飲食，多酒勸遣醉。追車即與車，須馬即與使。須錢便與錢，和市亦不避。
索麪驢馱送，續後更有雉。官人所須物，當家皆具備。縣官與恩澤，曹司一家事。
縱有重差科，有錢不怕你。（二六九）

貧窮田舍漢，菴子極孤悽。兩窮前生種，今世作夫妻。婦即客舂擣，夫即客扶犁。
黃昏到家裏，無米復無柴。男女空餓肚，狀似一食齋。里正追庸調，村頭共相催。
幞頭巾子露，衫破肚皮開。體上無褌袴，足下復無鞋。醜婦來怒罵，啾喞搦頭灰。
里正被脚蹴，村頭被拳搓。驅將見明府，打脊趂回來。租調無出處，還須里正陪。
門前見債主，入戶見貧妻。舍漏兒啼哭，重重逢苦災。如此窮硬漢，村村一兩枚。
（二七〇）

俗語說：「有錢能使鬼推磨。」富豪以錢財成爲資源支配者，獲得長久而穩定的社會關係，亦卽以錢財所形成的權力來擁有他人所能支配的某種社會資源，來滿足自己的需求，以及排除如差科等義務，享受無災無難的舒適生活，故「有錢不怕你」正是富有者以錢財所形成的計策行爲。貧窮者在「結交儘權責，往來無白丁」的勢力關係下，失意潦到而感歎世態炎涼，本是正常的心理，又加上在繁重的賦稅徭役和天災人禍的衝擊下，更難以生存了。在這兩個引文中有三個社會現象，值得追究：第一、代表統治階層與民衆接觸的官員，似乎都是唯利是圖，而一般百姓是以何種態度與心理來看待這些官員呢？第二、政府的政治制度與經濟制度，所造成租稅負荷不均與官吏治理不良等弊端，對民衆生活造成何種程度的影響，致使民衆如何忍受不平與憤慨的悲怒，架構出現實制約而成的社會機制，以求在有限的資源下，得到較有利的生存情境，避開重重苦災呢？第三、在金錢掛帥的人際交易關係中，父子、夫婦、兄弟、朋友的倫常情感，也產生了「親情困境」與「人情困境」[25]，王梵志詩對人際衝突的生存困境，如何作寫實的描述，逼眞地反映社會的倫理問題呢？

財貨的分配不均，造成鄉土民衆與統治階層的對立，本也是不可避免的心理反映，若又加上官員的唯利是圖，更加深彼此間尖銳的對立，如以「天下惡官職」爲首句的詩云：

天下惡官職，不過是府兵，四面有賊動，當日卽須行。有緣重相見，業薄卽隔生。
逢賊被打煞，吾品無人諍。生住無常界，壞壞滿街行。只擬人間死，不肯佛邊生。
（○四八）

天下惡官職，未過於御史。好眉張福眼，何須弄獅子。傍看甚可畏，自家困求死。

脫却面頭皮，還共人相似。（一三二）

對軍職與文職的官員都沒有好感，兵府的官員徵調民衆征戰，人民在戰爭中感受到家破人亡妻離子散的悲痛，自然不堪其苦，而一再控訴，尤其一般人家將希望寄託在兒子的身上，但是征戰的結果，有著「遣兒我受苦，慈母不須生」（二六四）的無奈與哀傷，如詩云：「父母生兒身，衣食養兒德。暫託寄出來，欲似相便貸。兒大作兵夫，西征吐蕃賊。行後渾家死，迴來覓不得。兒身面向南，死者頭向北。父子相分擘，不及元不識。」（二五二）希望的落空以及白髮送黑髮的苦楚，都是造成百姓與官員衝突的根源，而百姓的力量是微薄的，當意識到無法改變既存的事實時，往往作自我的退縮，如悲愴地歌云：「男女有亦好，無時亦最精。兒在愁他役，又恐點著征。一則無租調，二則絕兵名。」（二八六）

文職官員的失職，在於使其合法性的權力，依附於情感、金錢、地位或暴力上，造成對百姓生活的極大威脅。王梵志詩對這些凌壓百姓的既得利益者，批評著說：

天子與你官，俸祿由他授。飲食不知足，貪錢得動手。每懷劫賊心，恒張餓狼口。枷鎖忽然至，飯蓋遭毒手。（一二九）

官員的政治權力是維持或實現既定實際目標的合法權威者，應在合法的形式下行使權力，天子的授官與俸祿意涵著某種階層與行爲規範的內在關係，若受貪念的支配，捕捉機會，肆行敲詐，獲取報酬，將受到體制內的制裁。但是官員本就是一種具有權威的地位象徵，往往使政治權力的合法性傾向於對現實政治的認同，法的客觀性因人的限制而大大地降低，如詩云：

天理爲百姓，格戒亦須遵。官喜律即喜，官嗔律即嗔。總由官斷法，何須法斷人。

一時截却頭，有理若為申。（一三一）

當無法「法斷人」而由「官斷法」時，原有的權力秩序遭受挑戰，維持秩序的天理也無法伸張，甚至天子也因官員的破壞秩序而遭受民怨，如詩云：

百姓被欺屈，三官須為申。朝朝團坐入，漸漸曲精新。斷榆翻作柳，判鬼却為人。
天子抱冤屈，他揚陌上塵。（一三〇）

「三官須爲申」是人們期望有專業的官員來維持社會整體利益，制裁惡官員，爲民伸正義，這個職責自然落在司監察的御史，可是稟持正義的御史，也往往在財貨的引誘下與官員沆瀣一氣，使得維護百姓生活秩序的最後一道防線也無法堅持著，導致百姓眞正失望了，與官方的衝突也就加深起來。當然也有維持正義的好御史，如詩云：

當官自慵懶，不勤判文案。尋常打酒醉，每日出逐伴。衙日唱稽逋，佐使打脊爛。
更兼愛取錢，差科放却半。枉棒百姓死，慌忙怕走散。賦役旣不均，曹司卽撩亂。
啾唧被人言，御史秉正斷。除名仍解官，告身奪入案。官宅不許坐，錢財卽分散。
路人見心酸，傍看罪過漢。一卽恥妻兒，二則羞同伴。無面還本鄉，諸州且遊觀。
（二七四）

這首詩說明惡官的幾個特性，第一、角色職責過於曖昧與糢糊，一味地敷衍了事。第二、仗勢欺民，濫施刑律，侵害了百姓的生存權利。第三、貪贓枉法，拿取錢財，施政不公，造成民不聊生的局面。其中又以貪財最不爲民衆所接受，如詩云：「官職莫貪財，貪財向死親。得卽渾家用，遭羅唯一身。法律刑名重，不許浪推人。一朝囹圄裏，方始憶淸貧。」（一四九）敷衍的懶官、枉法的昏官以及愛取錢的貪官的形成，與當時物質貧乏的經濟結構有很密切的關係，求官位的人往往基於經濟需求，只爲了獲取金錢與掌握權力，並未眞正具有強烈道德勇氣和社會責任意識，如詩云：「官職亦須求，錢財亦須覓。天雨麻點孔，一年著一滴。妄想逢便宜，參差著房席。兀兀舍底坐，餓你眼赫赤。」（一〇五）在窮困的環境下，期望官員廉節，只是陳義過高的理想罷了。而且爲民伸寃清正廉明的官員，也無法在官官相庇護的惡劣環境下生存，如詩云：「三年爲官二年半，修理廳館老癡漢。但知多少與梵志，頭戴笠子雨裏判。」（一四五）清官難爲，貪官橫行，造成官方與民衆彼此間認知方面的差距，誤解與歧視就愈來愈深了。

社會弊端的叢生，除了經濟條件太差外，政府的經濟政策所造成賦役差科的不均也是一個主要的因素，王梵志詩對官員鑽營的現象有極深刻的描述，而提出「處分須平等」的理想，來解決當時的經濟問題，如詩云：

> 當鄉何物貴，不過五里官。縣局南衙點，食並衆厨飡。文薄鄉頭執，餘者配雜看。差科取高戶，賦役數千般。處分須平等，併擋出時難。職侍無祿科，專仰筆頭鑽。管戶無五百，雷同一概看。愚者守直坐，黠者馺馺看。（〇二九）

「差科取高戶」的平等觀念，類似今日的財經觀念，也是化解貧富不均的良好經濟措施。但是在實際的經濟交易中往往「他買抑遺賤，自賣卽高擎。心裏無平等，尺寸不分明。」（〇五二）「賤價得他物，錢亦不還羅。自賣索錢多，他買還錢少。」（二八二）公平的觀念在爭取利益下很難客觀地建立起來，難怪詩人感歎著說：「兩兩相啖食，強弱自相爭。平生事人我，何處有公平。」（二九〇）或者平等的觀念有待眞正讀書人出來做官，加以實踐，基於群屬情感的認同，積極地維護合法性政治權力，如云：

仕人作官職，人中第一好。行卽食天廚，坐卽請月料。得祿四季領，家口尋常飽。
職田佃人送，牛馬足踏草。每日勤判案，曹司無闌鬧。差科能均平，欲似車上道。
依數向前行，運轉處處到。旣能强了官，百姓省煩惱。一得清白狀，二得三上考。
選日通好名，得官人京兆。（二七三）

平等的追求，是克服現實世界種種弊端的較好方法，有賴理性的知識分子本著道德勇氣，直接抗衡惡劣的政治風尚，設計推展出完善的典範制度，如云：「差科能均平，欲似車上道。」上了規道的正當化制度，才能化解旣存的社會問題，其效果是「依數向前行，運轉處處到」。可是期待理性知識分子的出頭，在無其他客觀環境的配合，根本無法介入現實權力核心，成爲社會行動實踐的合法執行者，到最後只是理想性高的希望罷了。

在惡劣的經濟環境下，生活極爲困難，如詩云：「忽起相羅拽，啾唧索租調。貧苦無處得，相接被鞭拷。」（〇〇五）在重重的剝削之後，生活極爲不易，在無法正當獲得物質下，只好沿門乞討，詩云：「一生無舍坐，須行去處覓。少食巡門乞，衣破忍飢寒。迴獨一身活，病困遺誰看。命絕抛坑裏，狼狐恣意飡。」（二五九）轉輾流離，病死塡溝壑的人間悲劇，在富豪的土地兼併與官吏的徵斂驅役，在百姓無奈的逃亡下，問題愈趨嚴重，如詩云：

天下浮逃人，商賈多一半。南北擲縱橫，誑他暫歸貫。遊遊自覓活，不愁應戶貫，
無心念二親，有意隨惡伴。强處出頭來，不須曹主喚。聞苦卽深藏，尋常擬於筭。

欲似鳥作群，驚卽當頭散。心毒無忠孝，不過浮浪漢。此是五逆賊，打煞何須案。

（二七八）

四處流浪的生活，內心是苦悶的，外在是步履維艱，窮愁潦倒，甚至要躲避官方的通緝。在這種的生活下常常怨天尤人，如云：「無衣使我寒，無食使我飢。還你天公我，還我未來時。」（二九五）掙扎在苦難的現實中，不如未生時，既然已生，則希望早死早解脫，卽「生時有苦痛，不如早死好。」（〇〇五）這種厭生樂死的念頭，完全是內心無奈的掙扎，如云：「你道生時樂，吾道死時好。死卽長夜眠，生卽緣長道。生時愁衣食，死鬼無釜竈。願作掣撥鬼，入家偷喫飽。」（〇六〇）「你道生勝死，我道死勝生。生卽苦戰死，死卽無人征。」（二六四）這種懶活不如好死的想法完全是受惡劣環境所逼迫。

厭生樂死是消極的念頭，積極的作法是苦中作樂，認同貧窮，如詩云：「他家笑吾貧，吾貧極快樂。無牛亦無馬，不愁賊抄掠。你富戶役高，差科並用却。吾無呼喚處，飽喫長展脚。」（〇〇六）實際上這種心態也是出於無奈，非眞正的曠達，加上由經濟問題所衍生的社會倫理的人情困境，使人更無法以平常心待之。如五倫中的父子關係，本是人間至情，可以滿足人民安全感與歸屬感的溫情與關愛，在貧乏的物質條件下也遭受到許多無情的考驗，如詩云：「父母是怨家，生一五逆子。養大長成人，元來不得使。身役不肯料，逃走背家裏，阿耶替役身，阿孃氣病死。」（二七九）兒子逃避公役牽累父母，是如此困苦大環境下所衍生的倫理問題。父母與子女的親情關係不是對等的，父母的付出所得到的回報往往是微小的，這種現象，王梵志詩描述極爲寫實：

父母生男女，沒姿可憐許。逢著好飲食，紙裹將來與。心恒意不忘，入家覓男女。養大長成人，角睛難共語。五逆前後事，我死即到汝。（〇四四）

父母對子女是無私的，如謂「耶孃無偏頗，何須怨父母。男女孝心我，我亦無別肚。」（〇四〇）可是子女對待父母往往不如妻與子，這種私心是普遍存在的，難怪詩人屢云「我死即到汝」、「我死還到汝」的天理報應。在傳統社會裏有養子防老的相對理論，如諺語云：「他養我小，我養他老。」因爲養子要防老，所以希望出好子㉖，可是好子難求，一般的子女有了配偶後，對父母的親情就淡薄了，王梵志詩有好幾首描述這種現象：

你孝我亦孝，不絕孝門戶。只見母憐兒，不見兒憐母。長大取得妻，却嫌父母醜。耶娘不採聒，專心聽婦語。生時不供養，死後祭泥土。如此倒見賊，打煞無人護。（〇四三）

用錢索新婦，當家有新故。兒替阿耶來，新婦替家母。替人旣到來，條錄相分付。新婦知家事，兒郎承門戶。好衣我須著，好食入我肚。我老妻亦老，替代不得住。語你夫妻道，我死還到汝。（〇四〇）

台灣諺語云：「飼某飼得肥脺脺，飼爸母飼到一肢骨。」反映出在常民的實際經驗中，親情關係是有上下等待的差異性，上對下是無條件的付出，所謂「只見母憐兒，不見兒憐母」，下對上是不及上對下，而且這種關係是不斷地在循環，甚至兒子對父母的愛戀，有了新寵加進來後，完全變了質。

但是夫妻的關係，功利性格的取向愈重，受經濟條件的影響愈深，由於缺乏血緣的基礎，完全建立在情愛的深淺上，除了相互的感情交流外，經濟上的滿足也相當重要。如謂「世間何物重，夫妻取是好」、「教你別娶妻，不須苦煩惱」（二八四），尤其在惡劣的經濟環境下，夫婦很難和諧，即是「醜婦來怒罵，啾唧搦頭灰」（二七〇），王梵志詩站在丈夫的立場，加以批評云：

家中漸漸貧，良田慵懶婦。長頭愛牀坐，飽喫沒娑肚。頻年勤生兒，不肯收家具。飲酒五夫敵，不解縫衫袴。事當好衣裳，得便走出去。不要男為伴，心裏恒攀慕。東家能捏舌，西家好合鬭。兩家旣不和，角眼相蛆蛄。別覓好時對，趕却莫教住。（〇三九）

思量小家婦，貧奇惡形迹。酒食獨自抽，糟糠遣他喫。生活九牛挽，唱叫百夫敵。自著紫臭翁，餘人赤羖䍽。索得屈烏爵，家風不禁答。（一一七）

傳統社會以三從四德來要求婦女作爲立身處事的行爲標準，但是由於民間教化未能普及，傳統生產方式的停滯以及物質生活的簡陋，雖然養成婦女普遍勤儉的美德，可是在精神層面上相當簡陋，往往爲了具體的利益而造成家庭倫理間的衝突，所謂：「讒臣亂人國，妒婦破人家。客到雙眉腫，夫來兩手拏。醜皮不憂敵，面面却憎花。」（一一八）或者是「外姓能蛆妒，啾唧由女婦。一日三場鬬，自分不由父。」（〇七八）若是婦女完全沒有人文的素養時，則「貧奇惡形迹」，只追求個人物質的享受，破壞了和諧的家庭氣氛。

兄弟雖具有血緣的關係，其親密性不如父子與夫婦，更容易因利害的關係而引起衝突。如爭產所生的糾紛最爲常見：「當房作私產，共語覓嗔處。好貪競盛喫，無心奉父母。」

（〇七八）利益的結合，在分產時表現更爲明顯，如詩云：「造作莊田猶未已，堂上哭聲身已死。哭人盡是分錢人，口哭元來心裏喜。」（三一四）朋友間的關係則比親情關係來得複雜，因不同的生活情境及人際關係網絡，而有不同的對應態度，其中功利性格相當濃厚，爲了追求財富與物質的享受，形成禮尚往來的回報準則，以連繫人與人之間的感情，如詩云：

負恩必須酬，施恩慎勿色。索他一石麪，還他十斗麥。得他半疋練，還他二丈帛。
瓠蘆作打車，棒果作山客。（一二三）

敬他保自貴，辱他還自受。你若敬算他，他還敬算你。勾他下盞酒，他勾十巡至。
子細審思量，此言有道理。（一二四）

接受恩惠必須有所回報，是保持良好人際關係的方法，這是親情之外的人情法則，彼此互施好處，以獲得良好的生存條件，這種人情的運作是功利的，如詩云：「前人敬吾重，吾敬前人深。恩來即義往，未許却相尋。有能賜白玉，吾亦奉黃金。君看我莫落，還同陌路人。」（二五七）恩來即義往，是普遍存在於人類生活中的規範，如「投之以桃，報之以李」的交易觀念。但是若彼此相互拒絕對方，或一方突然改變自己的態度回絕對方的人情，可能造成人際間更大的衝突，如詩云：

敬他還自敬，輕他還自輕。罵他一兩口，他罵幾千聲。觸他父母諱，他觸祖父名。
欲覓無嗔根，少語最為精。（一二一）

吾家昔富有，你身窮欲死。你今初有錢，與吾昔相似。吾今乍無物，還同昔日你。
可惜好靴牙，翻作破襪底。暫得一代人，風光亦須覓。（二九一）

鄉民在失意潦倒的時候，因失去過去所憑藉的社會資源，而有「人情薄似紙」的感歎，像「奴人賜酒食，恩言出義氣」（〇五六）的情形並不多。

在傳統的農業社會裏，有限的經濟資源也影響到人際間相對性的群性活動，爲了個人的生存往往形成唯利是圖的社會取向與集體關係。但是傳統社會另有維持秩序的教化主導力量，卽是官方所支持的儒家倫理，然而在社會現實情境的壓迫下，儒家的倫理思想在實踐的過程中，架構成庶民文化版的儒家倫理。可惜在歷史文獻中對於庶民教育的內容很少被記錄下來，以致後人對民衆文化的本質，幾乎完全陌生，或者造成儒家倫理卽是社會倫理的假象。王梵志詩不僅描述社會的客觀實相，也保留了庶民教化的世俗理念，與太公家教等處世訓文，有相互貫通的義理關係，反映出詩人所生存時代「約禮時宜」的教化特色。

第三節　社會庶民倫理的教化內容

社會庶民倫理的形成，是與生態環境息息相關，透過不斷的自我學習與調整，以便取得處世上的優勢，因此庶民倫理雖然以儒家倫理爲藍本，其主要精神偏重在互惠互助的群性活動上，基緣於人世利害的關係，在特定環境下作調適性的轉化實現。王梵志詩一卷本九十二首詩全篇採五言四句的整齊形式，內容偏重在生活儀節的規範，具有通俗倫理教科書的性質。戴密微以爲沒有編號一卷本九十二首韻律嚴謹的五言絕句是佛教僧侶編纂的一本有教育意義的簡易讀物，大體上是一本非常平庸的格言彙編，其中有許多關於孝敬父母、家庭和睦、以禮待人、教育子女、償還債務、不賭博、不飲酒及遵守最一般的道德規範的告誡㉗。實際上，這九十二首五言絕句仍爲詩人的作品，在對現實環境的具體觀察後，有著積極入世的參予責任，認爲任何不合理性的社會現象，可以透過個人行爲的調整來加以改善，其所提倡的處世箴言頗具有民間教化的社會意義，將一卷本與其他王梵志詩作比較，其基調相當一致，其所反映的人生智慧，是淵源於民間的文化傳統與庶民教育，或許從知識的角度，它只是平庸的格言彙編，但是在民衆的心目中幾乎成爲曠世寶典㉘。

民間的社會倫理反映出理想與現實掛搭時，在轉換與安置的過程中，受到社會其他互動因素的影響，原本存在著裂罅的潛勢。儒家倫理在實際的運作中，必須在一定的程度內與現實生活妥協，降低抽象的表達方式，加強實用的策略行動。而此一策略行動在現實的壓迫下，往往形成一種似是而非的價值觀，若不作深入的分析，常被其假象所迷惑。如父子間的倫常關係，父慈子孝是儒家彰顯人類至情的內在美德，然而民間在實踐的過程中，因受到外在環境境多元性與特殊性的支配下，著重在化解父母與子女間的衝突，爲了維護既有的社會秩序，較少言「父慈」而集中在「子孝」，且要求一切的行爲在孝的大前提下絕對地服從權威，來調整自己以避免發生二代間的衝突，如云：「耶孃行不正，萬事任依從。打罵但知默，無應即是能。」（一六六）「尊人嗔約束，共語莫肛降。縱有些些理，無煩說短長」（一六七）特意地壓抑自己或犧牲自己，可能是從儒家的「無違」引申出來，其用意在於自我調整以求家庭和諧，但是一味地退縮，而非建立在父慈子孝的親情上，容易造成彼此間的心理情結。但是庶民倫理化解這種情結，是從小灌輸絕對服從的觀念，如詩云：「尊人相逐出，子莫向前行。識事相逢見，情知乏禮生。」（一六二）「尊人共客語，側立在傍聽。莫向前頭鬧，喧亂作鴉鳴。」（一六三）這種教育的方式由來已久，敦煌寫本「故圓鑒大師二十四孝押座文」以故事形態來啓發絕對服從的觀念。在王梵志詩也引用了二十四孝的典故云：

你若是好兒，孝心看父母。五更牀前立，卽問安穩不。天明汝好心，錢財橫入戶。
王祥敬母恩，冬竹抽笋與。孝是韓伯兪，董永孤養母。（〇四二）

徐靜分析二十四孝，作如下的結論：中國家庭中，父母的權威是無限的，子女或家庭中其他份子的權益，如與父母的權益衝突時，則必須犧牲，不僅個人的舒適、健康、成就、婚姻，連生命也如此。任何兩代之間的鬪爭，結果必是老一代的得勝，卽使後者被指爲殘暴不仁時，亦不例外。任何行爲、在孝的大前提下，都被容忍、接受、甚至于被表揚，這種在家庭中對父母的絕對服從，延伸到社會關係上，變成對權威的盲目尊崇㉙。這種觀念的形成，不是儒家倫理思想自身的問題，而是在實際生態環境壓迫下的連鎖性社會行爲。正如上一節所提到父子倫常關係的惡化，在於子女的私心，欲化除私心，最好的辦法，是將父子的親情結構神聖化，成爲不可動搖的權威主體，子女必須時時戒愼恐懼，加以修飾自己的行爲，以使權威的親情關係，成爲社會行爲規範的主宰，如詩云：

尊人立莫坐，賜坐莫背人。存坐無方便，席上被人嗔。（一七六）
尊人對客飲，卓立莫東西。使喚須依命，躬身莫不齊。（一七七）
尊人與酒喫，卽把莫推辭。性少由方便，圓融莫遣之。（一七八）
尊人同席飲，不問莫多言。縱有文章好，留將餘處宣。（一七九）

透過權威化的正當運作，使子女養成習慣性的認知，熟練地執行孝養的職責，如詩云：「耶孃絕年邁，不得離傍邊。曉夜專看待，仍須省睡眠。」（一七〇）

民間將孝道神聖化，受到儒家宇宙情懷的影響，曾昭旭在「孝道與宗教」一文中，指出孝道無宗教的形態，而具宗教的功能㉚，以孝的觀念統攝了自天至人的一切活動，使孝道具備了宗教的功能與價值，而避免了宗教的弊端。但是民間牽就現實的和諧，要求子女暫時忍耐，委婉巧變，以求父母之安，使得本來暢直充實的道德主體受到委曲，最後只好提高君父的威權，喪失孝道主體性與道德性，而一味以順為主，造成孝道的陷落㉛。「順」的另一面即是「忍」，有極濃厚的功利心態，將內在的道德行為轉換成追求利益的外在的行為規範，如詩云：

難忍儻能忍，能忍最為難。腐肉虎不食，病鳥人不彈。當時雖綺楮，過後必身安。唾面不須拭，從風自蔭乾。（一二二）

兄弟間情感的維護，雖有時提高兄的權威地位，以兄代父，但是實際上兄弟是平行對待的關係，將父子間壓抑柔順的性格轉換為刻苦堅忍的氣質。前一節指出兄弟間的親密性不如父子，容易在利害上起衝突，欲避免彼此間的衝突，以犧牲自己的權益來珍惜手足之情。如詩云：

兄弟實難得，他人不可親。但尋莊子語，手足斷難論。（一六一）

親中除父母，兄弟便無過。有莫相輕賤，無時始認他。（一七二）

從血緣的親情來強調兄弟的可貴，但是這種親情在財利的引誘下，會造成兄弟成仇骨肉相煎，比朋友的關係更疏遠。因此兄弟間的倫理關係幾乎落在財產等利害衝突下，以「忍」的自我退縮方式，來加以調適。因此兄弟的來往不是根源於道德心願的主動發出，而是在於家庭的紛爭下所調適而上遂的技術性處事法則。如云：

> 兄弟須和順，叔姪莫輕欺。財物同箱櫃，房中莫蓄私。（一五五）
>
> 夜眠須在後，起則每須先。家中勤檢校，衣食莫令偏。（一五六）
>
> 好事須相讓，惡事莫相推。但能辨此意，禍去福招來。（一五八）

欲使家庭不發生衝突，更必須講求彼此間的權利與義務。但是民間的家庭倫理似乎較偏重在義務的執行，如一五五要求家庭的每一分子對財物要完全沒有私心，「財物同箱櫃，房中莫蓄積」本是道德責任的承擔，若出發點只是爲了避免衝突以求得較好的生存權，則成爲一種義務。而這種義務是無時不在的，每天日常生活必須「夜眠須在後，起則每須先」，行爲上則是「好事須相讓，惡事莫相推」，這種犧牲自己以顧全大局的作法，是對道德的一種誤解，也是個人道德上的錯失，因爲所謂道德是建立在人人平等的的基點上，是天所賦予追求生存與幸福的權利，是誰也無法以絕對的支配權力來犧牲他人，甚至個人也無權利來犧牲自己。若「好事須相讓，惡事莫相推」是出自於個人道德主體的自動實踐，含有積極的開創意義，就不是犧牲自已委曲求全的義務，儒家所表現孝悌的精神即是自我生命的涵攝融貫。民間的社會倫理則偏重在外在形式，被迫的自我犧牲，以「禍去福招來」的權威意念，作無條件的皈依，如此的生活，若還存有獲得滿足的期待，尚具有意義，若完全沒有權利只有付出，生活是無奈而且艱難的。

民間孝悌思想雖不符合儒家的精神，但是在現實層面上仍具有教化的功能，協助民衆在有限的物質資源中，獲得較佳的生存環境，如兄弟骨肉相殘，本是件憾事，若能彼此退一步，互相關懷對方，便能取得處世的優勢，如詩云：「昔日田眞分，庭荆當即衰。平章却不異，其樹復還滋。」（一五九）要維持兄弟間的和諧，不造成糾紛，除了各自退一步外，不宜聽取婦女之言，如詩云：「有事須相問，平章莫自專。和同相用語，莫取婦兒言。」（一六八）這種在紛爭處，容忍退步的處世態度蘊藏著在現實惡劣環境下辛苦奮鬥的歷程。而要培養容忍退步的處世態度，則必須從小實施嚴格的管教方式，如詩云：

欲得兒孫孝，無過教及身。一朝千度打，有罪更須嗔。（一八四）

養兒從小打，莫道憐不答。長大欺父母，後悔定無疑。（一八五）

心理學家如佛洛伊德學派有所謂「童年期決定論」（Childhocd Determinism）認爲人格的形成是由於童年經驗的結果，亦即童年的教養方式，決定了未來的行爲取向，打罵的教養方式與庶民倫理所反映的保守退縮的人格有極爲密切的關係。父母對子女的管束，不僅限於童年期，如詩云：「男年十七八，莫遣倚街衢。若不行奸盜，相構即樗蒱。」（一八六）甚至對兒女的婚姻有絕對的干涉權力，如詩云：

有兒欲娶婦，須擇大家兒。縱使無姿首，終成有禮儀。（一八七）

有女欲嫁娶，不用絕高門。但得身超後，錢財總莫論。（一八八）

父權的日益擴張，對子女的性格特質與價值觀念有相當大的支配權。其教養方式有強烈的功利色彩，即詩云：「養子莫徒使，先教勤讀書。一朝乘駟馬，還得似相如。」（一八三）儘管鄉土百姓生活困苦，也希望其兒子能夠讀書，取得進入上層社會資格，改變其原來的生活方式。

有關夫妻相處之道，僅得之一條云：「罵妻早是惡，打婦更無知。索強欺得客，可是丈夫兒。」王梵志詩一卷本九十二首以朋友倫理方面的詩最多。朋友之間的倫理法則幾乎集中在前一節所謂禮尙往來的回報觀，強調人與人之間的行動具有交互性的關係存在，彼此間有所舉動時，會預期對方有所反應或回報，給別人的好處通常被認爲是一種社會投資，以期將來有相當的回報㉜，如詩云：

得他一束絹，還他一束羅。計時應太重，直為歲年多。（二二四）

貸入五斗米，送還一石粟。算時應有餘，剩者充白直。（二二五）

在有限的資源中，雙方互相計算利益的得失來相互濟助，以保持與自己關係網的其他人之間的良好人際關係，使「受者」與「施者」在設法回報與預期對方回報的心理下得到滿足。特別是在危急的時候，施者被視爲恩人，所施之恩愈大，受者報賞愈厚，如詩云：

有恩須報上，得濟莫辜恩。但看千里井，誰為重來尋？（二二〇）

知恩須報恩，有恩莫不報。更在枯井中，誰能重來救？（二二一）

先得他恩重，酬償勿使輕。一飡何所直，感荷百千金。（二二二）

蒙人惠一恩，終身酬不極。若濟桑下飢，扶輪可惜力。（二二三）

受人之恩，終身不忘，接受恩惠的人必須儘量在可能的時間與範圍內加以回報，且報比施厚一些，造成施惠者容易產生預期回報的心理，形成所謂禮尙往來的人情法則。儘管有些倫理教條強調施惠勿念，但實際上很難做到，因爲鼓勵有恩必報，相對的必然會產生回報的預期，進行另一次的交換行爲㉝。民間將報恩視爲與名利道德攸關的社會行爲，不回報與回報薄都是不道德的，故「有恩須報上，得濟莫辜恩」成爲一種強迫性的社會規範，而這種強迫性的社會規範常以實際利益作基本考量，在「更在枯井中，誰能重來救」的功利心態上，不得不回報，成爲一種有條件的交換行爲。在金錢與物品的借貸中，要求有借有還，再借不難，若有借不還是件不道德的事，易引起衝突，如詩云：「借物索不得，貸錢不肯還。頻來論卽鬪，過在阿誰邊？」（一九三）借物有損失必須賠償，但不可趁機索高價，詩云：「借物莫交索，用了送還他。損失酬高價，求嗔得也麼？」（一九二）也因爲借貸煩惱多，故有人拒絕交換，如詩云：「借貸不交通，有酒深藏窖。有錢怕人知，眷屬相輕薄。」（〇二〇）這種守財奴常被視爲不道德的。

在財物的交換中必須相互回報外，人與人之間的情感溝通也是基於這種回報的心理。所謂給他人方便，就是給自己方便，彼此利益共往來，在交互報償的原則下，求得較佳的社會關係，如詩云：「鄰並須來往，借取共交通。急緩相憑仗，人生莫不從。」（一九四）相互回報是被社會所讚揚與鼓勵，符合以道德爲中心的社會價值和生活規範，其另一種形態，卽基於未來不可知的利益，適度去尊重他人，建構可資交易的人情資源，如詩云：

他貧不得笑，他弱不得欺，太公未遇日，猶自獨釣魚。（二一一）

在鄉須下意，為客莫高心。相見先作拜，膝下投黃金。（二一三）

貧人莫簡棄，有客最須呼。但惠封瘡藥，何愁不奉珠。（二一四）

由回報的心理形成特殊的人情關係，一個通曉人情的人，遇人有難，雖不能拔刀相助，也不能落井下石，保持良好的關係，或許有遭一日仍須此人幫忙，所謂「太公未遇時，猶自獨釣魚」。在這種心理的支配下，處事時必須屈意從人，不可有高傲之心，表現在日常生活的待人禮節，則是「相見先作拜，膝下投黃金」，對人彬彬有禮，以讓他人對自己產生某些特定印象。而且雖是貧人也有其長處，在「但惠封瘡藥，何愁不奉珠」施德必報的人際關係中，也可能獲得意想不到的回報。

通曉人情之後，可能形成一些技術性的應對法則，不是以高貴的人性情操來參予人事的運作，而是將個人與社會的相關性建立在自我的利益上，人際的關係在金錢勢力的傾軋中，成爲追求現實上的某些利益的工具罷了。如詩云：

見惡須藏掩，知賢唯讚揚。但能依此語，祕密立身方。（一九一）

停客莫叱狗，對客莫頻眉。供給千餘日，臨歧請不飢。（一九六）

親客無疏伴，來卽盡須喚。食了寧且休，只可待他散。（一九七）

民間倫理的主要目的在於尋求社會的秩序與人心的穩定，透過社會經驗吸收了儒家的人生智慧，成爲百姓的生活準則，雖類似儒家的倫理教化，但是在自我利益的要求下，人與人之間的關愛減少，只淪爲技術性的機械性格。這種機械性格是一種後退式的不爭性格，尤其當面對強權時，退却是明哲保身的最好方法，如詩云：

逢人須斂手，避道莫前盪。忽若相衝著，他强必自傷。（一九九）

見貴當須避，知强遠離他。高飛能去網，豈能値低羅？（二〇一）

退却的人生態度，卽是以躱避的方式，來掌握禍福之機，其缺點是容易形成封閉性的心靈，縱容惡勢力的存在，表現漠不關心的對待心情，如詩云：「得言請莫說，有語不須傳。見事如不見，終身無過愆。」（二一五）不管事的好處，就是不會惹禍喪身。這種處事態度也有其實際效益，如詩云：「無親莫充保，無事莫作媒。雖失鄉人意，終身無害災。」（二一六）又云：「逢爭不須看，見打莫前圍。捐卽追友勝，證能總不知。」在百姓的社會經驗中，這種行爲態度，確實可以獲得許多具體的利益，難怪此一類的善書往往被民衆視爲金科玉律。

民間的社會倫理是在現實環境中長期發展而成，雖未符合儒家關愛人類的道德主體精神，但是追求群體生活的合理保障，是人類存在的基本需求。在傳統的教化下，往往將儒家倫理與民間倫理劃上符號，以致避諱談民間倫理的眞象，甚至鄙視這種文化精神，可是民間却有其自成系統的教化體系，王梵志詩卽是一個明顯的例子。民間倫理不等於儒家倫理，是首先必須建立的共識，如此才能避免二個不同體系的糾纏不清。且進一步地進入民間的現實情境裏，瞭解在何種的狀況與壓力下，儒家倫理被轉化成民間倫理，如此才能眞正掌握到社會文化的動向，解決生命存在的兩難困境。

第四節　宗教信仰與庶民生活

民間社會倫理的建立，其技術性的處事法則，仍無法完全消除生活上的動盪不安，逃離貧窮與死亡的襲擊，只能在惡劣環境中暫時找到生存的依據罷了。必須靠形上的宇宙理論與信仰情操，有效地疏導百姓的情感發抒與心靈秩序，利用天人溝通來整合人際關係，架構社會體系內在的脈絡結構，形成傳統社會的文化精神及其共同遵循的生活規範。王梵志詩所宣示的社會倫理，其主導力量來自於對宗教信仰的崇拜與皈依，以其信仰所衍生的思想架構，來詮釋人與生存空間的相互關係，調適人與人之間的各種人情矛盾與衝突問題。宗教的主要功能仍在於強化人類應付人生問題的能力，王梵志詩在內容上主要也在於建立出一套普遍共有的信仰，強化民衆應付各種存在問題的能力，增加了鄉土百姓共有的人生經驗與社會相互溝通的認知系統。

王梵志詩的宗教思想主要源自於民間的通俗佛教，著重在因果循環與輪廻報應的信仰層面上，其義理的闡釋常只考慮到如何滿足大衆的需求與秩序的妥協，而非眞正地傳達佛教的教義。因此王梵志詩的宗教思想的層次與宣教對象，是專對基層社會的鄉土百姓而設，透過其簡易的信仰概念，安頓民衆的精神生活，導引出一條福降禍散快樂永生之道。王梵志詩有相當多首是反映在嚴酷現實的壓迫下，短暫坎坷的生命是有限又極艱難的存在，而這種存在的困境，又是人類神聖莊嚴的問題，如詩云：

新墳影舊塚，相續似魚鱗。義陵秋節遠，曾逢幾箇春？萬劫同今日，一種化微塵。
定知見土裏，還得昔時人，頻開積代骨，為坑埋我身。不淨膿血袋，四大共為因。
六賊都成體，敗壞一時分。風者吹將散，火者焰來親。水者常流急，土者合成人。
體骨變為土，還歸足下塵。（二五六）

雖然運用了不少佛教的名相作爲詮釋的工具，其意義極爲淺顯，指出人類的生命是一種無奈的存在，在時間與空間的限制下，人的生命彷彿眞實存有，一剎那間又歸於虛無，這種想法在生命財產毫無保障的社會生活中更爲強烈，以存有都是虛幻的念頭，化解實際生活中的挫折感，放棄長命百歲的追求，如詩云：「縱得百年活，須臾一向子。彭祖七百歲，終成老爛鬼。託生得他家，隨生作名字。輪廻轉動急，生死不由你。身帶無常苦，長命何須喜。不聞念佛聲，滿街聞哭響。」（二五○）在現實的生活中，「身帶無常苦」的體悟更爲深切。既然生命是無法眞實掌握，則榮華富貴也就沒有意義了，如詩云：「世間何物平，不過死一色。老小終須去，信前業道力。縱使公王侯，用錢遮不得。各身改頭皮，相逢定不識。」（○六二）經由生死的公平性來化除貧富不均的社會問題，也就是提昇百姓的精神境界來對抗物質生活的不公平性。這種以信仰的力量來協助社會教化，是民間追求物質的豐腴與精神的滿足之文化傳統，建構了社會大衆的生活模式，決定了社會文化的歷史走向。

在鄉民貧乏的物質生活對照下，富人的形象相當惡劣，往往被視爲放債擧利圖致財富的守財奴。當無法從經濟制度的革新處改善社會秩序，則只好從無形的精神力量處拉近貧民與富人的差距，以宗教的情懷重新教育民衆：物質生活的缺乏，不是眞貧窮，精神生活的憂悽，才是人生的眞患難。窮人將現世的苦痛寄託於來世的圓滿，以調整個人的生活方式，提昇生命的境界，如詩云：

行善為基路，偷盜五不作，邪淫五不當。不解讒朝庭，不解佞君王。不能行左道，於中說一場。一直逢閻老，盡地取天堂。（○九○）

富人更須再教育，明白一切榮華富貴，盡是過眼雲煙。其教育的方式，仍具有濃厚的功利色彩，勸富人與其後悔留與後人揮霍，不如及時行善，種下善果，如詩云：

大有愚癡君，獨身無兒子。廣貪多覓財，養奴多養婢。司命門前喚，不容別鄰里。死得四片板，一條黃衾被。錢財奴婢用，任將別經紀。有錢不解用，空手入都市。（〇〇七）

見有愚癡君，甚富無男女。不知死急促，百方更造屋。死得一棺木，一條衾被覆。妻嫁他人家，你身不能護。有時急造福，實莫相疑悞。（〇六六）

有錢不造福，甚是老愚癡。自身不喫著，保持授妻兒。打脊眼不痛，十指不同皮。飽喫身自穩，餓肚身自飢。貯積十年調，知身得幾時。一朝身磨滅，萬事不能究。妻嫁後人婦，子變他家兒。奴婢換曹主，馬即別人騎。聞強急修福，莫於百年期。（二八〇）

貧富不均的經濟結構中，富有者只是少數，却是社會資源的支配者，若爲富不仁時，貧富間的差距愈大；若富而好施時，貧富之間的網絡生動起來，多少可以降低對立的衝突狀態。在王梵志詩裏對富人的要求頗多，以「急造福」的信仰心態來獲得生存上的優勢，否則經濟上的優勢是不能久恃，另方面大多數的民衆在長期匱乏的生態環境也無法接納富有者長期取得經濟上的優勢，對守財奴發出強烈不滿的心聲，如詩云：

撩亂失精神，無由見家裏。妻是他人妻，兒被後翁使。奴事新郎官，婢逐後孃子。駟馬被金鞍，鏤鐙銀鞦轡。角弓無主張，寶劍抛著地。設却百日齋，渾家忘却你。錢財他人用，古來尋常事。前人多貯積，後人無慚愧。此是守財奴，不免會窮死。（〇一〇）

行善止惡原是道德行爲，若加上富貧等因果報應，使得民間的倫理教化複雜了起來，人際間的關係在善惡果報的道德觀支配下，必須考慮到整體性的社會規範。此規範中受佛教業報思想影響甚深，認爲今世裏吉凶禍福貧富貴賤是因緣聚合，如云：「布施生生富，慳貧世世貧。若人苦慳惜，㓜㓜受辛勤。」（二三七）「富者前身種，貧者慳貪生。貧富有殊別，業報自相迎。聞強造功德，喫著自身榮。智者天上去，愚者入深坑。」（〇五八）富者若欲保有其較好的業報，必須勤加布施。貧者雖今生窮困，若能積善業也能得福報，如云：「前業作因緣，今生都不記。今世受苦惱，未來當富貴。」（〇九一）

當因果報應支配了社會的價值、規範和行爲模式時，人們無法操控自己的慾望，必須無條件執行善惡法則，才能取得賴以生存的社會資源，可是二者之間的連繫寄託在一個不可知的來世，理想性高，無法當下獲得滿足，人們在行動上毫無生趣缺乏動力，遂有及時行樂的想法，這種及時行樂滿足人類的慾望，是極爲普遍的心理狀態，如詩云：

人生能幾時，朝夕不可保。死亡今古傳，何須愁此道。有酒但當飲，立卽相看老。充充信因緣，終歸有一到。（一四一）

人生一代間，有錢須喫著。四海並交遊，風光亦須覓。錢財只恨無，有時實不惜。聞身強健時，多施還須喫。（〇六七）

有錢但喫著，實莫留填櫃。一旦厥摩師，他用不由你。妻嫁親後夫，子心隨母意。我物我不用，我自無意智。未有百年身，徙作千年事。（二五三、二五四）

王梵志詩的價值觀不是單一標準，而是在日常生活中選擇策略和釐定步驟時具有功利的性格，妥協地考慮到現實的各種條件，選擇較為有利的應對法則。在實際的運作中，人與人關係的建立，往往基於生存需求，及時行樂是常見處世態度，在人生苦短中及時行樂，以曠達的心胸忘却世間煩塵苦痛，有些遊戲人間的味道，如詩云：

暫時自來生，暫時還卽死。死後却還家，生時寄住鬼。不愁麥不熟，不怕少穀米。
陽坡展脚臥，不來世間事。死去長眠樂，常恐五濁地。身是上陣兵，把刀被殺事。
你若不殺我，我還殺却你。兩既忽相逢，終須一箇死。死亦不須憂，生亦不須喜。
須入涅槃城，速離五濁地。天公遣我生，地母收我死。生死不由我，我是長流水。
（二八一）

俗塵的苦惱與人生的短暫，使得曠達的心胸累積著許多複雜的情緒。「死亦不須憂，生亦不須喜」跳脫出存在有限性的大網，了斷生命存有的遺憾，表達出民衆契求永生與逍遙自在的心靈夢想，以及亙古以來的宗教情懷。

王梵志詩所顯示的宗教信仰也不是單一，雖然大量地引用佛教的教義來詮釋人生道理，對佛教也有許多的批評，而且觀念相當新穎，如謂：「菩薩常梳髮，如來不剃頭。」（一一四）是一種觀念的突破，又如詩云：

寺內數箇尼，各各事威儀。本是俗人女，出家掛佛衣。徒衆數十箇，詮擇補綱維。
一一依佛教，萬事總合知。莫看他破戒，身自牢住持。佛殿元不識，損壞法家衣。
常住無貯積，家人受寒飢。衆廚空安竈，麤飯當房炊。只求多財富，餘事且隨宜。
富者相過重，貧者往還稀。但知一日樂，忘却百年飢。不採生緣瘦，唯願當身肥。

今當損却寶，來生更若為。（○二四）

道人頭兀雷，例頭肥特肚。本是俗家人，出家勝地主。飲食哺盂中，衣裳架上取。
每日趁齋家，卽禮七拜佛。飽喫更索錢，低頭著門出。手把數珠行，開肚尤無物。
生平未必識，獨養肥沒忽。蟲蛇能報恩，人子何處出？（○二三）

王梵志也對道教有所批評，如云：

觀內有婦人，號名是女官。各各能梳略，悉帶芙蓉冠。長裙並金色，橫披黃儭單。
朝朝步虛讚，道聲數千般。貧無巡門乞，得穀相共飡。常住無貯積，鐺釜當房安。
眷屬王役苦，衣食遠求難。出無夫婿見，病困絕人看。乞就生緣活，交卽免飢寒。
（○二二）

王梵志詩對宗教信仰的本質較少批評，對各種神職人員與宗教儀式則有許多微言，尤其是不肖的神職人員常被嘲笑與反諷。這種現象也可從台灣諺語處得到印證，諺語云：「阿彌陀佛，食菜無拜佛。」「臭頭和尚，做無好功德。」「做鬼司公，白賊戲。」等[34]。如此批評是對人不對神，其用意並非否定宗教的功能，而是對神職人員的自身素質有所懷疑，這可能也是導源於民間財物分配的心理情結。一般百姓在各種徭役賦稅的苛徵暴斂下難以維生，而神職人員反而享有許多優渥的待遇，生活舒適，難怪有「童子得出家」的詩：

童子得出家，一生受快樂。飲食滿盂中，架上選衣著。平明飲稀粥，食手調羹臛。
飽喫更取錢，此是口客作。天王元不朝，父母反拜却。點兒苦讀經，發願離濁惡。
身心并出家，色欲無染著。同時少出家，有悟亦有錯。憨癡求身肥，每日服石藥。

生佛不供養，財色偏染著。白日趁身名，兼能夜逐樂。不肯逍遥行，故故相纏縛。滿街肥統統，恰似鼈無脚。（二七五）

「恰似鼈無脚」反映民衆普遍不滿的情緒所引發而出的成見。從王梵志詩的內容來看，其信仰理念滲雜了許多民衆意識，偏重在因果與業報的具體利益，對佛理作通俗性的詮釋。其信仰的形態，可能是佛道教的混合，如云：「同尊佛道家。」（〇二一）或者是三教合一，即詩云：「三教同一體。」（〇二一）

第五節 小結

有關中國基層社會文化與人格的研究，是目前學術界極爲熱門的課題。自十九世紀西方勢力東來以後，對民間文化的分析，大多逃不出主觀的「價值判斷」的格局，有的將中國文化理想化爲一不待外求的自足體系，有的則把中國文化醜化爲一無所是的斷爛朝報。金耀基指出：討論中國的社會文化，必須把它的「理論層」與「行爲層」合起來看。從「理論層」說，中國文化是有一「理想形象」的。但從「行爲層」說，則中國社會實與中國文化的「理想形象」迥不相侔，從而，我們對中國文化的批判必須並二者而合談，否則不是涉於主觀，便易流於意氣㉟。

敦煌寫本王梵志詩的出土對中古時代傳統社會的價值系統、社會結構與人格形式的研究有極大的幫助，對理論層的理想形象在現實社會轉換與安置的過程中，因牽就行爲層的人際互動關係，以及其固有的理解體系與詮釋系統，而產生了本質上的差異，建構出社會大衆所擁有的集體意識與文化規範。中國傳統社會即不是專制黑暗的閉鎖社會，也不是平面合理的開放社會㊱，而是在農業的經濟結構下，以「原級團體」的倫理關係，吸收了儒釋道三家的價值系統，形成以「秀異分子」與「農民」爲核心的二元社會，在其文化脈絡裏傳承具有普遍性的人格形象。王梵志詩的寫實詩歌客觀地反映中古時權威性的人格，以及相對性的人情取向，都能反映出傳統農業社會的整體內涵與實質意義。

今日傳統社會在工業文明的強烈挑戰下，其原有賴以生存的那一套獨特而長久的文化傳統與價值體系面臨著徹底消失的威脅，我們是否堅持理論層的理想形象呢？還是重新架構出一套符合行爲層自成系統的現代化文明結構呢？這種調適的智慧，仍有待於對傳統社會文化的全面性理解，才能加入現代社會的變遷原理，解除文化更新所面臨的困境，將中國的歷史文化推向更成熟的境地。

注　釋

❶ 劉復輯「敦煌掇瑣」，中央研究院歷史語言研究所刻本，民國十四年。其中「瑣三二」是法國巴黎圖書館二七一八號卷子，標爲「王梵志詩一卷」，另「瑣三〇」即三四一八號卷子，「瑣三一」即二二一一號卷子，亦爲王梵志詩。

❷ 胡適之「白話文學史」（民國十七年）第十一章「唐初的白話詩」，開啓了研究王梵志詩的風潮，其論證與判斷，引起後人普遍的注意與修正。

❸ 鄭振鐸「王梵志詩一卷」校錄（世界文庫第五冊，民國二十四年），另其「中國俗文學史」（台灣商務印書館）第五章唐代的民間歌賦，與「中國文學史」第二十三章隋及唐初文學，皆簡略地說明王梵志的詩風。

❹ 入矢義高「王梵志について」（中國文學報第三、四期，一九五五—五六）、「王梵志詩集考」（神田喜一郎博士還曆記念書誌學論集，一九五七）。

❺ 戴密微「王梵志詩附太公家教」（巴黎，一九八二）。

❻ 吳其昱「有關王梵志的敦煌寫卷」（Toung Pao XLVI 3-5 一九五九）。

❼ 金岡照光「敦煌の文學」（東京大藏出版社，一九七一）、「敦煌の民衆—その生活と思想」（東京評論社，一九七二）。

❽ 遊佐昇「王梵志譯のもつ兩側面」（大正大學大學院研究論集第二號，一九七八）、「敦煌文獻にあわれた童蒙庶民教育倫理—王梵志詩、太公家教等を中心として」（大正大學大學院研究論集第四號，一九八〇）、「王梵志詩集一卷について」（東洋大學大學院紀要第十七、十八號，一九八〇—八一）。

❾ 趙和平、鄧文寬「敦煌寫本王梵志詩校注」（北京大學學報一九八〇年第五、六期）。

❿ 張錫厚「敦煌寫本王梵志詩淺論」（文學評論第五期，一九八〇年）、「蘇藏敦煌寫本王梵志詩補正」（社會科學第三期，一九八二）、「關于敦煌寫本王梵志詩整理的若干問題」（文史第十五輯，一九八二）、「王梵志詩校輯」（中華書局，一九八三）。

⓫ 潘重規「簡論王梵志詩校輯」（中央日報文藝評論第廿一期，民國七十三年）、「王梵志出生時代的新觀察」（中央日報文藝評論第五十四期，民國七十四年）、「敦煌王梵志詩新探」（漢學研究第十四卷第二期，民國七十五年）。

⓬ 菊池英夫「王梵志詩集と山上憶良貧窮問答歌」（第三十一屆國際亞州北非人文科會會議論文，一九八三）。

⑬ 朱鳳玉「王梵志詩敍錄」（木鐸第十期，民國七十三年）、「王梵志詩研究」（學生書局，民國七十五年）。

⑭ 參閱周鳳五「敦煌寫本太公家教研究」（明文書局，民國七十五年）、朱鳳玉「太公家教研究」（漢學研究第四卷第二期，民國七十五年）。

⑮ 參閱鄭阿財「新集文詞九經鈔研究」（漢學研究第四卷第二期，民國七十五年）。

⑯ 參閱雷僑雲「敦煌兒童文學」（學生書局，民國七十四年）、陳慶浩「古賢集校註」（敦煌學第三輯，民國六十五年）。

⑰ 參閱鄭阿財「敦煌寫本崔氏夫人訓女文研究」（中興大學法商學報第十九期，民國七十三年）、朱鳳玉「王梵志詩研究」第五章第三節王梵志詩與敦煌文學的關係。

⑱ 朱鳳玉「王梵志詩研究」第一四七頁。

⑲ 前人的論證情形，參閱張錫厚「王梵志校輯」附編敦煌寫本王梵志詩著錄簡況及解說、王梵志詩評述摘輯，以及朱鳳玉「王梵志詩研究」第一章王梵志的時代及生平。

⑳ 任半塘（二北）「王梵志詩校輯序」，收錄於「王梵志詩校輯」，第五頁。

㉑ 「直言時事，不浪虛談」原為敦煌寫本王梵志詩集原序的文句。

㉒ 部分文句的修正，根據潘重規老師「敦煌學」課的講義。

㉓ 張錫厚「王梵志詩校輯」前言，第十七頁。

㉔ 鄭志明「台灣勸善歌謠的社會關懷（上）（下）」（民俗曲藝第四十五期、四十六期，民國七十六年）。

㉕ 見本書第九章

㉖ 黃光國「人情與面子—中國人的權力遊戲」，收入「現代化與中國化論集」（桂冠圖書公司，民國七十四年），第一三一—一四一頁。

㉗ 鄭志明「中國社會與宗教」（學生書局，民國七十五年）第十五章傳統社會的處世哲學，第三三八頁。

㉗王希輝譯「漢學論著選譯」，收入張錫厚「王梵志詩校輯」第二九六頁。

㉘民間流行勸善性質的文學作品往往被視之為修身的寶典，明代的菜根譚卽是一個明顯例子，參閱鄭志明「菜根譚（撰述）」（金楓出版社，民國七十五年）第十七頁。見本書第六章

㉙徐靜「從兒童故事看中國人的親子關係」，收入「中國人的性格」（中央研究院民族學研究所，民國六十一年），第二一五頁。

㉚曾昭旭「孝道與宗教」（鵝湖月刊第五十七期，民國六十九年），第二—六頁。

㉛曾昭旭「試論孝道的未源及其陷落」（鵝湖月刊第三十期，民國六十六年），第二—十頁。

㉜楊聯陞著段昌國譯「報—中國社會關係的一個基礎」，收入「中國思想與制度論集」（聯經出版公司，民國六十五年），第三五〇頁。

㉝文崇一「報恩與復仇：交換行為的分析」，收入「社會及行為科學研究的中國化」（中央研究院民族學研究所，民國七十一年），第三一四頁。

㉞鄭志明「中國社會與宗教」第十四章傳統社會的宗教思想，第三二六—三二八頁。

㉟金耀基「從傳統到現代」（時報出版公司，民國六十七年），第三一—三二頁。

㊱同注釋㉟，第四六頁。

第三章　太上感應篇的倫理思想

第一節　淺說太上感應篇

民間淺俗化勸善性質的書籍，是民衆精神生活的具體規範，足以形成社會普遍共有的道德倫理與宗教信仰。敦煌出土的太公家教❶、新集文詞九經鈔❷等書，反映出民間另有其文化傳統，將古奧經書的義理重新整理，利用經史子集的嘉言懿訓配上通俗活潑的語言文字，流行於廣大的基層社會裏，成爲庶民教育與民間信仰的重要寶典。可惜民間自成系統與宣導社會教化管道裏，這些書都已經亡佚而不全了，目前民間善書的龍頭，首推南宋時期的「太上感應篇」，後出的善書在形式與內容上幾乎是依該書模式編輯出來❸，但是太上感應篇或許是民間通俗讀物中較爲幸運的一部書❹，因宋眞宗的賜錢刋刻，被民間代代流傳。

太上感應篇也是一部雜抄性質的書籍，其主要的文字與內容抄襲自「抱朴子」內篇卷三對俗與卷六微旨兩篇，以通俗文字加以整理貫穿而成，其編纂的作者來自民間難以考證。吉岡義豐根據「宋史藝文志」有「李昌齡感應篇一卷」，及李昌齡所編輯的「樂善錄」收錄「太上感應篇」，推斷太上感應篇因李昌齡的刋印才成爲民間的善書❺。該書也受到知識分子的贊許，如眞德秀爲之寫序，廣薦於社會。這一本書多次獲得歷代君王的賞賜，如淸順治十三年上諭刊刻，頒賜群臣，并擧貢生監，皆得徧及。

太上感應篇原則上應屬於道教的典籍，以道教的宗教倫理化成通俗化、淺俗化的道德條目，作爲日常生活中待人處事的規則❻，經由士大夫與老百姓的不斷傳播，被視爲有益世道人心的作品，足以穩定人心維持廣大社會的秩序，成爲輔助儒家教化的民間教材，佛教界也重視這本書，如印光法師爲「太上感應篇直講」作序云：「太上感應篇，撮取惠吉、逆凶、福善、禍淫之至理，發爲掀天、動地、觸目、驚心之議論。❼」余英時近作謂南宋以來「太上感應篇」之類的善書不斷地出現並廣泛地流行，是新道教所俱來的一個重要的歷史現象，大有助於其宗教倫理在民間的傳播❽。如此推斷的用意是爲了指出中國宗教倫理一直是朝著入世苦行的方向轉變，這是一個相當有意思的論題，本文欲以太上感應篇爲主要的素材，探討該書所反映的宗教倫理及其文化意義。

第二節　太上感應篇的司命信仰

太上感應篇託名太上老君所著，故篇首稱謂「太上曰」指出此部書都是太上老君所傳授的話，太上老君爲道教共同信仰的教主，可見這本書應屬於道教經藏內的寶典，因其通俗化的宗教倫理觀與傳統社會的道德意識極爲相應，轉而成爲民間善書，受一般民衆與民間宗教所傳誦與奉持。其基本信仰來自道教太平經系統，與漢代盛行的司命信仰有很密切的關係，相信字宙間有一監管民衆過失的神，以其善惡得失作爲壽命長短的審判標準。卽太上感應篇云：「天地有司過之神，依人所犯輕重，以奪人算。」司命司過之神應爲三官，據靈書紫文上經云：「大過被考於三官，小過奪紀以促年。」華丹神眞上經云：「生則獲罪於水火，死則受考於三官。」但是王明指出太平經鈔甲部是後人濫鈔抵補，三官之名於魏晉之際方漸流行❾。司命信仰是否等於三官信仰，在時間的判定上極爲重要，葛洪抱朴子的微旨篇未確定司過之神的神名：

按易內戒及赤松子經及河圖記命符皆云：天地有司過之神，隨人所犯輕重，以奪其算。

司過之神，在「太上洞玄靈寶三元玉京玄都大獻經」序云：「一切衆生，生死命籍善惡簿錄，普皆係在三元九府天地水三官，考校功過，毫分無失。」太上感應篇在內容上沒有三官信仰的色彩，很明顯地是從抱朴子「對俗」、「微旨」兩篇抄錄而成，重視積功累德的因果報應。此一信仰被視爲道教五大派中的「積善派」，其主要修爲是透過功德的修持來施善行仁，以安己利人來溝通天人的關係❿。

司命信仰主要來自於善惡的因果報應，太上感應篇云：「禍福無門，惟人自召；善惡之報，如影隨形。」善惡與禍福的結合，形成行善得福、作惡得禍的信仰態度由來已久，如易傳文言坤云：「積善之家必有餘慶，積不善之家必有餘殃。」國語周語中云：「天道賞善而罰淫。」老子第七十九章云：「天道無親，常與善人。」善惡行爲的判斷準則必須仰賴外在的超越力量，此卽信仰的基本形態，正如商書伊訓篇云：「惟上帝無常，作善降之百祥，作不善降之百殃。」上帝如何做出善惡的判斷呢？就宗教信仰而言，自律的道德作用往往寄託在他律的神佛意志上，因此假設有一專門的神祇，依人的行為功過來增減其紀算，以便作為福禍賞罰的依據。生命的短長也由功過來算紀，如太上感應篇云：

算減則貧耗，多逢憂患，人皆惡之，刑禍隨之，吉慶避之，惡星災之，算盡則死。

抱朴子對俗篇云：

行惡事大者，司命奪紀，小過奪算，隨所犯輕重，故所奪有多少也。凡人之命受得壽，自有本數，數本多者，則紀算難盡而遲死；若所禀本少，而所犯者多，則紀算速盡而早死。

抱朴子微旨篇云：

算減則人貧耗疾病，屢逢憂患，算盡則人死，諸應奪算者有數百事，不可具論。

算紀之說反映出鄉民社會的通俗信仰，以及對生命夭壽的現象建立宗教性格的詮釋系統。此種信仰的理論架構建立在以宗教精神來引發或實現道德的基礎上，首先假設每一個人都有來自於神權所賦予的「本數」⑪，承天之命擴張道德完滿的人格，是「本數」的增強作用，足以獲得各種福報；違逆天命放縱私心以致行為乖戾，背離道德人倫原則，是「本數」的減弱作用，天災人禍隨之而來。

但是司命之神如何考察芸芸衆生，詳細地為每一個人登錄下善惡的行為呢？據鄭玄注禮記祭法云：「小神居人閒，司察小過，作譴告者。」稽查人間過失的小神，即是人身上的「三台北斗神君」、「三尸神」，以及家庭裏的「竈神」，如太上感應篇云：

又有三台北斗神君，在人頭上，錄人罪惡，奪其紀算。又有三尸神，在人身中，每到庚申日，輒上詣天曹，言人罪過，月晦之日，竈神亦然。

抱朴子微旨篇則無「三台北斗神君」之說，云：

又言身中有三尸，三尸之為物，雖無形而實魂靈鬼神之屬也。欲使人早死，此尸當得作鬼，自放縱遊行，享人祭酹。是以每日到庚申之日，輒上天白司命，道人所為過失。又月晦之夜，竈神亦上天白人罪狀。

人體上有神附身以觀善惡之說，見於太平經卷乙部云：「爲善，神自知之；惡，神亦自知之。非爲他神，乃身中神也。」黃庭經以及老子中經進一步認爲人身中有各種神明居之，據老子中經云：「人之根也，在目中，故人之目，左爲司徒公，右爲司空公。兩腎間各有三人，凡有六人，左爲司命，右爲司錄，左爲司隸校尉，右爲廷尉卿，主記人罪過，上奏皇天上帝、太上道君，常存之，令削去死籍。」太上感應篇所謂三台神君、北斗神君是民間星辰崇拜的神祇。所謂三台神君，卽上台虛精開德星君、中台六淳司空星君、下台曲生司祿星君，據晉書天文志云：「三台六星，兩兩而居，一日天柱三公之位也。在人曰三公，在天曰三台，主開德宣符也。」一般認爲三台神君掌握凡人的金玉、祿位、土田。北斗神君則掌管凡人的誕生、註死、禍福，據雲笈七籤云：「北斗君主命籙籍，上總九天諸籙，中統鬼神簿目，下領學眞兆民命籍，諸天諸地，無不總統。」此種星辰崇拜是相信在人類頭上有種種星神日夜盤旋，登錄善惡功過以監察世人。

除了星辰崇拜外，尚有三尸信仰，據太上三尸中經云：「人之腹中各有三尸九蟲，爲人大害，常以庚申之日，上造天帝，以記人之造罪，分毫錄奏，欲絕人生籍，減人祿命，令人速死。」三尸可能是指人身上的寄生蟲⑫，被神格化，成爲能在庚申日上天白人過失的神祇，傳說每逢庚申日（天神決斷人善惡的日子）趁人好睡，便上到天曹，據實告人罪狀，故道教養生之道中有所謂「守庚申法」，阻止三尸神上天告狀，據雲笈七籤庚申部的記載云：「常以庚申日徹夕不眠，下尸交對，斬死不還。復庚申日徹夕不眠，中尸交對，斬死不還，復庚申日徹夕不眠，上尸交對，斬死不還。三尸皆盡，司命削去死籍，著長生錄，上與天人遊。」此法盛行於唐代，也東傳至日本，稱爲「庚申信仰」⑬。

竈神信仰由來已久⑭，民間稱呼竈神爲「東厨司命定福竈君」，相傳竈神平時在家考查家人善惡，每月上報天庭，作爲福禍的憑據，故稱竈神爲司命，至於爲何稱爲「東厨司命」見於禮記月令篇云：「孟夏之月祀竈。」注云：「祀竈之禮，東面設主於竈陘。」後來民間祭竈神改於歲末，稱爲送竈神，認爲竈神於每年十二月二十五日回報天庭，民衆爲了避免竈神言己之罪過，除了祭竈神，尚有其他行爲，如「東京夢華錄」云：「都人至除夕請僧道誦經，備酒菓送神，以酒糟塗竈門之上，謂之醉司命。」

太上感應篇雜揉了民間各種司命信仰，實現以天制人的宗教目的，相信宇宙間有天神在稽查人間，以「天道不言而善應」的意志權威，主宰後天的道德行爲，行善可得福報，作惡必遭天譴，成爲一套客觀的審核標準，建立通俗化的道德條目，來維持社會秩序的安定和諧。這種宗教倫理觀，其積極的意義在於超凡入聖修鍊成仙，如太上感應篇云：

所謂善人，人皆敬之，天道佑之，福祿隨之，衆邪遠之，神靈衛之，所作必成，神仙可冀。欲求天仙者，當立一千三百善，欲求地仙者，當立三百善。

如何才能積善成仙呢？在太上感應篇裏只列道德條目，尚未有嚴峻的天算思想，與功過格的功德觀念有所不同⑮。消極方面則在躲避災禍以求長生，如太上感應篇云：「凡人有過，大則奪紀，小則奪算。」抱朴子微旨篇云：「大者奪紀，紀者三百日；小者奪算，算者三日也。」太上感應篇以簡單的紀算觀念，架構其修善積德的宗教倫理思想，形成傳統社會普遍遵守的生活規範與行爲準則。在這些行爲準則的條目裏反映出常民文化的內在本質與思想模式，是一種共同認知的集體意識，希望透過共同的約束與奉行，開啓健全的人文心靈與社會秩序。

第三節　善惡報應的陰隲觀念

太上感應篇的宗教倫理主要建立在日常社會行爲的善惡價值判斷，判定某種行爲是道德的或不道德的，道德的行爲卽是「善」，有踐行的義務，不道德的行爲卽是「惡」，有糾正的義務。太上感應篇編纂成書的同時，正是宋代理學興盛發展的時代，其對善惡的價值判斷，受到新儒家「人倫日用」的道德實踐之影響，尤其是來自於文人的世俗教化，使儒家倫理深入基層社會的生態環境裏發揮了潛移默化的功能。太上感應篇的宗教倫理雖來自於信仰的力量，仍是一種社會化的文化活動，受到傳統社會教化的倫理判斷所支配。

太上感應篇的主要文字抄襲抱朴子，其宗教倫理觀念承繼抱朴子的「功德」觀念，如對俗篇云：「按玉鈐經中篇云立功爲上，除過次之。爲道者以救人危使免禍，護人疾病，令不枉死，爲上功也。欲求仙者，要當以忠孝和順仁信爲本。」但是在抄襲的過程中，已存有倫理行爲的價値判斷，含有當時社會機制所形成的行爲動機，根源於某種法則或律令產生必然性的義務行動。如太上感應篇積善篇所列擧的義務行動：

是道則進，非道則退；不履邪徑，不欺暗室；積德累功，慈心於物；忠孝友悌，正己化人；矜孤恤寡，敬老懷幼；昆蟲草木，猶不可傷；宜憫人之凶，樂人之善，濟人之急，救人之危；見人之得，如己之得，見人之失，如己之失；不彰人短，不衒己長；遏惡揚善，推多取少；受辱不怨，受寵若驚，施恩不求報，與人不追悔。

抱朴子微旨篇的原文爲：

覽諸道戒，無不云欲求長生者，必欲積善立功，慈心於物；恕己及人，仁逮昆蟲；樂人之吉，愍人之苦，賙人之急，救人之窮；手不傷生，口不勸禍；見人之得，如己之得，見人之失，如己之失；不自責，不自譽；不嫉妬勝己，不佞諂陰賊，如此乃為有德，受福於天，所作必成，求仙可冀也。

由此可知，在道教的初期其制定的宗教倫理已有濃厚的道德價値判斷，重視個人道德的自我實現，其基調是受儒家倫理社會教化的影響，也反映出傳統社會在知識分子文化理念的指導下，逐漸形成以道德實踐爲主的文化傳統。這種文化傳統到了宋代在新儒家的文化復振下，也增強了社會倫理的道德意識。

所謂「是道則進，非道則退」是必須先肯定「道」的內容，才能有「是」與「非」的價值判斷，作爲「進」與「退」的主觀根據。此處的「道」是指人與人之間的倫理法則，成爲社會結構的集體意識所引發而出的社會規範與行爲模式，其內容包括倫理法則的判斷主體、對象與標準，亦卽道德實踐的原動力，以及道德實踐所形成的人格特性等。在太上感應篇的道德條目裏似乎偏重個人內在性情明善誠身的行爲動機上，意謂著行使倫理法則的主體在於人的道德本心，亦卽善惡行爲的發生在於道德本心的發用，能順著道德本心做到戒愼恐懼的愼獨工夫，卽是善，如謂「不履邪徑，不欺暗室」去除各種私心，時時保持深刻省察，並積極加以實際運作的心理狀態，在意念初動的時候，掌握「天之所與我者」（孟子告子上）的道德本心。以內在本心爲道德實踐的判斷主體，在孟子盡心篇云：「君子所性，仁義禮智根于心。」確定在生活體驗中，心是獨立而自主的活動，是一切道德行爲的根源，在告子上篇更進一步指出道德本心是自存於人身，不受生理欲望的裹脅而當體呈露，但是一般人則受生理欲望的支配，而不知有道德本心，如云：

> 惻隱之心，人皆有之；羞惡之心，人皆有之；恭敬之心，人皆有之；是非之心，人皆有之。惻隱之心，仁也；羞惡之心，義也；恭敬之心，禮也；是非之心，智也。仁義禮智，非由外鑠我也，我固有之也，弗思耳已。故曰：求則得之，舍則失之。或相倍蓰而無算者，不能盡其才者也。

太上感應篇的道德條目卽在於時時引發人的道德本心，碰觸到「非外鑠我也」的道德本心，或者以克制生理欲望的方式，在「求則得之」的思慮作用下，順著自己心的活動中找到道德的根據。「積德累功」、「正己化人」卽是積極地擴充自我的精神境界，以展現道德地人格涵養；「忠孝友悌」、「矜孤恤寡」、「敬老懷幼」則是表現在日常生活的具體實踐，將心的無限創發力，在主觀意義的實踐理性中，使心德實現於客觀世界之中，而不是停留在「觀想」或「觀念」的世界⑯。

這些道德條目實際上要建立與「理」合一的人「情」，荀子性惡篇云：「順人之情，必出於爭奪。」所謂「人之情」即是各種生理欲望，非有道德性的感情。道德性的感情即是仁義禮智，來自於惻隱、羞惡、恭敬、是非之心。太上感應篇謂「昆蟲草木，猶不可傷」即是惻隱之心，是「慈心於物」的具體表現，是存在的內省體證，而非借助於知識分析或形上思辨的結果⑰。這種內省體證的道德本心擴展到人與人的倫常關係，即是將個人與群體通過內心的善性，來互相扶持融合在一起，故「憫人之凶」、「樂人之善」、「濟人之急」、「救人之危」等禮義行爲，即是內發的主觀性道德判斷，是來自於應然實踐的道德本心所引發出義務行爲的善良動機。來自於道德主體的價值判斷，其「是非」觀念是推己及人的仁恕工夫，如謂「見人之得，知己之得」、「見人之失，如己之失」等指出自我人格的建立，是一種人我相成的精神狀態，在己立立人、己達達人下，使仁體當下呈露渾然與物合一，開闢人在自己生命之內的無限世界。

儒家的道德本心是盡心知性以知天，也就是要存其心養其性來所以事天，故其道德本心是來自於人文的自覺，而非宗教的啓示，所謂「可欲之謂善，有諸己之謂信，充實之謂美，充實而有光輝之謂大，大而化之之謂聖，聖而不可知之謂神」（孟子盡心下）純粹是由心德的擴充所展現的人格世界，而非靠外在的宗教力量來掌握人類的運命。但是太上感應篇的道德條目雖有儒家倫理的形態，却將儒家的人文精神轉向宗教的信仰層次，認爲實踐善行的道德本心，是在神明的權威下所逼迫完成的，如云：

> 夫心起於善，善雖未為，而吉神已隨之；或心起於惡，惡雖未為，而凶神已隨之。

道德本心的原動力在於誠意正心的修養工夫，而非仰賴神祕主體的權威意志，但是太上感應篇則是藉吉神與凶神的賞罰力量來逼迫個人的道德修爲，吉凶二神成爲監察人間道德行爲的無形潛在力量。而且在前一節所敍述的司命信仰之下，相信宇宙中存有著許多不可見的信仰實體與權威力量，冥冥中在操縱世界，控制人類善惡行爲的福禍公律、一切人事的改變都逃不出神明的法眼，只要誠心持善，必定能得到好報，表現出天理昭昭的自然秩序，如云：

> 其有曾行惡事，後自改悔，諸惡莫作，衆善奉行，久久必獲吉慶，所謂轉禍為福也。故吉人語善、視善、行善，一日有三善，三年天必降之福。凶人語惡、視惡、行惡，一日有三惡，三年天必降之禍，胡不勉而行之。

這種吉慶禍福皆有定數的陰騭觀念，早已成爲中國民衆的生活倫理與宗教信仰的主要理念，成爲影響人際關係與日常生活的共同意識，比如明代「文昌帝君陰騭文」云：

> 諸惡莫作，衆善奉行。永無惡曜加臨，常有吉神擁護；近報則在自己，遠報則在兒孫。百臨駢臻，千祥雲集，豈不從陰騭得來者哉！

人類的生死壽數與盛衰榮辱都與善惡行爲息息相關，深信立命積德的行爲可以改變個人的命運，如陰騭文又云：「欲廣福田，須憑心地，行時時之方便，作種種之陰功。」也就是將道德本心的實際運作，歸宿於宗教信仰的力量，架構出傳統社會將道德的效力建立在向神明索求報酬的功利途徑⑱。

在外力神明禍福報應的逼促下，道德實踐逐漸喪失本心的自覺自證，使道德成爲人際行爲契約式的相對關係，導致善惡行爲的倫理判斷失去了主宰的作用，非完全由自己決定的自由意志來完成，必須考慮到社會活動的整體利益，雖重視個人德性的涵養，其目的偏重在爲自己存在的生命謀求良好的社會取向與集體關係，如「不彰人短」、「不衒己長」、「推多取少」等，含有自我犧牲以成全他人的利益結構，刻意地修飾自己的德性，以取得較佳的人際關係，或許也可以將這些道德條目視爲來自內在本心的自主判斷，起自於仁義的本性，但是很明顯的是這些道德條目是落在相對性的人際關係上，其所謂的道德，只是要求民衆犧牲自由意志，以達到某種和諧的狀態，即所謂「受辱不怨」、「受寵若驚」，是將道德行爲外化爲處世的法則，使道德不是純粹內發的，而是靠外面力量的約制，如「施恩不求報」、「與人不追悔」等，「施恩」、「與人」本就是發自於虛壹而靜的道德本心，不須要任何的約束，但是道德條目加上「不求報」、「不追悔」等知性觀念，使道德行爲成爲客觀的規範與法則。

第四節　太上感應篇的倫理規範

太上感應篇諸惡章第六，可算是客觀化道德法則的集大成，將人與人之間的各種應對之道化成限制性的道德條目，成爲多元化與深刻化的社會規範來約制民衆的行爲模式。禮記樂記篇云：「好惡無節於內，知誘于外，不能反躬，天理滅矣。」如何拒絕外物的引誘，修整自己的性情，是太上感應篇列舉惡行的主要目的，希望透過外現形式的具體條目，產生道德的自律作用，遠離非理性而不美善的外在誘因，作爲客觀遵守的原理原則。尤其現實社會欲望橫行，若無強烈的自我約束，容易使深潛的善德在無外鑠的引發下失掉了道德自我實踐力，且在私心的主觀臆斷下無法守住理法的分寸，導致形成人性的陰暗面無從辨明美醜善惡，在好惡無節下侈蕩惑亂，遭受天譴。

在中國傳統社會裏主神法作爲道德的制裁由來已久，如書經臯陶謨云：「天敍有典，天秩有禮，天命有德，天討有罪。」一切秩序來自天神形成自然法則，相信宇宙萬象中有其順乎天理相互涵攝的關係，如太上感應篇云：「非義而動，背理而行。」指出違逆人情，背悖天理，即是非道德的行爲。但是太上感應篇的所謂天理，不是客觀化的自然法則，而是本於神明賞罰的權威意志，如云：

如是等罪，司命隨其輕重，奪其紀算，算盡則死，死有餘責，乃殃及子孫。又諸橫取人財者，乃計其妻子家口以當之，漸至死喪，若不死喪，則有水火盜賊，遺亡器物，疾病口舌諸事，以當妄取之值。

也就是說太上感應篇的「天理」是指在天神掌握下的報應法則，具有強力的裁制作用，即是以天神作爲善惡正邪的判斷標準。因此其道德法則來自於對天神崇拜的畏懼之心，時時戒愼恐懼，以免天罰。天神是控制人類存在的主宰，具有無上的權威，所謂順天者存，逆天則亡。順天才能維持人間的安定與發展，故其道德條目重視對天神的崇拜與皈依，無條件地信服天神，以求平安地渡過一生，如云：

1. 怨天尤人，訶風罵雨。

2. 毀人稱直，罵神稱正。
3. 指天地以證鄙懷，引神明正鑑猥事。
4. 輕慢先靈，違逆上命。
5. 唾流星，指虹霓，輒指三光，久視日月。

宗教信仰來自於對超自然力的崇拜，是對自然勢力產生恐懼的心理狀態，相信自然界有著廣大奧祕的神祕力，因害怕生出崇拜，承認宇宙中存在著權威而且具有意識人格的神聖事物，若能以虔誠的態度恭敬神明，躲避某些神祕的禁令來抑制自己的行爲，可以消極地避免神明的處罰。在前列幾則引文裏，太上感應篇對自然物崇拜對象有天地、星辰、風雨、虹霓等，也有鬼魂崇拜，恭敬先人靈魂。天地的崇拜由來已久，尤其上天的福善禍施支配了下民的種種行爲，除了虔心的崇拜外，尙有種種禁忌，卽不可怨天，不可指天地以證鄙懷等。對於日月三光的崇拜，是一種泛神信仰，相信宇宙中存在著各種神祇在監察人類的善惡，故不可訶風罵雨、唾流星、指虹霓、久視日月等。

對自然物崇拜所產生的禁忌行爲，逐漸形成對自然現象普通化的尊重，類似動物崇拜、植物崇拜、圖騰崇拜等宗教行爲，如云：

1. 射飛逐走，發蟄驚棲，塡穴覆巢，傷胎破卵。
2. 埋蠱厭人，用藥殺樹。
3. 越井越竈，跳食跳人。
4. 晦臘歌舞，朔旦號怒，對北涕唾及溺，對竈吟咏及哭。又以竈火燒香，穢柴作食，夜起裸露，八節行刑。

5. 春月燎獵，對北惡罵，無故殺龜打蛇。

這種禁忌行爲實受儒家「民胞物與」及佛道「慈悲爲懷」等觀念的影響，有著生態保護的價值觀念，肯定宇宙間有著自然和諧的定律，以恭敬的心胸合理地規範制度，如云：「無故剪裁，非禮烹宰，散棄五穀。」卽是過當的行爲，將有害於人間穩定的秩序。爲了求得生命的永恒保障，必須認同於自然現象來節制個人的欲望，故非適當時機不可焚燒山林獵捕走獸，也不可無緣無故用藥殺樹、殺龜打蛇。保護野生動物維持生態和諧的觀念，在太上感應篇裏已明白指出，如不可掘挖蟄蟲驚嚇棲鳥，也不可趕盡殺絕傷胎破卵等自我作限的禁忌。另外要能尊重水井、爐灶、食物、人身等物，其禁忌是不可越井越竈、跳食跳人等，好像無道理可說，且又似乎存在著對人文的肯定，如年底歌舞會誤了正經事，清晨怨恨氣怒有傷身體，不以竈火燒香、不以穢柴作食等是對神聖物的尊重。「陰騭文」也有類似的觀念：「舉步常看蟲蟻，焚火莫傷山林；勿登山而網禽鳥，勿臨水而毒魚蝦；勿宰耕牛，勿棄字紙。」

對神聖事物的崇拜，將信仰與行爲相結合而存戒惕之心，也是人性的道德表現，這是一種宗教道德，其所謂的善惡行爲，非訴諸於道德的本心，而是由聖神來決定。亦卽其道德觀念，基於人與神的交通觀係，由「人國」到「天國」的升遷[19]。但是太上感應篇受到儒家現世道德的教化影響，也對人生價值給予肯定、鼓勵與保障，要知天必須盡心盡性，克制個人的欲望以含攝無窮的美善，如云：

1. 願人有失，毀人成功，危人自安，減人自益，以惡易好，以私廢公，竊人之能，蔽人之善；形人之醜，訐人之私，耗人貨財，離人骨肉，侵人所愛，助人為非，逞志作威，辱人求勝。

紊亂規模，以敗人功；損人器物，以窮人用；見他榮貴，願他流貶；見他富有，願他破散；見他色美，起心私之；負他貨財，願他身死；干求不逐，便生咒恨；見他失便，便說他過；見他體相不具，而笑之；見他才能可稱，而抑之。

2. 人類生而有欲，繼而有私，欲望私心正是「惡」的根本來源。太上感應篇對於人們常犯的種種私心有著較詳細的觀察，其所列舉的惡行，一言以蔽之，乃是利己的功利思想所作祟。這種直接要求萬有的奉己，營謀萬益的歸私者，乃是絕對的利己，其生活需要的動機、目的與過程，必然與他人產生對立，如此的人我衝突，造成精神的外馳內狂，世界將無可寧日。如何有效地化解由私心所造成人性的墮落，太上感應篇是採宗教與人文的結合，以外在具體的人文條文加上神明禍福的權威意志，逼迫民衆不斷地作自我的反省。雖然這種自我反省不是完全建立在主體性道德涵養，但是在有所不爲的潛移默化之中，能使道德倫理客觀地化爲社會的人文精神。

太上感應篇的倫理規範範圍相當廣泛，分成政治倫理、家庭倫理與社會倫理等三項簡述之。其政治倫理有：

虐下取功，諂上希旨；受恩不感，念怨不休；輕蔑天民，擾亂國政；賞及非義，刑及無辜；殺人取財，傾人取位；誅降戮服，貶正排賢；凌孤逼寡，棄法受賂；以直為曲，以曲為直；入輕為重，見殺加怒；知過不改，知善不為；自罪引他，壅塞方術；訕謗聖賢，侵凌道德。

自南宋以來歷代君主翻刊此書，可能即基於感應篇倫理規範的層面較廣。就政治倫理而言，以上條目似乎已概括了爲政者處事待民的基本態度與方法。政治倫理是比較高層面的倫理結構，表現出上層領導階層在維持或實現政治合法權威時，必須建立一套共同的信念與法式，形成具有典範意義的規範行爲或制度。在傳統的政治體系裏，一個當官者，他必須支持政治領袖合法地擴展政治權力，完成國家體制的絕對優勢，另外他必須親民愛民，積極地維護人世間的正義與公理，因此其個人的行爲必須是正義與公理的化身，才能有效地來詮釋政治權力的合法性。與民衆直接接觸的是具有司法審判的地方官，也是合法性政治權威的第一線，因此感應篇有較多的具體規範，要求官員不可罔顧立法規則，扭曲法律內容，造成政府與民衆的對立。

家庭倫理即是最基本的個人倫理，在家庭裏克盡本分，是人之所以爲人的道理良知。感應篇的規範爲：

1. 用妻妾語，違父母訓；得新忘故，口是心非。
2. 嗜酒悖亂，骨肉忿爭；男不忠良，女不柔順；不和其室，不敬其夫；每好矜誇，常行妒忌；無行於妻子，失禮於舅姑。
3. 恚怒師傅，抵觸父兄；強取強求，好侵好奪。

家庭的生活倫理建立在血緣與婚姻的關係上，是親情的自然流露。家庭的形式制度雖因時代的不同要求而有所變易，但是發自於人類本性的恩愛慈孝是永恒不易的道德本心。感應篇對父子與兄弟之間的倫理關係未有較具體的限制，或許在傳統的社會教化下已存在了許多禮證契約的外顯形式，感應篇只需增強恩愛慈孝的眞誠本性，以避免倫常乖舛的非理性行爲。至於兩性結合的夫妻關係，除了官能的愛戀與要求外，必須透過心理相互沈潛憐惜的交流，產生自發道德，在恩愛慈孝的眞情流露中，維持兩性間的恩愛和諧，進而擴展到整個家庭的相互包容與眞情溝通。

至於社會倫理是較爲複雜的群性活動，缺乏血緣與情愛系統的屬性關係，乃是基於人與人相需而發展的倫理關係，受到客觀事實的要求，存在著許多相對性的公律準則，是淵源人類自性道德與外在環境相互交流的人際關係。太上感應篇的社會倫理有：

1. 陰賊良善，暗侮君親，慢其先生，叛其所事，誑諸無識，謗諸同學，虛誣詐僞，攻訐宗親，剛強不仁，狠戾自用，是非不當，向背乖宜。

2. 施與後悔，假借不還；分外營求，力上施設；淫慾過度，心毒貌慈；穢食餧人，左道惑衆；短尺狹度，輕秤小升；以僞雜眞，採取奸利；壓良為賤，謾驀愚人；貪婪無厭，呪詛求直。

社會倫理主要架構在權利與義務交互需要的客觀事理上，爲了獲得生存的權利，必須展行各種應盡的義務。在對人方面如君臣、師友與賓主間的各種人際關係，必須綜合個人美惡賢否的思想與作爲，投注眞正的關懷，作適當的調整與回應，以誠懇的忠信行爲來建立一個幸福無爭的理想環境。在對事方面比如經濟之間的交流，要明白取予辭守的分寸，去除種種欺詐險奪的不良心態，阻止背悖常情的人世鬥爭，追求高尚合理的社會風氣。太上感應篇皆著重在消極的限制，陰隲文則指出積極作為：「措衣食周道路之饑寒，施棺槨免尸骸之暴露；造漏澤之人園，與啓蒙之義塾；家富提携親戚，歲飢賑濟鄰朋；斗秤須要公平，不可輕出重入；奴僕待之寬厚，豈宜備責苛求。」

第五節　小結

欲眞正探求民間的文化形式與思想形態，必須求諸於民間自行刊印的善書，可惜這一類文獻缺乏專門收集的機構極易流失。到了乾隆五十四年劉山英編輯「信心應驗錄」集結不少民間勸善書籍，但是大多是南宋以後的作品，又以扶鸞降筆的神啓書具多數。一般將「太上感應篇」與鸞書「文昌帝君陰隲文」、「關聖帝君覺世眞經」合稱為「三聖經」，其道德條目是民衆生活倫理的主要依據。

通俗化的道德觀念，是民間本有的生活規範，將一切道德教訓格言化，以便人之客觀的把握，要在就人的日常行為，規定其善惡功過，進而言因果報應，以勉人為善去惡積功悔過，可說是為人的道德觀念與功利觀念結合之產物[20]。這種民間倫理思想的發展基本上已超越儒家思想的範限，是一種思想雜揉而又重生活體驗的現實行為，側重在實用的策略行動，來調整理想與現實的差距，以謀求具體的利益。其理論系統過於簡陋又極富宗教色彩，往往被知識分子視為異端邪術，唯恐其危害了正統的教化力量，使得儒家倫理所支配的思想體系發生動搖。但是不可諱言，這種深入社會基層為社群共享的行為模式與價值體系，原本與儒家倫理隸屬於二個不同思想層次的文化系統。

本文分析太上感應篇的倫理思想，在於追溯民衆文化在宗教信仰下的價值趨向，瞭解在生態環境社會化歷程中，古老的宗教信仰仍支配社會機制下角色行爲的文化意識，雖然儒家的人文精神從宗教的神祕氣氛中解脫出來，重視道德的主體性，也得到大衆普遍認同與服從，可是宰制性的天命思想的抬頭，將人文的道德性格納入其信仰體系裏，相信有天神在監察人的善惡行爲，以作爲禍福賞罰的依據。面對著民間這種文化傳統不必強烈地加以排斥，宜正確地瞭解其基本形態，積極地注入儒家人文精神作合理性的開拓，展現愛與理性的社會文化功能。

注釋

❶ 有關太公家教的研究，參閱周鳳五「敦煌寫本太公家教研究」（明文書局，民國七十五年）。

❷ 有關新集文詞九經鈔的研究，參閱鄭阿財「新集文詞九經鈔研究」（漢學研究第四卷第二期，民國七十五年）。

❸ 吉岡義豐「現代中國の諸宗教—民衆宗教の系譜」（佼成出版社，一九七四）第一〇六頁。

❹ 民間善書的保存，因其為通俗性讀物，致使文人雅士不覩，史志載籍不錄，未能妥善保留下來，如與太上感應篇同時的「明心寶鑑」流於朝鮮、越南，遠勝於我國，另外明末的「菜根譚」、「醉古堂劍掃」等書風行於日本，到了民國才從日本又傳回我國。

❺ 吉岡義豐「太上感應篇の作者について」（宗教文化第六號，一九五一）。

❻ 李豐楙「不死的探求—抱朴子」（時報出版公司，民國七十年）第二四三頁。

❼ 印光太師作序「太上感應篇直講」(觀世音雜誌社，民國六十三年)第二頁。
❽ 余英時「中國近世宗教倫理與商人精神」(聯經出版公司，民國七十六年)第三十九頁。
❾ 王明「論太平經鈔甲部之偽」(中央研究院歷史語言研究所集刊第十八本)第三七七頁。
❿ 黃公偉「道教與修道秘義指要」(新文豐出版公司，民國七十一年)第四三九頁。
⓫ 據「河圖握矩記」云：「黃帝曰：凡人生一日，天帝賜算三萬六千，又賜紀二千。聖人得三萬六千七百二十，凡人得三萬六千。一紀主一歲，聖人如七百二十。」
⓬ 李豐楙「不死的探求—抱朴子」第二四六頁。
⓭ 參閱秋月觀暎「庚申待の思想的源流」(人文社會第九號，一九五六)，窪德忠「庚申信仰の研究」(原書房，一九八一)。
⓮ 參閱吉岡義豐「中國民間の竈神信仰について」(宗教研究一二四號，一九四九)。
⓯ 功過格與太上感應篇可以算是同一個系統的善書，功過格進一步將善惡行為數量化，參閱吉岡義豐「道教の研究」(法藏館，一九五二)第二章「感應篇と功過格」、酒井忠夫「功過格の研究」(東方宗教第二、三號，一九五二—三)。
⓰ 徐復觀「中國人性論史」(台灣商務印書館，民國五十八年)第一八五頁。
⓱ 王開府「儒家倫理學析論」(台灣學生書局，民國七十五年)第五八頁。
⓲ 鄭志明「中國社會與宗教—通俗思想的研究」(台灣學生書局，民國七十五年)第三二四頁。
⓳ 黃公偉「中國倫理學通詮」(現代文藝出版社，民國五十七年)第二〇九頁。
⓴ 唐君毅「中國哲學原論原教篇」(台灣學生書局，民國六十八年)第六九〇頁。

第四章　功過格的倫理思想初探

第一節　功過格的倫理意義

在中國傳統社會裏善惡功過的因果報應，是人民支配日常行爲的生活規範與價值標準。拙作「太上感應篇之倫理思想」❶，試說明宗教倫理化的庶民道德條目及其內在的文化意識，探討善惡價值判斷下的行爲動機與世俗教化功能。太上感應篇以簡單的紀算觀念作爲善惡倫理的審核依據，尚未架構出嚴峻的天算思想體系，亦卽太上感應篇僅是條例式地分出善惡兩類行爲作爲勸戒與警告的倫理法則，以達到「諸惡莫作，衆善奉行」的效果，仍偏重在道德本心的主體自覺。善惡功過行爲的分數化，是以數量單位計算道德行爲，偏重在現實社會的功利價值觀上，企圖以客觀的具體利益來吸引民衆作自我的道德實踐。分數化的道德規條，在道教的經典裏如赤松子經、玄都律文、要修科儀戒律鈔、至言總、墉城集仙錄等已有善惡果報的數量計數❷，十二世紀的太微仙君功過格是最早集大成的作品，到了明末以後，功過格的編寫相當的普遍，也興起了如「金科玉律」等冥律的編撰。

關於功過格的研究，日本學者在這方面有極好的成績，尤其在歷史文獻的考察與分析貢獻不小，以酒井忠夫❸、吉岡義豐❹、秋月觀映❺、奧崎裕司❻、清水泰次❼、高雄義堅❽、平野義太郎❾等人最爲著名。我國學者陳主顯曾以宗教學與倫理學的立場，撰寫「功過格倫理思想試探❿」一文，討論功過格所涵攝的倫理思想架構，以及實踐功過格的動機與目的。本人對功過格的倫理思想架構，從資料的收集到研判將近四年，與主顯兄多次討論，一致認爲：雖然所選用的材料與研究的主題相同，但是因所採用的方法與關心的重點不同，仍值得再作分析與研討。本文所選用的功過格，除了主顯兄所選用的「太微仙君功過格」（簡稱太微格）、「文昌帝君功過格」（簡稱文昌格）、台灣儒宗神教的「玉律金篇」（簡稱玉律格）等三種外，尙包括明代雲棲大師袾宏的「自知錄」，袁了凡陰騭錄中提及的「雲谷禪師功過格」（簡稱雲谷格）、道藏輯要中的「十戒功過格」（簡稱十戒格）、「警世功過格」（簡稱警世格）、民國初年民間宗教的「文通古佛八德功過格」（簡稱八德格）、以及台灣一貫道於民國七十三年所扶鸞的「白陽佛規功過格」（簡稱白陽格）與武廟明正堂於民國七十四年所扶鸞的「文衡聖帝功過律」（簡稱文衡格）等，探討在不同的時空與不同的宗教團體所反映出來的道德規範與價値觀念。

第二節　功過格的倫理精神

分數化的功過思想牽涉到道德自律與他律的問題，亦即個人行爲的倫理法則及其對善惡的價値判斷，是來自於個人自身主體心靈的自發自動與自檢自肅，還是經由外在社會集體需求的客觀秩序所產生禁防約束的裁制力量。前者卽是自律論，認爲人性的良心是施行倫理判斷，肯定道德的知慮主宰作用，卽人類具有先天理性辨別善惡的能力，從抱朴子的對俗、微旨兩篇到太上感應篇仍較偏重道德的自律作用，如感應篇云：「禍福無門，惟人自召，善惡之報，如影隨形。」肯定個人道德本心主觀意義的實踐理性⑪，但是其內在良心的權威仍來自於外在宗教信仰的訓戒與制裁，免不了含有經驗世界的他律道德，聽命於外力權威所制定以客體爲目的的道德公例。感應篇的他律制裁來自於先秦以來的「司命信仰」⑫，相信宇宙有其監管人民過失的神，依其善惡得失作爲人事禍福的審判標準，如尚書伊訓篇云：「作善降之百祥，作不善降之百殃。」易傳文言坤云：「積善之家必有餘慶，積不善之家必有餘殃。」以神力來支配人類履行道德，稱爲「神學的他律論」⑬，卽古代所謂的「神道設教」。

感應篇的司命信仰有三，卽三台北斗神君信仰、三尸神信仰與竈神信仰。其中三台北斗神君信仰與道藏赤松子經系統有很密切的關係，據「赤松子中誡經」認爲人出生賜壽四萬三千八百日，共一百二十歲，而人稟陰陽之氣與天相通，天上三台、北斗主管司命宮錄之神，差遣「太一直符」常駐在人的頭上考察其善惡行爲增減其福壽，此其所謂「形影之道」，當人有過錯時：「星辰奪其筭壽，天氣去之，地氣著之，故曰衰也。」其進一步說明爲：

> 察其有罪，奪其筭壽：若奪一年，頭上星無光，其人坎坷多事；奪筭十年，星漸破缺，其人災衰疾病；奪其筭壽二十年，星光殞滅，其人困篤或遭刑獄；奪其筭壽三十年，其星流散，其人則死；時去筭盡，不周天年，更殃後代子孫；子孫流殃不盡，以至滅門。

中誠經認爲：「生民㷀㷀，各載一星。」人民修養之道在於終日常修善行，自然就會「天降福星，皆爲福報」，若終日常造惡行，則會「地加妖氣，人必衰矣」，爲了進一步說明爲惡行獲罪於天的客觀標準，分成六級卽奪筭一年、奪筭十年、奪筭二十年、奪筭三十年、殃及子孫、滅門等不同等級，建立出一套可被遵循的處罰模式，以神明的絕對權威來樹立普遍性與規範性的道德信條。但是其六個等級仍嫌抽象，其具體說明「得失修身制命之道」，以更清楚的數字觀念，指出善惡與福禍間相互對應的關係：

神意安定↑一善　一惡↓意不安定

氣力彊盛↑二善　十惡↓氣力虛羸

身無患害↑二十善　二十惡↓身多疾病

所求遂意↑三十善　三十惡↓所求不遂

殷富娛樂↑四十善　四十惡↓坎坷衰耗凡事乖張

子孫昌盛↑五十善　五十惡↓終無匹偶

不遭誤犯惡人牽累↑六十善　六十惡↓絕滅子息

所學顯貴↑七十善　七十惡↓陰鬼謀害

獲地之利↑八十善　八十惡↓水火為災非橫燒溺

天神護之↑九十善　九十惡↓貧寒困弱瘡疥風顛

天賜其祿逢遇聖賢↑一百善　一百惡↓天氣害之橫事牽引刑法惡死

揚名後世子孫受祿↑二百善　二百惡↓地氣害之盜賊為災

三世子孫富貴利樂↑三百善　三百惡↓世世出下賤人

四世子孫富貴遷祿←四百善　　四百惡→世世子孫窮賤貧乞

五世子孫受封超爵←五百善　　五百惡→子孫絕嗣

世世子孫忠孝富貴←六百善　　六百惡→世世子孫盲聾瘖啞出癡顛人

世世公賢哲人←七百善　　七百惡→出五逆不孝犯法子孫

出道德人←八百善　　八百惡→出叛臣逆子誅滅親族

出聖人←九百善　　九百惡→出妖孽之人夷滅族類

出群仙古跡善政天道所錄見身加筭進位登仙福及子孫生賢出聖←一千善　　一千惡→世世子孫異形變體為禽獸不具之狀積惡之殃滿盈禍及數也

分數化的善惡行爲，即是功利取向的人格類型，以世俗價值來衡量道德標準，卽善惡行爲只是個體存在的工具價值」或「交換價值」，因此任何行爲的表現都可轉換成有效率的數字，以決定其個體存在的禍福。這種人格類型在中誠經裏其人格品次也不是很高，中誠經將智人分成三等，卽上智人、中智人與下智人，其分數化的道德規範主要是針對下智人，寓有警世勉人的指導作用，如云：「下智者，修善人也，改性修來，就業而思學，篤信善惡之事，不侵他人財物，保命惜身，會道理，識文法，自能好弱，自怕災衰，如此兢兢而無過失，不遭橫禍，此下智人也。」

至於善惡行爲的認定標準，中誠經也只是條列式地分成善惡兩類，未轉換成直接的計量單位，仍強調人類一切外在活動建立在理性自我的良知本心上⑭，依舊認爲「心」的自主自律是倫理判斷的主體，含有主宰的作用，如云：「夫人修持善惡，自起於心，心是五賊之苗，萬惡之根。」因此其條列式的善惡只是原則性的啓示，故對上智者的要求是「不學自曉，不教自覺」，立即表現出「心」的本體大用。但是中誡經有「性惡論」的傾向，著重在化性起僞的自我超拔上，此即道教戒律發展的理論依據。太微仙君功過格是信仰許眞君的淨明道之作品，淨明道著重在日常倫理的道德實踐⑮，重視戒律的實際功能，如太微仙君功過格西山會眞堂道士又玄子序云：「古者聖人君子，高道之士，皆著盟誡，內則洗心鍊行，外則訓誨於人，以備功業矣。」故盟誡實有輔助修道成仙之效，如該序結論云：「即使聰明之士，明然頓悟，罪福因緣，善惡門戶，知之減半，愼之全無。依此行持，遠惡遷善，誠爲眞誠，去仙不遠矣。」太微格分成功格四門：救濟門、教典門、焚修門、用事門，過律四門：不仁門、不善門、不義門、不軌門等，主要也偏重在宗教性的心性涵養與道法修眞上，可以說是信徒在傳教弘化時應該信守的道德規章，當視爲該教團的戒律或教規。救濟門第一條云：「以符法針藥救重疾，一人爲十功。」不仁門第一條云：「凡有重疾告治不爲拯救者，一人爲二過。」對於正面與反面的行爲都有詳細的記載，主要即是要求信徒認眞執行該宗教的教義、教規與教儀，履行人與神之間的權利與義務，故太微格希望信徒準備一部功過格簿確實登記，如云：

凡受持之道，常於寢室床首置筆硯簿籍，先書月分，次書日數，於日下開功過兩行，至臨臥之時，記終日所為善惡，照此功過格內各色數目，有善則功下注，有惡則過下注之，不得明功隱過。至月終計功過之總數，功過相比，或以過除功，或以功折

> 過，折除之外者，明見功過之數，當書總記訖，再書後月，至一年則大比，自知罪福，不必問乎休咎。

功過格實際上是以神權爲後盾的律法，其立足所在的基礎是功利、權宜、傳統或社會習俗等一類的原則，以維繫一般民衆的道德信仰，故其道德典範，並非重視主體的自律精神，而是落實在日常生活中，有效地維繫人際倫理與社會道義。其方法是由人類本於宇宙間的和諧精神去調合各方的利益，所謂功過相比是著重在社會秩序，逼迫去反省自我人品的問題，其目的仍在人類生存的終極關懷上，只是透過客觀的審察，產生「自知罪福」的自我判斷，不必去仰賴於神祕不可知的鬼神力量。其步驟是漸進的，在於穆不已的反省之中，自覺地實踐外在生活規範的要求，足以內化本心的道德創造性，逐漸純化自己的生命。

明代佛教高僧雲棲大師將太微格加以改編，命名爲「自知錄」，在其序文裏對太微格評價甚好，極爲讚許「自知罪福」的省察方式，以自知自律的意識活動，肯定知性知命以至盡心盡性的道德涵養工夫，其云：

> 先民有云：人苦不自知。唯知其惡，則懼而戢，知其善，則喜而益自勉。不知，則情肆志，淪陷於禽獸，而亦莫覺其禽獸也。茲運心舉筆，靈台難欺，邪正淑慝，炯乎若明鏡之鑒形，不師而嚴，不友而諍，不賞罰而勸懲，不蓍龜而趨避，不天堂地獄而升沈。

袾宏強調「心」的認知作用，去除「蔽於一曲」、「闇於大理」的錯誤認知，運用時時考察的清明之心，自可復合於常理大道[16]。因此功過格的最大好處在於消解人自身的「心術之患、蔽塞之禍」，清楚地面對著自我氣質上的障礙駁雜，透過戒愼恐懼的持道工夫，實踐而證成其宗教性的圓通境界，卽「不天堂地獄而升沈」的妙道。對於這種靠功過格修行的人格類型，袾宏指出僅適合「旣可以爲善，又可以爲惡」的中士，如云：「是錄也，下士得之，行且大笑，莫之能視，奚望其能書。中士得之，必勤而書之。上士得之，但自諸惡不作，衆善奉行，書可也，不書可也。」由此可見，功過格不偏重本心良知的潤照顯用，而是爲了一般或善或惡的中常人格提供一套可供遵循的他律道德規範，在長期的自我審察之中，以客觀的禮義精神喚醒自我良心的道德價値判斷。

功過格的功過思想，明末以來普遍流行，編撰了各式各樣的功過格，其中包括教團的功過格與民間的功過格，反映儒佛道一致的道德運動，顯示民衆一般的道德意識⑰，其中頗受袁了凡「陰騭錄」的推波助瀾。在陰騭錄的立命之學篇，以其個人遭遇作現身說法，指出先天的命運可由後天的修善加以改變，突破了傳統社會流行已久的宿命觀，以善惡果報的現世報應來加強個人的道德實踐。如此的立命觀念可能來自於孟子的「夭壽不貳，修身以俟之，所以立命也」之觀念⑱。這種觀念的理論建構，可詳見於袁了凡與雲谷禪師的相互論辯中：

曰：「命由我作，福自己求！詩書所稱，的為明訓。我教典中說，求富貴得富貴，求男女得男女，求長壽得長壽。夫妄語乃釋迦大戒，諸佛菩薩，豈誑語欺人。」余進曰：「孟子言：『求則得之，是求在我者也。』道德仁義，可以力求。功名富貴，如何永得！」雲谷曰：「孟子之言不錯，汝自錯解了。汝不見六祖說：『一切福田，不離方寸，從心而覓，感無不通。』求在我，不獨得道德仁義，亦得功名富貴。內外雙得，是求有益於得也。若不返躬內省，而徒向外馳求，則求之有道，而得之有命矣。內外雙失，故無益。」

所謂「內外雙得」實由佛教與儒家的圓教與圓善發展而來，即是指人運用其理性從事於道德的實踐，或解脫的實踐，或純淨化或聖潔化其生命之實踐，以達至最高的理想之境者爲教[19]。其作用是以無限圓滿的仁體本心，依照理性之所命而行動以完成道德的實踐。其理論的內涵仍偏重在無限本心的眞實呈現，仍是理性作主的自律道德，但是落實在「命由我作，福自己求」的報應關係時，已將本心的顯諸仁藏諸用之道德實踐，轉向到經驗層的道德法則，偏重於感性作主的他律道德，如此才會抬高功過格的價值，強調積善改過的妙用。

雲谷格與自知錄大約是明代萬曆年間的作品，代表佛教教團功過規範的道德倫理觀，如自知錄凡例指出與太微格不同的地方云：「舊有天尊、眞人、神君等，今攝入諸天。舊有章奏、符籙、齋醮等，今攝入佛事。各隨所宗，無相礙故。」雖然指出佛教與道教所推崇的對象不同，並不相妨礙，其實教團性質的不同，其對信徒的宗教要求也不太一致，甚至有相互批評的情形，如自知錄分成善門——忠孝類、仁慈類、三寶功德類、雜善類、補遺等，過門——不忠孝類、不仁慈類、三寶罪業類、雜不善類、補遺等。據雜不善類云：「人授爐火丹術，受之爲三十過；行使丹銀，所值百錢，爲三過。」已牽涉到宗教倫理原則判斷的問題，當肯定佛法的無上權威時，違反此權威的其他修持方式，將被視爲邪法而遭受排斥，因此其行爲法則含有主觀性的價值判斷，如三寶罪業類云：「廢壞三寶尊像，所值百錢爲二過；廢壞諸天治世正神賢人君子等像，所值百錢爲一過；葷血邪神惑世者，非過。」其所謂「葷血邪神惑世」的神像，往往是因信仰心理所衍生出來的主觀認定。雲谷格較少這些主觀性的宗教情懷，偏重在「應該履行那一種行爲或那一種行爲是正當的」這一類牽涉實踐性的倫理判斷，認爲更具價值的事物與正當的行爲之間有著因果上的關聯[20]。這種因果性關聯的本身仍受到外在其他條件的限制，有些是與宗教行爲有關的特殊性行爲，如「修置三寶寺院，造三寶尊像及施香燭燈油等物」；有些是與個體、社會之間普遍相關的責任行爲，考慮到行爲的本身能否產生對社會最具效率的總體價值。如雲谷格準百功項云：「救免一人死，完一婦女節，阻人不溺一子女爲人延一嗣。」

明末以後功過格的流通十分驚人，出現了經過完備分類與整理集成的功過格，如彙編功過格、彙纂功過格、廣功過格新編等，其涉及的倫理層面較廣，如彙編功過格分成敦倫、修身、存心、尊聖、讀書、勸化、救濟、交財等八類，其中敦倫類特別分成父子、君臣、夫婦、兄弟、朋友、宗族親戚等項，較偏重在儒家教化體系下的社會庶民倫理。此一時期的功過格，本文取雍正二年（一七二四）扶鸞的「文昌帝君功過格」爲例，該書內容分成倫常（父母、兄弟、妻妾、子姪、宗親、師友、僕婢）、敬慎（存心、言行、事神）、節忍（氣性、衣食、貨財、美色）、仁愛（人類、物類）、勸化（善類、惡類）、文學（著述、為師、惜字）、居官（內輔、外憲、將帥、牧令）、閨門（附錄女人心相）等類。其關心的主題偏重在個人應對進退的行動法則上，傾向在群體生活中去尋找自我完美的處世態度，因此在與社會互動之中去完成自我應盡的義務以維持公共的福利，使外在整體社會得到均衡發展，在其中找到了個人安身立命的所在。文昌帝君序云：

思夫檢束身心，防閑性命，積功懲過之法，無過此書。我願當世自好之士，奉行勿替，案頭日置一册，勿以小善而不為，勿以惡小而為之，勿冒功而勤寫，勿文過而停善。發憤有為，是誠在我行之久久，自幾於有功無過之地，而為天地間一正人君子。

君子與小人的分辨是儒家心性修養的根本旨趣，文昌帝君往往是士子所供奉的主神，也就偏向於儒家的道德人格，希望以向善的正人君子，取得在社會上的表率地位，以別於粗俗無文的一般工農商等民衆，故「敬愼」、「節忍」、「仁愛」等高尚品德，是其不同於世俗同流的內在人格行爲，另外「文學」、「居官」也是專對士子而設的，希望透過內在完美德性外顯爲利他淑世的義務性行爲。

清代中葉以後，民間宗教又逐漸抬頭，初期仍受儒家敎化的影響，本文選擇道藏輯要中孚佑上帝純陽呂祖天師所示定的「十戒功過格」與「警世功過格」，探討民衆道敎的社會規範意識。十戒格其內容分成：戒殺、戒盜、戒淫、戒惡口、戒兩舌、戒綺語、戒妄語、戒貪、戒嗔、戒癡等。警世格，又稱意語行功過格，其功格分意善、語善、行善，過格分意惡、語惡、行惡。前者的殺、盜、淫卽是「行」善惡，惡口、兩舌、綺語、妄語卽是「語」善惡，貪、嗔、癡卽是「意」善惡。偏重行爲動機與表現的客觀省察，包括外觀與內觀兩個部分，所謂外觀者，觀其行爲的動態，卽語與行；內觀者，觀其心智道德的盈虧。由此注意到行爲的動機、目的、作用、影響與結果[21]，架構其功過格判別行爲善惡的準則。對於外觀與內觀之間的關係，純陽子爲十戒格作序云：

身口有一定之是非，意念無一定之善惡，以有定者定無定者，則有定者亦歸於無定；以無定者定有定者，則無定者亦歸於有定。是則意念可以該身口，而身口必不能該意念也。陽律多論跡，所以甚疎；陰律惟論心，所以甚密。但知治身口之惡，而不知治意念之惡，逐末忘本，陽雖為君子而陰實為小人，譬之瓶花香色皆備，而根本實無，何由結果哉！故求福報者必修實行，欲修實行者必起實心，欲起實心者必祛妄念，而欲起實行祛妄念，必考核於陰律。知陰律之輕重，然後知立心之誠僞，知立心之誠僞，然後知功行之虛實，知功行之虛實，然後知福報之有憑無憑。

唐君毅先生曾指出社會民間的善書思想，是中國重客觀事勢之理的必然趨向，將一切道德教訓格言化、教條化，以便一般民衆客觀的把握，就人的日常行爲來規定其善惡功過，而言因果報應，以勉人爲善去惡，積功悔過，可以說是道德觀念與功利觀念結合的產物，不合儒家以道德爲義所當爲，不應計及功利的傳統精神㉒。但是仍遺留著儒家重心性的道德主體精神，故強調「欲修實行者必起實心」，可惜一轉到「必考核於陰律」時，就落在重直接經驗的他律道德上。警世格裏有孚佑上帝的「求心篇」強調心是一切行爲的主宰云：「所謂要者：行住坐臥常想此心在腔子裏，自然雜念不生，自然擧念皆善，天地鬼神交相保護，凶妖惡眚無自而干矣。」肯定道德本心是倫理行爲的始動者，認爲功過格只是輔助個人去開發自我的道德意志，一旦道德意志能自然而發，就不須要功過格，如警世格云：「行之旣久，則擧念皆善，雖此格亦無所用之，則功成而善根深矣，其福報豈可量哉。」由此可見，功過格發展到這個階段，已確立出由他律的道德規律來輔助行爲者對善惡作自主性的價值判斷。

民衆道敎的積善觀念含有儒家正德盡心，實踐修身齊家之義，以誠意正心爲起點㉓，故其修善積善的本質仍在於自律性的道德主體上，已蔚成民間宗教信仰的普遍性的修道理念，如民國初期響月文通古佛的「八德功過格」——孝、弟、忠、信、禮、義、廉、恥等外，另外附有「無量度世古佛心字功過格」與「響月文通古佛意字功過格」，淸風古佛爲該功過格作序云：

心爲身之主，意乃心之發。若不於此處細勘，則源頭不淸，違道愈遠。固於八字天律外，新增心意功過，條目雖簡，情理已該，修士果能平時存養，臨時省察，由有心至於無心，由有意至於無意，則先天渾淪之狀，常在目前，金仙古佛可坐而證也。

近代的民間敎團都有趨於道德修持的傾向，故稱其信徒爲「修士」，其信仰的終極目標在於個人生命的延續與其本性的體現，以神明的外在助力，協助人類如何由窮宇宙之理進一步體現宇宙之性，亦卽以天啓的神力進入內在超越而又豐富的心靈生活裏。欲縮短天人的距離達到永恒常存的生命境界，必須透過不斷超越的修道工夫，方能從存在的有限性中完成性命的眞實展現㉔。因此民間敎團所謂的修道的理論基礎是以個人的心性修養來契合天命，一方面重視道德本心的無限朗現，一方面又架構出人際間三綱五常四維八德的行爲規範，以便修道者依此而修行，如八德格序文云：「修丹積善，築外基也。若無功善，神不護持，如何能成，吾將先年所傳八字天律，列於集中，以便修士下手。」

台灣民間敎團有關功過格的編撰與刊印，其數量也不少，本文選擇民國四十年扶鸞的「玉律金篇」以及民國七十三年的「白陽佛規功過格」、民國七十四年的文衡聖帝功過律」，認為有一超自然的力量在護衛人類生存，維持人際間的道德秩序，以消除外在的危機。故近代的功過格以無上至尊的律令權威，符合人類趨吉避凶的集體心態，希望產生規範與實質的作用，以維護個人與群體的生活秩序㉕，幾乎相信冥律有著積極改善現狀的能力㉖，如文衡格的序文云：

> 嗟夫！世風日下，人心愈變，惡亂愈重，愈陷愈深，難以制之，雖有國法，祇能治律其事發罪露，刑而罰之。在於人心隱微之情則難以遏抑，此乃律法之治所不及也。蓋人之念動於心，心藏於身，人不我見，需查其念而知善惡，則善惡方見；以觀其心而知禍福，則禍福可明。「文衡聖帝功過律」此一部聖書披露於世，在彌補法之不行、之不及者，誅人之心，懲人之念，動念之間而生警畏，彌犯罪於無形。

此段引文顯示民間宗教面對現代文明的衝擊問題仍根源於傳統的心性思想，認為道德價值觀念與精神生活的日趨低落，是由於人自身的本心良知缺乏強有力的內在省察。若能從本心做起，建立自律道德，則可以化除現實社會的種種問題，如此的想法，繼承了中國「體用一如」、「變常不二」的形上學體系，以為一切事理透過本心都可以相待而有交融互攝，達到至善完美的最高價值統會㉗。就其宗教信仰而言，相信只要努力於心念的生命體驗，就能獲得上天的對等待遇，締造一個和諧安詳的社會秩序。可是民間宗教「觀其心」的目的在於「知禍福」，其所謂「知禍福」則是要求信徒能夠功滿脫凡，而登天堂，故認為功過格的編纂是要閱者存警惕之心，如玉律格凡例云：「書中闡論生死輪廻，善惡報應之天然，天廷陰陽至祕之善惡條律，分岐明徹，使惡者悟知悔過，日履善律，善者益堅其素志，玩索而修身進道，是謂得之。」該凡例對於該書的宣導對象亦有說明云：「此書爲普勸一般世民，蓋擧其關切者，故不用深文奧義。乃著就淺字理文，俾人人易覽會晤，足以豁目反省諸身，而不自欺也。」

本節寫作的主要用意，在於探討功過格的倫理法則及其價値判斷，扣緊著不同時空的功過格，其自律道德與他律道德間相互涵攝的理論架構上，依其縱貫的發展來探源竟委，分析善惡行爲的道德判準。其思想的來源，一方面來自於以心性論爲核心的形上學，著重在誠意正心的善良動機上，表現出存善去惡的道德價値判斷，另一方面則來自於以經驗論爲主的實用功利觀，追求倫理與幸福相連的原因，而以神作爲此原因的推動者，人類透過自身的德行來要求適當的報賞[28]，即以神的自由意志與人的善惡行爲共同組成倫理判斷標準，如玉律格將善惡各分成五級，在善方面即得、功、善、德、道，即十得爲一功，十功爲一善，十善爲一德，十德爲一道，在惡方面即失、過、惡、罪、刑，即十失爲一過，十過爲一惡，十惡爲一罪，十罪爲一刑。又認爲世人行善立德，將功抵過，可達到下列昇神等級：㈠三道以上昇立下界神，㈡十道以上昇立中界神，㈢十五道以上昇立上界神，㈣百道以上昇立西方佛、大羅仙眞、大成至聖，俗稱證果理天。文衡格也有類似的記載，其善分爲：得、善、功、德、道，等級爲十得爲一善，百善爲一功，百功爲一德，百德爲一道；其惡分爲：失、過、罪、惡、刑，等級爲十失爲一過，百過爲一罪，百罪爲一惡，百惡爲一刑。其昇神等級爲：㈠五道功以上，昇立爲下界神祇，㈡十五道功以上，昇立爲中界神祇，㈢二十道功以上，昇立爲上界神祇，㈣百道功以上，證果理天，依願可成仙、成聖、成佛。功過格的倫理判斷，結合了人文自覺的理性道德實踐以及神明意志的機威功利契約，形成義理上弔詭的辯解，其思想上的主旨游離不定，一方面想要把握本心的自主性，一方面又必須皈依於神明的意志下，如玉律格云：「上帝仁慈欲度世人同昇天堂，享萬年逍遙之樂，世人遵行善律，達成標準者，保證成仙成佛成聖，誠不謬也。」這種義理上的缺憾，或許正可滿足一般民衆來自於實際生活的具體需求，亦即如此一套功利式的善惡功過之抉擇方式，比純理性的道德境界更爲廣大的民衆所接受㉙。

第三節　功過格的宗教倫理

善惡的道德思想是傳統社會維持秩序的無形力量，透過世俗化的運作，超自然的觀念與道德行爲結合，架構中國文化最穩定的內在結構，以宗教的世俗功能，來節制與規範民衆的社會行爲，如發揚孝道、鼓勵忠誠，以及崇德報功的理想，亦即民衆的宗教信仰在本質上有促進社會道德的世俗功能㉚。一般民衆對神祇神靈的各種儀式，其主要的目的在於招致神明的保佑與賜福，因此任何宗教儀式的進行是爲了取悅神靈，希望神靈暗中支持人存在的倫理價值，獲得窺探人世間命定運數的秘密，有助於人們來避禍得福。

宗教不能沒有儀式，因它必須藉著崇拜、祈求、供獻與歌頌的儀式表現來指出本身的存在，足見儀式固然是可見的宗教外在表現，其實儀式關連到宗教人與神靈接觸的內在意義㉛，也就是說人皈依於宗教之後，對神有了信仰與崇拜，就必須有所表現，必須依照信仰而生活，必須誠於中形於外，以行動（內在與外在行為）證明宗教信仰㉜，這種宗教行為即是宗教儀式，是人與神交通，並經驗自身的解脫與超越的一種必經的歷程。由不同時空的功過格，可以探尋到中國傳統社會對神的崇拜與服從之後，所表現出來的內在精神境界與外在制度化的倫理規範。先以太微格為例，討論該教團由弘法救人的宗教使命所制定應該遵守的宗教禮儀與行為法則，如云：

1. 以符法針藥救重疾一人為十功，小疾一人為五功，如受病家賄賂則無功，治邪一同，凡行治一度為一功，施藥一服為一功。傳一符一法一方一術，令人積行救人每一術為十功，如受賄而傳，或令人受賄則並無功。（救濟門）

2. 傳受行法官一人為百功，度籙生弟子一人為五十功，度受戒弟子一人為三十功。以救衆經法付人為五功，保養性命經法付人為四功，演道經論付人為三功。自己注撰救衆經法一宗為三十功，保養性命經法一宗為二十功，讚道之文一篇為一功，若詠無教化者則無功。（教典門）

3. 章醮為國為民為祖先為孤魂為尊親，祈禳災害，薦拔沈魂，一分為二功，為己一分為一功，為施主一分為一功，若受法信則無功。為無告孤魂告行拔己符命，一符為十功，祖先尊親一亡為十功，為平交親知及卑幼一亡為五功，為施主一亡為四功，若受法信則無功。（焚修門）

4. 學厭禱呪咀邪法，欲害於人為十過，害人性命為百過，害人不死而病為五十過，害人六畜一命為十過，令病為五過，舉意欲害為一過，厭禳人家令見恠異，欲取

5. 財賄為十過，得財百錢為一過，貫錢為十過。（不仁門）

每遇齋日及諸節令吉辰，故不朝真為二過，因私務不及并，非齋日為一過，因公務不及無過，為食酒肉葷辛及犯觸不朝真為五過，忌日誤朝真為一過。遇節辰食晚食為二過，常日晚食為一過。齋醮供聖鎮信之物，一物不備為一過，章詞一字差錯為一過，誤違科律格式一事為一過，威儀有失一事為一過，唱念不專為一過，宣科讀狀奏對詞表差錯一字為一過，三時朝真，一時有失為五過，供養進獻之物，一物不備為一過，一物不潔為一過，及不如法為一過。應受施主法信錢物，非理使用，百錢為一過，貫錢為十過。（不善門）

由以上戒律隱約可知該教團是來自於中國傳統社會與文化的世俗化宗教，其對信徒的起居進退與禮儀規範，除了神聖化的要求外，相當重視現世利益，如前引文第一則顯示該宗教的符法方術等儀式都著重在濟世救民，附有社會醫療的世俗功能，除了藥物治療外，大多偏重在消災解厄的心理治療，以齋醮除妖等法術力量替人化解存在的種種困擾。由此，宗教的神聖世界成爲社會生活體系的反映與延伸，其宗教儀式具有增強作用的集體情緒與社會整合現象㉝。其醫療行爲傾向於維護社會秩序的神聖性使命，以宗教的熱誠調整施與受的功利關係，反對儀式商業化的世俗傾向。當然宗教的存在免不了法施與財施的交流結構，神職人員以其儀式滿足信徒生理、心理與物質的需求，信徒以錢財的佈施來供養，二者取得相互依存的文化整合形態，可是神職人員因具有超越常人的神力或法力，若無宗教的熱誠，很容易假藉其儀式作爲歛財的工具，故強調「受病家賄賂則無功」的救世情操，又第四則引文說明法術可以救人也能害人，因此神職人員必須涵養其心性，多佈施建設性與保護性的法術，避免毀滅性的法術（妖術）㉞。訓練神職人員的宗教情操，最好的方式就是使弘法救世的理想在現實生活中有一套具體實踐的理論與方法，第二則引文指出可由普度衆生與著經闡道兩方面著手，淨化其人生理念，由煩惱生死走向清淨解脫的道路。另外宗教儀式的進行有許多禁約與要求，以發揮其超自然的效驗，第三則引文說明儀式的整體功能，第五則引文則指出整套儀式的操作要完美無缺，達到神聖化的境界以證實其靈驗，若操作的過程中有了差錯將失去其超自然的效應，反映出神祕性的儀式行爲要符合世俗經驗的公衆要求，參予者必須全心全意的投入，才能產生預期的效果，如超薦亡魂時，如何經由神聖化的儀式表達其功能性的行爲，是相當受重視的。一般學者以「儀禮的」（ceremonial）一詞指涉世俗活動，而以「儀式的」（vitual）一詞指那些比較純粹的神祕活動，這些活動至少在參與者的眼中與神祕力量有密切相關㉟，因此任何一個步驟都不可有絲毫的疏忽，如長篇經文不可唸錯一個字，方能使儀式扮演區分、強調、確定、隆重化與安撫的多功能與緩劑的角色㊱。

就佛教而言，其宗教與世俗的結合方式，與道教教團有許多不同的地方，尤其佛教因緣法的緣起觀，有著一套複雜的宇宙創造論，與道教由巫術信仰而來之立即回報的承諾有所出入，可能不太滿足其無耐性信徒的急迫性需要。袾宏的自知錄在這方面頗下工夫，云：

1. 建立三寶寺院庵觀及床座供器等，所費百錢為一善，施地與三寶，所值百錢為一善，護持常住不使廢壞者同論，建立諸天正神聖賢等廟宇，所費二百錢為一善，用葷血祭祀者非善。施香燭燈油等物供三寶，所費百錢為一善。（三寶

功德類）

2. 受菩薩大戒為四十善，小乘戒為三十善，十戒為二十善，五戒為十善。註釋正法大乘經律論一卷為五十善，卷數雖多止千五百善，二乘及人天因果一卷為一善，卷多止三百善，若僻任臆見者非善。自己著述編輯出世正法文字一卷為二十五善，卷多止五百善，人天因果一卷為十善，卷多止百善，若談說無益者非善。見偽造經勸人莫學者為一善。（同右）

3. 為君父乃至法界衆生施食一壇，所費百錢為一善，登壇施法者一度為三善，若受賄者非善。為世災難作保禳道場所費百錢為一善，若受賄者非善。（同右）

4. 以言謗斥菩薩羅漢，一言為五過，謗斥諸天正神聖賢一言為一過，斥邪救迷出於真誠者非過。禮佛失時為一過，因病因公時非過，葷辛酒肉觸欲失時為五過，六齋日犯者加一倍論。（三寶罪業類）

5. 吝法不教為十過，因彼不足教者非過，阻隔善法不使流通為十過，屬邪見謬說者非過，雖屬善法時當韜晦順時休止者非過。誦經差一字為一過，漏一字為一過，心中雜想為五過，想惡事為十過，外語雜事為五過，語善事為一過，起身迎待賓客為二過，王臣來者非過，不依式苟且誦為五過，誦時發瞋為十過，罵人為二十過，打人為三十過，寫疏差漏者同論。（同右）

袾宏的自知錄，大致上容受了功過格的思想，將佛教的三世因果善惡報應的思想，和道教及儒家所說對於日常倫理生活之反省，啣接起來，而成為融通三教的東西㊲，最主要是反映融入於社會風俗中的庶民佛教，爲了那些執行死者葬儀及追善供養等儀式的瑜伽教僧及火居應赴僧建立一套實踐佛教方策的生活規範書。有些學者以爲若單就教義學發展，明代佛教幾無一顧價值，但是若轉就當時佛教如何弘佈於社會，及時人如何實踐的觀念而言，明代庶民佛教流佈於社會底層貢獻良多，尤其佛教儀禮與現世利益結合，符合民衆延年益壽與家門增福的切身慾望㊳，如第一則引文可以看出佛教庶民化的傾向，強調庶民對佛教神聖物財施後的神祕效果，認爲參予佛教的莊嚴儀式中其虔誠的佈施，可以彌補或緩和現實世俗生活的苦難與厄運，也就是參予佛教的儀式活動可以轉而成爲具有利益的價值關係。第二則引文是針對弘法人員而言，就佛教的教養而言，一個弘法人員要修戒定慧三學：戒以修身，定以安心，慧以理悟。戒定慧屬於個人修持的精神境界，也可以視爲儀式的一種，用來區分聖界與俗界。弘法人員專注於聖界的傳教使命，他必須將他的心靈的世界轉化爲宗教經驗的終極統合，致力於戒律的持守與教義的弘法上。第三則引文是針對其世俗化的儀式而言，如司掌死者葬儀、年忌法要、祈福禳災等事，是弘法人員對世俗社會的一種貢獻，須出於內心眞誠的付出，不可夾雜個人私念與私欲，更不可視爲一種謀生的工具，故第五則要求弘法人員必須全心全意維護儀式的神聖性與莊嚴性。但是在第五則也可看出世俗權力對宗教儀式的影響，如云：「起身迎待賓客爲二過，王臣來者非過。」不同的政治身分影響到儀式的進行，表達出在中國的傳統社會，政治的權力運作對宗教仍存有著無形的宰制力量。另外佛教要在民間流行，時常遭受到地方性宗教信仰的威脅，故其禮儀的規範含有主動性的挑戰精神，如第一則云：「用葷血祭祀者非善。」第二則云：「見僞造經勸人莫學者爲一善。」第四則云：「斥邪救迷出於眞誠者非過。」第五則云：「屬邪見謬說者非過。」這種強烈的區分正邪，除了部分受其教義的影響外，也表達出基層社會宗教競爭的激烈性。

文昌格其功過思想較受儒家思想所支配，其敬神的儀式仍偏重在內聖的工夫實踐上，強調天人合德之教，希望透過神聖化的儀式來資益融攝人的存在價值，如云：

1. 敬天地事神明祖先齋戒至誠，一功；出財修理損壞寺觀裝飾剝落神像，百錢一功；祈禳只許善願，一功；遇時物必薦祖廟，一功；必祭土神，一功；竈前有怒不遽發，一功，拾遺字一千，一功；穢中拾字紙焚化，一功；闡明聖賢經典刊刻行也，百功；時懷聖賢上帝暗室謹飭，百功。（事神功格）

2. 失小物呼神咒罵，十過；朔旦號怒及行刑，一過；不敬家堂神，五過；不信神明果報，一念一過；汚穢經籍，五過；見遺字不顧，一過；手不淨翻書，一過；褻瀆天神祖先，百過；毀經叛聖，百過；戲謔神聖，三十過。（事神過格）

3. 為師長能時以惜字誠訓生徒，取前人報應與之講說，使凛然知警，一月五功；居官能諭書役尊敬字紙，凡示諭之單不使貼汚穢之地，一次一功；書吏能敬惜字紙暨無用牌票册籍郵封，卽時焚化，庫中不用糊壁包紙及抹桌紙撚，一次一功；勸化子弟不使壁上寫字，一次一功。（惜字功格）

文昌格的宗教思想形式，基本上是建立在儒家「終極與整體實在」所具有的世俗化文化意識㊴，著重在現世的自我完成，認爲個人的提昇與發展是關連著整個宇宙生命終極性與整體性的彰顯，亦卽個體的存在意義正是「天命」透過必然性與規律性的形式，而在現實生活中加以參與和顯現。因此，其宗教信仰重視自我體現，不單是體現自家德性之道，抑爲體現物之道，如其祭祀，不僅發自內心的誠敬，同時與祭者感覺到鬼神的眞實存在[40]，由此架構出「人生與宇宙通而爲一」、「道德與宗教通而爲一」、「主觀與客觀通而爲一」的義理骨幹[41]，如引文第一則，其禮神的外在儀式全貫通於內心的敬意與誠心，以其生命直接與鬼神上帝交相感應，當下徹通而爲一。第二則是從內心的戒愼恐懼來自我反省，以強烈的道德意識來湧發自身向上之情，超越個體形限之私，以期人格的大開展，心靈的大開擴[42]。第三則引文則說明由此誠敬之心所形成禁約性的行爲，讀書人對字紙的尊重，引發出來一種禁忌狀態的信仰心理，對某種可能導至厄運的行爲作消極性的迴避。

民間教團大多偏向於儒釋道合一的混合性宗教，其教規的內涵也趨向於多樣性，是民間宗教信仰與處世經驗的綜合性累積成果，反映出傳統社會的群體意識及其文明走向，以最近才扶鸞著書的文衡格爲例作說明云：

1. 買物放生、施茶捨藥賑濟無量之善——註六道功，福祿雙全快樂平安報，歿後受天曹考派，受派下界神祇敍用。印贈善書，立廟建寺之善——註三道功，吉慶福壽駢臻。存心仁厚，畢世不改之善——註三道功，福壽雙全，子孫顯耀報。博施普濟，不為人知之善——註二十道功，蒞上界神祇，貴祿顯赫，子孫昌報隆。心性純和，正直坦白之善——註二道功，富貴隆盛，家門永享平安快樂報。參成鸞務，一生不退之善——註三道功，除其宿業，福壽齊全，家庭和順平安報（第三章功德仁行）

2. 維護名教，提倡綱紀之善——註五道功，求謀稱意，遂志其成報，註下界神祇。承繼道脈，糾正聖學之善——註十道功，如意稱心，子孫延綿報，註中界神祇，該星宿神司隨在保全，驅除不祥，以遂其志。精修大道，廣積功德之善——註十道功，增以壽祿，所作稱意，財物豐隆報，註中界神祇，該星宿神司隨處擁護，默助其道，以遂其志。（第十四章善果遂志）

3. 擅造謬書，毀謗聖賢之罪——三十五刑，以凶死火焚報，死入風雷獄，及糞尿饑渴獄五百刼，打入阿鼻地獄，不赦。煽惑異端，毀謗聖賢之罪——三十五刑，削壽祿，註困苦籍，家遭破敗，己身困苦報，重者雷殛，死入溟冷獄，再入糞尿諸獄，轉世疥癩癰疽潰爛，永失人身。（第三十七章訕謗叛道）

4. 以邪為正，侵害道德之罪——二十刑，削壽祿，註火焚籍，重者以雷殛之，輕者以火焚之，死入火翳獄，火車獄及屠割獄，轉世濕生、化生。異術僞書，以邪亂正，侵害道德之罪——二十刑，削壽祿，註刑焚籍，重者以火焚之，輕者遭刑焚，死入金剛獄、屠割獄、火翳獄等諸獄，並入阿鼻地獄受苦五百刼，再世水族。（第三十八章逆理背德）

文衡格其形式是結合功過格與冥律而成，引文各條是指人一生的總清算後的成績，此成績是因其日常行爲不斷累積而成的，其考量的標準另有不同的等級，如第一則引文其結論云：「以上諸條，又區分爲三等，大小不同：大者——每成一事，註一道功；中者——每成一事，註五十德；下者——每成一事，註三十德。如積累至各層次，依所積功德分別獎敍，如其所積之功德為百年不朽者，可超先蔭祖。」在惡方面也分有等級，如第廿八章誤已謗人云：「因誹謗之罪，依關係輕重而分之，若不敗於事，不傷於命者，一言一過，百罪折算一春。事大者，以倍計，一言十過，一罪折一算，十罪折一紀。其致命者，一言百罪，折壽一紀。關係天下國家者，一言萬罪，削盡壽祿，絕其子孫，愚癡不肖。」近年來民間宗教有將道德權威化的趨勢，提昇道德境界具有社會與宗教秩序的決定性權威地位，使道德成為神判與報應的宰制者與支配者，如此道德不單是本心的理性實踐，也具有化解天災人禍的神祕力量，可經由道德的象徵系統來詮釋個人幸福與災禍的原因。余英時認為：在外在超越的西方文化中，道德是宗教的引伸，道德法則來自上帝的命令，因此上帝的觀念一旦動搖，勢必將產生價值被切斷的危機；在內在超越的中國文化中，宗教反而是道德的引伸，中國人從內心有價值自覺的能力這一事實出發而推出一個超越性的「天」的觀念，但「天」不可知，可知者是「人」，所以只有通過「盡性」以求「知天」，對此超越性的「天」，中國人並不多加揣測描繪，更不虛構一個人格化的上帝來代表「天」的形象[43]。然而，余英時僅從理性知識分子的價值系統來立說，落到現實社會的具體運作時，這個價值系統受到某種程度的扭曲的變形，雖然仍主張以正心修性，促進社會秩序的平定安和，但是其背後則以靈明圓通的神明世界來統合倫理道德，即是以道德異化而成的神祕權威主宰，來引導民衆的日常生活，提昇其信徒心靈秩序的清明境界，維持社會倫常結構的合理運作[44]。如第一則引文其功德仁行的道德實踐，成為求取善報的一種象徵性的宗教儀式，即是以道德作為善惡報應的原動力，可說是被動的遵循神明的法律行事，如此道德具有神明法律的位階權威。由第二、三、四則可以看出其「聖賢」與「道德」成為高高在上不可冒犯的神聖事物，或者是必須虔誠皈依的宗教儀式。道德的權威化也有其積極的意義，可以避免現代社會與宗教的異化，使人深感存在的眞切意義，避免存有的疏離，經由道德的自覺，避免造成失落的無辜㊺。若純由宗教倫理學的立場言，道德權威化的宗教形態若能作充分的開展，亦有其積極性的意義與價值。

第四節　功過格的社會倫理

功過格基本道德的特徵與內容，楊主顯將其分成五類說明，即生和殺、孝和忤、忠和亂、貞和淫、與宗教的道德等，其結論云：「功過格帶有群體的道德動力，對世俗的社會提出實踐道德的見證。同時，也藉著功過格對當代的道德問題做判斷，這對世俗社會的道德風氣具有積極的意義。㊻」本節擬就最近才扶鸞而成的「文衡帝君功過律」（民國七十四年三月二十三日——七十五年六月二十一日）為例，討論當代社會文明的主控下，民間宗教所形成的道德觀念及其相關的價值體系。有關這方面的研究，宋光宇的「地獄遊記所顯示的當前社會問題」一文已注意到冥律所反映出來的社會問題和連帶的社會道德規範，分成家庭倫理、政治風氣、為富不仁、詐欺行為與經濟犯罪、淫佚之戒、不良行為、宗教問題等項加以說明㊼。本節則簡化為家庭倫理與社會倫理兩項概述於後。

家庭倫理是規範家族成員之間互動關係的行為模式，是中國傳統社會道德倫理的菁華所在，使儒家德治的理想，實現於家族成員，進而政府官吏，以及於全國社會，有形的或無形的發揮其安定社會秩序的功能㊽。也有人將家庭倫理視爲個人最低限度的義務㊾，也可以說家族間的行爲規範是人際間最早的倫常關係。今日社會的快速變遷，也動搖了原有的家庭倫理，故民國七十三年扶鸞的「白陽佛規功過格」幾乎集中在家庭倫理，其內容共有六項：父母功格、父母過格、閨門孝敬功格、閨門孝敬過格、孝字功過格、兄弟功過格等，企圖以更周延的規範教條，教導民衆適應外在環境如何變遷，經由謹守個人的道德本分，以維護禮儀所形成的倫理秩序。家庭研究權威凱文（R.S. Cavan）女士曾謂：「家庭是一種適應制度，本身雖不發動社會變遷，但能與社會變遷相適應。㊿」功過格雖然採用傳統社會的倫理教化規條，但就其所強調的部分，仍可看出其適應社會變遷教化方式，如今日社會大城市的興起與工業的擴張，家庭結構已有了改變，加上婦女地位的提高，對於年老的父母，爲人子者雖仍覺得有奉養的責任，但是由於經濟負擔的增加和顧忌自己妻子的反對，因此希望他們儘量留在老家生活，老年人的地位因此變得孤苦無依和淒涼(51)，白陽格對此現象有所規範，云：

> 修道者妄聽妻妾之言不孝父母，每次九十惡；修道者任妻妾不孝不加責罵，每次七十惡，如能勸化為百善；妻妾要孝養已偏阻攔，每次一百二十惡，如將夫勸轉百善；父母溺愛於己，私將膳銀一人用完，致父母終身受苦，定二百刼，變畜牲；家中父母十分寒微，就是乞食哀告，亦能奉養不存怨心，每日一百三十功；父母抱恙，不論富貴貧賤士農工商常侍左右，親身服役煎熬湯藥，不圖假手於人，每日一百三十功，稍有疏忽一日五十過。

白陽格雖然關心新時代的倫理問題，但是其所使用的語言與觀念相當老舊，夾雜了傳統農業社會中大男人主義、律法主義和苦行主義的顯著特徵[52]，仍停留在保守制定性的規律世界，更無法適應新時代的降臨所帶來新舊世界知識差距間的衝突。此乃鄉間本土化文化復振的本質性問題，也就是說民間自發性的文化復振運動，往往來自於群體意識共同認知下的半合理性的生活傳統，除了有上層社會理性的知識系統外，仍添入現實社會庸俗與非理性的文化成分。因此傳統社會在現代化的走向中，其所必須重新考量的，不單是現代文明的制度性問題，更應關心的是傳統社會「深層結構」的價值理念，以及這個價值理念在新時代的變遷中其走向的問題。

文衡格比白陽格更現代化，其所使用的語言與關心的客題較能反映出基層社會的文化理念，也可以看出民間自我文化調整的方式與趨勢。如文衡格對父子、兄弟間的家庭倫理作如下的詮釋：

> 父與子，兄與弟，篤愛慈之，友悌敬之，教誨成之，禮而嚴之，古有明訓也。不慈不友，則無以為親愛，為慈為友，生而敬畏之，無親愛之心，乖戾生而離間，無敬畏之心，則傲慢而無理。子對父，弟對兄，當生敬畏，不可犯逆，否則逆倫悖理也，抗嚴厲色，口怨復誹，白眼斜視，嗔目怒視，皆罪也。甚者，惡語逆之，鬪罵犯之，忤逆以行之，言詈而凶橫之，倫常悖而倫現逆，人道乖而天道悖，天誅悖逆、懺悔難過。（第五十二章犯上逆倫）

現代社會結構的改變，原有家庭社會的角色行為也受到很大的衝擊，尤其是父母與子女間的情感交流面臨到必須重新調整彼此間的義務（卽用於自我身上的規範）、權利（卽自我相信用之於他人身上的規範）等問題，其感情、思想與外顯行爲的表達，必須視之爲文化、人格、情境以及互動等配合的結果[53]。文衡格的文化與人格的取向是以傳統的價值系統來形成行爲模式與人格結構，或者說基層社會仍是一個「傳統導向」的社會，其價值取向強烈地趨向於「過去」所遺留下來的智慧與經驗[54]。此一發展若能與自己民族文化的精神與智慧眞正的同一，也能開展出眞正的人格以適應互動的情境[55]，如「人道乖而天道悖」的觀念，雖然會導向於權威的天神信仰，也可由道德義務的規範形成法律的約束力，透過立法的再教育，普遍形成新社會的意識形態[56]。除了親情外，夫妻間問題也受重視：

> 女子捨其父母，以為家室，齊家內政，無美姸醜惡之分，以為養親之託，延嗣之賴也。貧賤富貴有其定也，孅姸醜惡有其數也，不賢，教之以賢，不德，教之以德，男人之道也，不可煽色而聽讒，狎暱而無禮，敗家之道也。夫婦，處之以禮，而恤之以仁，待之以義，而教之以德，不可嫌其貧賤而賤之，不可憎其醜陋而厭之，構其疑忌而虐之，狂蕩凌虐以致於反目。一室乖而家變，二人構而雙親悲，不孝之罪，天神不寬。（第五十九章不和反目）

近年來夫妻間的角色衝突愈趨嚴重，常常因彼此間的感情糾紛而造成動作或言語上的衝突。其「處之以禮，而恤之以仁，待之以義，而教之以德」卽是希望以理智的生活規範來克制激動性感情的流露。這就是偏重在人文教養與品性陶冶的儒家倫理，對家庭婚姻問題有著治本的功效。但是在今日重視個體主體性的民主社會，如何使男女雙方不受委曲而又能自我調整與檢束，則必須配合現代的環境，以切合時宜的新理念來充實倫理規條的內涵。

為了協助信徒調適時代變遷的社會生活，民間教團的入世性很強，極重視新時代的文化整合。其採用的生活原理與行為規範也大多採用儒家倫理的價值觀念，其立身處世與待人接物的基本原則在於內以成己，外以成物；其具體運作時，則也考慮到人際間相對性的群性活動，而添入了維持人際間相互利益的功利性格，如文衡格云：

人之得失榮枯，皆由前定，何況乎財物利祿。貪妄取得者，報以非橫；詭計取得者，報以耗散；不為人知取得者，自取滅亡，都有罪條。如以正當方式得取，或仁心推讓取得者，計其數而記其功。推讓常人者，以平安報；推讓於變亂者，以奇福報；己身貧困，推讓他人，貧困者以大富大貴報並延壽算，己身富貴推讓解困厄者，富貴加一等，如能濟救國家民族者，福祿壽考，子孫高厚祿報。是故取和與之間，厚福之報，有其大小之區別也。（第八章至誠推讓）

此則引文側重在經濟倫理上，反對唯利是圖的心理，注意到節約、修身、自律等人格陶養。文衡格所關心的層面甚廣，如第三十二章「貪功虐下」、三十四章「枉法亂行」談的是政治倫理，要求人民公忠體國，支持國家社會的共同目標，創造安和樂利的社會。第五十四章「恐嚇非害」、五十五章「結寃訟獵」談的是法律倫理，在崇尚法律的現代社會仍要求人民以道德情操來化除人事的糾紛。其他篇章大多集中在社會風氣的改良上，表現出民間宗教最關心的是生存環境合理化與健全化的問題，架構出人與人和平相處的現代的文明結構，有助於政治的穩定、社會的和諧、企業的發展與經濟的繁榮。

第五節　小結

傳統社會有其一套文化傳統架構出民衆的共同行動標準與社會規範，而功過格這一類的作品，正好反映出民間文化傳統的倫理觀念，是最佳的研究材料，可經由此材料的分析掌握到儒家的倫理思想在現實社會具體實踐與安置的過程中所彰顯出來的文化形態。然而欲掌握其文化形態的眞實內涵，仍有待學者們從不同的學術立場作多方面的研究，故本文僅以「初探」爲題，仍是一篇投石問路的文章，希望引起同好者的興趣作更深入的探討。

今日社會大家樂、飇車等問題層出不窮，是否意味著民間的文化傳統也在崩潰之中。因此本文寫作的另一個動機，希望能深入社會底層，探討群衆共享而又相互傳遞的社會遺產，提供給關懷社會文化的人作參考。

注釋

❶ 鄭志明，「太上感應篇之倫理思想」（上、下）（鵞湖月刊第一四三、一四四期，民國七十六年）。見本書第三章

❷ 吉岡義豐，「現代中國の諸宗教—民衆宗教の系譜」（東京佼成出版社，一九七四）第三章民衆宗教と經典。

❸ 酒井忠夫著有「功過格の研究」（東方宗教二、三號，一九五二）、「袾宏の自知錄について」（福井博士頌壽記念東洋文化論集，一九六九）、「中國善書の研究」（國書刊行會，一九六〇）等。

❹ 吉岡義豊著有「功過格思想の一源流」（東方宗教第十五號，一九五九）、「赤松子中誠經と功過思想」（福井博士頌壽記念東洋思想論集，一九六〇）、「中國にわける人壽與奪の思想」（智山學報第九輯，一九六一）、「初期の功過格について」（東洋文化研究所紀要二十七號，一九六二）、「中國民衆の倫理書功過格について」（宗教研究一二七號，一九五二）、「道教の研究第二章感應篇と功過格」（法藏館、一九五二）、「齋戒籙と至言總—道教經典の一研究」（大正大學研究紀要五二號，一九六七）等。

❺ 秋月觀暎著有「六朝道教にわける應報說の發展—教理展開追跡の一試論」（弘前大學人文社會三三號，一九六四）、「道藏本功過格と淨明道—酒井、吉岡兩博士の爭點によせて」（文經論叢六：四，一九七一）、「太微信仰と功過格—道藏本功過格をあぐる二，三の問題」（文經論叢八：三，一九七三）等。

❻ 奥崎裕司著有「中國明代の下層民衆の生き方—善書にあられた一側面」（專修史學十三號，一九八一）、「中國における地主の思想—明末清初功過格の婢僕觀」（中世史講座第八巻，學生社，一九八三）、「清末の善書における民衆の生の方—アヘン戰爭から太平天國まで」（田中正美先生退官記念中國近代史論集，一九八三）、「中國鄉紳地主の研究」（汲古書院，一九七八）、「民衆道教」（道教(二)，平河出版社，一九八三）等。

❼ 清水泰次著有「明代に於ける宗教融合と功過格」（史潮六：三，一九三六）。

❽ 高雄義堅著有「明代に大成されたる功過格思想」（龍谷大學論叢，一九二二）。

❾ 平野義太郎著有「支那における鄉黨の社會協同生活を規律する民族道德—功過格を中心として」（法律時報一五：一二）。

❿ 陳主顯，「功過格倫理思想試探」（神學與教會十六：一，民國七十四年）。

⓫ 王開府，「儒家倫理學析論」（學生書局，民國七十五年）第六二頁。

⑫ 李豐楙，「不死的探求—抱朴子」（時報出版公司，民國七十年）第二四一—二四七頁。

⑬ 黃公偉，「中國倫理學通詮」（現代文藝出版社，民國五十七年）第一一九頁。

⑭ 唐君毅，「文化意識與道德理性（下）」（學生書局，民國六十九年）第二二六頁。

⑮ 秋月觀暎，「中國近世道教の形成—淨明道の基礎的研究」（創文社，一九七八）第一七九頁。

⑯ 蔡仁厚，「孔孟荀哲學」（學生書局，民國七十三年）第四一八頁。

⑰ 酒井忠夫，「中國善書の研究」（國書刊行會，一九七二）第三七九頁。

⑱ 西澤嘉朗，「東洋庶民道德—了凡四訓の研究」（明德出版社，一九七五）第二六頁。

⑲ 牟宗三，「圓善論」（學生書局，民國七十四年）第二六七頁。

⑳ G·E·Moore 著，蔡坤鴻譯，「倫理學原理」（聯經出版公司，民國六十七年）第一九七頁。

㉑ 高覺白，「倫理學綱要」（龍門聯合書局，民國三十七年）第一三三頁。

㉒ 唐君毅，「中國哲學原論原教篇」（學生書局，民國六十八年）第六九〇頁。

㉓ 黃公偉，「道教與修道秘義指要」（新文豐出版公司，民國七十一年）第四四〇頁。

㉔ 鄭志明，「台灣新興宗教的社會思想—以鸞書「聖賢眞理」作個案研究」（儒家思想與中國社會研討會，中國社會學社，民國七十六年元月十七日）第十三頁。見本書第十五章

㉕ 鄭志明，「竈君寶卷中的竈神信仰」（民俗曲藝第四十八期，民國七十六年）第七四頁。見本書第八章

㉖ 鄒文海，「從冥律看我國的公道觀念」（東海學報五卷一期，民國五十二年）第一二三頁。

㉗ 方東美著，孫智燊譯，「中國形上學中之宇宙與個人」（中國人的心靈，聯經出版公司，民國七十三年）第二一二頁。

㉘ 曾仰如，「倫理哲學」（台灣商務印書館，民國七十四年）第一八二頁。

㉙ 鄭志明，「台灣民間宗教論集」（學生書局，民國七十三年）第二六頁。

㉚ 楊慶堃，「儒家思想與中國宗教之間的功能關係」（中國思想與制度論集，聯經出版公司，民國六十八

年）第三三一頁。

㉛ 董芳苑，「原始宗教」（長青文化公司，民國七十四年）第四四頁。

㉜ 曾仰如，「宗教哲學」（台灣商務印書館，民國七十五年）第四五頁。

㉝ R. Keesing 著，于嘉雲、張恭啓譯，「當代文化人類學」（巨流圖書公司，民國七十年）第五八三頁。

㉞ 陳國鈞，「文化人類學」（三民書局，民國六十六年）第二一六頁。

㉟ Loan M. Lewis 著，黃宣衛、劉容貴合譯，「社會人類學導論」（五南圖書出版公司，民國七十四年）第一三九頁。

㊱ 同注釋㉟，第一四六頁。

㊲ 野上俊靜等著，聖嚴譯，「中國佛教史概說」（台灣商務印書館，民國六十一年）第一六八頁。

㊳ 余萬居譯，「中國佛教發展史」（天華出版公司，民國七十三年）第四七六頁。

㊴ 成中英，「知識與價值」（聯經出版公司，民國七十五年）第一九九頁。

㊵ 陳榮捷，「中國宗教中之個人」（中國人的心靈，聯經出版公司，民國七十三年）第二八二頁。

㊶ 蔡仁厚，「儒家思想的現代意義」（文津出版社，民國七十六年）第一七七頁。

㊷ 蔡仁厚，「新儒家的精神方向」（學生書局，民國七十一年）第一五八頁。

㊸ 余英時，「從價值系統看中國文化的現代意義」（時報文化出版公司，民國七十五年）第一一三頁。

㊹ 鄭志明，「中國社會與宗教」（學生書局，民國七十五年）第三三〇頁。

㊺ Jouis Dupré 著，傅佩榮譯，「人的宗教向度」（幼獅文化公司，民國七十五年）第四一四、四二二頁。

㊻ 同注釋⑩，第九五頁。

㊼ 宋光宇，「地獄遊記所顯示的當前種會問題」（民間信仰與社會研討會，台灣省政府民政廳，民國七十一年）第一一六—一三六頁。

㊽ 芮逸夫，「中國儒家思想的現代化」（現代化與中國化論集，桂冠圖書公司，民國七十四年）第二十頁。

㊾ 陳大齊，「平凡的道德觀」（台灣中華書局，民國六十年）第一五七頁。

㊿ 朱岑樓，「中國家庭組織的演變」（中國社會的變遷與發展，東大圖書公司，民國七十年）二六三頁。

51 蔡文輝，「社會學與中國研究」（東大圖書公司，民國七十年）第八九頁。

52 同注釋❿，第九五頁。

53 F. L. Bates & C. C. Havvey 著，張承漢譯，「社會體系」（黎明文化公司，民國七十一年）第一一三頁。

54 金耀基，「從傳統到現代」（時報出版公司，民國七十一年增訂八版）第五十頁。

55 牟宗三，「中國文化的省察」（聯經出版公司，民國七十二年）第一三一頁。

56 Dennis Lloyd 著，張茂柏譯，「法律的理念」（聯經出版公司，民國七十三年）第三一九頁。

第五章　太上清靜經的形上思想

第一節　淺介太上清靜經

清靜經全名爲「太上老君說常清靜眞經」，這部經典成立時期已無法詳考，據該經附有唐末杜光庭的註釋可以推測應爲九世紀以前的作品❶。十二世紀中葉，金人統治下的華北地區，新興起太一教、眞大道教、全眞教等教團均有意促使儒、釋、道三家思想調和統一的傾向❷，此時「清靜經」被視爲當時道教思想革新的經典，其簡單扼要的清靜無爲觀，借用儒、釋思想詮釋老子道德經，頗能獲得人心的共鳴，成爲教徒在修養道行時經常持誦的經典。

清靜經雖稱爲經，全文却不到四百字，所用的語言文字相當精簡，反映出由儒、釋、道三家思想雜揉而成的形上義理架構與民衆宗教意識。此書明清二代以來普遍被刊印與流傳，不單是道教的經典，也爲其他民間宗教視爲教典，幾乎被歸類於民間善書的範圍之內，如乾隆年間編輯的「信心應驗錄」收有此部經書。由清靜經可以追溯到民衆所接納的宇宙觀念與人生經驗，及其經由通俗教化下轉化爲民間處世哲學的眞實體驗，透過對存在問題的極度關切，維繫百姓的心靈秩序與道德修爲❸。

本文試圖分析清靜經的道體形上意義，來探討傳統社會宗教信仰的義理分位，瞭解由理性哲思到宗教信仰之間，道的內在意義如何被轉換或安置爲生活理念與文化意識，架構出民俗民德的行爲準則與價值觀念。

第二節　清靜經的宇宙化生說

當人直接面對著廣大無垠變化莫測的自然現象時，有著強烈的本能渴求，希望圓滿地詮釋宇宙創造的源始與目的，以及人類自身的生命原理與存在價值。自周文解體之後，具有形上意涵的「道」，成爲中國哲學家共同關切的課題❹，其義理規模與思想精神經後人不斷地注疏、詮釋、闡明，在內容上頗爲豐富與多樣，可謂是我國寶貴的智慧遺產，架構出主體生命的價值實現原理。這一套文化遺產也回過頭來對傳統社會的宗教經驗有所回饋，協助一般民衆建立出生活化的宗教意識，以一套完整的詮釋系統來圓滿解答人類存在的種種問題，包括宇宙創造的源始與目的、維持創造的力量或諸力的本質，人類生命原理或靈魂的本質與命運等❺。

清靜經雖然僅有三百餘字，其思想源頭却相當複雜，涵蓋了儒、釋、道三家的形上原理與實踐法則，省掉了三家錯綜複雜的論辯與詮釋過程，而從名相上來相互交流，粗淺看來似乎水乳交融，將三家思想相資相益貫通爲涵容深廣的詮釋系統，以符合宗教性天人合德的證悟工夫與超越精神。然而仔細地分析會發現這種雜揉性格的文章，潛存著理論上的歧義性及其內在義理的矛盾性，而這種歧義性與矛盾性有時正是世俗化宗教所具有的特性，將三家哲理落實到日常生活中來加以具體實踐，而較少考慮哲理背後的義理形態。如清靜經解釋「道」的形上意義，同時雜揉了好幾種不同的說法，首先他採用老子道德經的說法：

大道無形，生育天地；大道無情，運行日月；大道無名，長養萬物，吾不知其名，强名曰道。

這一段文字大致上脫胎於老子第二十五章，以「大道」作爲宇宙創生的本源，其內容有二：一、道乃天地、日月、萬物生成的根據，即大道涵攝有宇宙生化的作用。二、大道不是感覺經驗的對象，無形、無情、無名說明大道乃是超越經驗名言等外在認知的形上實體。

若單從內容上加以分析，清靜經對道的說明符合老子形上原理與規律意義的「道」，但是若就老子的宇宙論而言，因省略掉其道創生宇宙萬物的生化過程，無法深切地掌握到老子「超越的無」與「內在的有」的創生與圓成的作用❻。省掉宇宙創生過程，如老子四十章云：「天下萬物生於有，有生於無。」四十二章云：「道生一、一生二、二生三，三生萬物。」就難體會到老子由創生的實際過程中所展現出生命存在的無限意義，以及其由玄同於萬物所含融而出剛大自主的人格❼。如此，清靜經的道，由宇宙創造的本源容易被還原爲主宰宇宙至高無上的權威體，此一權威體不是化爲形象的人格神，而是一股無形的宰制力量，自然流通透過客觀的秩序準則，以安定無常的宇宙與無明的人生。清靜經所謂客觀秩序準則，可能是由易傳的陰陽觀念引申出清濁與動靜的二個創造萬物的基本動力或基本元素，說明大道生育萬物的情形：

夫道者，有清有濁，有動有靜；天清地濁，天動地靜，男清女濁，男動女靜。降本流末，而生萬物。

很明顯地可以看出，清靜經對於宇宙生化現象的轉變歷程，導入到陰陽對立的觀念裏，形成清濁、動靜、天地、男女等二個對立性的概念，再由彼此間相互性的變動，以說明大道生育萬物的內在規律，而這種內在規律可能被轉化爲宗教性的天命秩序。

有些學者據老子四十二章云：「萬物負陰而抱陽，沖氣以爲和。」指出老子已具有陰陽二氣互相沖和消長的宇宙間自然規律的觀念❽，但是就老子一書爲何在他處談到創生過程時沒有再提到陰陽一詞，據徐復觀解釋四十二章的萬物負陰而抱陽，謂乃是萬物生成以後，萬物將陰陽加以背負懷抱的情形，不是由陰陽而化生萬物的情形❾。故探討清靜經的宇宙生化歷程仍須從易繫辭「一陰一陽之謂道」處來了解，由陰陽所以成就事物的法則，肯定了有一類似宗教性人格神的主宰力量，而此主宰力量又超越出任何具體名相之外，僅可通過陰陽變化的規律性原則去掌握到宇宙創造的主宰眞機，如清靜經云：

清者濁之源，動者靜之基；人能常清靜，天地悉皆歸。

清、靜等特質是陰陽互動所顯露而出的造化法則，也是人生價値的根源，透過此原則性的掌握，可以開發出人內在的無限潛力，印證與天地相互並存的宇宙奧祕。如此法則性的道仍保留著若干神祕地宗教氣氛，如「清靜」的本質純粹是人生的境界，還是一種「窮神知化」的境界，包含著對神祕不可知權威力量所作的皈依。東漢末年以來道教教義的發展本就是採雜揉的方式，合易、史、巫三系古傳的神祕思想，形成一種以道爲主的宗教信仰❿。陰陽變化的化生理論有其歷史傳承關係，如太平經云：「天下凡事，皆一陰一陽，乃能相生，乃能相養。」又云：「如是一陰一陽，上下無窮，傍行無競。故清靜經以陰陽二氣說明宇宙變化，雖溯源於易傳，實道教的根本思想⓫。

綜合以上說明，可以指出清靜經雖然其形上義理與老子、易傳等有淵源傳承的關係，實際是傳統社會天道思想的大結合。所謂天道是指宇宙與人生貫通爲一體的天人關係⓬，其內涵不是來自於單一的詮釋系統，主要是由商周時代原始宗教的天道觀、儒家道德化的天道觀與道家氣化的天道觀等雜揉而成⓭。但是儒道的天道觀是從原始宗教的原始宇宙觀轉化成形上意義的天道思想⓮，而清靜經則反映出世俗化的宗教又利用儒道的形上義理充實信仰層面的宗教意識。哲理性的形上義涵與宗教性的形上義涵原本是二種不同層次的思維方式與態度，其對宇宙的詮釋落實到人性的實踐上，其內在動機與外在形態彼此間本存有很明顯的差異性。清靜經承續道教的形上義理，試圖將哲理的形上智慧化到宗教感情的實際關懷，凸顯出「清靜」的超越功能作爲人安心立命的主要依據，如此「清靜」成爲稟賦於宇宙的內在人格世界，也是人如何不斷超越自我朗現宇宙的神祕法則，如清靜經云：「如此清靜，漸入眞道。」又云：「得悟道者，常清靜矣。」足見清靜與道之間有著神祕效用的聯繫關係。

第三節　清靜經的人生修養說

清靜法則實爲貫通天人物我的一種含攝工夫與生命境界，將形而上的宇宙秩序下注於尋常生活的行爲之中，透過內歛式的精神涵養與心理狀態來自我超拔，以排解個體存在的種種限制與障礙，圓滿完成自身的最高價值。如清靜經對形上宇宙的說明，實際上是要解決生命的問題：

夫人神好清，而心擾之；人心好靜，而慾牽之；常能遣其慾，而心自靜；澄其心，而神自清；自然六慾不生，三毒消滅。所以不能者，為心未澄，慾未遣也。

個體的有限性是受到外在形軀的限制，無法從血肉與欲望中作高度的反省與自覺，去把握到自己的生命主體，以開闢出內在完滿的人格世界。如何去發掘到個體存在的立足點呢？清靜經是從宇宙法則歸納出普遍性與永恒性的「清靜」原理，向人身上凝集出無限擴充的創生動力，來突破六慾、三毒等外在官能的種種壓迫。此時，「清靜」湧現出心的無限創發能力，使人由盡心踐形來成就自己的世界，在天人與性命的交際之中獲得安頓。

清靜經爲何以「清」與「靜」的極念作爲知常法道的人生準則呢？就前引經文中得知，清、靜取自於清濁與動靜的對立詞，清靜是就濁動而言，說明清靜經重視本來素樸虛靜的生命狀態，以剝消由主觀心知與情欲所纏結的虛妄主體。因此，清靜經的清靜觀是承續了老子「致虛極，守靜篤」的歸根思想而來，如老子第十六章云：「致虛極，守靜篤，萬物並作，吾以觀復。夫物芸芸，各復歸其根。歸根曰靜，是謂復命。」清靜含有復命、返樸、歸明的境界⑮，使人從定執的妄想與欲望中解放出，復歸到自靜的本然狀態，如此可以避免個體存在的投入滯陷，躲開心執所牽引而出情識的枷鎖束縛。

清靜的概念也可能取自易繫辭傳「寂然不動，感而遂通」的極至之理，透過清靜德性生命的涵養、充實，化掉氣質之性的偏與雜，將情欲納入到道德實踐中而不放縱，使主觀內在面的心性與客觀超越面的天道天德便通而為一，形成「既內在而又超越」的生命狀態[16]，周敦頤「主靜立人極」的觀念或許可用來詮釋清靜經的「人能常清靜，天地悉皆歸」中天道與性命相貫通的玄妙之理。「心未澄」、「慾未遣」即是自我生命未完全展現，使外在感官的欲望壓迫內在靈性的清明，喪失了自作主宰的「遣其欲」、「澄其心」的涵養工夫，無法上通到默契道妙的儒家形上智慧。

但是若仔細分析清靜經的前後文，其拼盤式的雜揉格局，是無法完全相應於儒道二家的價值理序，尤其是由化育萬物的形上道體落實到生活修養的自我實現，清靜經幾乎是變了形走了樣，其似是而非的經文，似乎僅扣緊在個體存在的現實利益，玩弄著傳統智慧的「概念遊戲」，處處遮遮掩掩隱藏著其宗教目的的解脫心態。其最明顯的解脫心態是「六欲不生，三毒消滅」，即不是全幅智慧的境界朗現，也不是悲天憫人的宇宙情懷，而是基於個體生活安適的功利性格。「心擾之」、「慾牽之」即是生理慾望對人所造成的習氣與情識，儒道的形上智慧偏重在變化氣質上的私欲無知，保存天理貫注心性的本能良知，清靜經的「心自靜」、「神自清」也是良知天理通貫潤澤所開顯而出的生命境界。但是若將心靜神清當成消除六慾三毒的利器時，則又走回到避禍求福的宗教老路上，失去了主體精神實踐與體證的積極意義，將整體和諧的存在秩序下降為契約式的功利心態，忽略了儒道二家重視個體生命內在人格世界的無限超越，而僅刻意地尋求個人安身立命的技術性法則，墮入於強制性的權力機括之中，完全侷限於經驗界的生活秩序，忘却了人性自我含融的形上精神[17]。

清靜經所關心的課題是相當具有功利性格的色彩，卽是衆生如何去除妄心、煩惱，從生命的有限性中解脫出來，證悟到永無輪廻的無限性。若能減少現實利益的急切需求，這種超凡入聖的宗教情懷，也具有重新尋找價值秩序的形上意義，可惜的是清靜經太著重在解脫生死離苦得樂的宗教目的，如云：

衆生所以不得真道者，為有妄心；旣有妄心，卽驚其神；旣驚其神，卽著萬物；旣著萬物，卽生貪求；旣生貪求，卽是煩惱；煩惱妄想，憂苦身心，便遭濁辱；流浪生死，常沉苦海，永失真道。

清靜是針對濁辱而言，濁辱是衆生無法得眞道的原因，使人掉落在虛妄的存在中，隨著煩惱妄想而流浪於生死之間，面臨著茫然的生命歷程與廣濶的宇宙世界，懷抱了常沉苦海的長久性遺憾。這種遺憾的產生，是導源於人類妄心的執著，若能從妄心處作宗教性的修持，以神祕經驗證悟玄妙境界，則可免除肉體的苦難，又可長存精神的極樂。由現實存在的恐慌心態，逼迫地去尋找生命的永恒意義，也可由物體的有限性轉出精神的無限性，可是就形上旨趣而言，是不同於儒道二家就精神的修養與道德的實踐處去打開卽有而可無限的可能之路，如清靜經云：

上士無爭，下士好爭；上德不德，下德執德；執著之者，不明道德。

此段文字大致上脫胎於老子第四十一章與第三十八章，第四十一章云：「上士聞道，勤而行之；中士聞道，若存若亡；下士聞道大笑之，不笑不足以爲道。」第三十八章云：「上德不德，是以有德；下德不失德，是以無德。上德無爲，而無以爲；下德爲之，而有以爲。」上士與下士、上德與下德的區別，是將人分成二個不同的境界層次，亦即聖人與凡人的分際，在於其主體修證的境界形態，凡人欲超脫苦海，必須無爭不德，化掉執著的妄心而顯一沖虛的境界，如老子八十一章云：「天之道，利而不害，聖人之道，爲而不爭。」但是清靜經將「無爭」與「好爭」相對，就不單純是玄鑒無知的修養工夫，而是有了心知的定執起了優劣的價值判斷，表明無爭的利害關係。又如「不德」與「執德」相對，並不在說明消解生命造作與外逐的玄德妙用，而是將德視爲宇宙造化主宰的表現方式，故其所謂的「道德」是上躋於「天」的權威核心，是人們賴以安心立命的憑藉，不同於道家由心的致虛守靜所彰顯玄道妙德的主體修證，也非儒家由心的精神自覺來成己成物的道德工夫。

第四節　清靜經的「空」與「無」

如何去化掉人心的定執妄想，來烘托出眞常之道？清靜經則借用道家的無與佛教的空，來說無心無形、觀空所空的無限妙用，顯示出超越具體形相而又周流徧在的生命本質，如云：

> 能遣之者，內觀其心，心無其心；外觀其形，形無其形；遠觀其物，物無其物；三者旣悟，唯見於空。觀空亦空，空無所空；所空旣無，無無亦無；無無旣無，湛然常寂，慾豈能生？慾旣不生，卽是眞靜。

雜阿含經曾云：「心樂清靜解脫，故名爲空。」清靜經以空釋無，可能卽著重在出世解脫的宗教性心理情懷。佛教初傳中土多半依附老莊以談佛理，即所謂格義佛教，其著重點即在「無」與「空」形上義涵的相互詮釋，早期如道安等人多將「無」與「空」視爲同一事，以「無」或「空」當作萬化衆形之先者⑱。雖然後來佛教自鳩摩羅什東來，般若空義的主體性智慧自成系統，發揮本性涅槃的眞空妙有思想⑲，可是對傳統社會的宗教信仰而言往往渾化成不可分割的詮釋系統，或許在根源上不相契於佛道形上性格的價值理序，但是可以滿足於其規範一切事物本然地位的空寂妙法。

清靜經的「空」與「無」可能僅是字面上的意義，並不須回溯到佛道的詮釋系統處來加以理解或說明，其「空」與「無」即是空無，把各種差別境界的存有空無化，把確定的事物空無化，變成普遍的存有⑳。此普遍的存有即是清靜經所謂「常寂」、「眞靜」的境界，也是人類生存的最高價值層次，其形態如下所云：

> 真常應物，真常得性，常應常靜，常清靜矣。如此清靜，漸入真道；既入真道，名為得道；雖名得道，實無所得；為化衆生，名為得道；能悟之者，可傳聖道。

「眞常」一詞可能取自老子十六章「歸根曰靜，是謂復命，復命曰常」的觀念，用來描述可以作爲存在界價值規範的道相，希望能在傳統價值觀念與秩序失落的亂世中，化解虛妄主體的有爲造作，使生命返回素樸眞實的自然狀態㉑。佛教就現象世界一切無常處，指出恒常不變的眞如、法身、涅槃的觀念，與清靜經以「得道」作爲生命的最後歸宿，就本體的內在意義而言亦有其相近的地方㉒。

清靜即是眞常的妙智工夫，破除虛妄假象，體驗本體空寂，稱之爲「漸入眞道」。眞道即是存在界的價值根源，能令萬物各安其位，使自然界維持和諧的秩序。清靜經寫作的目的即在標舉眞道的圓寂靜界，要求衆生能從個體有限性的存在恐慌中，逼迫自己去學道、悟道以至得道，了悟無生無滅的眞性，去除主客的對待，契合玄機道本。清靜經也能就道的虛空寧靜，點出「雖名得道，實無所得」超越而復內在的本質意義，但是仍擺脫不掉其「爲化衆生」的宗教情懷，提出「眞常之道」，以讓「悟者自得」。這種著重在解脫的證悟工夫，其效用爲化除惡業罪障，獲得心法傳授，得以破除一切外在虛相，由超越性自覺來明心見性，契入永恒的本源境界，故云：「能悟之者，可傳聖道。」可傳聖道，即是宗教性的教化目的，使信徒及早思量，務必從個體的有限性中轉出精神的無限性。

第五節　小結

道教的經典爲數不少，却少有學者從事義理的疏解與理論的架構，其原因即來自於道經的雜亂性格，其價值義涵可能同時兼含異質性的形上理念，呈現極爲紛歧的思想形態，是不能直接從老莊、周易的道體觀貫通下來，這二者之間必然有其分界點。但是在民間文化傳統裏，這個分界點很少被公開地提出討論，如清靜經的注本，自明代以來也有數十種以上的作品，每一個注本幾乎都引經據典，將宗教性的形上思想與哲理性的形上思想混合爲一，很難明切勾劃出道教自身獨特性的思想體系。

本文的寫作並不是要貶低清靜經的形上思辨的哲理價值，而是要注意到哲學智慧深入到民間社會以後，其與民衆文化的意識形態相結合後的宗教意義，而成爲一般民衆的人生觀與價值觀。尤其是仰賴權威主宰作爲宇宙創化之本源的宗教意識，在證道成仙的引誘下，其修心養性的教法也必然不同於哲理上的形上思維。二者之間若能在義理上作詳細的劃分，將道家歸類於哲理，道教歸類於宗教，如此二者的形上智慧不會相互混淆，有助於道教義理的研究與發展。

注釋

❶ 余萬居譯，「中國佛教發展史」（天華出版公司，民國七十三年）第六三八頁。
❷ 邱榮鍚譯，「中國思想之研究㈡道家與道教思想」（幼獅文化事業公司，民國六十六年）第二二〇頁。
❸ 鄭志明，「評論台灣民間鸞書天道奧義的形上理論」（收入台灣民間宗教論集，學生書局，民國七十三年）第一七一頁。
❹ 袁保新，「老子形上思想之詮釋與重建②」（鵞湖月刊第一一一期，民國七十三年）第三十六頁。
❺ 李永久譯，「科學、眞理、宗教與倫理」（帕米爾書店，民國五十七年）第一一七頁。
❻ 王邦雄，「老子的哲學」（東大圖書公司，民國六十九年）第七八頁。
❼ 徐復觀，「中國人性論史」（台灣商務印書館，民國五十八年）第三五〇頁。
❽ 張揚明，「老子學術思想」（黎明文化公司，民國六十九年）第五六頁。
❾ 同注釋❼第三三四頁。
❿ 黃公偉，「道教與修道秘義指要」（新文豐出版公司，民國七十一年）第一一七頁。
⓫ 陳斌和譯，「道教概說」（台灣商務印書館，民國五十九年）第二二頁。

⑫ 施湘興，「儒家天人合一思想之研究」（正中書局，民國七十年）第一頁。

⑬ 有關原始宗教、儒家、道家的天道觀，請參閱唐端正，「先秦諸子論叢」（東大圖書公司，民國七十年）第四七—一二五頁。

⑭ 唐君毅，「論中國原始宗教信仰與儒家天道觀之關係兼釋中國哲學之起源」（收入中國哲學思想論集總論篇，牧童出版社）第一七四頁。

⑮ 吳怡，「中國哲學發展史」（三民書局，民國七十三年）第八五頁。

⑯ 蔡仁厚，「宋明理學北宋篇」（學生書局，民國六十六年）第二頁。

⑰ 鄭志明，「中國社會與宗教—通俗思想的研究」（學生書局，民國七十五年）第三四二頁。

⑱ 勞思光，「中國哲學史第二卷」（文華圖書供應社，民國六十七年）第二五四頁。

⑲ 印順，「性空學探源」（正聞出版社，民國七十三年）第四三頁。

⑳ 方東美，「中國大乘佛教」（黎明文化事業公司，民國七十三年）第一〇九頁。

㉑ 舒詩玫，「老子道德經中常一概念的淺析」（鵞湖月刊第一三〇期，民國七十五年）第二六頁。

㉒ 周中一，「佛學研究」（東大圖書公司，民國七十一年）第十一頁。

第六章　菜根譚的社會思想

第一節　淺說傳統社會的文化現象

在中國傳統的知識體系裏，儒家的人文思想一直居於主導的地位，以致於研究中國社會與民族性的學者普遍認為「儒家倫理」支配了傳統社會的價值觀念與行為模式，但是深入地調查傳統社會的交化現象，發現儒家思想在實際的運作中存在著「兩極性」（孫隆基譯，一九八〇：五七—七〇），尤其是國民的處世性格與價值取向相當地保守，與儒家道德標準及其積極人格出入甚大（文崇一，一九七二：五五），有些學者就實地的觀察認為儒家思想與社會人格不相契合，傳統中國文化模式是依賴性，而非自主性（Eastman 一九七四：二九五），給人的感受是消極性而非積極性（Schwartz 一九六四：一〇五—一一〇）。

儒家思想主導了中國文化的發展，就知識理性而言確實如此，成為中國社會的教化核心，決定文化精神的走向，用來涵養人格，培育人生體驗，但是落實到傳統的社會結構裏，為了因應現實的人事環境，傳統的教化常經過多層的折射變化，形成了一種以自我利益為主的社會意識，可能只呈現了儒家的一面而非儒家思想表現的全面（蕭欣義，一九八〇：一四—一五）。

社會的教化自成一套體系，其原則性大多繼承了儒家（包含道家甚至佛教）思想，加以引申蘊育，在社會經驗的主導下，有時能展現儒家的整體精神，有時即偷天換日轉化成背反的觀念。

近年來，已有學者逐漸注意到儒家思想（尤其是宋明理學）與社會變遷所形成的文化現象有無衝突的問題（De Bary，一九七五：Metzger，一九七七），體悟到中國的文化現象，不是單純的儒家倫理而已，是一個複雜而多樣態的文化綜合體（Chang，一九七一：一—二）。「菜根譚」一書在思想層次上，境界不高，甚至被視爲淺陋的通俗作品，但是在坊間被視爲聖典，稱譽爲曠古稀世的奇珍寶訓「聖印，一九六〇：一），可以說是一部反映群衆意識，提供鄉民認知的教化材料，作爲共同擁有的行動標準與社會規範，形成實際生活的文化傳統與風俗習慣。因此，分析菜根譚的社會思想有助於疏通儒家思想與世俗行爲的網絡關係。

第二節　菜根譚的時代背景

目前坊間流傳的菜根譚根據二種不同的版本，一標洪自誠著，是日本內閣文庫昌平坂學問所本，分前後二集，有于孔兼題詞。另一標洪應明，有乾隆三十三年三山病夫的序文，由序文得知該版本已非菜根譚的原始面貌，分成修省、應酬、評議、閒適、概論等五項，除概論的文句大多出現於前一個本子外，其他在內容、章句上差異甚大。

作者的生平事蹟，可供稽考的史料不多，四庫提要「仙佛奇蹤」一條云：「明洪應明撰，應明字自誠，號還初道人，其里貫未詳。」日本學者酒井忠夫與今井宇三朗曾著「菜根譚の著者について」（山崎先生退官記念東洋史學論集，一九六七），探討作者的生存年代。據于孔兼的題詞云：「適有友人洪自誠者，探菜根譚示予，且丐予序。」得知洪自誠與于孔兼同時，于孔兼的生平，根據「明史」與「明名臣言行錄」爲江蘇金壇人，字元時，號三峯主人，萬曆八年（一五八〇）進士，任儀制郎中，萬曆二十七年（一五九九）被謫爲吉安判官，遂投牒歸里，其題詞云：「逐客孤踪，屏居蓬舍」一段，可以推測出菜根譚成書是于氏退官家居的時候，大約是萬曆三十年間（一六〇二—一六一二）的作品。

菜根譚被歸類爲明末小品文，屬於格言式的文體，在明末類似的作品不少，較著名的有屠隆的「娑羅館清言」、「續清言」，陸紹珩的「醉古堂劍掃」，陳繼儒的「太平清言」、「長者言」，吳從先的「小窗清紀」，田藝蘅的「玉笑零音」，李鼎的「偶談」，彭汝讓的「木几冗談」，徐大室的「歸有園麈談」等。這一類的作品，在當時未有統一的名稱，常用的有「清言」、「清語」、「雜著」、「雜語」、「偶談」、「麈談」等，在形式上與語錄隨筆等相類似，却更短小精鍊，多駢語對句，內容上偏向於麗詞醒語的嘉言格論，以個人的修身處世爲主，類似今日「人生小語」等勵志短文，本文稱爲「處世小品」。

這一類處世小品的文章，其興起與明末的時代背景有密切的關係，明末吳從先的「小窗清紀」提到那個時代云：「處世至此時，笑啼俱不敢；論文於我輩，玄白總堪嘲。」造成笑啼皆不敢的時代，其文化因素很多，就政治而言，萬曆十年張居正卒後，朝政綱紀廢弛，內亂外患，天災人禍蠭起，政治腐敗，農村凋敝，有志之士自放江湖，隱逸風潮大盛，于孔兼即是最好的例案。就社會而言，明代江南一帶城鎮的興起，財富集中，經濟發達，奢靡的生活敗壞了社會風氣。在明代危機意識與頹廢思想同時並行，對個體的存在產生了很大的壓迫感，有志之士雖隱居鄉野，也感受到個人的安身立命大爲不易，遂集結了其人生體驗，以簡要的文詞來警醒世人，如陸紹珩的「醉古堂劍掃」云：「趨名者醉於朝，趨利者醉於野，豪者醉於聲色車馬，而天下竟爲昏迷不醒之天下矣，安得一服清涼，人人解醒。」

處世小品在明末風行，其原因很多，其中與隱逸風氣極爲相關，隱逸風氣的造成又由於政治黑暗、小人得勢、忠良遇害、價值顛倒，是非不明等因素所造成。隱逸未必歸隱山林，在處世小品裏偏重在心態的表現，朝中的官僚可以「吏隱」，如菜根譚第二十七章云：「居軒冕之中，不可無山林的氣味。」下第四十章云：「袞冕行中，著一藜杖的山人，便增一段高風。」也可以「市隱」，如菜根譚下十七章云：「有浮雲富貴之風，而不必巖棲穴處。」隱逸在當時可能是一種風尚，不一定要有形式上的山林隱逸，造成很多人以「山人」自居，却奔走豪門世家，以隱士的處世法則，來達到所謂「終南捷徑」。這種風氣頗受當時知識分子的抨擊，如沈德符的「萬曆野獲編」卷二十三云：「數十年來，出遊無籍輩，以詩卷遍贄達官，亦謂之山人，始於嘉靖之初年，盛於今上之近歲。」李贄的「焚書」卷二云：「名爲山人而心同商賈，口談道德而志在穿窬。」

隱逸的心態，是一種應世的疏離方法，避開黑暗的政治環境與汙濁的人事背景，追求不爲世法所拘泥的人生境界，亦有其時代的悲情。王宇的「清紀序」裏將明末的處世小品與漢代的清議，晉代的清談相提並論，重視明末知識分子在亂世裏「語多感憤，人生快談」的激情，及其無可奈何的苦衷。就其激情而言，與清議、清談不同，這一類的作品，避開政治的參予以及玄學的遐思，在行動上未有積極的抗議活動（包括政論的對抗與禮法的解脫），反而與世情作消極的退讓妥協，重視現實生活中技術性的人生體驗，以其智慧洞察世間的炎涼與人性的紛爭，培育出一種退縮的處世法則，以個人的明哲保身來寬解塵寰的撓亂，如屠隆的「娑羅館清言」云：「老去自覺萬緣都盡，那管人是人非；春來尚有一事關心，只在花開花謝。」冷却了一切悲憤與激情，只就個人的明哲保身，來解脫塵俗的各種桎梏。

這是種不得已的苦衷，其實處世小品的作者也有其救世的熱忱，如陸紹珩的「醉古堂劍掃云：「今天下皆婦人矣：對疆縮其地，而中庭之歌舞猶喧；戰血枯其人，而滿座之貂蟬自若。我輩書生，既無誅亂討賊之柄，而一片報國之忱，惟于寸楮隻字間見之。使天下之鬚眉而婦人者，亦聳然有起色。」萬曆十年以後，以皇室爲中心的上層統治集團，過著荒淫無恥的生活，追求個人的享受，如明神宗自萬曆十七年以後不早朝，縱情聲色，奢侈靡華，導致政治腐朽與體制癱瘓，而遼東後金的興起，以及萬曆二十四年起市民反抗礦稅監掠奪的行動，以及各地因農村破產所引發的民亂事件，又加上當權的閹官與官僚殘暴地掠奪土地與財物，局勢已難可爲，陸紹珩面對著「中庭之歌舞猶喧」、「滿座之貂蟬自若」等社會現象，急欲諷議時政，勸戒當局，但自萬曆二十七年李三才的罷官，萬曆二十年于孔兼的隱退，東林黨的清流力量在梃擊案、紅丸案、移官案後也逐漸消沈，有志之士轉向寫作，希望以「寸楮隻字」來勸警世人。又由於宦官奸臣掌權，黨禍四起，正面的批評文字易換來殺身之禍，知識分子遂集中在個人的修養工夫上，希望發揮世教的功能來改變社會風氣，是一方面受到明代王學的影響，一方面表達其無可奈何的苦衷。

處世小品文不是純粹個人的創作，類似書摘，將前人的名言或思想重新組合，以簡單的三言兩語獨立成文，在駢語對句之下反覆地透露出人生的韻趣，陸紹珩在「醉古堂劍掃」的自序中提到其寫作方式：「每遇嘉言格論，麗詞醒語，不問古今，隨手輒記。卷從部分，趣緣旨合，用澆胸中傀儡，一掃世態俗情，致取自娛，積而成帙。」菜根譚每一則的生命情調頗為相近，是以隨筆的方式，掌握乍現易逝的靈思，即以簡短通俗的單言隻語來記錄日常生活靈光一閃的人生智慧。

另菜根譚的人生智慧含有社會教化的意義，融通了三教聖賢的勸誡，化為社會規範與行為模式，在生動有趣的格言小品中，傳達了可以安身立命的生活體驗，這是知識分子對外在惡劣環境的一種文明的回饋，雖然難免消極頹廢，卻又能與民衆的生活情境結合，提昇民間的文化意識，是明末處世小品文作者的一種貢獻。有人認為這一類處世小品缺乏正面積極的意義，不知蒼生倒懸為苦，玩物喪志，以致喪己禍國。若瞭解明末的時代背景，這些知識分子從事最基層的教化工作，從根源上來化民成俗，疏解日趨敗壞的社會風氣，雖然他們的力量是微不足道，教化的內容稍微偏離儒家的主體精神，卻仍值得我們的欽佩與讚揚。

第三節　「遠離」與「退步」的處世法則

菜根譚一書相傳為明代萬曆年間隱士洪自誠所著，文體為小品文，比隨筆、語錄還要精練，上下語句採對仗方式，文藻相當華美，堪稱爲傑出的文學作品。但是頗受注目的是其明哲保身的處世思想，將交際、處世的祕訣藝術化，全書充滿了許多意味深長的詞句，被視爲一本很特殊的人生哲學之書（李朝熙，一九七九：一）。

菜根譚與一般人生哲學的書不同，不是純粹站在人性的觀念點上去理解人生，而是關連著人格與社會間的互動結構，在符合社會結構脈絡下設計行爲模式，以疏導人生的困頓。一個社會由於其特殊的生態環境衍生出歸屬於該社會的思考與行爲的方式，俾使其成員從事適當的社會化行爲，菜根譚即是一本學習他人經驗以約制自己行爲的書，即是一本學習行爲如何社會化的文化教導書。尤其偏重在如何化解緊張的挫折感作適當的調整，正確地認識與分析當前的現實狀況，依情況的變化，採用容易被社會所接納的方式來解決存在的問題，化除逐漸高漲的不安情緒。

菜根譚成書時代的歷史背景與社會背景，可能影響到該書特別注意到外在環境刺激與反應的調適行爲，但是在傳統文化的教化下，在學習社會與文化的信仰、價值、規範與社會角色的過程裏，有其本能的調整方式，產生行爲的機制，其主要的方式有二：一爲遠離現實的情境，以冷靜的心思，旁觀其發展。一爲暫時妥協現實的情境，作合理的退步，以等待良機。

個人的社會生活與行爲的表現受到集體意識所形成的社會制約所支配，形成一種心理一致：行爲統一與生活相同的結構關係，這種結構關係，在菜根譚裏，可以很明顯看出，企圖將個人與社會之間的網絡結構加以疏遠，形成一種置身事外的處世態度，著重在「冷」的涵養上，如云：「炎涼之態，富貴更甚於貧賤；妬忌之心，骨肉尤狠於外人。此處若不當以冷腸，御以平氣，鮮不日坐煩惱障中。」（第一三五章）「君子宜淨拭冷眼，愼勿輕動剛腸。」（一四四）「冷眼觀人，冷耳聽語，冷情當感，冷心思理。」（二〇六）「熱鬧中著一冷眼，便省許多苦心思。」（下五九）「權貴龍驤，英雄虎戰，以冷眼視之，如蟻聚羶，如蠅競血；是非蜂起，得失蝟興，以冷情當之，如冶化金，如湯消雪。」（下七三）社會的苦危災難與人情的疏離淡薄，給生存帶來了很大的壓力，在社會化的過程中，這種壓力內化成人格的重要部分，外射到實際的行為上，形成了「冷腸」、「冷眼」、「冷耳」、「冷情」、「冷心」等態度。冷眼旁觀，置身度外，主要是因為社會的紛爭與人情的無常所擠壓出一種應付人世的生活法則，如民間所流行的「昔時賢文」云：「但將冷眼旁觀螃蟹，看他橫行到幾時。」

社會是人類欲望相互激盪的地方，人與人之間的勾心鬥角，無外乎是為了獲得良好的生存機會，但是彼此的相互競爭，造成人性的墮落，潛伏著許多的危機。在這樣的情境下，基於自身安全的功利考慮，首先必須自保，其方法就是遠離現實的衝突，不必參予社會的運作，如菜根譚云：「從冷視熱，然後知熱處之奔走無益。」（下一六）「矜名不若逃名趣，練事何如省事閒。」（下三一）積極的救世熱情，在惡劣的環境下容易引起挫折感，連帶著悲愴世間價值的失落，導致生活上的恐慌，此時「逃名」、「省事」的遠離方式，可以重新地調整人際間的結構關係，帶來冷靜的智慧，更有效地獲得良好的生活機會，如云：「作人無甚高遠事業，擺脫得俗情，更入名流。」（一四）擺脫俗情也有其積極的意義，第三七章云：

「寧守渾噩而黜聰明，留些正義還天地；寧謝紛華而甘淡泊，遺個清名在乾坤。」但是這種遠離世情的價值是在利害的對比下所作的抉擇，即是：「以此相觀對治，亦是一方便法門。」（五三）

人世間的價值觀念，也是造成人事紛擾的主因，如功名富貴一直是人類所追求的目標，勢利的傾軋永難止息，菜根譚以遠離名利的方式來明哲保身：「以幻迹言，無論功名富貴，卽肢體亦屬委形。」（一〇三）「功名富貴，逐世轉移。」（一四八）「誇逞功業，炫耀文章，皆是靠外物做人，不知心體瑩然。」（一八三）將功名富貴視爲外物，不是親近的對象，以知足不爭的心態，擺脫外逐的欲望，如云：「處世不必邀功，無過便是功；與人不求感德，無怨便是德。」（二八）無過無怨卽是知足不爭，其動力來自於冷眼旁觀後的識見，如第一七二章云：「我貴而人奉之，奉此峨冠大帶也；我賤而人侮之，侮此布衣草履也。然則原非奉我，我胡爲喜；原非侮我，我胡爲怒。」

俗語云：「旁觀者清，當局者迷。」遠離俗情，在於培養旁觀者的氣度，如「以事後之悔悟，破臨時之癡迷」（二六）以冷靜的態度跳脫出俗情的衝突與糾紛，消除精神上的負荷，學習社會化的文化人格。又依據 Erikson 的「自我認同危機說」，認爲在人生發展的每一個階段中將經歷了許多不同的危機，產生了生理與環境的變化，Erikson 強調人對於危機常採積極與消極二種反應，來渡過危機成長自我，從菜根譚一書看來，其作者（或者是與作者同一個生態環境的社會人）偏向於採用消極的方式，孤立自己或逃避群體，來保護自已，減少被外在惡劣勢力的污染，獲得一個較完整而且幸福的存在情境，如云：「恩裏由來生害，故快意時，須早回頭。」（一〇）「人情世態，倏忽萬端，不宜認得太眞。」（下五八）「趨炎附勢之禍，甚慘亦甚速，棲恬守逸之味，最淡亦最長。」指出在人與人相處的社會規範裏，不要太在乎外在情境的變化而引起情緒的反應，尤其在得意時，要想到回頭，遠離當時的迷情，不宜認得太眞，反遭災變。

當人與人進行社會交易時，是不可能完全地置身事外，有時必須暫時與現實的情境妥協，稍作退步，以獲得更好的進身機會，如云：「徑路窄處，留一步與人行；滋味濃的，減三少讓人嗜，此是涉世一極樂法。」（一三）「處世讓一步爲高，退步卽進步的張本。」（一七）「人情反覆，世路崎嶇，行不去處，須知退一步法，行得去處，務加讓三分之功。」（三五）「處世不退一步處，如飛蛾投燭，羝羊觸藩，如何安樂？」（四三）「爭先的徑路窄，退後一步自寬平一步；濃豔的滋味短，淸淡一分自悠長一分。」（下二五）「進步處，便思退步，庶免觸藩之禍。」（下二九）人際間的社會活動有其旣存的結構秩序，以滿足社會成員生存的基本條件，但是社會與個人之間由於其他時空變動的影響，尤其是政治的衰微與文明的敗退等因素的加入，社會的整體形式已非統一的理性架構，爲了生存的需求，集體性的自救性格，導致一種實效性的機械行爲取代理性或者已存有的社會秩序，轉化到以隔離退立的方式排解存在的衝突，追求心靈的平和，以化解緊張的情緒。菜根譚大致上是衰世之學，因中國長期的動盪不安以及傳統農業社會的保守性格，其思想體系與處世方法，形成知識性潛能的模塑作用，獲得民衆的深切體念與實踐，扮演著很重要的社會角色。

「涉世」與「處世」一詞說明個人與社會關係的密切性與重要性，個人如何面對社會情境加以自處。中國歷代學人在理論上多有所建立（楊懋春，一九八一：一一一－一六〇），但是觀念系統在現實社會的運作中另有創造性的轉化歷程，思想本身在知識立場與社會位置之間在實踐的過程中，本具有裂罅的潛勢（葉啓政，一九八四：一二三－一三〇）。在價值的取向上，社會大衆的基本認知模式和文化典型建立在實際人生體驗的安適問題，即是所謂「涉世一極樂法」，在現存的社會實踐中，理論或許具有引導的作用，可是眞實的社會情境未必合乎理性的要求，尤其是主觀性與客觀性的對立時，主觀的原則在感知的客觀情境中，常隸屬在人類避禍趨福的心理控制之下。「退一步」即是在吉凶禍福心態下的應世之法，企圖化解存在的對立矛盾，減少人際間的衝突與緊張，並且在實踐中調整知識立場的理性智慧，以改造個人的活動能力，即所謂「退步爲進步的張本」，以退步作爲爭取進步的技術性法則。

「退步」的法則大部分來自於實際的人事經驗，在傳統社會各種因素的刺激下產生的互動行爲，將個人與社會的相關性建立在自我利益的基礎上，塑造出引起民衆共鳴的人格形相，如云：「爵位不宜太盛，太盛則危；能事不宜盡畢，盡畢則衰；行誼不宜過高，過高則謗興而毀來。」（一三七）爵位、能事、行誼是個人的道德、能力與地位，是在社會化的認同中所必須獲得的社會價值理念以及追求的目標，但是考慮到個人的自我利益時，必須減弱個人與社會的連繫與互動的價值，退縮到個人行爲的自我禁制上，降低人格的行動標準，以獲得個人在社會內部的生存機會。在菜根譚裏如此的觀念處處皆是，如云：「若業必求滿，功必求盈者，不生內變，必召外憂。」（二〇）「福莫福於少事，禍莫禍於多心。」（四九）

「君子當存含垢納污之量，不可持好潔獨行之操。」（七六）「陰謀怪習，異行奇能，俱是涉世的禍胎，只一個庸德庸行，便可以完混沌而召和平。」（一八一）「人生減省一分，便超脫一分。如交遊減便免紛擾，言語減便寡愆尤，思慮減則精神不耗，聰明減則混沌可完。」（下一三二）在一個關係取向的社會裏，個人的情緒反應牽涉到整個社會群衆集體意識的發用，尤其在「權力」的交易和運用的基礎上（黃光國，一九八五：一二七），個人為了疏解自己的意志，閃躲他人的壓迫，發展出一套自我制約的文化模式，以躲避處世的災禍，獲得生存的利益。這種行為的動機是在福禍的引導下去除多心，不求福、不求盈，以庸德庸行，甚至含垢納污，來減省外在的機制力量，使個人在社會互動的情境中，掌握到滿足自己需求的社會資源。

第四節 處世法則與儒家道家思想

在中國傳統社會的教化體系中，「儒家倫理」大多被視為支配中國人的價值觀念與行為模式的精神支柱，但是在社會機制的運作下，儒家倫理究竟對中國人的社會行為產生多少的影響，其思想體系如何落實為生活規範，這中間的轉換與安置的過程，是一個很值得探討的問題，或許從菜根譚一書中可以找到一些線索。

儒家思想主要建立在內在人格世界的開闢，啓迪人類無限融合與向上之機，以道德意識來擴張與延展自我的生命力，而成為一切行為價值的無限源泉。因此儒家以立德來作為實踐的方法，先以高度的反省自覺突破人欲的形氣隔限，全般地展現內在的人格世界，呈露出渾然與天地合一的仁體境界。道德意識來自於內在生命的無限創發，由盡心踐形所成就的主體精神，與客觀環境的結合，形成具體的道德行爲。道德行爲就儒家而言不是單純經驗性成文法的社會規範，而是透過心德的涵養工夫，由盡心的集義養氣，透過官能能力展現在客觀世界之中。但是在傳統社會的教化系統，其工夫的進路可能剛好相反，先將道德行爲公例通則化，使其成爲普遍性規範性可以共同遵守的信條，再來要求人們按部就班地列入生活的規律，轉化成具體的行爲目標。如此的教化方式，在生活的實際運作中，可能會加入其他非理性的外在條件與限制，如菜根譚談道德行爲：「棲守道德者，寂寞一時；依阿權勢者，淒涼萬古。達人觀物外之物，思身後之身，寧受一時之寂寞，毋取萬古之淒涼。」（一）奉守道德之所以會寂寞，是將道德看成教條，與權勢成爲對比的兩個不同情境，在現實的社會生活中，選擇權勢來獲得社會的資源來滿足生存的需求，是一種正常的社會化行爲，第一章以拉遠時空的方式，勸人不要滿足於一時的安樂，而要爲終生打算。爲了終生的幸福而選擇了道德，道德已非純粹的自律原則。

菜根譚談道德不能脫離人事環境的利害關係，如云：「富貴名譽，自道德來者，如山林中花，自是舒徐繁衍。自功業來者，如盆檻中花，便有遷徙興廢；若以權力得者，如瓶鉢中花，其根不植，其萎可立而待矣。」（五九）富貴與名譽是人類本能的需欲，尋求自我的滿足快樂，二者都是社會化的產物，必須透過許多不同的智識工具與物質工具以征服外在社會環境自然與人文的障礙。菜根譚認爲可以透過道德、功業、權力等三個途徑獲得。功業、權力與名利本具有相互的牽動結構，但是內發性的道德與外顯性的名利彼此間的結合，尙須透過其他技術性的人際活動來加以關聯。尤其名利與道德本具有分裂的潛勢，如云：「好利者逸出於道義之外，其害顯而淺；好名者竄入於道德之中，其害隱而深。」（一九三）顯示出技術性的法則也無法眞正地整合道德與名利。

在菜根譚裏，經常是以社會控制的外在力量來評量道德行爲，如云：「標節義者，必以節義受謗；榜道學者，常因道學招尤。」（一七八）其行爲的標準是架構在人與人相互牽動的社會脈絡裏，爲了避免與他人產生衝突（如受謗、招尤等），必須考慮社會環境的決定力量，在不離社會結構所限制的架構中來運轉道德行爲，如第一七七章指出當官的人應具有的修養：「士君子處權門之路，操履要嚴明，心氣要和易，毋少隨而近腥羶之黨，亦毋過激而犯蜂蠆之毒。」操履嚴明、心氣平易等行爲接近儒家的道德理念，但是後二句則是就利害關係談進退原則，爲了避免仕途的險厄，必須認清自己的地位位置，衡量環繞在自己四周的價值體系，進而形成一套穩定而安全的行爲規範，如「毋少隨」、「毋太激」即是一種行爲的約制。

這種行爲約制，與前一節所謂「遠離」、「退步」的處世原則有密切的關係。在有限資源的農業社會裏，人格的特質較趨保守，社會情境結構的壓力，無法積極而有力的對應，則往往採用消極退避的方式。在菜根譚裏，所謂道德行爲往往受到社會客觀因素所決定，如云：「完名美節，不宜獨任，分些與人，可以遠害全身；辱行污名，不宜全推，引些歸己，可以韜光養德。」（一九）「公平正論不可犯手，一犯手則貽羞萬世；權門私竇不可著脚，一著腳則點污終身。」（一一一）菜根譚將道德行爲視爲變動性的社會刺激價值，隨著生存情境的動態，而作的調整與適應，人的主體性是附屬在集體的社會壓力意識之下，必須先考慮個人在集體結構中的利害關係，再以「退步」的方式支配自己思考與行爲的模式，如不冒犯衆議，不墮入權門，即是以集體壓力來改變自己，在處世上有所爲有所不爲，如「分些與人」、「不宜獨任」即是考量了社會整體的團體效果所引起的個人內部的行爲反應與價值態度。

「儒家倫理」實際上是一套理性的社會規範，透過教化力量，企圖形成一套社會價值體系，來規範社會的集體意識，形成標準化的習慣行爲與活動方法。但是在實際的行動中，理性的成份在社會共享的需求下須稍作調整，如個人的家庭生活與社會活動，菜根譚較注意的是比較會引起衝突提高緊張氣氛的情境，如云：「處父兄骨肉之變，宜從容不宜激烈；遇朋友交遊之失，宜剴切不宜優游。」（一一三）「覺人之詐，不形於言；受人之侮，不動於色。」（一二六）「處世不宜與俗同，亦不宜與俗異；作事不宜令人厭，亦不宜令人喜。」（一九八）愈是衝突的情境，愈須發展出有助於維持團體秩序的規範價值與行爲模式，來有效地控制或整合個人與團體間的和諧關係，菜根譚所規勸的處理方式，前後並不是很一致，但是似乎又有原則在，即是在任何情境中得到暫時的安寧，以容忍與退步來取代激情與紛爭。甚至遠離是非與人情，如所謂「不與俗同」與「不與俗異」，有人會認爲這是中庸之道，其實沒有「誠心」與「人性」的結合，會造成知識與道德之間的脫節，個人與社會之間的衝突（吳怡，一九七六：一七四），若沒有產生衝突，則是一種近乎鄉愿的技術性處世法則，將教化的理想性淪落爲謀求利益的手段，以表現在群性活動中的功利性格，取代向上超越的道德精神，墮入於強制性社會規範的權力機括之中，完全限定於經驗界的生活秩序，否定了人性自我含融的精神作用（鄭志明，一九八六：三四二），如云：「毋偏信而爲奸所欺，毋自任而爲氣所使；毋以己之長而形人之短，毋因己之拙而忌人之能。」（一二〇）表面上其行爲近於道德，事實上在於避災求福，隱藏其內心的情意，迎合他人的心意，建立良好的人際關係。

菜根譚的「遠離」、「退步」的處世法則，在思想形態上可能更接近道家處下不爭守柔常和的人生態度。雖然道家思想也是在社會劇烈變動的危機中，體悟到宇宙不變的常道作爲人生的立足點，以維持個人與社會的安全久遠，但是道家從現象界中追索到宇宙創生的原理，發展成形上學的宇宙論（徐復觀，一九六九：三二七－三二八），已將現實社會的危機意識排除在其人生的精神境界之外，菜根譚則似乎較重視人生與社會背景結合的壓迫情境，企圖解脫各種束縛與危機，以退却的方式來安頓實際的生活，表面上類似道家抱樸守拙的生命形態，要求提撕個人的生命境界，可是爲了使個人與社會相安共存，人我之間得到和諧與滿足，往往不從內在的精神上去涵融外在的衝突，只想以一套謀生技能沒有個性地隨世順俗，如云：「醲肥辛甘非眞味，眞味只是淡；神奇卓異非至人，至人只是常。」（七）「攲器以滿覆，樸滿以空全；故君子寧居無不居有，寧處缺不處完。」（六三）「藏巧於拙，用晦而明；寓清於濁，以屈爲伸。眞涉世之一壺，藏身之三窟也。」（一一六）「都是眼前事，知足者仙境，不知足者凡境。」（下二一）「此身常放在閒處，榮辱得失，誰能差遣我；此心常在安靜中，是非利害，誰能瞞昧我。」（下四二）「子生而母危，鏹積而盜窺，何喜非憂也；貧可以節用，病可以保身，何憂非喜也。故達人當順逆一視，而欣戚兩忘。」（下一二○）以上六則引文都採用了道家的名詞與概念，但是在思想上有極大的差異性，無法眞實掌握道家致虛極，守靜篤的生命境界，而只從現實的生理活動中找到機械性的技術法則。

菜根譚後集偏重在敍述悠然安渡一生，享受山林閑居的樂趣，在貴生與重生的生理要求下，雖採取了許多道家、佛教等清淨無爲與世無爭的人格修養理論，却只是消極性地避世行爲，類似傳統社會的隱士風範。當個人自存的生理作用與社會情境壓力產生衝突，造成危機時，不從道家向上超越的內在精神加以涵融轉化，而是從社會的期許與個人生存欲望等因素，加以改進而發展出一種專業性的社會活動，以滿足社會生活的迫切需要，使個人人格在社會網絡中有運作的餘地，反映出社會環境產生在個人身上的決定力量。個體的生存是人類社會生活的最低要求或先決條件，尤其社會體制不良或變遷時，必須調適人類生物社會性的需要，形成一套應付環境與相互連續的生存工具。在菜根譚一書裏，其生存理念是一種游離性的法則，雖主張以謙退的方式來避免衝突，但是不拘泥於任何具體的形式，如云：憂勤是美德，太苦則無以適性怡情；淡泊是高風，太枯則無以濟人利物。」（二九）「人生太閒，則別念竊生，太忙則眞性不現，故士君子不可不抱身心之憂，亦不可不耽風月之趣。」（下一一八）「嗜寂者，觀白雲山石而通玄；趨榮者，見清歌妙舞而忘倦。唯自得之士，無喧寂，無榮枯，無往非自適之天。」（下三二）菜根譚認爲行動沒有必然性，不可以執其兩端，形成封閉性的觀念障礙，必須保持認知主體的活潑性，以自由的意念來衝破任何的範疇形式，在理論上似乎類似儒家的中庸思想，可是其「身心之憂」，與「風月之趣」本是二個不同領域的概念，而在現實利益下加以調和，根本缺乏儒家超越而又內在的精神境界。

第五節　處世法則與社會人格規範

坊間將菜根譚視為一部徹研三教眞理的結晶，一部萬古不易教人化世的聖典（聖印，一九六〇：一），就思想本質而言，菜根譚只是雜揉儒釋道三教思想，轉化為通俗性人格涵養的社會化角色模式，基本上是社會人際活動在儒釋道三家教化價值下所形成一套能規定行為且加以執行的社會規範，談不上是會通三教，深入三教義理的礦世寶典。就其「教人化世」的社會功能而言，菜根譚一書的價值倍增重要，不能因為該書義理上的雜亂性格而加以抹殺掉。

近年來研究中國社會與文化的學者們，認為儒家倫理是主導中國社會的價值系統，以韋伯（Max Weber）的「中國的宗教：儒家與道家」（一九六四）為代表作，以儒家的價值系統來解析中國社會，成為近二十年來的一種風尚。但是在中國社會士大夫和儒吏的儒家思想與老百姓日常生活中的工作倫理（Berger 稱之為「庸俗化的儒家思想」）本具有文化層級性的差別（金耀基，一九八五：五一）。在中國的基層社會另有一套從儒道等教化體系中蛻化而出信仰和價值的生活規範，可惜在文化的傳承上一直未受重視，直到社會學的興起，學者們注意到社會幾個人際間的現象來探求在社會機制下的人格行為，如從「報」（楊聯陞，一九五七；文崇一，一九八二）「關係」（Jacobs, 一九七九；喬健，一九八二）「緣」（李沛良，一九八二；楊國樞，一九八二）「面子」與「人情」（金耀基，一九八〇；朱瑞玲，一九八二；黃光國，一九八五）等方面掌握到中國社會文化中的人格特質。菜根譚的價值則在於完整地保持了某個時期（或者涵蓋了一段較爲人所忽視的長時期）人文與社會結合所形成的工作倫理，亦卽反映了當時「庸俗化儒家思想」的義理結構與人格規範。

菜根譚的人格規範基本上是從「遠離」與「退步」的處世法則，所表現出來的集體文化行爲與價值取向。以這一套約定俗成的行動規則，來避免社會衝突，以維持社會秩序，獲得生命存在的和諧與安定。如菜根譚在維持或建立人際的關係網絡時，有其一套價值觀念，大抵上以自我爲中心，在不同人己關係的差級中，作合理的退却或讓步，以獲得良好的人緣資源，以仕途的進退爲例：「士大夫居官不可竿牘無節，要使人難見，以杜倖端；居鄉不可崖岸太高，要使人易見，以敦舊好。」（二一三）居官時，要與鄉民保持距離，一方面重視自己的階層位置，一方面避免牽涉到不必要的人事糾紛；居鄉時，則必須親近鄉民，提高自己在地方上的政治資源，以作爲進身的憑藉。

菜根譚的人際關係，最常見的是二分法的方式，如依政治地位分成大人與小民，依人格修養分成君子與小人。政治地位主要是由權勢所造成的，個人在面對客觀的權勢力量時，要以敬畏的態度加以迴避，如云：「大人不可不畏，畏大人則無放逸之心；小民亦不可不畏，畏小民則無豪橫之名。」（二一四），敬畏有權勢地位的人，是以互動互賴的方式，提高個人在權力系統中的地位。敬畏沒有地位的平常百姓，是藉群衆的力量來獲得美名，以儲備個人在權力結構中的參予力量。傳統社會對於人格有強烈好壞的價值判斷，人格好的人稱之爲君子，人格壞的人稱之爲小人，個人在面對君子與小人時，也要有不同的關係取向，才能明哲保身，減少羞辱，如云：「待小人，不難於嚴，而難於不惡；待君子，不難於恭，而難於有禮。」（三六）「休與小人爲仇讎，小人自有對頭；休向君子諂媚，君子原無私惠。」（一八九）「寧爲小人所忌毀，毋爲小人所媚悅；寧爲君子所責修，毋爲君子所包容。」（一九二）君子與小人的角色位置，反映出中國社會「特殊化的成就類型」（Parsons，一九五一：一九五－一九八），有道德修養的人就有其社會地位，無道德修養的人將喪失其社會地位，因此個人親近君子遠離小人，即是希望獲得良好的社會地位作爲報酬，但是君子不是容易可以接近，小人也不是容易可以遠離，個人如何在君子與小人之間建立親近或疏遠的關係，是菜根譚所追求的目標。

但是君子與小人之間也含有互動的關係，如云：「君子而詐善，無異小人之肆惡；君子而改節，不及小人之自新。」君子與小人的社會地位，隨著道德的增進與後退而變動，其價值的傾向偏重在小人的自新，而對君子的變節頗不諒解，如云：「聲妓晚景從良，一世之胭花無礙；貞婦白頭失守，半生之清苦俱非。」（九二）如此的輿論標準頗不公允，但在傳統社會中形成一股強而有力的社會控制，迫使個人的言行不能偏離出這種社會規範。另外，權力地位是無法立刻加以調節改變，菜根譚則以道德行爲及其社會化的壓制力量，來扭轉權勢與富貴在人格上的地位，如云：「富貴家宜寬厚，而反忌刻，是富貴而貧賤其行矣，如何能享？」（三一）「平民肯重德施惠，便是無位的公相；士大夫徒貪權市寵，竟成爲有爵的乞人。」（九三）儒家倫理在傳統社會中其教化的功能不可抹殺掉，其人文精神仍主宰個人人格的形成，朱岑樓稱之爲「恥感取向人格」（一九七二：九七－一〇七），但是菜根譚裏的「恥感取向」是以社會利益爲衡量標準，跟隨著社會的變動而調整，而非純粹的儒家義理，如云：「處治世宜方，處亂世宜圓，處叔季之世，當方圓並用；待善人宜寬，待惡人宜嚴，待庸衆之人，當寬嚴互存。」（五〇）儒家的道德教育在現實的運作中，其道德理想在社會機制下作了相當的退步，以避免陷入現實與理想相互衝突的兩難式中。

菜根譚在傳統儒家教化下，重視人際間的秩序與和諧，偏重在集體的控制下，提供了規範取向，轉達或應用儒家教誨於實際事物之中。但是儒家倫理在社會化的轉換與安置的過程中，其實踐的行動在社會既有的權力與利益結構形態下，有關知識的詮釋與典範的意義，一再地修正與調整，以符合實際經驗的最大效用，偏重在功利的實質考慮上。如此，現實社會中所謂的儒家理論必然在實踐中有了存在的裂罅，前引文的方圓原則卽是轉換理論以適應不同的社會情境。社會雖有治世、亂世與治亂相雜等不同的變動，但是要求社會維持一特定的秩序形式，是必然的趨勢，行爲上的「方」、「圓」或「方圓並用」卽是調整後的行動法則，關照到現實環境的特殊條件，而在既存的社會秩序與心理認知結構中謀求妥協與調勢。面對不同形態的社會成員時，儒家的「朋友倫理」也必須在外延性的社會利益下，轉化成「寬」、「嚴」或「寬嚴互存」等不同人際關係的相處之道。

菜根譚實際上是一本應付各種不同社會情境以建立社會角色的敎化書，比如有關朋友倫理，菜根譚有更進一步的行爲規範，如云：「用人不宜刻，刻則思效者去，交友不宜濫，濫則貢諛者來。」（二一〇）「市私恩不如扶公議，結新知不如敦舊好，立榮名不如種隱德，尚奇節不如謹庸行。」（一一〇）「我有功於人不可念，而過不可不念；人有恩於我不可忘，而怨則不可不忘。」（五一）這種含有勸化性的倫理思想反映出中國社會中的計策行爲，必須應付各種不同的人際關係網，扮演不同的角色，以達到生存的預期性效果，這種處世態度在第一六一章裏說得更明切：「道是一種公衆物事，當隨人而接引；學是一個尋常家飯，當隨事而警惕。」

第六節 小結

菜根譚一書的價值，不是架構在儒家或道家的思想體系上，而是保留了民間知識傳統與人格表達方式，有助於研究傳統的教化體系在社會運作中可能產生的發展途徑及其文化模式。也顯示中國文化的層級性質，民間的人際運作關係，是一種創新的實踐行動，依據現實的需求，扭曲了理想性的儒家倫理，以疏離的人生態度重新詮釋，塑造出應付世局的人生處世原則。

菜根譚所顯示出疏離的人生態度，基本上是由衰世的社會經驗提煉出來的技術性法則，對感受人世紛擾時的應世態度特別管用，應該只反映出中國社會某一階段的文化現象。但是傳統社會中鄉民的生活環境由於生產方式的停滯以及物質建設的簡陋，危機意識一直高居不下，又加上中國歷史變動也相當頻繁，超過了閒情的負荷，逼使鄉民以退却疏離的方式來安置個體存在的生命問題，在生理環境與思想形態的相互滲透衝擊下，形成一種半合理性的行爲規範與生活傳統。

今日台灣社會由於經濟發展，社會急遽變遷，已脫離了早期農業生活的社會情境，但是工業文明對人性的殘害，也產生了一種客觀的壓力，使得退却疏離的人際法則有勃興發展的趨勢。退却疏離的人生態度，對於擾擾塵寰中的個人的確有很大的寬解作用，若能密切地加以注意，了解理性文明在現實運作的限制及走向，或許可以落實文化更新的理想，建構一個現代化高貴完善的美好社會。如此，分析菜根譚的文化意識，就更具有時代的意義了。

參考書目

文崇一
一九七二　從價值取向談中國國民性，載中國人的性格。台北：中央研究院。
一九八二　報恩與報仇：交換行為的分析，載社會及行為科學研究的中國化。台北：中央研究院。

朱岑樓
一九七二　從社會個人與文化的關係論中國人性格的恥感取向，載中國人的性格。台北：中央研究院。

朱沛良
一九八二　社會科學與本土概念：以醫緣為例，載社會及行為科學研究的中國化。台北：中央研究院。

朱瑞玲
一九八二　面子心理與行為的實徵研究。台北：台灣大學心理研究所博士論文。

李朝熙
一九七九　菜根譚入門。台北：大新書局。

吳　怡

一九七六 中庸誠的哲學。台北：東大圖書公司。

金耀基

一九八〇 人際關係中人情之分析，載國際漢學會議論文集。台北：中央研究院。

一九八五 儒家倫理與經濟發展，載現代化與中國化論集。台北：桂冠圖書公司。

孫隆基（譯）

一九八〇 儒家思想的實踐。台北：商務印書館。

黃光國

一九八五 人情與面子：中國人的權力遊戲，載現代化與中國化論集。台北：桂冠圖書公司。

徐復觀

一九六九 中國人性論史。台北：商務印書館。

喬 健

一九八二 關係芻議，載社會及行爲科學研究的中國化。台北：中央研究院。

葉啓政

一九八四 社會、文化與知識分子。台北：東大圖書公司。

楊國樞

一九八二 緣及其在現實生活中的作用，中華復興月刊第15卷第11期。

楊懋春

一九八一 當代社會學說。台北：黎明文化公司。

聖印
一九六〇　菜根譚講話。台中：慈明雜誌社。
鄭志明
一九八六　中國社會與宗教：通俗思想的研究。台北：學生書局。
蕭欣義
一九八〇　美國研究儒家文化的幾個主流。台北：淡江大學。
Chang, Hao
一九七一　*Liang Ch'i-cha'o and Intellectual Transition in China*, 1890-1907. Cambridge : Harvard University Press.
De Bary, Wm Theodore
一九七五　*The Unfolding of Neo-Confucianism*. New York : Columbia University.
Eastman, Lloyd E.
一九七四　*The Abortive Revolution*, Cambridge : Harvard University.
Jacobs, Bruce J.
一九七九　*A Preliminary Model of Particularistic Ties in Chinese Political Alliances : kan-ch'ing and kuan-hsi in a Rural Taiwanese Township*. China Quarterly 78.
Metzger, Thomas A.
一九七七　*Escape from Predicament : Neo-Confucianism and China's Evolving*

Political Cultical. New York. Columbia University Press.

Parsons, Talcott.

一九五一 *The Social System*。Glencoe III。：Free Press.

Schwartz, Benjamin I.

一九六四 *In Search of Wealth and Power*. Cambridge ：Harvard University.

Weber, Max

一九六四 *The Religion of China ：Confucianism and Táoim*. New York ：The Free Press.

Yang, Lien Sheng（楊聯陞）

一九五七 *The Concept of Pao as a Basis for Social Relations in China*. In John k. Fair bank (ed), *Chinese Thought and Inststutions*. Chicago ：University of Chicago Press.

第七章 醉古堂劍掃所顯示的社會人格

第一節 淺介文化與人格的研究

在社會化過程中，文化與人格是相互影響，形成一套團體互動的行爲體系，亦即文化與人格，是行爲的理念與人類的理念產生的動力，而這些理念，是同一個社會中每一個人所能夠意識到，且可以直接觀察或互相交換的（Osgood，一九五一：二〇八）。個人人格在社會文化的運作下，產生個人與團體間種種生活模式，這種生活模式以社會互動中所提供的常規性與可測性作基礎，建立相當穩定的社會角色、文化規範與共享意義（Theodorson，一九六九：二八七）。

有關社會中文化與人格的研究，是社會學家、心理學家與人類學家們極爲熱門的論題，所謂文化與人格學派的作品爲數不少，如許烺光（Hsu，一九五四，一九七一）、Fromm（一九四一）、Kluckhohn（一九四八）、Haring（一九五六）、Kaplan（一九六一）、Barnoum（一九七二）等人在理論上頗有見地；中央研究院民族學研究所於一九七一年召開「中國人的性格」科際綜合性討論會，探討在中國社會裏文化與人格的相互關係，帶動了學術界中國人格研究的風氣。

台灣目前有關中國人格研究，大約分成二種進路，一從傳統經典或儒家思想，探討知識分子或傳統教化的人格形態，如韋政通（一九七一，一九八二）、文崇一（一九七二）、朱岑樓（一九七二）、芮逸夫（一九八五）等人的作品；一從現實社會的實際觀察，利用學理作客觀的分析，探討社會大衆的人格形態，如楊懋春（一九七二）、李亦園（一九七二）、喬健（一九八二）、黃光國（一九八五）等人的作品。在這兩種進路之外，在傳統社會裏有一類作品雖爲知識分子所創作，其採用的素材與內容却反映出民間的衆趨人格，如徐靜的研究（一九七二），從廿四孝、西遊記、白蛇傳、梁山伯與祝英台、河神娶妻、薛仁貴征西等民間故事探討中國人的親子關係。本文選擇純由知識分子所創作的「醉古堂劍掃」，探討知識分子在現實社會的運作下所形成的人格形態。

明末，有一類似處世思想爲主的格言式小品文，作者頗多，成書不少，對當時及後代社會影響極爲深遠，因含有教人如何安身立命的應對法則，被民衆視爲修養性質的善書，流傳相當普遍，目前坊間盛行的菜根譚，即是其中一種（鄭志明，一九八六）。明末陸紹珩將當時這一類小品文加以選擇分類整理，可謂格言式小品文的集大成者，其編纂的方法與動機，見該書序云：「每遇嘉言格論，麗詞醒語，不問古今，隨手輒記，卷從部分，趣緣旨合，用澆胸中傀儡，一掃世態俗情，致取自娛，積而成帙。」其編纂的方式類似今日所謂的讀書筆記，僅作簡略的分類加以輯錄而成。其動機在於自娛，取曠達的文句來化解個人的悲憤與激情。

處世小品文的興起，與明末的時代背景有密切的關係，萬曆中晚年朝政綱紀廢弛，天災人禍蠭起，導致政治腐敗，農村凋敝，另方面江南城鎮的繁榮，財富集中，部分人的奢靡生活敗壞了社會風氣。可以說明末的危機意識與頹廢思想對當時知識分子造成很大的衝擊，加上宦官掌權，黨禍不斷，也一再地逼迫知識分子調整自己的脚步以適應外在惡劣的環境，造成人格與文化再一次的培育與創造的現象。格言式小品文即是在這種時代背景下知識分子的智慧結晶，也是研究當時社會人格的最好材料。

醉古堂劍掃的作者陸紹珩是一個落第書生，寂寂無名，導致這一部書流傳到清代中葉被改頭換面，題「陳眉公手集」的「小窗幽記」，使得同一本書在名稱與作者上鬧雙胞，目前坊間「小窗幽記」由學海書局於民國六十二年刋印發行，「醉古堂劍掃」由老古文化公司於民國六十九年影印出版。陳萬益就醉古堂劍掃的序文、凡例與採用書目，認定該書作者爲陸紹珩，而非陳眉公（一九八三：三〇〇）。

第二節　人格模式

「醉古堂劍掃」雖然屬於知識分子的作品，受到上層結構理性文明的敎導與啓迪，屬於思想歷程的產物，但是其思考的主題是以人所生存下層結構的社會條件爲基礎，使其思想理念與社會文化相互結合，培育出社會化的集體人格。所謂集體人格是指個人人格在社會文化（包含知識、信仰、法律、道德、習俗及其他能力與習慣）的涵攝下，形成某些外顯行爲與認知理念的一致性，表現出共通的價值觀念與行為模式。

社會人格與外在生活情境所產生的衝突壓力有很密切的關係。心理分析學家 Freud 認為人類的生活情境中充滿了危機與衝突，必須作適當的調整與妥協，以減少罪惡與處罰的產生，獲得最大的滿足。導致人格往往順著二種方式來完成，一為「昇華」(Sublimation)，重組本身的適應能力，作自我控制力的妥協，以順應新的挑戰，與已存的社會結構相調和；一為「抑制」(Repression)無視於任何挑戰的發生，一昧地從壓抑的情境中退却，以避免生活上的焦慮與挫折(Freud，一九五〇)。

在醉古堂劍掃裏部分處世格言可以印證在社會與文化的決定要項下，生理因素與人格發展有密切的關係。尤其當人陷入挫折感中，有一種本能的反應機制作用，面臨現實情況時，嘗試作自我的調整，以解除逐漸高漲的緊張情緒。「昇華」卽是個人的本能驅力與自我控制力的完成，從不安定的情況中以維護自我。如卷一「醒部」云：「不近人情，舉世皆畏途；不察物情，一生俱夢境。」又云：「苦惱世上，意氣須溫；嗜欲場中，肝腸欲冷。」前一者是對現實情境的認同作用，洞察社會已有的價值標準來規定自己的行為以避免存在的困頓與迷惑，來求得適當的滿足。後者則是對挫折狀態的生活情境給令合理化作用，建立一種屬於自我的正當化行為，以防止陷入危機，多增加困擾，因此在行為上作妥當的調整，以回應外來的刺激與挑戰。認同作用是將外在環境所獲得的資訊，作合理的重組，以獲得應對的處世法則與行為規範；合理化作用則將外在資訊加以修正，對自己的行為加以辯護，使其合理化，以防止對自我行為的動搖與不定感。卷一「醒部」云：「打渾隨時之妙法，休嫌終日昏昏；

精明當事之禍機，却恨一生了了。」這是一種自我的補償作用，當外在的壓力無法適當地加以排除，如打渾與精明是二種不同的處世態度，却得不到正面的報酬與鼓勵，而產生挫折與矛盾的心態，此時以擴大或誇張的方式來彌補問題本身的缺陷與不足，作自我的安頓，即誇大「昏昏」的效果，以疏解「了了」而不得志的矛盾與衝突。卷十「豪部」云：「不能用世而故爲玩世，只恐遇著眞英雄；不能經世而故爲欺世，只好對著假豪傑。」這是對社會情境的反動作用，當自己的願望與理想不能實踐時，在強烈的挫折與低劣感的心理下，實踐與當初理想完全相反的方法或行爲，以謀求滿足獲得安定，雖也存在著遇到「眞英雄」的不安感，但總比懷才不遇較能得到平和的心境。補償作用與反動作用是與外在情境妥協，以排除存在的危機，即是以消極的方式，建構個人的行動體系，調整個人與社會之間的脈絡結構。積極的方式，應爲昇華作用，當面臨情境的種種限制時，提拔出一種曠達的行爲，以獲得安定的保證，如卷四「靈部」云：「才人之行多放，當以正斂之；正人之行多板，當以趣通之。人有不及，可以情恕；非義相干，可以理遣。佩此兩言，足以游世。」

「抑制」即是自我逃避的機制作用，當社會情境發生變化產生壓力時，企圖以逃避現實的壓迫來求得自我的安定。如卷一「醒部」云：「己情不可縱，當用逆之法制之，其道在一忍字；人情不可拂，當用順之法制之，其道在一恕字。」逃避現實情境，也是一種自我調整之道，以對自己行爲的抑壓作用，產生防衞機轉，躲避壓力所造成的挫折，如「忍」即壓低自己以避免衝突的發生，「恕」即與他人妥協以減少彼此的磨擦，其方式是事先自我調節，遠離衝突情境，獲得生存上的安定。卷一「醒部」云：「名利場中難容伶俐，生死路上正要糊塗。」在現實生活中退行作用，可以化除積極投入所受到傷害，行爲上的「糊塗」即是退一步以避開外在壓力，等待機會爭取較好的生存環境。抑壓作用與退行作用，是以冷靜的態度跳脫出世俗間人情的衝突與糾紛，以隔離退立的方式，尋求心靈的祥和，化解緊張的情緒。「抑制」的機制尚有拒絕作用，如卷十一「法部」云：「一字不可輕與人，一言不可輕語人，一笑不可輕假人。」建立疏離態度，拒絕與外界作進一步的接觸，以避免不穩定與不安定的情境發生，開展出一套自我防衛體系。卷十「豪部」云：「負心滿天地，辜他一片熱腸；變態自古今，懸此兩隻冷眼。」這是對外在情境的孤立作用，把自我與外界分開，以旁觀者的冷靜化解當局者的迷惑。拒絕作用與孤立作用，是以自我利益為出發點，在行動上減弱個人與社會互動的脈絡關係，退縮到自我的禁制上，以獲得良好的生存環境。

Maddi 把不同思想學派有關人格本質的理論分成三類，把 Freud 的看法稱爲「衝突模式」（Conflict Model）與「合致模式」（Consistency Model），另外爲「實現模式」（Fulfilment Model），所謂實現模式是指外在情境的衝突，並非永恒存在與無可避免，在人格的培育上有自我實現的企圖，包括改善自己與使別人愈趨完美的所有可能性實現。合致模式則認爲在面臨衝突的壓力下，人類能基於過去的經驗來加以預測與控制，使個人與世界產生互動回饋的關係，亦即在現實生活的意象統覺中有趣於一致的行爲模式（Maddi，一九六八）。

也可從醉古堂劍掃的處世格言來印證以上二種有關人格發展的行爲模式，實現模式是指在外在不良的適應中能趨於自我實現，完成自我也成就他人，如卷一「醒部」云：「貧不足羞，可羞是貧而無志；賤不作惡，可惡是賤而無能；老不足嘆，可嘆是老而虛生；死不足悲，可悲是死而無補。」貧、賤、老、死是個人必定面臨的存在壓力，若能積極地自我實現，可以改造環境，支配空間，制御心疾，在精神上給予強烈支持，穩定住人際間的社會行爲。卷十一「法部」云：「少年人要心忙，忙則攝浮氣；老年人要心閑，閑則樂餘年。」配合著生理上的各種變化幅度，自我調整，以建構合理化的實現能力。卷十一「法部」云：「事係幽隱，要思廻護他著，不得一點攻訐的念頭；人屬寒微，要思矜禮他著，不得一毫傲睨的氣象。」在自我完成的當下，注意到文化的統合性，尊重他人，進而協助他人形成一種共通的人格。

學者們不同的人格模式，顯示出彼此間對文化本質有不同的概念；衝突模式認爲文化的發展導致挫折感的增加，逼迫自己不斷地調整心理以適應之。實現模式則基於文化功能論，認爲人格的形成必須透過文化來達成，亦即文化可以實現人類生存上的需求。合致模式中其文化與人格的關係較爲中性，不像衝突模式般趨向反對文化制度，也不像實現模式般趨向保守強調傳統文化的益處。認爲人格的內容主要是學習而來，以過去的經驗來化除存在的壓力，不斷地以合理的方式，組合成普遍共知的一致性文化架構。因此合致模式一方面化解社會情境中的緊張與衝突，一方面自我持續文化深層中的文化精神，以整合式的態度建立共存而有效的生活模式。如卷十一「法部」云：「靜坐然後知平日之氣浮，守默然後知平日之言躁，省事然後知平日之貴閑，閉戶然後知平日之病多，近情然後知平日之念刻。」靜坐、守默、省事、閉戶、近情等是累積前人的智慧與經驗所建立而成的個人謀略，嘗試對日常行爲加以預測與控制，將自己從衝突與緊張的情緒中解脫出來。此種克服焦慮，產生一致的自我概念，必須存在一套共同承認的認知體系，如該社群的宇宙觀、人生觀與價值觀等各種概念，才能再組合成新的一致行動。

第三節 文化認知

社會文化卽是一套認知體系，據Tylor定義爲：文化是人因身爲社會成員所獲得資訊的複合整體，包括知識、信仰、藝術、道德、法律、風俗等，以及其他能力與習慣（Tylor，一八七七：一），Geertz認爲文化是在社會結構中所發展而出一個意義與象徵的有序體系，表達出對宇宙的界定、情感的表達與判斷的決定等表現性象徵框架，而且對個人的行爲方向與經驗詮釋的意義構造（Geertz，一九五七：三三－三四）。在最早的文化概念中，人類生存於漠寰宇下面臨對自然環境的變遷與生命歷程的轉換，企圖以有限的認知以探討宇宙的奧祕原理，故Refield認爲任何民族有其自成系統的宇宙觀，用來對待宇宙，詮釋人生以及對萬物結構的各種想法（Redfield，一九五七：八五－八六）。

醉古堂劍掃的處世格言，受當時流行的宇宙觀影響甚深，接納了社會文化中的信仰、知識、規範等素材加以運作，形成維持社會秩序性生活的概念性架構，來處理宇宙本身、支配宇宙的力量以及人在宇宙中的地位等問題。超自然秩序的宇宙觀在某種程度上與其社會組織有密切關係。在中國社會所謂「存天理，去人欲」的基本概念支配了其他價值觀念，影響相當深遠。天理與人欲的相互結合卽是以超自然的力量來維持人文的秩序，使得個人的存在投射在宇宙中加以延伸與放大。那麼醉古堂劍掃在當時的社會結構其宇宙觀與人類生命哲學的基本形態值得進一步分析。

宇宙的超自然力是在撫慰人類的心理，提供行爲的依據與意義，即是一套象徵系統，先設定出基本觀念以說明存在現象的一般秩序，以便有效地詮釋遍存的、有力的、持久的情緒與動機（Geertz，一九六六：四）。在醉古堂劍掃裏，其超自然力爲天與鬼神，其象徵系統則是以天人之間的因果報應爲主，認爲天與鬼神是無上的權威，代表人間的公理正義，爲人類的存有建構出永恒秩序與生活準則，如卷一「醒部」云：「天欲禍人，必先以微福驕之，要看他會受；天欲福人，必先以微禍儆之，要看他會救。」肯定在人世間有一超越人力控制的權威神明，冥冥中安排人類存在的情境，禍福是天維持社會秩序的利器，以賞罰的感應方式，不容世人任意破壞宇宙自然的準則。

在明末那個時代儒釋道三家在民間頗具有教化的權威性，導致醉古堂劍掃的宇宙觀不是純粹而單一的概念，如儒家天人合德思想，使福禍報應觀念的人文色彩逐漸加濃，見卷三「峭部」云：「執拗者福輕，而圓融之人，其祿必厚；操切者壽殀，而寬厚之士，其年必長。故君子不言命，養性即所以立命；亦不言天，盡人自可以回天。」雖然人的意義加重，但是福禍的心理未退，「回天」的要求，使得天的權威性依舊存在。卷五「素部」云：「行合道義，不卜自吉，行悖道義，總卜亦凶。人當自卜，不必問卜。」以道義作爲人生秩序的準則，符合儒家的人文精神，但是「自卜」的心理仍在，福禍的報應未除，仍然希望有一超越力量來維持生存吉凶的秩序。又卷十一「法部」云：「有一念之犯鬼神之忌，一言而傷天地之和，一事而釀子孫之禍者，最宜切戒。」這種謹愼恐懼的憂患心理與行爲，也是由宇宙論信仰體系所衍生而出，但是注入了儒家的人文終極關懷，肯定人之所以爲人的價値，只是其動力在於要求宇宙的和諧與穩定罷了，又如卷一「醒部」云：「一念之善，吉神隨之；一念之惡，厲鬼隨之。知此可以役使鬼神。」

佛家有一套完備而複雜的宇宙論信仰體系，傳入中國後，擴大基層社會對世界的認知，建立存在於各不同層次的宇宙論解釋模型。醉古堂劍掃也大量地引用佛教的宇宙觀，如卷八「奇部」云：「世界極於大千，不知大千之外更有何物；天宮極於非想，不知非想之上畢竟何窮。」佛教對宇宙的詮釋相當龐雜，醉古堂劍掃較偏重在宇宙與人性結合這個層次，仍受到傳統教化「存天理，去人欲」的影響，如卷五「素部」云：「修淨土者，自淨其心，方寸居然蓮界；學禪坐者，達禪之理，大地盡作蒲團。」以自性修養呈現大千世界，是將人的有限生命拓展到無限的宇宙中，宇宙的無限奧祕也由人的自覺而完成。佛教的宇宙觀與中國生活情境結合，提供新的人生態度，如卷一「醒部」云：「一間屋，六尺地，雖沒莊嚴，却也精緻；蒲作團，衣作被，日裏可坐，夜裏可睡；燈一盞，香一柱，石磐數聲，木魚幾擊；龕常關，門常閉，好人放來，惡人迴避；髮不除，葷不忌，道人心腸，儒者報製；不貪名，不圖利，了清靜緣，作解脫計；無掛礙，無拘繫，閒便入來，忙便出去；省閑非，省閑氣，也不遊方，也不避世，在家出家，在世出世；佛何人，佛何處，此卽上乘，此卽三昧；曰復日，歲復歲，畢我這生，任他後裔。」

上面的人生態度雖然與儒家人文精神下的宇宙觀念有關，但是與道家的宇宙意識最能相契，將人的存有融入宇宙萬物之中，由物我的相互合一，作為人生安頓的依據。醉古堂劍掃許多人生智慧都是對外在自然的觀察所引發而出，如卷一「醒部」云：「觀世態之極幻，則浮雲轉有常情；咀世味之昏空，則流水翻多濃旨。」卷四「靈部」云：「聲色娛情，何若淨几明窗，一生息頃；利榮馳念，何若名山勝景，一登臨時。」卷五「素部」云：「以養花之情自養，則風情日閒，以調鶴之性自調，則眞性自美。」卷六「景部」云：「雲收便悠然共遊，雨滴便冷然俱清，鳥啼便欣然有會，花落便洒然有得。」卷八「奇部」云：「鏡花水月，若使慧眼看透；筆彩劍光，肯教壯志銷磨。」卷十二「倩部」云：「宇宙雖寬，世途眇於鳥道；徵逐日甚，人得浮比魚蠻。」自我性靈與宇宙萬物相互感通，充滿了朴素敦厚的生命情調，反映出圓通中和的人生品味。這是情景交融的人格境界，也是中國宇宙觀下另一種獨特的生命情態。

在醉古堂劍掃裏，人的個體的存在是必須順著宇宙的洪流，在時空的相應下，涵攝宇宙博大圓融的造化之機，體悟貫通古今的藝術心靈，在卷七「韻部」說明人如何與外在情境調和，涵育自己的人格：「春夜宜苦吟，宜焚香讀書，宜與老僧說法，以銷豔思；夏夜宜閒談，宜臨水枯坐，宜聽松聲冷韻，以滌煩襟；秋夜宜豪遊，宜訪快士，宜談兵說劍，以除蕭瑟；多夜宜茗戰，宜酌酒說三國水滸金瓶梅諸集，宜箸竹肉，以破孤岑。」強調人的生理現象受到外在情境的支配，欲克服豔思、煩襟、蕭瑟、孤岑等身心衝突，必須以客觀的文化經驗，來克服物性，超越環境，展現理想的生命人格。

宇宙的變化是多樣態，人類生命的相應方式也就無窮，在永恒不息的宇宙秩序裏，人類由生存、改變、創造的歷程中呈現出許多不同層次的生命形態，如卷五「素部」云：「宇宙以來，有治世法，有傲世法，有維世法，有出世法，有垂世法。唐虞垂衣，商周秉鉞，是謂治世；巢父洗耳，裘公瞋目，是謂傲世；首陽輕周，桐江重漢，是謂維世；青牛度關，白鶴翔雲，是謂出世。若乃魯儒一人；鄒傳七篇，始為垂世。」治世法、維世法與垂世法是積極的回應方式，是人類心靈在社會實際運作中表現而出的高度智慧；傲世法與出世法則是消極的回應方式，以自性的光明澄澈來避免外物的污染，不墮入塵俗的迷障中。在醉古堂劍掃裏，其大部分格言所表現而出的回應方式，則是一種曖昧的態度，缺乏積極的創世勇氣，也無消極的出世情懷，而是逢世與玩世的技術性應對法制，即卷一「醒部」云：「才人經世，能人取世，曉人逢世，名人垂世，高人玩世，達人出世。」

曉人的逢世法與高人的玩世法可以說是醉古堂劍掃較顯著的人生態度與價值觀念。首先認為在自然與人事變遷之中，要做一個明達事理的「曉人」，其應對的方式則在所謂明達事理之後建立出左右逢源的技術性人生處事法則。如卷一「醒部」云：「處事不可不斬截，存心不可不寬舒；持己不可不嚴明，與人不可不和氣。」若從自我的修持上興發起的逢世法，仍有其積極意義，天理與人欲仍可以貫而通之，所謂「人欲卽天理」，透過自我性情的圓融達到外在情境的和諧。但是其逢世法往往只為了追求外在情境的和諧而調整自己的性情，如卷十一「法部」云：「凡事留不盡之意則機圓，凡物留不盡之意則用裕，凡情留不盡之意則味深，凡言留不盡之意則致遠，凡興留不盡之意則趣多，凡才留不盡之意則神滿。」逢世法的基本原則是關心自我的利益，在生活的情境中找出自我發展與自我滿足的公準，以處理若干急待解決的問題。其人際關係的形式往往偏向於個人取向，當社會情境中發生了人際關係的衝突與矛盾時，往往切斷自己與他人的多層網絡結構，退回到個人獨居時無災無難的原始情境，以避免人際衝突，使自己更能有效地掌握社會資源，如卷一「醒部」云：「好辯以招尤，不若訒嘿以怡性；廣交以延譽，不若索居以自全；厚費以多營，不若省事以守儉；費千金而結納賢豪，孰若傾半瓢之粟以濟飢餓；構千楹而招徠賓客，孰若數椽之茅以庇孤寒。」其逢世法並非犧牲自己去逢迎他人，而是在對比的標準下，選擇對自己較爲有利的決策。

逢世法不是處處要討好所有的人，如卷十「豪部」云：「爲文而欲一世之人好，吾悲其爲文；爲人而欲一世之好，吾悲其爲人。」人際間有許多複雜程度不同的關係網，引申出對於他人的心理區隔策略，與不同對象有著差異的應對原則，如卷一「醒部」云：「遇嘿嘿不語之士，切莫輸心；見悻悻自好之徒，應須防口。」在不同的情境中也要有妥當的心理區隔策略，如卷十一「法部」云：「不可乘喜而輕諾，不可因醉而生嗔，不可乘快而多事，不可因倦而鮮終。」又云：「遇故舊之交，意氣要愈新；處隱微之事，心跡宜愈顯；待衰朽之人，恩禮要愈隆。」可見逢世法也具有積極的教化作用，確實地徹悟存在情境的時空背景，衡量各種客觀因素而制定出不同的角色套繫原則與方法。玩世法則較爲消極，不去計慮外在的客觀情境，而採觀賞審美的態度，順著情欲嗜好來品味人生，享受存在的樂趣，如卷五「素部」云：「田園有眞樂，不瀟灑終爲忙人；誦讀有眞趣，不玩味終爲鄙夫；山水有眞實，不領會終爲漫遊；吟咏有眞得，不解脫終爲套語」。

玩世法類似出世法，但是就心態而言，玩世法不是眞正疏隔於人世之外，而是藉林泉山水的優遊姿態，來遊戲人間享受人生。如卷六「景部」云：「良辰美景，春暖秋涼、負杖躡履，逍遙自樂；臨池觀魚，披林聽鳥，酌酒一杯，彈琴一曲，求數刻之樂，庶幾居常以待終。築室數楹，編槿爲籬，結茅爲亭，以三畝蔭竹樹栽花果，二畝種蔬菜，四壁清曠，空諸所有，蓄山童灌園薙草，置二三胡床著亭下；挾書劍，伴孤寂，携琴奕，以遲良友，此亦可以娛老。」借境調心是玩世者的共同性情，追求風花雪月的情趣，來排拒外在人際間的壓力，如卷五「素部」云：「瑟觴自對，鹿豕爲群，任彼世態之炎涼，從他人情之反覆。」如此，自然美景是一種空靈的美感，來幫助化除生活上的無常悲感，亦卽藉宇宙的自然秩序來轉移炎涼世態與無常人情。卷七「韻部」云：「吾齋之中，不尙虛禮，凡入此齋，均爲知己。隨分款留，忘形笑語，不言是非，不侈榮利，靜玩山水，清茶好酒，以適幽趣，臭味之交，如斯而已。」玩世者實際上也企圖建立一種人生秩序，以「不尙虛禮」來擺脫人情的桎梏，去除一切有所爲機心，以「靜玩山水」來與宇宙萬物相互感通。但是玩世者往往由於造作矯情，只圖高士虛名，而非眞正息妄以歸眞，如卷一「醒部」云：「談山林之樂者，未必眞得山林之趣；厭名利之談者，未必盡忘名利之情。」

第四節　小　結

醉古堂劍掃所反映的心理與行爲現象，受到明末特殊人文環境的影響，也與中國社會文化息息相關，因此分析其人格形態牽涉的層面相當廣大，本文希望能從心理的規律與文化模式中，看出其人格的發展順序或連續性因果關係。人格的完成，可能與個人內在生物本質情感、傾向、慾望與本能有關，是由經驗所獲得本質與傾向的綜合體（Prince，一九二九：五三二），但是這個綜合體不僅是生物性的本能活動，仍受到已存的社會文化的影響，在原有的認知下其人格的發展，仍有其一定的秩序。

在第二節裏，舉醉古堂劍掃的處世格言來印證人格理論中的衝突模式、實現模式與合致模式，在第三節裏，則從醉古堂劍掃對傳統宇宙觀的認知下所衍出的逢世與玩世的行爲，探討其人格的基本形態。在這二節裏雖然詮釋方法不同，却可導出對該書社會人格的某些共通現象，如衝突模式中的昇華作用與抑制作用，是構成逢世與玩世的基本原型，逢世是面對外在壓力作適當調整，玩世則逃避現實的壓迫以求自身的安寧。逢世與玩世也受到實現模式與合致模式的支配，含有自我實現的企圖，穩住人際間的社會行爲，發展出一致性的處世態度與生活原則。

從醉古堂劍掃裏可以發現明末思想有很重大的轉變，唐君毅先生對此一時期的思想潮流作如下觀察：「從思想之深度轉移到思想之廣度，從內在之反省轉移到外在之理解，從精神與道德生活之沈省轉移到自然與社會生活之考慮，從根據個人經驗以思索到手之材料轉移到根據歷史證據以思索到手之材料。」（一九八四：一八三）造成如此的發展，與社會文化逐漸抬頭有關，知識分子不單重視宋明宗理學的人文精神價值，轉而注重人生社會、實用、技術與自然價值的重要性，如卷十一「法部」云：「世多理所難必之事，莫執宋人道學；世多情所難通之事，莫說晉人風流。」又云：「晉人清談，宋人理學，以晉人遺俗，以宋人禔躬，合之雙美，分之兩傷也。」將理性文化與社會實用價值結合，能使傳統文明理念與實際社會生活打成一片，建立客觀的準則來疏導百姓的心靈秩序與情緒發抒，有其應有的地位與價值。近年來中國民族性的研究，若能從醉古堂劍掃這一類大衆化的通俗作品著手，或許可以更貼切地掌握社會文化的發展動向，重新調整理想與現實的差距，使文化更新能更具體而落實。

參考書目

文崇一

一九七二　從價值取向談中國國民性，載中國人的性格。台北：中研院民族所。

一九八二　報恩與復仇：交換行爲的分析，載社會及行爲科學研究的中國化。台北：中研院民族所。

朱岑樓

一九七二　從社會個人與文化的關係論中國人性格的恥感取向，載中國人的性格。

李亦園

一九七二　從若干儀式行爲看中國國民性的一面，載中國人的性格。

芮逸夫

一九八五　中國儒家思想的現代化，載現代化與中國化論集。台北：桂冠圖書公司。

韋政通

一九七二　傳統中國理想人格的分析，載中國人的性格。

徐　靜

一九七二　從兒童故事看中國人的親子關係，載中國人的性格。

唐君毅

一九八四　中國哲學精神價值觀念之發展，載中國人的心靈。台北：聯經出版公司。

黃光國

一九八五　人情與面子：中國人的權力遊戲，載現代化與中國化論集。

陳萬益

一九八三　明清小品。台北：時報文化出版公司。

喬　健

一九八二　關係芻議，載社會及行爲科學研究的中國化。

楊懋春

一九七二　中國的家族主義與國民性格。載中國人的性格。

鄭志明

一九八六　古典新刊——菜根譚。台北：金楓出版社。

Barnouw, Victor

一九七二　*Cuture and Personality*. Homewoll Ill :Dorsey.

Freud, Sigmund

一九五〇　*Character and Anal Erotism*. (Collected PaPers II) London :The Hogarth Press.

Fromm, Frich

一九四一　*Escape from Freedom*. New York :Farrar and Rinehart.

Geertz, Clifford

一九五七　*Ritual and Social Change : A Javanese Example.* American Anthropologist 59 : 32-54.

一九六六　*Religion as a Cultural System.* (Anthropological Approaches to the Study of Religion ASA Monographs, 3.) London : Tavivtock Publications.

Haring, Douglas G.

一九五六　*Personal Character and Cultural Milieu Syracuse.* New York : Syracuse University Press.

Hsu, Francis L.K.

一九五四　*Aspects of Crture and Personality.* New York : Abelard Schuman.

一九七二　*Psychological Anthropology.* Cambridge, Mass. :Schenkman Publishing Company. Kaplan, Bert

一九六一　*Studying Personality Cross-Culturally.* Evanston III : Row, Peterson Co.

Kluckhohn, Clyde (and Murray, HerryA.)

一九四八　*Personality in Nature, Society and Culture.* New York : Alfred A. Knopf.

Maddi, Salvatore R.

一九六八　*Personality Theories。A Comparative Analysis*. Homewood, III: The Dorsey Press.
Osgood, Coroelius
一九五一　*Cvlture, It's Empirical and Non-Empirical Character*. Southwesteran Journal of Anthropology, Vol. 7
Prince, Morton
一九二九　*The Unconscious*. New York : Macmillan Co.
Redfield, Robert
一九五七　*The Primitive World and It's Transfomations*. New York : Cornell University Press.
Theodorson, George A.
一九六九　*A Modern Dictionary of Sociology*. New York : Crowell.
Tylor, Edward B.
一八七七　*Primitive Cultvre*. New York : Henvy Holt & Co.

第八章　竈君寶卷中的竈神信仰

第一節　淺介竈君寶卷

寶卷是民間的講唱文學，被視爲變文的嫡派子孫，以講唱因果報應與佛道故事的宗教性文學作品❶，濫觴於明代成化年間，大盛於萬曆、崇禎時期，清康熙以後逐漸式微，到了同治、光緒等年寶卷有新的面貌出現，流行於江浙諸省上海、杭州、蘇州、紹興、寧波等城鎮。該類作品被視爲「後期寶卷」，或以「宣卷」稱之❷。竈君寶卷屬於後期寶卷，亦是宣講藝人的脚本，主要是以勸懲性質的傳說故事爲內容，含有濃厚的宗教氣息，與善書有逐漸合流的趨勢，是後期寶卷相當重要的一個類型。

竈君寶卷實際上往往被百姓視爲宗教性質的寶典，如云：「此卷是竈君勸人立願改惡從善，消災滅刧之法，各家宣置一編睦常講說，如能信守奉行，則臣忠子孝，國泰民安，所作皆成，無願不遂。❸」如此說法已褪去其文學風貌，轉爲化俗開悟的宣教經典。其來自民間各種傳說改編而成的故事，也成爲民衆新的認知觀念與信仰內涵。因此，宣講寶卷成爲神聖性的宗教儀式，宣講之前作如下要求：「宣卷之家，宜先將竈上收拾潔淨，焚香點燭，禮拜之後然後開宣。」儀式的目的在於人類心靈神聖化的智慧開啓，其偈云：「焚香一炷叩穹蒼，謝天謝地謝君王，竈神寶卷來宣講，聽之心性發明光。」儀式進行中必須保持莊嚴隆重的氣氛，云：「普勸合堂大衆須當聽我宣揚，先要息心靜氣，不可言語慌張，今宣竈君寶卷，善惡各自參詳。」

灶君寶卷寫作的確實年代已難考證，據中央研究院歷史語言研究所題爲「光緒十年孟冬新鐫」的竈君寶卷，書後有昆陵守然子的跋，謂此書是根據抄本校正釐訂刻印刊行❹，該書名旁有下列數字「板存金陵狀元境口敎敷營一得齋刻字鋪樂善敬送每部紙工錢　文」，可見該書類似善書性質，由善人出資印刷刊行。竈君寶卷是民間所樂用的勸善書，坊間屢有翻刻，如日本京都大學人文科學研究所藏有民國十一年上海翼化堂善書坊重刻本，台灣翻印的次數與數量也不少❺，認爲刋印該書，崇拜司命竈君，可祈保合家平安，可添福壽丁貴❻。

竈君寶卷在體制上與明末寶卷大不相同，表現出後期寶卷的某些共同特徵，第一、不分品，前後通體一貫，有些寶卷則分上下集或前後本；第二、沒有開經偈、焚香讚、收經偈等繁瑣偈讚，一般只有「定壇詩」就開始宣講，如竈君寶卷云：「大家端正坐，用心聽我言，難遇龍華會，錯過就無緣。」第三、在形式上先有一段說白，再接著一段七言韻文，在韻文裏大多取消了早期寶卷十言韻文以及各種格律的詞調❼，雖偶有三、三、四句法的十言韻文，其重要性已不如早期寶卷，竈君寶卷共有十三段七言韻文，二段十言韻文、一段詞調❽，十六段說白。第四、部分敍述性的七言韻文常加上三個字的襯字，如云：「（可曉得）竈君與人最相近，在家時刻顯威靈。」第五、在宣講寶卷時，一般說得少、唱得多，而唱的音樂性並不是很強，多半使用打擊樂器（如木魚、鐘磬、簡板等）伴隨著簡單的調子。第六、竈君寶卷的宣講介於勸化與宣敎之間❾，上半部著重在勸人立願改過勸善，下半部則勸人念佛返本還原[10]，不是單純供衆消遣的娛樂，而是懷著祈福消災的目的，屬於開壇說法敬神禮佛等善功的一部分[11]。

竈神信仰在民間極爲流行，如俗云：「家家觀世音，戶戶灶王爺。」幾乎成爲民間各個宗教團體的共同信仰，除了此部竈君寶卷外，尚有多種的「灶君經」（灶君眞經）在民間普遍傳刻散佈，反映著鄉土社群共同認知而又相互傳遞的集體心靈與文化傳統。本文僅從竈君寶卷中追溯出屬於司命信仰[12]的竈神觀念，各傳說間脈絡可尋的客觀延續關係，以及該信仰所表露出民間的文化形式與行爲特質，探討著傳統社會中獲得民衆共同服從的詮釋意識與道德規範。

第二節　竈君寶卷的竈神傳說

竈神信仰可以說是民間流傳相當久遠的文化傳統，其淵源與流變反映著小傳統社會族群在生態環境歷史變遷下的價值體系與文化模式，已有多位學者作深入的研究[13]。竈君寶卷則將民間有關竈神信仰的各種傳說重新加以綜合整理，推陳出新建構一套與其他說法稍有出入的傳說系統。這個傳說系統表露出民間豐富多姿的神話世界，其內涵是流動性的相攝關係，不同觀念的神祇及其背後的詮釋傳說多可以混雜地結合且和諧共處，亦即民間的知識傳統不是建構在邏輯謹嚴體系縝密的思想觀念上，而是透過宗教信仰的心靈調和，形成慰藉勞苦大衆的觀念系統與宗教語言，用來解釋自然的災異變遷以及個人的吉凶禍福，寬解陷於困厄或災難的百姓，以精神上的補償來疏導生理或心理上的痛苦。因此，對外在知識的吸收與消化，有卑俗化與簡單化⑭的發展傾向。

竈君寶卷的竈神信仰是與玉皇大帝信仰並列，架構出天庭與人界相互統攝的神仙世界與行政系統，如云：

自從盤古開天闢地，三皇並興，民風渾樸，有善無惡。至五帝時，生齒日繁，民風漸變，人遂有善惡之分，天不能無禍福之報，於是上有玉皇大帝，統領諸神，主持禍福；下有司命竈君，分布萬戶，稽查善惡。

這是將歷史上與傳說中的人物、故事加以雜揉而成的一套宇宙觀，用來詮釋世界的形成與宇宙的秩序。此一宇宙觀的建構模式受到共同語意環境的理論系統或象徵系統的支配與導引，有其脈絡可尋的文化基因存在，反映著民間普遍化與雷同化的終極信仰與義理形式。竈君寶卷受到傳統歷史觀的影響，相信原古時代是個民風渾樸的理性社會，三皇五帝以後民風漸變，道德退化，有傷禮教。這種人性退化論有著先秦諸子法先王的託古理論⑮的教化色彩，也是民間宗教其宇宙化生說的基本形態，如無生老母信仰的九六億原子與眞空家鄉說⑯、恩主公信仰的末世危機與救世思想⑰。有善無惡的原始素樸世界，是萬物歸根覆命的所在，也是寂然不動而又感應遂通的理想樂園，但由於衆生外在執著的成心作祟，盡棄道德而綱常不修，各逞機鋒而妄動干戈，以致善惡的分判，導致禍福的報應。

有關「盤古」、「三皇」、「五帝」、「玉皇大帝」等傳說相當複雜，前引文只是清描淡寫地將以上四個名詞組合在一起，簡單敍述至上神的由來。若欲深入探討必可勾劃出傳說世界龐大豐富的上帝信仰體系，由於不是本文的主題範圍就略去不談。此處上帝的概念主要承續書經伊訓的「惟上帝不常，作善降之百祥，作不善降之百殃」與詩經大雅皇矣的「皇矣上帝，臨下有赫，監觀四方，求民之莫」等觀念而來。相信玉皇大帝以獎勵或是處罰的威權來監察下民，以維持宇宙的正義與秩序，消除生存的恐慌與不安。但是上帝如何主持禍福呢？必須另外派遣神祇稽考善惡是非，作爲監察人間道德的客觀憑據。這種貫徹天命監察下民的司命信仰，附屬於上帝無比權威的賞罰意志，建立了天人溝通的神道設教理論，使玉皇大帝與司命竈君相互配合，成爲監督世人善惡行爲的共同管束神祇。但是民間專司死生功過的司命信仰，並非只有竈神，如有所謂三官信仰，據「太上洞玄靈寶三元玉京玄都大獻經」云：「一切衆生，生死命籍善惡簿錄，普皆係在三元九府天地水三官，考校功過，毫分無失。」三官司人間功過，其資料來源，在民間有各種不同的傳說，據「太上感應篇」大約可分爲「三台北斗神君」、「三尸神」與「竈神」等三種信仰，如云：「又有三台北斗神君，在人頭上，錄人罪惡，奪其紀算。又有三尸神，在人身中，每到庚申日，輒上詣天曹，言人罪過，月晦之日，竈神亦然。[18]」在竈君寶卷裏雖也有三尸神信仰，却被納在竈神之下，如云：「是日適値庚申，三屍神、簷頭神亦皆彙集，各有所記之册呈來，竈君一一細查核對，據實上奏。」

中國司命信仰由來已久，在周禮春官大宗伯篇有所謂司中、司命、五祀（門、井、戶、竈、中霤），所謂司命是指掌管萬物生靈的神祇，所謂司中是指掌管萬物心性的神祇，五祀之神則是居於人間的小神，司察凡人的善惡功過，禮記祭法篇稱爲七祀：司命、中霤、國門、國行、泰厲、戶、竈。據鄭玄注指出七祀非祭大神，乃祭人間司察小神。五祀之禮[19]

是朝廷的重要祭禮，禮記月令篇以五行配五祀，隋書禮儀志進一步引申云：「五祀，五官之神也，五神主五行，隸於地。」但是爲何民間捨棄其他諸神，獨尊竈神呢？這或許與豐富的竈神傳說有關，從莊子達生篇的「竈有髻」以及戰國策趙三的「夢見竈君」後，民間對竈神流傳著許多不同的說法，竈君寶卷採取其中一種說法，云：

竈君姓張，諱單，字子郭，八月初三日是誕辰，竈母生於八月二十四日，夫人李氏，生於六月二十四日。

司馬彪釋莊子「竈有髻」云：「髻，竈神，著赤衣，狀如美女。」竈神狀如美女的說法，「酉陽雜俎」說得更詳細：「竈神名隗，狀如美女，又姓張，名單，字子郭。夫人字卿忌，有六女皆名察治，常以月晦上天，白人罪狀」。據淸俞正爕的「癸巳存稿」卷十三「竈神」引道藏太上感應篇注，云：「竈神貌如美女，有六女，卽六癸玉女。一云竈有三十六神；又蘇吉利，婦姓王，名博頰；張單妻字卿吉，六女皆名察治。」有關竈神的姓名衆說紛紜，據許愼「五經異義」云：「顓瑞有子曰黎，爲祝融火正，祝融爲竈神，姓蘇名吉利，婦姓王名博頰。」竈神的傳說各自不同，以致其姓名出入甚大。以祝融爲竈神也見於淮南子氾應訓云：「炎帝作火官，死爲竈，則自七祀竈神。」有關竈神之名以張單較爲流行，據後漢書陰識傳云：「宣帝時，陰子方者，至孝，有二恩，臘日晨炊，而竈神形見，子方再拜受慶，家有黃羊，因以祀之，自是以後，暴至巨富。」該注引「雜五行書」云：「竈神名禪，字子郭，衣黃衣，夜披髮從竈中出，知其名呼之，可除凶惡，宜買市豬肝，泥竈，令婦孝。」張單或稱張禪，可能是後人傳鈔之誤。

竈母是指竈神之母，未見其他相關傳說，夫人卽是竈神之妻，寶卷詩云：「竈君天尊生八月，初三之日是誕辰。夫人李氏生六月，二十四日誕是眞。但逢生日宜恭敬，焚香禮拜要虔誠。」張單受封爲竈神的故事發展，與神仙道化的戲劇、小說相當類似⑳，其故事如下：

却說乾坤旣定，疆域以分，人事繁雜，善惡紛呈，天神地祇，查察難遇。爾時有一真人，名曰妙行，啟奏玉帝：「下界人烟幅湊，善惡多端，諸神難於考查。南方崑崙山有一神人，姓張名單，坐在火石上，修鍊已久，靈通廣大，變化無窮，何不勅召下降，使掌人間烟火，稽查一家善惡。」玉帝准奏。卽勅真符召見，竈君接旨，忙至天階朝見。玉帝賜坐，問曰：「有神保奏你做下界竈君，朕當封你天尊之位，職掌威權，恭行賞罰，但戶口浩繁，善惡紛雜，當用何道以治之。」竈君承旨，分身變化，一個化五個，色分青黃赤白黑，位列東西南北中，五個又各化千千萬萬個，變作各戶衆姓竈君，俯伏金殿謝恩。

雖然各種神仙傳說，是由超人類經驗的豐富想像力所結合而成，但是其故事的主題與結構仍然受到人類生活經驗以內的共同觀念所支配，分別依附於當時的宗教信仰與政治思想等文化背景。如傳說中的人物、事件可以超越時空儘情發揮，但是在故事的發展過程中，有意識或無意識受到某些類似的形象與結構的格局所拘限。玉皇大帝招見竈君的母題或原型，早已出現在這一類的戲劇與小說的原始題材上，並無創新之處，反映出傳統深層的政治結構，影響了以玉皇大帝爲中心的天廷組織型態，其君臣的倫理關係以及朝廷的論政方式多仿照人間的政治體系。可見傳說的產生是受到人們已有的知識學問與生活經驗的共同認識下，逐漸改進而加以豐富其內涵。

傳說原本可以天馬行空淋漓盡致，展露創造的才華。但是爲了便利傳說的普遍流行仍必須合乎思想的邏輯制約關係，考慮到生存境遇裏現實情理的實際狀況。比如竈君傳說的重新組合是建立在玉皇大帝以及天地神祇查察世人難以周全的基本假說上，如韻文云：「乾坤既定人物生，世間善惡事紛紛，神祇查察難週到，妙行眞人保竈君。」妙行眞人爲什麼推薦張單呢？這也必須有所根據才能成爲一個敍述完整的構想作品，其根據有二：一、張單坐在火石上修鍊，可以執掌人間煙火；二、張單靈通廣大變化無窮，可以稽查每家善惡。反映出創作者建構傳說神話的思想形態，以相當通俗的思想語言與感覺語言來敍述宇宙存在的嚴肅性問題。也就是說傳說原本卽是架構在簡單的理念，投射到百姓的心靈上引起共通的刺激與反應。玉皇大帝册封張單爲司命神，在韻文裏有戲劇性的敍述：

玉皇見有火光亮，吩咐迎接入皇廷，勅賜金凳來坐下，便問先天種火因。請你下界掌烟火，當用何道治世人，下界紛紛善惡事，家家逐漸要記清。竈君當卽來啟奏，臣在山中千載春，受勅下方掌火去，只恐人間把火輕。更有善惡須賞罰，若無權柄怎施行。玉皇卽便封官職，封作人間司命神。上通天界無阻碍，下達地祇個個欽。壽數長短任你判，富貴窮通任你分。加福增祿皆由你，生災降禍聽卿行。

宇宙的神仙雖然表現的是超自然的生命力，但是擬人格的認定上，是相當具有人性的，甚至是人類心靈赤裸裸的投射，呈露著世俗社會的價值觀念與思想形式，如玉皇大帝面對張單時，直接反應是「你如何來管治世人」的逼切性問題、張單則技巧地先擺開這個較艱難的核心問題，先就世俗社會權利與義務的心理情結，點出「若無權柄怎施行」的具體問題，反映出「不在其位不謀其政」的處世觀念，以及對人性的好惡心理有著深刻的理解，當然也表現了人類潛意識裏的功名情結。玉皇大帝授與絕對權柄，即是人類內心嚮往一無阻礙絕對自由的奇妙心理，也含有充分授權的政治理念，表達出當時文化背景下某些未被深思且又已經潛在的心理狀態。

張單是以「分身變化」的方式，來解決「神祇查察難週到」的基本假設。「分身變化」可以說是相當神奇的概念，突破了固定單一的形體限制，跳脫出模鑄定型的生命形態，由一而多，彰顯出無往而不存、無形而不宜的活潑性生命本質。中國的傳說故事多少含有宗教性的崇拜現象，企圖以幻想的特殊形式，塑造成超自然的神力，以解決現實社會的存在危機，「分身變化」表面上是極奇妙的幻想創造，實際上是含有神祕主義的超自然作用。因此為了增添其特殊的異能，竈君寶卷將竈君傳說與五帝傳說結合在一起，如韻文云：

玉皇鑒奏龍顏悅，特加顯爵賜恩深。勅封五方為五帝，掌管人間禍福門。東方甲乙為青帝，南方丙丁赤帝名，西方白帝庚辛是，北方黑帝壬癸真，中央戊己稱黃帝，列入五祀位最尊。五方竈君同變化，化作各家衆竈君，掌管人間生死簿，不畫花押不准行。日日稽查善惡事，記清月月奏天廷。每月廿四齊相會，各戶册籍盡來呈。將人善惡奏一本，絲毫半點不容情。

五方五帝之說，在道教的信仰體系裏其內涵也相當複雜。禮記月令篇與淮南子天文訓等以五行配五方五帝的說法，可能是道家五帝說的母題，據天文訓云：「東方木也，其帝太皞，其佐勾芒，執規而治春，其神為歲星。南方火也，其帝炎帝，其佐朱明，執衡而治夏，其神為熒惑。中央土也，其帝黃帝，其佐后土，執繩而治四方，其神為鎮星。西方金也，其帝少昊，其佐蓐收，執矩而治秋，其神為太白。北方水也，其帝顓頊，其佐元冥，執權而治冬，其神為辰星。」據「雲笈七籤」將五方五帝改為五方五老納入其神仙體系，認為元始天王在大羅天上化身於三清，繼又化為東方青靈始老君、南方丹靈眞老君、中央混元黃老君、西方皓靈皇老君、北方五靈玄老君。五老按五行而化為五帝，青靈始老君化為東方青帝，主木，司春；丹靈眞老君化為南方赤帝，主火，司夏；中央黃老君化為中央黃帝，主土，司四季；皓靈皇老君化為西方白帝，主金，司秋；五靈玄老君化為北方黑帝，主水，司冬。又傳說中央黃帝卽化為玉皇上帝，統御諸天，以四帝分佈四方主司四時。民間傳說流動性很大，創作者有時候故意賣弄知識，隨便組合原有的資訊概念，表面上有互相傳承的關係，而內容則跟著創作螺旋的轉動，產生新的概念，如竈君寶卷加入五帝的內容後，賦與五帝新的任務——「掌握人間禍福門」，但是在此寶卷裏，五帝與竈君似乎有著新關係，却又不是很明朗。

前引文謂竈神於每月二十四日將各戶善惡事回報天庭，作為上天權威主宰賞罰的依據，如寶卷續云：「著卿永掌人間善惡，日日查記，月終奏天曹，以行賞罰。善者還他善報，賞他福壽滿門，合家康泰，惡者還他惡報，罰他凶災橫禍，疾病連綿。善惡之報，任卿施行。」竈君月報的觀念，見於「抱朴子」微旨篇：「又月晦之夜，竈神亦上天白人罪狀。」另外每一年的十二月來個年終檢討，如云：

更有臘月二十四，子時竈君上天庭。大小一家功與過，奏與玉帝得知聞。來年正月

> 初一日，子時回位坐神庭。來迎去送宜誠敬，不可忽略慢竈君。本是禮神求吉慶，
> 不是媚竈等王孫。

接迎竈神可以說是中國各地共通習俗。竈君寶卷以八月三日為竈君生日，大約是江南一帶的習俗，如蘇州地方每到八月三日，男女均到天王堂及福濟觀參拜竈神，舉行齋會。臘月二十四日送竈神的習俗流傳較為普遍，而且因竈神專言人間善惡，遂有各種不同的祭拜禮俗，如「輦下歲時記」云：「都人至年夜，請僧道看經，備酒果送神，貼竈馬於竈上，以酒糟抹於竈門之上，謂之醉司命。」「永平府志」記載：「十二月下旬四日，名交年，或曰小年，暮設餅、糖、果、菜祀竈，俗以糖丸貼竈門，云毋得言家長短，以祈福庇。」「日下舊聞考」云：「燕俗圖竈神，鋟於木，以紙印之曰竈馬，士民競鬻，以臘月二十四日焚之，為送竈上天，別具小糖、餅奉竈君，具黑豆、寸草為秣馬具，合家少長羅拜祝曰：辛甘臭辣，竈君莫言。至次年元旦，又具如前迎竈。」竈君寶卷主要仍在於保存傳統習俗的宗教功能，尋求或強化原本敬天樂生的情感與信仰，為質樸心靈增添存在的深沉信念，故「來迎去送宜誠敬，不可忽略慢竈君」即是透過傳統禮俗與祭祀來撫慰生民，產生心靈的淨化作用，注入生命自我修證之德，即是「本是禮神求吉慶，不是媚竈等王孫」，雖然民間有各種媚竈的習俗，基本上是想透過這些儀式來產生警惕的效用，時時敬業於人事，才能真正求得上天的庇佑，如「日下舊聞考」云：「京師舊俗，歲終二十三日，謂竈神上界，其夜家人設祭，遣奠致祭，且有揭惡揚善之屬。」

第三節　竈君寶卷的宗教信仰

鄭振鐸將寶卷分爲佛教寶卷與非佛教寶卷二大類，佛教寶卷端分爲勸世經文與佛教的故事，非佛教寶卷細分爲神道的故事、民間的故事與雜卷㉑，若依鄭氏的分法，竈君寶卷幾乎無法歸類，其前半段是講唱民間的神道故事，有相當濃厚的道教色彩，後半段則經由竈君大談因果報應與淨土念佛法門，自居爲正統佛教，對民間三教合一的新興宗教㉒加以強烈的抨擊，也非這些新興宗教的傳統寶卷。

竈君寶卷或許表現出民間通俗化的佛教信仰，尤其是深入基層社會的淨土宗，來自於民間的生態環境與群衆基礎，藉助禮俗的信仰活動與思想形式來致力於念佛永生的教義宣傳，其宣教的內容或許與正統佛教有些許的差異，但是因其大衆化的傳播，深入社會的每一個階層，與民衆的生活習俗相互融通，造成民間念佛風氣的盛行。這些通俗佛教其主要競爭對象，非正統佛教，而是民間三教合一的新興宗教，爲了抬高其宗教地位，與民間信仰合流的通俗佛教，也有強烈的「正邪」觀念，如寶卷云：

> 吾說法已畢，更有要言囑付，爾等既已歸心佛乘，切勿走入旁門，現今世上邪教紛紛（如白蓮、無爲、清靜、圓頓、玉虛、湼槃、龍化、長生、存理、末後一著等敎），皆係邪魔所建，旣非至中至正之規，亦無玄妙高深之法。所著論說，鄙俚不堪，無非襲孔孟之成言，竊佛老之餘緒，具眼者自不被其誑惑，而無知愚民，往往受信其

教，以致生遭王法，死墮地獄，深堪憫惻。

在傳統的政治體制裏，不爲官方所承認的地方性宗教團體，常被視爲歪魔邪道，一直是官方加以壓迫與撲滅的對象，多轉爲祕密性的地下宗教組織與信仰，更脫離不了邪教與造反的直接印象而屢遭取締。在基層社會裏，通俗佛教與新興宗教之間因相同的生態環境與宗教功能，彼此間易因教義的衝突矛盾而相互攻擊。通俗佛教雖然在宗教傳播上深受民間文化意識的影響，但是在教理宣導上仍有博大精深的經典與義理所支撐，當其面對著雜揉三教的新興宗教時，自然以其所依附的佛教智慧，批評那些由民間信仰雜揉而成的新興宗教，其所謂「鄙俚不堪」正是高層次知識分子面對拼湊式雜亂不成章法的民間宗教所常下的斷語，這個斷語的依據正是「襲孔孟之成言，竊佛老之餘緒」。傳統社會在儒釋道的教化下自然形成雜燴型的思考形態，亦有其文化涵攝下的價值，但是這個價值是被通俗佛教所否定的，如寶卷續云：

或曰：「外道中亦信罪福，亦建功行，不無一節之可取。」余曰：「縱能修善，功不敵過，以其為三教之罪人也，況邪見既深，惡報靡極，子不見非非想天，八萬刧壽盡時，偶生邪見，卽隨惡道，況吾輩之顛倒昏迷，以左道惑衆者乎？爾等務堅正信，務崇正法，愼勿為魔軍所陷，自貽萬刧之累。再者在家居士，不必緇衣道巾，自可常服念佛；不必成羣做會，自可閉門念佛；不必入寺聽經，自可依教念佛；不必敲魚擊鼓，自可寂默念佛。」

每一個宗教都有其自成體系的詮釋系統，在其系統之外，當然可以邪魔視之。但是通俗佛教並不是著重在佛理的闡釋，以玄妙的佛理境界來開拓其高明圓融的證修功夫，而是集中在念佛以求永生的淨土法門，著重在持誦的念力上，所以主張不必錙衣道巾、成群做會、入寺聽經、敲魚擊鼓等，而以閉門念佛來接領佛號，脫離生死輪廻，返回極樂世界。因此，通俗佛教所閱讀的經典，大多是與念佛有關的典籍，如寶卷所云：「平日須將大彌陀經、十六觀經、雲棲法彙、彌陀疏鈔、念佛警策、淨土晨鐘、淨土切要、淨土十要、淨土聖賢錄、龍舒淨土文、徑中徑又徑、西方公據等書。」實際上民間新興宗教引用佛教義理也偏重在上列幾部書㉓，造成新興宗教與通俗佛教在信仰的意識形態上有點類似，只是通俗佛教對往生的觀念比較純粹，通常採用淨土阿彌陀佛的念佛心法。

可是，在竈君寶卷裏，由竈君來宣示念佛心法，就有點不倫不類，顯示出通俗佛教也有其與世俗文化相結合的一面，如寶卷云：

竈君曰：「修善積福，不離人天果報，終允難免墮落，若欲高超三界，永脫輪迴者，當修西方極樂妙果。吾今恭承佛旨，對衆宣揚，緣言從是西方過十萬億佛土，有世界名曰極樂，七寶莊嚴，無三惡道亦無女人，衣食自然，壽命無量，其佛號阿彌陀，至今常在，放大光明，接引一切念佛衆生，往生彼國，蓮花化生，不由胎藏。若人能一心歸命，阿彌陀佛，每日合掌向西專稱佛號，或數萬聲，或一萬聲，或千百聲，乃至臨終十念，皆得往生，此是橫超三界捷法。」

淨土往生的思想是一種易行的持修法門，專勸世人靠彌陀的本願他力得以超脫，其所謂正行是專一一意地念彌陀名號，以念念不捨爲無上深妙的法門。淨土宗能普及於一般民衆，成爲普遍化信仰，在於其解脫生死的宗教理念符合社會大衆的生活模式，有其特定的功能與價值，滿足百姓的生存需求。民間的淨土信仰，有禪淨雙修的傾向，形成教禪一致的實修風氣，也是中國基層社會裏民族文化的特質，如寶卷云：「自性彌陀，恒常清淨，唯心淨土，無有封疆。」又云：「自性彌陀，不離方寸，心誠求之，未有不得往生。」禪與淨土本屬於兩種不同的宗教意識，通俗佛教則以修行妙用配合生命解脫，用神祕經驗來證明自性靈明，使玄理與解脫聯合一致，產生了禪淨雙修的修鍊方法。亦即他力念佛是自我願力的心性超越，由道德完成以得永生，如寶卷云：「要積德修福，要忠事君王，要孝順父母，要兄弟相愛，要夫妻相敬，要至誠信實，要柔和忍耐，要公平正直，要陰騭方便，要慈愍一切，不殺害生命，不淩辱下人，不欺壓小民，但有不好心起，著力念佛，定要念退這不好心，如此纔是念佛的人。」

通俗佛教致力於解脫生死的念佛法門，與該信仰因果報應觀的功利價值判斷有密切的關係，不在於追求圓融純熟的佛教哲理，而是基於永生的功利思考，企圖以他力念佛擺脫時空的因果限制，去除靈魂輪廻，眞正能超越永恒的存在。故竈君寶卷以因果報應的利害關係，來引起百姓避禍得福的心理抉擇，投入常樂我淨的宗教世界。爲了強調因果報應的必然性，將「三世因果經」的韻文部分重新改寫，如其開場白云：「佛說三世因果經，因果宣與衆位聽。要知在世現生報，但聽今朝三世因。盡心聽得因果經，佛說因果不虧人。有人肯寫因果經，非災橫禍不臨門。」很明顯其吸引民衆的方式，是有點功利色彩，如勸說三世因果的韻文結束後，來一段「猷今悲昔」的口白說明，其韻文加以引申地說：

百年混世戲場中，富貴榮華總是空。頃刻一聲鑼鼓歇，曲終人散杳無踪……離合悲歡皆是幻，死生老病總是空。明心見性為真境，利物濟人是實功。還我本來真面目，脫離苦海步天宮。（方免得）無常一到埋青塚，魂遊地府哭秋風。

由存在的恐慌，逼迫反省到生命的有限性，再頓悟了如如法性的妙空覺體，本是佛教的基本宗教精神。但是一昧地尋求解脫以了斷風塵之苦，只停留在一般百姓功利心態的終極願望上，與其他新興宗教的信仰心理並無兩樣。

第四節　竈君寶卷的宗教倫理觀

宿業言命的因果論，除了相信有一權威而又萬能的主宰在監察民間外，其主要賞罰的依據在於人事的善惡，一方面肯定宇宙秩序仰賴天神的權威力量，一方面又重視人自身道德涵養。在竈君寶卷裏竈神卽是玉皇大帝權威力量的執行者，負責監督人的善惡行爲，以作爲獎賞或處罰的準則。亦卽神明的權威性格是透過個人的道德實踐來完成，使個人道德本心的主體性是建立在神明因應果報的契約關係上。契約的維持者卽是竈君，將個人的善惡行爲作詳細的考查，提供作爲玉皇大帝統御萬靈的監督權威，卽玉皇大帝是天人體系下的裁判者。就今日司法機構而言，竈君是檢察官，玉皇大帝爲法官，法官依據檢察官的調查報告，定下獎賞或處罰的判決。其獎賞的內容如下：

此等行善之人，或註名仙籍，或度入蓮邦，或賜他現在之榮華，或報他後來之福祿，或註他來生之富貴，或賜他子孫之賢良，著吉神擁護，一家永免災厄，長享平安。

> 卽將善册交天樞院，途核議記功，分別獎賞，以旌善人。

其處罰的內容如下：

> 下方有這等惡人，還他惡報，或發雷部，或發水部火部，或發瘟疫部，准凶星進門，生災作禍，疾病連綿，官司口舌，無時休歇，折福減壽，遺害子孫，命終之後，打入地獄，受苦便了。卽將惡册著值符送交速部，照律分別嚴辦，不得寬貸。

善有善報，惡有惡報，才能使無上權威的天神，獲得下民普遍信仰，肯定宇宙間是存有正義公理的客觀標準，負起生活秩序與世間和諧的責任。故司命竈君的形成與崇拜，卽是人們渴望生存有個理性的保障，一切生死壽數、災厄疾病、盛衰榮辱等人事變遷，多可以經由個人自身的道德修持來獲得或避免。如此，本是不可知代表權威意志的超自然力量，轉而成爲護衛人類生存，維持倫理道德確實實踐的原動力，足以消除毫無保障的外在危機，適當詮釋任何不合理遭遇的報應關係，督促著「諸惡莫作，衆善奉行」的生活規範與處世經驗。

上天所降福禍決定於個人的善惡行爲，是認爲宇宙秩序維護的主權在人，由個人道德涵養工夫來掌握天的賞罰動向。此時牽涉到善惡認定的價值觀念，亦卽在竈君寶卷裏其善惡的價值判斷有無其特殊的義理架構。基本上善惡是日常生活通俗化的宗教倫理或社會倫理，亦卽人與人之間的行爲法則，起於集體意識下的價值判斷，用來增強或減弱某種倫常關係，合於習俗認知的倫理行爲卽是善，不合於習俗認知的倫理行爲卽是惡。竈君寶卷對行爲者作價值判斷時，主要仍受儒家教化下的倫理觀所支配，重視發自於理性存有的道德良知，以便維護和諧安樂的人文秩序，故倫常間相互包容的感情交流，是人們應當履行的義務性倫常行爲，使其享有圓滿完善的權利性生活品質，如寶卷韻文云：

百善之中孝居首，孝順父母公姑身。丈夫伯叔多敬重，弟兄姊妹俱和親。敬禮天地奉先祖，安老懷幼廣濟人。

又云：

父慈子孝天神敬，夫倡婦隨家道興。妯娌相親無煩惱，兄弟和睦土變金。心存厚道多順境，守口如瓶百事亨。自治心田無疾病，勸人行善有收成。

所謂善含有以人的理智活動來追求幸福安詳的社會生活，故自我的盡心知性，除了可以獲得現世的安定外，也能參贊天地之化，達到天人至善的圓滿境界。反之，以厭惡暴亂貪奪之心待人處事，將破壞了倫常的感情活動，使人際關係呈現非理性的存有，如寶卷云：

丈夫作惡妻幫襯，爺娘為惡子孫跟。父不慈兮子不孝，夫妻反目常鬪爭。倚錢靠勢欺鄉里，陰謀鬼計百般生。

又云：

咒罵公婆並父母，陰司拔舌用犂耕。不聽父母公婆訓，罰他耳聾聽不清。陰謀暗殺將人害，罰他眼瞎視不明。兄弟妯娌常喎氣，罰他足病不能行。

所謂惡是指放縱情欲來追求個人感官的享受，破壞了原本和諧的生存移序，造成人性墮落，引起彼此間不斷地相互衝突矛盾。孟子離婁篇云：「上無禮，下無學，賊民興，喪無日矣。」枉道速禍是千古不易的準則，在竈君寶卷裏加強宗教的報應意識，強調習染氣性的內在困頓，以及不可避免的天災人禍。

竈君寶卷的勸化對象似乎以家庭婦女為主，如云：「牝雞司晨古有戒，不能守住口如瓶。自己懶惰無衣食，反怨公婆丈夫身。家中妯娌常嘔氣，同胞姊妹不留情。背後常說人壞話，喜走邪路不正經。年輕不把公婆重，年老又將媳婦輕，話長話短無休歇，一味嘮叨苦煞人。」這或許與婦女經常接近竈房有關，如竈君上奏十二條禁約，就內容而言，是針對婦女而設，其禁約為：

第一：一禁約，怨寒暑，呵風罵雨。天與神，地與祇，敬禮宜誠。

第二：一禁約，逆父母，不敬翁姑。兄與弟，夫與婦，俱宜和親。

第三：一禁約，虐子女，打罵婢妾。待媳婦，待卑幼，當言慈心。

第四：一禁約，輕尊長，不祀先靈。妯與娌，姊與妹，宜有恩情。

第五：一禁約，敲鍋竈，擲毀器皿，遇米穀，見字紙，敬惜宜勤。

第六：一禁約，貪口腹，妄殺生命。牛與犬，雁與鱧，永勿煑烹。

第七：一禁約，露身體，歌唱哭泣。廚房中，新產婦，更宜迴避。

第八：一禁約，提尿屎，竈前打罵。廚竈下，小孩童，不宜放置。

第九：一禁約，毛與骨，入竈焚燒。穢柴草，亂頭髮，俱宜檢棄。

第十：一禁約，豬欄廁，逼近廚房。臭穢氣，能除盡，神明歡喜。

第十一：一禁約，踏竈門，廚中纏腳。穢鞋襪，濕衣衫，勿烘竈裏。

第十二：一禁約，廚竈上，夜放物件。飯畢後，收拾淨，焚香敬禮。

第一至第四則偏重在婦女人際關係的倫理教化，第五至第十二則似乎是由民間禁忌所發展成的竈房禮儀制度。或者說竈君十二條禁約卽是習俗中的禁忌成分，以道德的寖染，形成約定俗成共同遵從的禮俗系統，其中包含脫離常軌的道德制裁以及風俗習慣的禁條忌諱等㉔，是保留在民衆的心靈上的法律條文，出自於趨吉避凶的厭勝手段，以維護個人與群體的秩序。亦卽這十二條禁約有著無上律令的權威，能發生規範與約束的實質作用。

第一條是與大自然有關的禁忌，在傳統的農業社會裏大自然的種種現象具有神聖不可侵犯的性質，尤其天地萬物之間存有著神祕勢力，是人類無法積極性地加以掌握，只好消極性逃避或崇拜，這是由恐懼心理所發展而出「敬禮宜誠」的生活規範，韻文云：「敬重天地禮神明，常念慈悲觀世音。」第二條是對長輩與同輩之間的對待禮儀，以「俱宜和親」作爲應對原則，第三條是對晚輩的基本態度，以「當言慈心」作爲應對原則，第四條是對其他長輩與親戚的生活禮儀，以「宜有恩情」作爲應對原則，韻文云：「孝順父母不忤逆，百依百順不離經。」「敬重公婆不違背，說長話短不生嗔。」「不把丈夫來看輕，求免來世苦單丁。」「不把尊長來藐視，總以厚道待鄰親。」「不將婢妾來打罵，子女亦不肆欺凌。」「媳婦當作親生女，不另看待冷如冰。」

第五條反映民間敬穀的習俗，不可暴殄天物，亦不可蔑視任何煮食盛物的器具，其禁忌是不可一時興起敲碗打竈搗毀器皿，否則將有歹運降臨自家，「敬惜宜勤」卽是此一禁忌背後的社會道德觀，韻文云：「不把字穀來輕褻，時刻常存敬惜心。」第六條受宗教信仰的影響，避免殺生，拒絕煮食某些特定的生物，這是民胞物與的心理投射，如牛在農業社會是主要的生產工具，飲水思源怎可以牛肉爲食呢？故吃牛肉被視爲禁忌，是非道德的，可能遭受天譴，韻文云：「不殺生靈養口腹，戒將活物來煮烹。」「牛犬田雞永不吃，立誓自戒並勸人。」第七條是民間流行的禁忌，因竈房是神聖之地，禁止在此洗澡裸體，嗚咽啼哭，另方面也避免「不潔」的人如孕婦、產婦及帶孝者，進入竈房，也就是禁忌是一種神祕的禁令，要無條件的服從，否則觸犯禁忌，則由於象徵或接觸的緣故，不幸的結果自然會降臨㉕，韻文云：「纔生兒女卽上灶，血光沖犯惡星臨。」第八條也是對神聖之地的禁忌行爲，避免在竈前大小溲溺與打架罵人等褻瀆動作尤其不要將小孩子放在竈邊嬉戲哭泣，韻文云：「不放小孩竈房哭，屎尿不向竈前淋。」

第九條是忌將汚物、穢物送入竈口，認爲竈口等於竈神的嘴巴，若將汚穢物送入竈口，是對竈神的大不敬，韻文云：「穢柴作食供人食，罰患濕瘡痛難禁。」第十條是忌把豬寮、厠坑靠近竈房，以免骯髒臭味觸怒竈神，韻文云：「卽把欄厠來移去，不使臭氣觸竈君。」第十一條也是恭敬竈神的禁忌，韻文云：「不拿濕物烘竈口，求保人口得安寧。」第十二條是竈房環境衞生的生活規範，要求不可在竈上亂放物件，且平時要收拾乾淨，韻文云：「灶上收拾不乾淨，體不舒泰眼光昏。」「竈前竈上時收拾，洒掃潔淨禮神明。」

十二條禁約原本是社會禮俗的條文化，反映出傳統社會禮神敬佛的文化意識，將禁忌轉化爲百姓的生活模式與思想行爲，成爲牢不可破的社會傳統。但是在竈君寶卷裏十二條禁約成爲判定善惡的主要依據，且具有神聖的能力，若能遵守禁約可以獲得福報，如云：「下界之人果能在竈前焚香立願遵守禁約，改惡從善，除十惡大罪不赦外，餘准一概赦宥消除，轉禍爲福，看伊所做善事之大小，記功奬賞，求名得名，求利得利，求壽得壽，求子得子，所作皆成諸事如意，死者可以復生，宿疾可以痊癒。」

竈神原本是流傳於民間的神話故事，其故事的情節或主題隨著時代、地域、社會、傳誦者等因素而有所不同。竈君寶卷卽是後人將此傳說加以綜合整理，形成民間信仰新的傳教典籍，其內容則表達出傳統社會緜延流長的文化性質與價值體系。

第五節 小 結

竈君寶卷在形式上雖然屬於文學作品，實際上是利用講唱文學等大衆傳播媒體的效用，從事社會教化工作，藉助神明信仰的權威性格來架構足以維持生存的道德倫理，且在大衆傳播積極宣導下扶持鄉土百姓共同的社會認知，轉化成爲內在生命的永恒德性，以符合現實社會需求的文化情操，開拓出理性至善的文化傳統與生活習慣。在本質上雖傾向於皈依外在權威的神祕超越力量，希望透過神明的保佑來消災解禍，但是善惡的道德信條將宗教意識提昇到人文自覺的文化意義上，通過具體的實踐也有助於道德主體性的落實生根。或許以如此方式所開拓出來的文化現象，已添入了現實社會庸俗與非理性的文化成分，但是不可諱言的是：其方式往往爲大衆賴以生存的文化憑藉。

今日社會的快速轉型，來自傳統社會的宗教信仰與禁忌活動，不受重視或以迷信視之。當然我們不可能企圖地回到傳統的禮儀世界裏，但是在傳統文化的潛修默化下，其生活型態與價值觀念仍不斷地重現在我們的言行上，唯有正面地反省其內在的本質意義，方能落實文化更新的理想。

注釋

❶ 鄭振鐸「中國俗文學史」（台灣商務印書館台六版，民國七十年）第三〇七頁。

❷ 李世瑜「江浙諸省的宣卷」（文學遺產增刊第七輯，一九五九）第一九七頁。

❸ 新竹竹林書局翻印本「司命竈君寶卷」的封面底說明文字。

❹ 參閱曾子良「國內所見寶卷敘錄」（幼獅學誌第十七卷第一期）第一一五頁。

❺ 台灣翻刻「竈君寶卷」，有的與「竈君眞經」及其他有關竈君的扶鸞文字集結為一書，如一貫道仁和堂民國六十八年的刋本，就數量而言以竹林書局翻刻的次數最多，每一次多在萬本以上。

❻ 竹林書局「司命竈君寶卷」第三十二頁。

❼ 參閱鄭志明「無生老母信仰溯源」（文史哲出版社，民國七十四年）第三十八頁，曾子良「寶卷之研究」（政治大學中研所碩士論文，民國六十四年）第四十三—五十九頁。

❽ 晚期寶卷詞調曲牌極少，竈君寶卷所見的詞調實為宗教性的詩偈，云：「娑婆苦，娑婆苦，娑婆之苦誰能數。無窮升降逐風輪，種脚難憑多失所。出沒閻浮不可停，頭顱改變成今古。何不及早念彌陀，免此娑婆苦。」

❾ 早期寶卷多為佛道以及民間教團宣揚教義的經典，後期寶卷則不單純為了宣揚己教，多了勸人為善的作品，文學性逐漸加強。竈君寶卷則介於二者之間。

❿ 見於竈君寶卷卷末光緒十年毘陵守然子的跋。

⓫ 李世瑜「江浙諸省的宣卷」第二一〇頁。

⓬ 司命信仰由來已久，尤其在兩漢時代相當盛行，參閱李豐楙「不死的探求—抱朴子」（時報出版公司，民國七十年）第二四一—二四五頁，鄭志明「太上感應篇的倫理思想」（鵞湖第一四三期）。

⑬ 有關竈神研究有：狩能直喜「支那の竈神に就いて」（哲學研究四：七，一九一九），金孝敬（民族學研究一：一，一九三五），上妻隆榮「祭竈の研究」（東亞經濟研究二五：六—二六：一、一九四一）、つだ さうきち「シナの民間信仰における竈神」（東洋學報三十二：二，一九四九），吉岡義豐「中國民間の竈神信仰について」（宗教文化第一號，一九四九），池田末利「支那に於ける竈祭の起源」（宗教研究第一二四號，一九五三）、「中國おける竈神の本質」（中國古代宗教史研究，東海大學出版會，一九八一）。

⑭ 姚一葦「元雜劇中之悲劇觀初探」（中國古典文學論叢第二册，中外文學月刊社，民國六十五年）第三二五頁。

⑮ 有些學者主張先秦諸子存有著託古改制的作法，參閱楊寬「中國上古史導論」（古史辨第七册）第七六—九七頁。

⑯ 參閱鄭志明「無生老母信仰溯源」（文史哲出版社，民國七十四年）第一一〇—一二六頁。

⑰ 參閱鄭志明「中國社會與宗教」（學生書局，民國七十五年）第二九二—二九七頁。

⑱ 參閱鄭志明「太上感應篇的倫理思想」（鵞湖月刊一四三期，民國七十六年五月）。見本書第三章

⑲ 參閱池田末利的「五祀考」（中國古代宗教史研究，東海大學出版會，一九八一）第七八五—八〇六頁。

⑳ 參閱呂微芬「馬志遠的神仙道化劇和它產生的歷史背景」（文學評論叢刊第七輯）

㉑ 鄭振鐸「中國俗文學史」第三一一頁。

㉒ 有關佛、道二教以外的新興宗教，參閱鄭志明「台灣民間宗教論集」（學生書局，民國七十三年）第十八，二一頁。

㉓ 參閱鄭志明「無生老母信仰溯源」第七章五部六册的引書，第二二一—二四二頁。

㉔ 參閱林明峪「台灣民間禁忌」（聯亞出版社，民國七十年）第三十八頁。

㉕ 林惠祥「文化人類學」（台灣商務印書館，民國六十八年台六版）第三一八頁。

第九章　台灣勸善歌謠的社會關懷

第一節　淺說台灣歌謠的研究

台灣歌謠依種族與語系分成三大系統：福佬系、客家系與山地系❶，除了山地歌謠是原住土著的音樂特色外，其他二系淵源於中國民族歌謠，仍與大陸各省的民俗歌謠有著互相流轉的血源關係，但是海島的地理環境、社會背景與人文關係也塑造出其獨特的風格，反映出台灣社會的風俗民情與生活情趣，可說是研究台灣社會文化的最好資料。

台灣歌謠的收集，最早見於康熙年間的「番俗六考」，記錄山地歌謠三十四首，日人佐藤又一根據此一資料發表「台灣府志所載熟番之番歌」（民族學研究第二卷第二號）一文❷。至於福佬與客家的歌謠一直到日本侵佔台灣後始有大規模的搜集，有「新學叢誌」的「台謳」專欄、「台灣藝苑」的「台灣國風」專欄、「三六九小報」的「黛山樵唱」專欄，以及台灣新民報自三四六號的「歌謠」專欄，大量地收錄採集台灣歌謠，另外平澤丁東的「台灣的歌謠及名著故事」、片岡巖的「台灣風俗志」、李獻章的「台灣民間文學集」、稻田尹的「台灣歌謠集」等書也收集不少民間歌謠。台灣光復後仍繼續收集，如王登山的「南部台灣的民謠、童謠與四句」、黃傳心的「雲林民謠」與廖漢臣的「彰化縣之歌謠」等，另外集結出書的有顏文雄的「台灣民謠」、吳瀛濤的「台灣諺語」、林二與簡上仁合編的「台灣民俗歌謠」等書，民國七十一年起中華民俗藝術基金會有系統地記錄採集台灣歌謠，已發行許常惠的「台灣福佬系民歌」、楊兆禎的「台灣客家系民歌」、呂炳川的「台灣土著族音樂」、賴碧霞的「台灣客家山歌」等書。

台灣歌謠的研究，近三十年來成果頗豐，首推黃得時的「台灣歌謠之形態」（一九五二）、「台灣歌謠之研究」（一九六六），從歌謠的形式、體製分析其文學特性，臧汀生的「台灣閩南歌謠研究」（一九八〇），進一步探討台灣歌謠的功能與結構。從事音樂方面研究的有顏文雄的「台灣民謠研究」（一九六四）、許常惠的「台灣民謠之研究」（一九六九）、簡上仁的「台灣民謠」（一九八三）。從社會文化的立場來研究台灣歌謠之論文不多，如黃得時的「台灣歌謠與家庭生活」（一九五五）僅從懷胎、生子、結婚、治家、蓋棺等歌謠對照出台灣人的家庭生活，並未作深入的探討。本文試從閩南與客家的勸善歌謠來分析台灣社會通俗教化的現象及其文化內涵。

第二節　勸善歌謠的形式與內容

台灣歌謠種類很多，黃得時根據其體製分成七字仔與雜念仔等二大類❸，吳瀛濤依其性質分成歌仔、民歌、民謠、童謠、流行歌等五大類❹，簡上仁按其內容分為家庭倫理、工作、愛情、祭祀、敍述、趣味、童謠等七類❺。本文所謂「勸善歌謠」是指「歌仔簿」的歌仔，大約是光復前後民間藝人（俗稱歌仔先）自編自唱的創作歌謠，其體製屬於七字仔，是四句七言的詩體串連而成，又稱「四句聯仔」，其性質屬於歌仔這一類，由專門賣唱的歌仔先在市集街頭巷尾「唸歌仔」，聽衆稱爲「聽唸歌仔」，歌仔先在唱唸的同時，推銷他自己所編印的「歌仔簿」，一本大約三張紙，或分上下二本或上中下三本，甚至有多至五六本者，在內容上以演說故事或談情勸善爲主。

勸善性質的歌仔，或稱「敎化歌」、「勸世歌」，主要在編歌勸世，在往昔敎育未甚發達時，可以說具有社會敎育的意義❻，傳達了傳統社會的價値觀念與行爲模式，藉大衆流行的通俗歌謠，以感化人心，收到勸世敎化的效果，導引出民衆的共有性格與行爲特質。這一類的歌仔簿爲數也不少，但是在內容上偏重在社會行爲的敎訓與勸改，相似部分頗多，本文選擇較具代表性的「社會敎化新歌」、「人心不知足歌」等二本歌仔簿作主要研究對象，參佐閩南歌仔「人生必讀歌」、「勸世了解歌」、「社會敎化歌」、「世間敎化歌」、「文明勸改新歌」、「從善改惡歌」、「暢大先痛尾後歌」、「勸少年好子歌」、「二十四孝歌」、「四十八孝歌」、「勸改賭博歌」、「僥倖錢開食了歌」、「寃枉錢失得了歌」、「烟花修善歌」、「收成正果歌」等，及客家歌仔「解勸後生歌」、「十想單身歌」、「十勸姊歌」、「夫妻相好歌」、「十想度子歌」、「四維歌」、「知足常樂歌」、「收心歌」、「十勸從夫歌」、「十勸郎歌」、「不孝歌」、「十八嬌連勸善歌」等。

「歌仔簿」原爲江湖賣唱者謀生的工具，但是透過生動活潑的歌謠吟詠之中，頗有社會教化作用，勸人修善改惡，達到潛移默化的效果，也具有文字教育的功能，尤其在日據時代，透過人手一冊的歌仔簿，有助於漢文的推廣。歌仔的前頭大多為開場白，交代唱者或刊印的書商，如「社會教化新歌」云：「各位父老衆兄弟，請恁參考新歌詩。先報小弟兮住址，能來相會眞無疑。我住新竹小市鎭，姓林秋男我本身。」「人心不知足歌」云：「開錢買歌算眞省，比咱看戲恰光榮。兮得相會眞萬倖，竹林書局字印明。敝號新竹帶市內，新歌常常印出來。暢銷台灣甲過海，有買去卜就兮知。廠址書局我煞報，那有卜買免驚無。我眞咸萬人人好，印歌賣恁念迌迌。」歌詞的編纂可能是來自知識分子的集體創作，編歌的人有濃厚的文化意識，以極富韻律性的歌謠，傳達較為枯燥無味的道德條文，如「戀愛慘案歌」開頭云：「敬請朋友恰姊妹，此歌不是講笑科。內中全是勸後世，那不反悔會連同。竹林書局出版我，印刷不是好生活，全部研究塊編歌。」書商為了商業上的獲利才研究編歌，而編歌的目的在供人「念迌迌」，偏重在娛樂作用上，但是因故事本身含有勸善懲惡的效果，具有社會教化的功能，如「人心不知足歌」結尾語：「知足人心全三本，無名批評通過分，編歌乎恁做標準，照歌來行上單純。」無形中歌謠成為社會機制的標準，建立共同社會取向的生活態度，以安頓群己的和諧秩序。歌仔簿的結尾部分大多是書商作廣告，如「勸改賭博歌」云：「這集編到者又擺，通知列位衆兄台，大家看了那是愛，發行竹林報恁知。」有的廣告詞比較長，如「寃枉錢失得了歌」云：「新色歌詞咱上多，喜怒哀樂扣眞齊，逐種都有治塊做，歌仔句豆閣袂花。有影歌色正多項，新歌全無人相同，北部文明到下港，四海兄弟罩幫忙。竹林書局著塊印，不免報恁發行人，若卜注文我報恁，漸漸出版歌維新。」新竹市的竹林書局是光復前後歌仔簿的發行集中地，從廣告詞得知書局另有其專屬的作者群，不斷地編印新歌，如「文明勸改新歌」云：「卜看恰透等後擺，因為原稿未寄來，朋友恁那無嫌呆，恁買去念就兮知。話屎無愛廣箱多，一刀兩斷到者齊，下日歌仔那閣做，朋友請恁卽來買。」

勸世歌謠可以說是來自社會經驗的集體創作，以實際生活的人事關係，透過歌謠來互相研究，產生刺激個人與社會的互動系統，提高富有社會經驗的人格形相，以傳統道德來穩定人事環境的和諧與進步，如「社會教化新歌」其編唱的目的在於「恁先勸我我勸恁，著來正直望成人」，卽是以歌謠來追求生活的具體利益，續云：「父老兄弟衆朋友，道德二字大家修，社會情形皆研究，關係教育大理由。望恁父老指教我，祝恁子孫歸大拖，為著社會來教化，小弟卽編只本歌。互相研究作參考，宰樣家庭卽兮和，好兮家教怎樣作，趕緊向前來提高。」以歌謠來理解社會生活的實際狀況，標示出具有愛與理性的處世理想，提高百姓素樸純眞的人際關係與生活環境，又如「人心不知足歌」云：「廣打笑料是無影，念卦勸世乎恁聽，無論富戶亦赤子，聽著念歌煞不行。只欵歌仔眞希罕，專廣做人在世間，人有眞肴有咸慢，俗語所廣為人難。社會情理都淺淺，幾年中間就變遷，能得改惡來從善，一日無事小神仙。」民間的處世態度，偏重於現實生活的妥協，所謂「做人」卽要明白社會情理，跟著社會變遷，調整自己行動的脚步，追求具有效率與效用的實踐法則，來掌握社會文化的動向，獲得無事小神仙的生活樂趣。

勸世歌謠主要是針對社會不合理的現象，作道德向上超越的自我提昇，來化除經驗界的生活困頓，在約定俗成的行為規範中，約束或加強百姓的道德理念，養成足以應付人世的生活法則。其對象有的是針對單一社會行為，如勸孝，有「勸孝歌」、「不孝歌」、「二十四孝歌」、「四十八孝歌」；戒賭，有「勸改賭博歌」；戒酒色，有「烟花修善歌」、「暢大先痛尾後歌」、「文明勸改新歌」、「收成正果歌」；戒毒，有「自新改毒歌」。有的針對特定的某一群人，如「勸少年好子歌」、「解勸後生歌」、「夫妻相好歌」、「十勸郎歌」、「十勸姊歌」等。有的是綜合性的歌謠，對實際生活的各種人際關係，提出修善改惡的要求，以遠離社會的苦厄災難與人情的疏離淡薄，如「人生必讀歌」、「勸世了解歌」、「社會教化新歌」，「人心不知足歌」等。綜合性的歌謠內容相當豐富，取「社會教化新歌」、「人心不知足歌」為例作說明。「社會教化新歌」依其內容順序大約可分成下類幾項：1.治家要勤儉。2.勿貪娶小姨。3.夫妻相處之道。4.提防火災與竊盜。5.教訓子弟的方法。6.子女孝親的方法。7.兄弟相處之道。8.婦女持家的態度與方法。9.忠孝的道理等九項。「人心不知足歌」依其內容順序大約可分成下類幾項：1.不要貪錢財。2.富貴全由八字定。3.做人要講正道。4.父子相處之道。5.勸人要勤儉仁慈。6.朋友相處之道。7.要認眞讀書脚踏實地。8.不可上酒家。9.不可說慌話。10.遵守法律、信仰神明。11.不可風流賭博。12.要守己安分等十二項。從以上分析，發現勸善歌謠偏重在個人良好人際關係的建立，注意日常生活中最易發生的親情等倫常關係與非親人間的人情法則，建立出合於需求的社會規範，以維持社會的安定與團體成員之間的感情。

勸善歌謠實為傳統社會教化的一環，承續清代官方的宣講制度。清代宣講制度始於順治九年（一六五二）頒行六諭，諭文為：第一訓：孝順父母。第二訓：尊敬長上。第三訓：和睦鄉里。第四訓：教訓子孫。第五訓：各安生理。第六訓：毋作非爲。康熙九年另製定化民成俗十六條，雍正二年御製「聖諭廣訓」等頒佈到各地方，責成鄉約人等於每月朔望，擇善講人員講解開諭以及宣誦⑦。宣講聖諭的目的在於以寬教化，後來爲了達到勸善誡惡的效果，往往編成歌謠深入基層，以達化民成俗，培養善良風氣。如光緒元年（一八七五）爲了禁止台灣賭博風氣，官方特別編撰俚歌，其告亦云：「訪悉台地賭風最盛，當經書示嚴禁在案，茲恐未能一律痛改，特撰俚歌百句，以代苦口之勸，合行書衆之，無則加勉。倘再不知悔悟，仍然賭博，本部院惟有儘法嚴辦，決不寬貸。各其凜遵，兒童有能背誦詞者，仍照前示給賞。」舉一段爲例：「爾等富貴子，何以要去賭，多因不肖輩，開場來引誘。或備酒肉飯，或設烟花局，令爾入迷途，朝夕戀不捨。輸贏用籌碼，悉聽頭家計，豈知一結算，盈千並盈滿。現交不能欠，無錢借貸湊，重利受滾盤，變產還亦願。」官方作的歌謠稍嫌文雅，親民性不足，感化的程度也就大打折扣，民間的歌謠語言俚俗內容生動活潑，能感人至深，頗具教化教果，如「勸改賭博歌」云：「生理我都能曉做，麻糍挑塊來遊街，是我註該卜狼狽，担對繳邊去者衰。大家拔甲哈哈笑，看著道也袂得著，乎因大家直直叫，不拔大家扭甲招。麻糍賣了輸無到，尾手輸甲估担頭，現錢担頭輸了後，者緊走去米人兜。」

勸世歌謠流行的原因，主要是傳統道德觀念深入社會思想的核心，在民間的團體意識裏，要維持社會和諧的秩序，就必須先教化人心，因此編歌的人致力於淺近俚俗的歌謠創作，希望有益於世道人心，聽衆與讀者的知識程度普遍偏低，古奧的經書與道理不易懂，反而淺近白話的歌謠符合其教育程度，容易被接納，形成百姓接受知識的主要來源，因此使得俚俗歌謠具有社會教育的功能。寓教於歌原本也是古代社會文化傳播的一個方式，如在台灣歌謠裏有將「三字經」編成歌，來幫助理解，云：「編歌編出人之初，通俗歌仔有典讀。富貴貧窮本乎數，號三國是魏蜀吳。人生出世性本善，自少教伊記善言。先生賢教寓褒貶，不教大漢性乃遷。人品原來性相近，好呆當知識某文。禮貌謙恭相揖遜，第一要緊父母恩。」也有藉歌謠來傳達傳統的禮教思想，如客家四維歌：「人在世間愛知禮，禮貌周全撿便宜，禮讓謙恭好風氣，和睦相處愛明理。人在世間愛知義，義重如山不可移，幫助貧苦並孤寡，濟弱助人抱不平。人在世間愛清廉，清廉忠厚得自然，莫為錢財來貪汚，人格掃地愛坐監。人在世間愛知恥，蒙恥受辱你愛知，國恨家仇愛曉報，智勇雙全好男女。」

但是勸世歌謠的教化方式未必符合儒家的倫理思想，有濃厚的功利色彩，如前詩所云知禮在於撿便宜，是落在社會機制的群性活動中談禮教，缺乏儒家根源於道德本心的主體活動，忽略絕對性、普遍性與永恒性的人格境界，反而重視相對性、個別性與差異性的群性活動，這是民間通俗教化的主要特色，亦即民間的知識教化，在某一個程度上必須與現實生活妥協，效率與效用是最基本的考慮法則，減少抽象的表達方式，加強實用的策略行動，在現實的壓力下，一再地修正調整，並拓展到其他連鎖性的社會行為，以建立合理的生活態度❽。如「社會教化新歌」一開始卽針對「理家」此一問題，提出實用的策略教化，云：「大家著學好家教，好呆關係岸手頭，理家不論井共老，四正岸家就是肴。岸家兮人著四正，家費開支愛平衡，那無必要勿濫用，先算卽開家就成。節儉二字是眞理，先算收入卽開支，有錢不儉開味是，終久經濟呆維持。」而「人心不足知歌」整首詩扣緊在「錢」的問題上作文章，表現出勸世歌謠的現實性格，必須進入實際生活的現實境地裏，處處遷就流俗，透過社會化的價值傳遞，提供一套爲大家所許可的處世哲學，如云：「萬般是人兮命運，不是人肴錢著春，咸慢不煞免食睏，嗎有春著億萬銀。淺淺情理來批評，千苦富貴命生成，命呆看汝外肴炳，定著終身不超生。世情是我看上現，勸恁老輩甲少年，看人富貴免欣善，人廣恨命莫怨天。」勸世歌謠是基於人們對現實人生社會的感應與需求而產生的，不僅是創作者個人思想意識的表現，也反映了當時整個時代社會的文化現象，有助於探求民間倫理關係、道德觀念以及價值判斷等深烙民衆內心的思想主流。

第三節　金錢取向的人際關係

基層社會的人際關係與經濟的發展及流通有很密切關係，如德國社會學家麥斯·韋伯（Max Weber）認爲中國人重視財富，並且把物質福利的財富條件推崇到視爲最高之善的境界，以傳統習俗的內在精神力量來約制或調整對財富的需求，以形成一套合乎世俗秩序的社會行爲❾。傳統社會的倫理關係未必等於儒家倫理，說明韋伯以「儒家倫理」來解釋中國社會結構，是不恰當的，但是透過他的觀察，指出基層社會在日常生活中有其自成系統的工作倫理，發展出一種深化的階層意識與價值判斷，架構了紀律和節儉的生活規範。這種規範雖然受到「儒家倫理」的影響，但是主要仍是由既存於社會的文化因素與制度因素所引導與支配。本節企圖以「勸世歌謠」爲材料，探討經濟發展對民間文化活動的影響。

大致上來說，民衆的心態是重視財利，甚至神化財富，認爲財富的滿足，提供了萬能的生存依據，如諺語云：「財多語狀，力大欺人。」「有錢能解語，無錢語不聽。」「有錢好說話。」「世間錢做人。」「有錢會使鬼。」「有錢豈無光景。」「有錢辦生，無錢辦死。」「有錢日日節，無錢節節空。」「有錢烏龜坐大廳，無錢秀才人人驚。」「有錢時逐個都欽仰，無錢時逐個都避嫌。」類似這樣的諺語爲數不少，反映出社會普遍存在的功利性格，傾向於追求財富與物質的滿足，形成以金錢爲人事核心的交際網絡。在資源分配有限的農業社會裏，貧富不均的現象尤爲明顯，民衆爲了取得較佳的生存環境，攀交權貴，本是人之常情，如諺語云：「人敬有錢，狗敬放屎漢。」有錢成爲社會關係的權力象徵，特別在「結交儘權貴，往來無白丁」的心理下，財富成爲價値取向的權衡標準。這種現象在「人心不知足歌」裏描述了更具體：「也有欺貧甲重富，世間無錢就恰輸，錦上添花人人有，雪中送炭世間無。貧在路邊無人認，富在深山有遠親。父子都是錢要緊，無錢目弟人看輕。」欺貧重富正是由金錢所衍生而出的人際交往法則，「無錢就恰輸」是此一交往法則具體存在的事實，當失去錢財就喪失了可資支配的權力資源，無法享受到有利的社會地位與人際關係，相反地有錢的人就擁有權勢，更能取得支配資源的社會地位。這種現象也影響到家庭的倫常關係，所謂「父子都是錢要緊」指出要維持長久而穩定的親情，仍必須建立在彼此所需的物質資源上。

財富卽代表權力，爲了獲得此一權力，就必須擁有錢財，在農業社會自足型經濟裏，唯有節儉儲蓄，才能聚集財物形成權威力量，如「社會教化新歌」云：「社會全是錢作人，所致濫用先不通，有錢講話卽兮重，錢無講話袂輕雙。錢有講話定空空，無錢人兮廣凸風，有錢不儉是眞戇，錢有亂用眞不通。」所謂「錢作人」是以錢作爲計策行爲的核心，支配了實際行動的思維與動作，構成一個客觀準則可循的人際關係的具體模式，例如語言的溝通其實效性，由說話者的財富來決定。欲有效地提供周延具說服力的語言權威，本身所具有的錢財是不可或缺的條件，此一條件延伸至其他生存情境，使錢財所形成的權力變爲社會結構運作下的主要資源媒體，亦卽掌握金錢的人可以換取生存物質和充實生活的其他權力，如知識、情感等社會資源，取得支配人情的絕對優勢。「勸世了解歌」云：「世間錢洋是好寶，免驚目的奉看無，有錢使鬼兮挨磨，逞好買人打迌迌。」無可諱言，在基層社會裏金錢取向的功利性格相當濃厚，若想取得生活上的優勢，必須與功利性格相互調適，一方面牽就現實的處境，調整自己的行爲，以保持處世的安樂，一方面注入理性的人文精神，將群性直接表現的功利性格作人文的修飾，透過社會化價値標準的傳遞，建立一套爲大衆所許可的處世哲學。

在有限物質資源下，節儉是一種美德，對財物的有效節制，可以取得生產關係與生產力的優勢地位，避免利害衝突所導致的社會紛爭與人情無常。在擁有金錢卽擁有權威的觀念下，開源節流是絕對必要的社會化經濟活動。「社會敎化新歌」云：「節儉二字是眞理，先算收入卽開支，有錢不儉開味是，終久經濟呆維持。總講勤儉卽有底，箱過浪費不成家，濫開濫用久負債，生活就兮起問題。用錢節省是實在，不通袂算代先開，借錢利息眞利害，財產兮了對靴來。」勸善歌謠其關注的中心是個人的行爲模式，焦點則擺在行爲者在現實情境中與社會互動所產生的文化結構。傳統農業社會的生產力形態影響到個人角色學習的行爲規範，在「浪費不成家」的有限資源下，「勤儉卽有底」成爲維繫人們自身與其環境間的動態關係，擬定出一種控制行爲的意識形態，其主要思考方式則是功利的，所謂「經濟呆維持」、「生活起問題」，亦卽物質的擁有與控制，直接影響到基本的生存權力。在個人對生活水準的願望與期待下，「用錢節省是實在」是在社會化學習過程中所內化而成的人生態度。

但是勤儉的行爲，只是針對貧苦的民衆而言，在貧富不均的社會結構中，富人的儉食反而引起許多批評，如「人心不知足歌」云：「一个有錢不甘用，有人袂趁用代先，儉乎別人諫光景，乎伊有錢眞不明。有錢不用眞無彩，不甘開用上大玳，儉食忍寒可憐代，放乎子孫看活開。有人敢無眞富戶，好額家伙講萬祖，出門衫褲密密補，出世世間做錢奴。」這是貧富懸殊所引起的情結問題，一般民衆勤儉生活只能維持起碼的生活，因此期望富人能夠散財，使社會經濟活動起來，否則只生產不消費的經濟結構，是一種閉鎖式社會，妨害了經濟的整體發展，更加深了貧富之間的衝突與對立[10]。由此可知，勸善歌謠的主要對象是一般貧苦的大衆，著重在化解貧富不均所引起的心理情結，其方法有二：一、將富貴與貧窮視爲命中注定，是無法改變的既定事實，在「富貴由命不由人」中，來安於貧窮。二、強調因果報應的實效性，重視向善積德與潔身自愛的人文秩序，來化除貧富的不公平性。此二種方式詳述於後：

在基層社會裏普遍承認宇宙中有一股力量在控制與干預個人的生命歷程，尤其是富貴或貧窮，早已冥冥中有所安排，非人力所能洞悉與改變，如「人心不知足歌」云：「天下今人數億萬，領憑出世在世間，也有出世著免趁，有个度日都爲難。世間个人無塊比，恨咱當初落塗時，呆命干苦磨甲死，富貴差嫺甲駛兒。當今世界廣袂盡，富貴由命不由人，有人勸我我勸恁，咱來出世有領憑。」人在世間富貴早已決定好了，有人「出世著免趁」，有人則「度日都為難」，正是諺語所謂：「落土時，八字命。」這種命定的思想在民間極具影響力，在聽天由命的意識下，養成樂天知命的曠達心胸，不與天爭，不與人爭，不爭富貴與權勢，只求平平安安過一生，如「人心不知足歌」又云：「平平雙脚兩枝手，富貴二字難得求，干苦兮人恰長壽，前世做來今世收。命中好呆免相箭，咱卽干苦人有錢，求那平安無破病，人廣富貴由在天。」但是這種命中注定的宿命論多少含有著存在的無奈感，既然無力的改變現狀，也不必辛苦營生，只求維持適當的暖飽卽可，如「人心不知足歌」云：「世情是我看上瀾，有通食穿免箱磨，富貴干苦到死煞，求那好死免乎拖。」

富貴雖是命中注定，却源自於因果報應，所謂「前世做來今世收」，因果報應與個人的善惡行為有極密切的關係。首先要能盡本分，才能得到好報應，也就是欲取得處世的優勢，必須靠勞動來獲得滿足，不可空想坐享其成，如「人心不知足歌」云：「不通卜食不珍動，悞了青春一世人，無子無兒通映望，身苦病痛叱救人。人無千日兮勇壯，人廣花無日日紅，骨力敢兮奉笑聽，卜食不趁死路傍。做人得確著炳變，勤趁無論小可錢，萬一身軀那破病，卽免龜人脚腿邊。」在傳統農業社會裏，勞力階層的身體勞動，被視為經濟活動的重要環節，民眾勤儉刻苦的生活態度，是自我完成的基本美德，可以種下報應的善因，也能得到具體的效益，若只知享受不勞動，則只有消費而沒有生產，失去應付變局的調適能力。在生產的過程中雖然收入是微薄的，但是在開源節流的理財原則下，一旦有「破病」等意外事件的發生，可以從容排解不必央求他人。

除了盡本分之外，個人道德涵養是推進社會經濟發展的無形力量。在傳統的農業社會裏，經濟的成長是需要人民奮發進取，而非畏縮消沉，背後有賴一套價值體系來支撐。在民間儒家道德思想所形成的社會倫理，其以義律己的人生修養，對追求實效的經濟利益，仍有些許的幫助，如「人心不知足歌」云：「有錢不是天頂仙，任汝所格袂自然，好額勢頭不通展，有禮有貌人廣賢。」又云：「不通欺貧卜重富，有人貧鬼不認輸，廣伊財勢逐項有，若想退步卽仁慈。貧在路邊無人認，袂記前助伊深恩，卜知今日錢要緊，忘恩背義大不仁。」又云：「食好食呆免憂愁，守己安份眞自由，祖公財產也著守，不義錢財不通求。」社會貧富的差距是無法短時間透過政經政策來加以改變，但是物質條件的不足或許可由精神層面的心理調適，將經濟的效率納入到人生的整體價值的考量上，則有錢不再是權威的象徵，所謂「不是天頂仙」，反而「有禮有貌」才是獲取報酬的較佳手段，這正是勸善歌謠的主要社會關懷，其目的在於轉變以「金錢取向」爲核心的社會風氣，而以精神上的仁義來鄙視物質性的利益。「著想退步卽仁慈」指出富者必須心懷仁慈，才能眞正享有物質上的便利，若一切行爲只考慮到錢而「忘恩背義」，則是違反人性，喪失存在的意義。「守己安份」卽是順應天道的自然法則，「不義錢財」則違背了自然法則，二者相互比較之下，順著自然趨勢而利導之，卽是在有限生存資源下，自約內斂的行爲風範，也是一種經濟效用觀念，卽是精神性效用權數大，物質性效用權數小，以道德修養來提高精神性事物的效用，降低了錢財等物質性事物的邊際效用，是勸善歌謠所採用的教化方式，如「人心不知足歌」云：「有个一生盡忠義，富而無怨貧無欺，甘愿度苦過日子，艱苦永有出頭天。」

第四節　家庭倫理的教化內容

在現實社會裏，內在人格的形成與外在環境的發展是相互關連的動態現象，二者之間靠著某些連接網絡來相互反應與行動，架構了社會民衆行爲組成的穩定關係模式。勸善歌謠本身卽是一種教化活動，關注社會既存的行爲規則，給予不斷的強化作用，以創造或維持該行爲所需要穩定的時空背景。在不同的情境脈絡中所規定的行爲也各自有異，勸善歌謠大多集中在父子、夫婦、兄弟、朋友等四個倫常關係上，瞭解在社會互動中影響行爲持續作用的人際導線，由社會所儲蓄的文化模式來勸導世人在共同範圍上來實際運作。

父子間的親情，在血緣下是長久而穩定的情感性關係，在傳統社會裏，這種情感性的關係存在著「需求法則」，卽子女幼小時，父母有撫養子女的責任；父母年老不能工作時，子女亦有奉養父母的義務⑪。親情間感情的相互傳達，「孝」是相當重要的行爲規範，「社會教化新歌」指出「善惡也有上古典，最好模範孝爲先」、「愛國忠孝是正路，孔子有教人之初」，基本上勸善歌謠的教化理念是承續儒家的孝道精神，但是其教化內容集中在彼此的需求法則上，具有相當濃厚的功利色彩，如「人心不知足歌」云：「道德二字爲根本，父母無情絕五倫，後日老來那失運，愛卜食飯艱苦呑。」又云：「做人有孝爲根本，不通爸母朗無分，不孝社會人議論，做好就出好兒孫。」理想性的親情關係是建立在道德主體的主動流出，但是理想行爲與實際行爲，有著變動的質素存在。在現實的社會情境中欲形成一套行爲規範時，除了理想性的價值觀念外，必須加入時間、空間、自我行爲與他人行爲等變動的條件，方能在自我與介入行動者的互動脈絡中，形成共同的價值認知與行爲模式。故民衆在未來可能發生不幸的變素下，加強行孝的理念，也害怕在社會上有不好的名聲，在與他人互動的社會要求下，認眞地實踐孝道。

個人的角色行爲與圍繞在四周的介入行動者有很密切的關係，就如子女的孝心也建立在父母的關愛下，即「人心不知足歌」云：「做人子兒著孝順，報答父母養育恩，那有趁錢著札準，娶某生子通傳孫。第一爸母著奉敬，十月懷胎兮恩情，趁多趁少恰儉用，人廣家和萬事成。」父母與子女是感情的相互交流，父母對子女是無條件的付出，同樣也要求子女以孝心來回報，而這種對等的關係被納入到宇宙的生存秩序裏，要求民衆以孝的行爲來統攝自天至人的一切活動[12]，如「社會教化新歌」云：「講出囝仔初出世，無穿衫褲哮甲啼，父母苦心來養飼，父生母養甲晟池。著想父生母來養，對待雙親要從順，第一父母著敬重，不通不孝從天良。」父母疼愛子兒，是出自於人類的眞性情，做子女的人唯有全般的孝心，才能充分地表達對父母的敬與愛。父母是如何付出愛心呢？在「社會教化新歌」裏有極寫實的描述：「講到父母塊痛子，時時貝在加隻背，個個都是痛命命，不甘乎子哭出聲。閤恰無閑亦著抱，不甘乎伊土脚趖，那無蜀纏是眞好，生苦病痛心就糟。生苦病痛緊要要，時時刻刻抱朝朝，父母苦心用不少，驚寒驚熱驚子飫。」父母的愛心是親情的流露，是無條件的奉獻，如詩續云：「飼乳亦著札時搙，那冷起火閤再溫，大人爲子不敢睏，歸冥父母顧甲光。等下落眠隨時醒，父母無睏抱歸冥，有時發燒閤生病，求神問卜無惜錢。」用如此寫實的語言來描述父母的辛勞，是能眞正觸擊到感情的深處，讓子女們讀後能自動地付出愛心。

「人心不知歌」云：「父母恩情是眞重，伊來生咱咱生人。」雖然生育兒女也是人類的天賦，但是子女要飲水思源，報答這種恩情，如「社會教化新歌」云：「食水因源最要緊，作人著識父母恩。」又續云：「父母苦心養飼咱，飼到大漢心卽安，免乎父母塊怨嘆，最上必要是只層。」孝順原是感情的自然流露，後轉爲道德心願的實踐，是發自良心，順乎天理的道德責任，但是到了社會教化裏，「孝」成爲一種客觀存在的規範，在消極方面避免他人的批評，在積極方面可以獲得好報，如「二十四孝新歌」云：「做人有孝爲根本，不通不孝父母恩，不孝世間人評論，做好能出好子孫。人在世間無外久，一生不通箱罔夫，勸恁有孝千萬句，袂曉有孝豬狗牛。」不孝違逆了天命，也孤立了自己，「社會教化新歌」云：「爸母咱著愛尊敬，作人子女愛順情，不孝亦小逆天命，閣受外邊人批評。」

勸善歌謠所注意的是人際間的相互關係，指導社會每一成員合乎理性的角色行爲，以使彼此間的權利義務達到交換效果，故勸善歌謠對晚輩要求甚多，對長輩的行爲也多加勸導，如「社會教化新歌」認爲做長輩應做到下列幾點：第一、不可對色著迷，詩云：「一款做人兮亦大，得確不通箱風花，那想世間有卜帶，不通對色箱過磨。」又云：「食老認老著愛守，那袂奉笑老不修，一面人罵老夭壽，示小不服省理由。」第二、歹路不可行，詩云：「做人示大著平正，教訓示小卽兮聽，那是有想卜教子，自己呆路不通行。」又云：「上若不正則下歪，只點請恁愛關懷，示小不從亦莫怪，怎樣乎咱教袂乖。」第三、在行爲上要做子女的模範，詩云：「咱做示大愛模範，教訓子弟卽有權，自己不正就奧管，治家方針第一關。」

又云：「四正卽有人尊重，不正示小不服從，偏心示大事種種，示小就起無天良。」第四、治家不可以太專制，詩云：「示大不通箱專制，代志一切少年个，食老著愛改性地，家內亦卽兮整齊。」又云：「食老著來想食便，一切放乎因少年，各位父老恁著煽，事事勿管榮仙仙。」第五、要守口德，不可太「什念」，詩云：「老人不可箱什念，罵子不通箱過嚴，著是什念上欠點，顚倒煞乎示小嫌。」又云：「著認咱兮呆習慣，卽乎少年看無權，加講是加乎人怨，煞乎示小廣青番。」由以上五點勸戒內容可以發現勸善歌謠的創作者是深入民間，確實體會到人事環境所造成的生活壓力，尤其步入老年的長輩必須再一次接受社會化過程的學習，重新確定自己的角色規範，內化成適合現存環境的具體人格。

父子間的親情交流往往不是對等的回饋關係，特別是養子防老的需求法則下，眞正能有孝心的兒子，是父母親最大的期望，可是好子難求，如「人心不知足歌」云：「爸母生子世傳世，世情看透無幾個，有子人廣有後世，卽免落人嘴唇皮。無子都也免苦疼，目睭有看外多人，生著好子卽有望，呆子多个倒刁難。」「不孝有三，無後爲大」是傳統社會根深蒂固的價値觀，然而勸善歌謠却認爲「無子」也好，又因爲好子不多，也主張不必多子多孫，如「二十四孝新歌」云：「人廣多子餓死爸，生著好子免加个。呆子生多討呆命，放屎落學嗎恰營。」在世間好子與壞子似乎不成比例，如「人心不知足歌」云：「人廣好子不免多，呆子多个討連回。」「那甲好子免多个，呆子萬牛相挨叡。」父子關係的惡劣，被認爲是因果的報應，如詩續云：「莫非也是相欠債，拖死爸母磨老皮。」「能得好子是德倖，識父識母自然生，箱過束縛無路用，前世結寃今世還。」因果報應的觀念，具有寬解世情的作用，把一切人間的衝突與無奈，視爲宇宙維持正義公理的秩序法則，即「人心不知足歌」云：「生著不孝免受氣，忤逆元生忤逆伊，做人咱著有孝義，冤冤相報卽知機。」當然欲有好子，仍須教養，其方式爲：「小漢應當著教示，長大成人由在伊。」最忌諱的是寵愛兒女，台灣諺語云：「幸子不孝，幸狗上灶。」「細漢不責督，大漢做咯咯。」「人心不知足歌」云：「有个示大想無到，子兒亂來廣子肴，飼大卽乎子不孝，養育功勞放水流。子兒不通箱意愛，小漢乎伊亂亂來，別日長成卽知害，乎伊不孝合英皆。」

夫妻間血緣的關係少而親愛的成分重，情愛的深淺，建立在愛情上的調劑與經濟上的合作，在客家民謠裏，對夫妻間相互對待之道描述甚詳，如「夫妻相好歌」：「正月裏來是新年，夫妻相好應當然，得到爺娘心歡喜，雖然貧窮當有錢。二月裏來是春分，夫妻相好係精功，家中事業同心做，串錢串銀水幹雙。」夫妻以情愛來克服經濟上的困難，同心協力來創造美好的前途，如續云：「七月裏來七月秋，夫妻相好前世修，男不貪花女不賤，係窮係苦做到有。」在「拾勸姐歌」提到爲婦之德，舉三則爲例：「一勸姊仔姊在家，莫去上家盤下家，上家己多懶屍妹，下家己多懶屍麻。」「三勸姊仔姊在家，勸姊接綿學綉花，對有丈夫愛和氣，勤儉串錢發身家。」「六勸姊仔姊在家，各人認眞顧屋下，家中有事鬪頭做，莫來學了懶屍麻。」在傳統的農業社會裏，是以「男權」爲中心，要求婦女有三從四德，亦卽婦從於夫，以夫爲主的社會倫理關係，導致婦女在長久的世代裏，其主體性是被委曲的，一再地被要求只能艱苦持家，力守門戶，相夫教子，而對丈夫的要求，只是莫尋花問柳，如「拾勸郎歌」云：「一勸郎子夜更深，莫作貪花誤郎身，莫想妹子人意好，想來想去想傷心。」

「八勸郎子莫貪花，貪花誤了後生沙，十个貪花九个死，九个貪花了自家。」在這種男女不平等的觀念裏，婦女長期遭受委曲，而產生了許多不平衡的心理情結。勸善歌謠則注意到男女平等的問題，透過彼此的互相諒解，讓道德理性不受拘限得以暢直，使人性作全般的展現，如「社會教化新歌」云：「作人尪婿著愛想，迫迌著愛早收場，尪某事事著相量，不通錯誤呆主張。作人第一愛模範，尪某平大甲平高，有事夫婦著相勸，愛著和好不通寃。夫妻互相相尊重，事事尪某好參詳，家庭組織那理想，相親相愛在其中。」夫妻互相商量來解決問題，予以男女兩性同等表現理性的機會，靠道德精神來充實生命的光輝。

婦女應該如何對待他的丈夫呢？在「社會教化新歌」裏主張對感情出軌的丈夫要以禮來感動他，千萬不要採用吵架的方式，其立足點雖然站在男權社會的立場上，但仍有值得深思的價值，其云：「尪婿行動看有疑，咱用好禮款待伊，尪某不通卜格氣，只點勸恁大張池。尪婿那是兮作呆，有是共伊假不知，著用好禮皆款待，反悔就袂出去開。知影著鄭不知影，彼時幾分野有驚，盡量好禮除兮定，愈吵是愈獅派行。」這種疏導婚外情的態度，可以說對一般男人的性情有相當的瞭解與掌握。以吵架的方式來逼迫丈夫妥協，是不了解丈夫「怕軟不怕硬」的心理，而且吵架只是把問題弄得更僵罷了，如詩續云：「少年迫迌人人兮，被開兮人無幾个，勿吵也兮知呆勢，愈吵定歸愈寃家。寃家比那運動會，相罵親像打笑科，一欵愈吵煞愈卜，多數只欵人眞牙。見面不通呆待度，小弟共恁先明呼，愈吵是愈刁意故，寃久夫妻就噢糊。」

勸善歌謠勸導婦女仍以「三從四德」爲主，所謂三從，即儀禮云：「婦人有三從之義，無專用之道。故未嫁從父，既嫁從夫，夫死從子。」所謂四德，即周禮云：「四德，謂婦德，婦言，婦容，婦工。」但是勸善歌謠注意到男女的平等性，並不是一味地委曲婦女來順從丈夫，犧牲自己的權利，作無條件義務性的付出，如云：「我對姊妹廣幾句，在家從父嫁從夫，那嫁乎人做主婦，到時行動愛參思。婦女姊妹相聽嘴，著愛嚴守好家規，爭取婦女兮地位，不通不正過行為。著尊三從甲四德，某是尪婿幫助力，尪婿勝敗妻負責，免廣大家亦明白。尪某朗是仝責任，做人家后愛關心，勸恁姊妹姆共嬸，和心烏土變成金。」夫妻是一體的，互相協助來同患共苦，當然夫妻間會有衝突，也不是單單要求婦女忍耐，如續云：「小弟勸恁衆朋友，兮作夫婦是寃仇，事事夫妻皆忍受，一家大小免憂悲。事事夫婦相吞忍，家和就有錢通春，大家都來守安份，福祿自有慶家門。」「夫婦是寃家」的觀念，是預先假設了夫妻爭吵是必然存在的現象，透過後天的了解、寬諒與相互忍受，才能共同地創建一個和諧安樂的家庭。

在傳統社會裏，婦女的知識水準不高，有關婦德的訓誨，除了來自家庭生活外，也受到大衆傳播工具的影響，最常見的方式是通俗歌謠，這種教化由來已久，如敦煌出土「崔氏夫人訓女文」云：「在家作女慣嬌怜，令作他婦信前緣。欲語三思然後出，第一少語莫多言。路上逢人須斂手，尊卑迴避莫湯前。外言莫向家中語，家語莫向外人傳。」在「社會教化新歌」裏對婦女行為的教導，極為逼真，第一勸婦女不可多言，亂生事端，詩云：「查某一欵貞鑼籠，生言造語駛弄尪。」「時時都塊吵尪婿，只欵查某極嘴獅。」「作人不通聽某嘴，呆某極肴生是非。」第二勸婦女不可貪吃不勞動，詩云：「三噹卜食不珍動，定定吵愛分孤人。」「家庭最害是只點，愛食查某衆人嫌。」第三勸婦女要考慮到丈夫的經濟情況，詩云：「一欵吵食又吵穿，狹四想趁人流行，無想尪婿兮環境，不守婦道無正經。」第四勸婦女不可貪求富貴離家拋子，詩云：「亦有一款貪富貴，離尪放子貞尅虧，歸日想卜粧美美，食老一定無所歸。」第五勸婦女云可欺侮老實丈夫，自作主張，詩云：「有人貪歡不碟尪，嫌尪古意不成人，不碟尪婿子煞放，親像只欵先不通。古意煞乎嫌婿戇，紅杏出墻人私通，不聽家官尪婿講，厝內伊塊做人王。」第六勸婦女要諒解丈夫，詩云：「尪婿有時無錢趁，好言好語皆慰安，錢無不是限定咱，貧賤是野眞多人。那失機會就失志，不通強迫尪婿伊，有个受迫自殺死，彼時卜知著恰遲。」第七勸婦女用錢要建立制度，詩云：「用錢著愛札制度，不通開費箱過錯。」第八勸婦女不要只想玩樂，詩云：「不比親像富家女，專想差媚甲駛兒，逐日打牌想看戲，老來好呆即知機。」第九勸婦女不要吵著分家，詩云：「不賢查某一部分，使弄尪婿著愛分，家內不時弄弄滾，卜食不作看輕分。」

兄弟間雖有血親的關係，但是在日常生活中兄弟的情愛往往不如夫妻的情愛，尤其是妻子的加入更容易破壞兄弟間的情感關係，早在中古世紀王梵志詩裏，即主張要維持兄弟間的和諧，不宜聽取婦女之言，其詩云：「和同相用語，莫取婦兒言。⑬」勸善歌謠也繼承了如此觀念，強調欲保持兄弟間的感情，在處理事情不宜聽任太太的主張，「社會教化新歌」云：「大兄小弟聽我講，家庭袂和先不通，著愛耳空放恰重，亂家朗是查某人。做人著愛主心定，不通某講話著聽，我勸兮話朗有影，家庭內亂呆名聲。人著定性最要緊，作人不通耳空輕，某廣兮話免皆信，家內袂和終久貧。」將兄弟的失和歸咎於婦女，是不公平的，但是反映出傳統大家庭妯娌之間易生嫌隙的普遍現象。家庭龐大，問題自然叢生，其中非血緣關係（妻子）的加入，無形中成爲兄弟間利害衝突的代罪羔羊，如詩續云：「兄弟和協與不退，家內袂和不成家，兮受鄰右加廣話，終久野有大問題。家內大小著和好，不時內亂奉看無，某那不賢話肴學，致到兄弟煞失和。」

勸善歌謠對非親人間的人際關係，指出以金錢爲中心的交際關，使朋友的情愛受到利害所支配，導致勸告世人要了解人情世故，才能在人世利害關係的擠壓下，來維持自己的利益，保護自己的生存，如「人心不知足歌」云：「命底訂帶逐項有，嗎有做工仝牽牛，人生那甲不識事，世間認定著恰輸。目睭扒金看乎透，好呆人物莫亂交，困苦替人做乎到，有錢罔作即是肴。」民間朋友之間流行結拜兄弟，擴大個人的人際關係網絡，以取得自己想要的生活資源，但是人情的好壞往往建立在禮尚往來的回報上，故「人心不知足歌」云：「汝咱世間那人客，有事著改免冤家，野兔結拜做兄弟，即袂錢物公家个。」台灣諺語云：「人情世事陪到到，無鍋與無灶。」想要獲得良好的人情就必須付出相當的代價，有時這種代價不是對等的，往往付出愈多，而損失愈大，故勸善歌謠主張減少與他人發生衝突的人情困境，沒付出就不會期待有所收入，亦即可以不必感歎「世態炎涼」與「人情淡薄」了。

第五節　小結

通俗歌謠實具有針砭頑俗補弊救偏的社會功能，是鄉間知識分子透過大衆傳播工具，將其理性智慧運轉在社會倫理上，創建一套符合實用的人生處世經驗。這些經驗加深了社會規範的多元化與深刻化，支配了社會機制下角色行爲的基本意識。讀了這些勸善性質的通俗詩歌，更讓我們深入到中國亙古以來的社會文化特質，體會了有血有肉充滿了熱情與關愛的生活傳統。

中國傳統社會到底是這樣的一個社會，近百年來頗引起中西方學者廣泛的關切與興趣。一般人常迷於假象，誤以爲經書中的理想人格形象，即是中國人的文化傳統，也有人故意從中國社會某些不健全的人格形象，把傳統社會形容爲不合理性專制黑暗的閉鎖社會。實際上，從勸善歌謠可以看出，傳統社會介於理性與非理性之間，有來自於人類原始慾望的非理性因素，但也積極地引進知識分子們的文化理念實際運作在人際互動關係上，形成大衆所共同認知的社會規範與行爲模式。勸善歌謠反映的是一群社會文化工作者，在生活情境客觀條件轉變時給予適當的社會關懷。期待這種社會關懷運動，能再一次的重現，參予今日轉型社會的價值趨向，調適與安置出合乎理性文明所要求的現代化社會生活。

注釋

❶ 簡上仁，「台灣民謠」（台灣省政府新聞處，一九八三）第四頁。

❷ 廖漢臣，「彰化縣之歌謠」（台灣文獻第十一卷第三號，一九六〇）第十六頁。

❸ 黃得時，「台灣歌謠之形態」（文獻專刊第三卷第一期，一九五二）第四頁。

❹ 吳瀛濤，「台灣諺語」（台灣英文出版社，一九七五）第三五〇頁。

❺ 同注釋❶第十七頁。

❻ 同注釋❹第三五六頁。

❼ 參閱戴寶春的「聖諭教條與清代社會」（歷史學報第十三期」一文，以及鄭志明的「台灣民間宗教論集」（學生書局，一九八四）第九三—九六頁。

❽ 鄭志明，「中國社會與宗教—通俗思想的研究」（學生書局，一九八六）第三四六頁。

❾ Max Weber, "The Religion of China: Confucianism and Taoism." trans.and ed.by H. G.Gerth,paperback ed.（New York: The Free Press,1964）P237-247。

❿ 就總體經濟理論而言，消費與生產必須相輔相成，若一味節儉會導致總需求減少，以致降低國民生產，如凱因斯所謂「緊縮缺口」的現象，荀子富國篇已有如此的觀念，其云：「衣麤食惡，憂戚而非樂，若是則瘠；瘠則不足欲，不足欲，則賞不行。」參閱侯家駒「先秦儒家自由經濟思想」（聯經出版公司，一九八三）第二三二頁。

⓫ 黃光國，「人情與面子：中國人的權力遊戲」，收入「現代化與中國化論集」（桂冠圖書公司，一九八五）第一三一頁。

⓬ 參閱曾昭旭，「試論孝道的本源及其陷落」（鵝湖月刊第三十期，一九七七）第四頁。

⓭ 參閱鄭志明，「敦煌寫本王梵志詩所反映的社會庶民倫理」（民國七十六年古典文學會議）。見本書第二章

第十章　日據時代蘇澤養的新約龍華教及其經書

第一節　淺說齋教

自連雅堂「台灣通史」在佛教一章下列出齋教三派（先天、龍華、金幢）以後，續修的地方志幾乎都有齋教的登錄；但是由於齋教實際內涵的泯滅不明，一直無法給齋教作適當的地位，造成觀念上的混淆與誤解❶。

連雅堂認爲齋教三派皆傳自惠能，到明代始分❷，日據時代的調查報告大多指出齋教是從明代禪宗中的臨濟宗變胎而成❸，且認爲其教義與一般佛教並無太大差別，不過顯然混雜有儒道兩教的思想❹，林衡道根據這些說法推定明代臨濟宗登峯造極後物極必反所產生的新教派❺。台灣各地方志多根據「台灣省通志稿」認定齋教爲在家佛教，其發展涉及佛教歷史❻，有的引申說禪宗本有沙門、緇門、齋門三派❼；有的注意到齋教來台與清代教亂有關❽。實際上齋教來自於明代中葉羅祖的無爲教與無生老母信仰❾，屬於民間新興宗教，因官方對民間教團的管制及其他文化因素的影響，來台齋教主要以拜佛爲主，自稱在家佛教，宜蘭縣志解釋爲因乾隆排佛不許爲僧尼而使在家佛教臻於興盛❿，嘉義縣志則指出是因爲台灣剃髮入空門者少，在家持齋念佛者多的原因⑪。較能瞭解齋教本質的是台南市志，原因是台南本就是齋教最盛的地區，較易作詳細的觀察，據該市志指出齋教俗稱食菜人，在俗而守佛戒，不食葷腥，其動機多由於求神治病許願，其龍華、金幢、先天三派均含有祕密性質，教史、教理、教儀均不公開，在清代被視爲邪教，禁止宣傳。日據時代爲抗日據點，屢遭禁止⑫。

台灣齋教三派與大陸民間教團都有直接傳承的關係⑬，龍華教即是大陸的老官齋教，爲明末姚文宇所創立，自稱爲羅祖無爲教的正統嫡裔⑭。老官齋教在清代中葉分成幾個派支，各有其本山道場。傳入台灣的是：福州城西善福里的一是堂派、山遊縣白角嶺的漢陽堂派與福州城內的復信堂派，皆屬於老官齋教右枝普柏公派的分支⑮。金幢教爲明末王左塘所創立，亦淵源於羅祖的無爲教，傳入台灣的是福建省蒲田縣樹德堂派，又稱「蔡阿公教」。先天道爲清代康熙年間黃德輝所創，派支繁多，台灣當今的一貫道是先天道較爲晚出的改革派。台灣先天道屬於林金祖派，由福建人黃昌成與李昌晉於咸豐年間奉命來台傳教。

日據時代不少抗日組織假借民間宗教起來號召革命，齋教爲了自保，強調其爲在家佛教外，也與日本佛教產生聯繫，成立「愛國佛教會」，以日本曹洞宗爲領導中心，齋教三派信徒被認許爲曹洞宗的信徒，另外民國十一年成立的南瀛佛教會也將齋教與佛教混在一起⑯。加上民國二十七年皇民化的寺廟整理運動，齋堂累蒙廢止或改爲日本佛教化，遂台灣光復齋堂逐漸沒落，大部分齋堂住進僧侶改爲佛教祠堂，其宗教傳承的關係就更加地隱晦不明了。吾友林萬傳以多年時間調查台灣南北五十多所先天道齋堂，收集了許多寶貴資料加以整理分析⑰，對保存台灣史料而言，貢獻良多。齋堂正在快速式微，今日若未積極展開鄉野訪查，再過數年更難窺其眞貌。筆者多年來有此宿願，欲全面地對龍華教、金幢教展開普查工作，因受到時間、財力等限制久久未能成行，深感遺憾。現僅就台北近郊龍華教的改革派「新約龍華教」（或稱「華齋教」）的傳教典籍，簡單敍述該改革教派的時代背景與宗教信仰內涵。

第二節　新約龍華教的創教經過及傳道方式

新約龍華教的創始者爲蘇澤養，其全稱爲「台灣新約龍華佛教聖國山保安堂聖佛學効華齋教主」，齋名普勝，道號鄭德，又號新明德。祖籍是在泉州城南門外梧崙鄉，其父蘇敷山原居住在台南嘉義廳大槺榔西堡崙仔庄八十九番地，民國九年（一九二〇）遷於台南州東石郡六脚庄崙子。蘇澤養爲敷山長男，生於同治十二年（一八七三），卒於民國二十三年（昭和九年，一九三四）⑱，原本作西藥生意，往來南北各地，光緒二十六年（明治三十三年，一九〇〇）在斗六管內塗庫頂虎尾溪底遭匪徒搶刼，性命危險，從此看破世情，皈依齋教，其化度師爲鹿港街王凸，引進師爲台中街黃普丁，得法覆法師爲空里庄第一番地靈覺生。光緒二十七年（一九〇一）四月一日行至新竹管苗栗二堡芎蕉坑金獅寺金善堂內受觀音佛祖與五公菩薩的點化，開始「傳道語」，著作「奉戴天皇實踐人道書」。光緒二十九年（一九〇三）受戒於曹洞宗大本山台北城內布教所主任布教師山田祖學。光緒三十年（一九〇四）又皈依彰化街林普堅（點光師）。光緒三十二年（一九〇六）受艋舺竹巷尾慈雲堂主與齋友聘開設華齋教，因其他齋堂的反對，光緒三十三年（一九〇七）以曹洞宗的名義成立艋舺保安佛堂說教場，出任爲「傳道事務長」，民國二年（一九一三）正式建立台灣新約龍華佛教聖國山保安堂，其登錄的住址有二：大正年間（一九一三～一九二〇）爲：台北廳大加蚋堡艋舺厦新街二十五番戶，昭和年間（一九二六，一九三一）爲：台北州台北市有明町一丁目十二番地，即今日台北市康定路一八八巷四弄六號，是三層樓的建築物。

新約龍華教在宗教儀式上與龍華教出入甚大，其信徒皈依儀式中先有三皈十二約，三皈雖取自佛教的皈依佛、皈依法、皈依僧，但對佛、法、僧有不同的解釋，其所謂佛是指靈覺自性，偈云：「彌陀口裏念彌陀，不識彌陀怎奈何。自己彌陀參不透，臨危怎敢出娑婆。」其所謂法是指自性所修的清淨法，偈云：「世尊說法幾人逢，末後拈花示衆生。億萬人天俱不會，付與迦葉首傳燈。」其所謂僧是指自性的清淨法身，偈云：「悟道須要悟此光，此光觸處盡昭彰。乾坤吸在胸囊裏，日月收來芥子藏。」龍華教自命爲佛教臨濟宗，著有「佛教臨濟宗龍華派聖脉考」[19]，謂龍華派始祖羅因拜臨濟正宗第二十五代無際大師，續臨濟正宗第二十六代[20]。若從其佛、法、僧的概念分析而言，龍華教較接近禪宗，受通俗佛教禪淨雙修的教理影響，如「金剛科儀」等禮懺的大衆化[21]，影響了民間宗教的基本教義與傳教模式。

新約龍華教在形態上是屬於世俗化宗教，著重在基層生態的宗教信仰與社會利益，如三皈依後緊接著要求信徒奉持「聽受十二約」：

第一條　不背國法尊信佛道理。

第二條　篤信三寶緊尊佛祖先賢。

第三條　孝順父母敬重天地。

第四條　敬重日月皇王水土。
第五條　重信衛生保護身體。
第六條　各執藝業莫作非為。
第七條　孝悌忠信仁義禮智。
第八條　和睦鄰右教訓子孫。
第九條　信入宗教免燒金紙。
第十條　衆善奉行諸惡莫作。
第十一條　不殺胎生不害人命。
第十二條　同行同事懇親和睦。

以宗教信仰來開展社會教化，重新調適外在環境與人際關係的行爲模式，一直是民間宗教的基本思想理念，此一理念淵源於傳統社會的儒家教化，如強調該教的宗旨爲：「仁爲教慈，義爲教理，禮爲教本，智爲教慧，信爲教至；明教依禮風化所由，行坐自悟修身爲本[22]。」

新約龍華教與龍華教最大的差別，傳道的內容不同，龍華教分成九品，即：小乘（初入門戒領）、大乘（繼進戒領）、三乘、小引、大引、四句、清虛、太空（傳燈）、空空（總敕）等九品。新約龍華教則分成六道：滅濁（入道）、救護（信道）、拔度（學道）、理鏡（布導）、眞傳（訓導）、佛旨（傳道）等[23]。新約龍華教雖然另傳心法，仍自稱屬於龍華教普柏公一脈，其華齋教門只是易進法門，是龍華初步入德之門，故以小乘自許[24]。初入門者稱爲「滅濁」，其職位爲小使，須繳「香金」二十八錢，獲贈五色針（或五色毫光珠）以及信徒證，傳授密念心法，代字爲：「佛祖顯化有緣人，滅濁惡世有原因。善男信女勤學道，三災百難不臨身。」修第二道功夫者爲「救滅」，即是信道者，其職位爲給事，須繳香金三十六錢，獲贈蝙蝠紀念品，傳授密念心法，代字爲：「破邪顯正理道明，一切平等重聖經。如今聖神慈悲性，收治妖邪使往生。」修第三道功夫者爲「拔度」，又稱學道者，其職位爲委員，須繳香金六十四錢，獲贈八粒念佛珠，傳授密念心法，代字爲云：「救苦慈悲佛心在，拔度鬼魂上靈台。幾多魔鬼超法界，福祿壽星降臨來。」進第四道者爲「理鏡」，是布道者，其職位爲監督，須繳香金一圓，可以超度九玄七祖，獲贈毛巾、扇，傳授密念心法，代字爲云：「天堂大路透西天，金磚玉石滿地氈。西方淨土白波波，諸尊菩薩遊迫迌。」進第五道者爲「眞傳」，即訓道者，其職位爲總代，眞傳衣冠朝珠爲紀念品，須繳香金三圓，傳授心法，代字：「木本水源眞理成，性見天地父母生。佛仙聖神救善心，度出娑婆過愛河。」進第六道者爲「佛旨」，即傳道者，須繳香金六圓，衣冠朝珠如意玉牌，字寫天下太平，傳授密念心法，代字爲：「意向性情勤學道，會得日月耀眼明。夜光回照天邊朗，無相妙法度衆生。」[25]

自光緒二十七年（一九〇一）　民國二十一年（一九三二）皈依信徒計壹萬三千六百四十八名，進四道者有三百三十名，進五道者有一百二十八名，進六道者有三十六名[26]，信徒散佈在台北、基隆、新竹、台南、嘉義等地。其各地分堂有：一、左第一經堂研究所，位於新竹苗栗郡芎蕉坑金善堂，住職邱阿護（法名鄭保）。二、右第一經堂研究所，位於台南州東石郡布袋庄好尾寮，訓導師蔡振發（法名鄭氣）。三、右第二經堂研究所，位於台南州東石郡布袋庄新鹽，佈導師蘇梗（法名鄭強）。四、右第三經堂研究所，位於台南州新營郡新營，佈導師翁謝許氏（法名鄭金）。五、右第四經堂研究所，位於台北州海山郡三峽庄菜園地，佈導師陳春柳（法名鄭枝）。六、右第五經堂研究所，位於台中州台中市頂橋子頭，佈導師林德金（法名鄭銀）。七、右第六經堂研究所，位於新竹州苗栗郡苑裡庄修德堂，住職陳普枝。

第三節　新約龍華教的效驗經書及基本教義

其經堂研究所的全名爲「台灣新約龍華佛教聖國山保安堂內聖佛學効華齋教善文經書分教所（某地方）保安佛堂第（幾）經堂善文經書研究所」。所謂「善文經書分教所」與「善文經書研究所」，是指該教除了修持心法外，著重在「效驗經書」的研讀與持誦。效驗經書原爲仙佛「寄口」的傳道語㉗，後來也收錄了一些民間流行的經文與科儀，編輯成「著集効驗善文經書」。善文經書的作用在其効驗，如謂：有人讀誦十遍，一身離苦難；讀誦一百遍，合家保平安；讀誦一千遍，一社無災難；讀誦一萬遍，一國風朝雨順國泰民安，信受奉行百無禁忌㉘。

其經書主要有二次集結，一次在民國十年（一九二一）二月二十八日，號稱「著集十部經書」內分三百課，其內容爲：第一卷奉戴天皇實踐人道書，第二卷奉戴天皇實踐人道書註解，第三卷奉戴天皇著集効驗雜經寶卷，第四卷靈驗諸經寶卷，第五卷台灣總督安東寶訓，

第六卷奉戴天皇化俗理論，第七卷天上聖母源流因果經，第八卷古今實例集六十四因果經，第九卷新著集宗教小論，第十卷皇天經寶卷。另一次在民國十七年（一九二八）十月，稱爲「著集効驗善文經書一十二部」，內分三百四十八課，即前十卷加上第十一卷上上卷台灣新約龍華佛教聖國山保安堂華齋教門，第十二卷復上上卷亞細亞之光釋迦尊文佛一代史傳，另外第一卷分爲左卷奉戴天皇實踐人道，右卷奉戴天皇著集乾坤眞經。信徒若欲讀誦平安經書須以代金引換。其金額爲第一卷左卷金六十六錢，第一卷右卷金七十二錢，第二卷金四十錢，第三卷金九十錢，第四卷金三十錢，第五卷金五十錢，第六卷金二十四錢，第七卷十八錢，第八卷金六十四錢，第九卷金壹圓，第十卷金三十錢，第十一卷金五十錢，第十二卷金壹圓〇八錢，整套爲七圓十二錢㉙。民國二十一年（一九三二）另有所謂「十四部經書」、「十八本善文經書」，十四部可能是前十二部加上鼎底白話詩與羅祖派下八支因果等二部，謂共有二十四萬字，印刷費爲拾壹圓拾貳錢㉚，其所謂十八本僅有數字，不知所指㉛。

新約龍華教雖淵源於龍華教，却未採用龍華教原有經典——羅祖五部六册、太上祖師三世因由總錄等，自行著集善文經書，其善文經書在內容上與形式上受到光緒年間全台盛行的降筆會（鸞堂）與鸞書的影響㉜。如其著作經書完全經由仙佛感召，代天宣化，其教導神爲觀音佛祖與五公菩薩，其神界觀有五：北極靈霄寶殿天皇大帝、東天道德堂教主李老君道祖、北天惻隱堂教主孔聖先師、中天慈悲堂教主釋迦牟尼佛、西天方便堂教主阿彌陀佛、南天教誨堂教主閻羅天子㉝。天皇有三，如其「聖佛借托寄口」一文中指出蘇澤養於光緒二十七年（一九〇一）農曆四月初八子時，蒙聖佛引進御入神宮，拜見神武天皇，奉戴神武天皇實踐人道。同年四月十五日又蒙聖佛引進御入神宮，拜見孝明天皇，奉戴孝明天皇著集乾坤眞經。同年四月十八日子時再蒙聖佛引進御入神宮，拜見天保天皇，奉戴天保天皇實踐人道註解㉞。

新約龍華教與降筆會大致上都屬於混合性宗教，雜揉民間已有的各種信仰，傳承了鄉土百姓的心靈世界，包括了道教的祝祇神靈、佛教的經咒法會、儒家的道德倫理以及其他地方性的巫術與泛靈信仰。如其善文經書裏收錄有佛教的各種咒語如淨水讚、淨口咒、淨身咒、安土地眞言、滅穢跡眞言、淨水咒……等，又平時讀誦大悲咒、大乘心經，另外通俗道教的太陽眞經、太陰眞經、大救苦經、灶君眞經、大聖五公經……等也是平時持誦的經典科儀。有關儒家典籍收錄有四書十二部，此十二部爲：大學、中庸、學而、述而、先進、衞靈公、梁惠王、天時、離婁、萬章、告子、盡心等。

儒釋道等三教思想在傳統社會的相互消融，逐漸建立三教合流的共同趨勢，肯定三教哲理有其共通的宗教精神，蘇澤養在其「天經寶卷」云：「二十八宿皆爲定，二十四氣按乾坤，先出三皇與五帝，三教原來共一門。」但是一般民間宗教的三教合一，不是偏重在思想的會通上，而是契求無上的神明權威，賦予生命解脫的永生福報，如詩云：「一點靈光昇天去，成仙作神免生死。儒道釋教慈悲心，韋馱尊天降在身。謹者福報自己身，後代子孫富貴人。」㉟基本上蘇澤養的宗教思維模式是常民文化的一部分，反映出通俗性與平淺性的社會集體信仰。蘇澤養較正式的宗教理論作品爲民國八年（一九一九）的「新著集宗教小論」，對三教合一有進一步的說明，其詩偈云：「儒道原是共一家，釋闡五氣朝三花。正名後世邪迷破，惟眞經教度無差。」

新約龍華教的傳教目的，在以個人的修道來獲得神明的庇護，化解生存的無奈與生活的困阨，因此極力鼓吹個人的道德涵養來轉化世間的險惡。在民國五年（一九一六）的「奉戴天皇化俗理論」，注意到宗教的教化作用，去改變民衆的價值觀念與行為模式。該書共有十二論：應酧祝壽論、超昇宣說論、歸空初逝論、世弊燒紙論、附應化事跡論、勸斥超孤魂論，信修先擇善論、酒色財氣論、風水合心地論、演淫戲敗俗論、亂童賊世論、巫女賊世論等，從這些條目裏可以看出新約龍華教有強烈的道德復振與宗教改革的傾向。

第四節 新約龍華教的信仰儀式及崇拜神祇

新約龍華教的宗教組織頗有規模，其領導核心為：傳道師、訓導師與佈導師，稱為「內三師」，另外有「外十二師」，即：重要師補、保舉師、作證師、法師（教師先生）、顧問師、監查師、究察師、護法師、引進師、庫頭師、會計師、知客師等，尚有「外八事長」，即：管理長、堂主、總代、監督、理事、幹事、事務、委員等㊱。

新約龍華教又稱華齋教，主要是蘇澤養恐信徒無法長期茹素，故另開簡便法門，只要求信徒吃花齋，即只有早餐茹素，午、晚餐聽任食葷，另在初一、十五或三、六、九日方全日食素，以便信徒參仰受持㊲。該教主要祭日有六：㈠正月十五日祝供天官賜福壽誕，獻敬祭品五菓六齋四花三茶三幼麵一敬飯十二牽十二圓。㈡正月十六日祝供開台聖王鄭成功紀念日，除了香花、茶菓、糕品、明燈外，另獻敬財、米、手巾、扇，以祈求子孫昌盛、人口團圓。

㈢二月十五日祝供春祭，獻敬祭品春餅，祈求子孫昌盛。㈣六月初一日祝供夏祭，獻敬祭品菜粽，祈求合家平安。㈤八月十五日祝供秋祭，獻敬祭品米糍，祈求百無禁忌。㈥十月初一日祝供冬祭，獻敬祭品牽圓，祈求家財昌盛，人口團圓㊳。在冬祭時祭拜天皇上帝，須設「天台桌」即：八仙桌二塊、桌平二塊、椅條二塊（淨水洗過三次）、桌裙七條、宣爐機三座、鏡屏一座、寫天皇上帝至尊寶座香爐一座，供飯一碗、幼麵三碗、敬菜三碗，五菓、六齋、四花、牽圓各十二，上桌合共二十四碗、灼台四對，下桌不論多少。另排列「龍虎桌」，左邊誦三官經、天經，右邊誦北斗經、壽生經㊴。

每年固定於農曆七月十三日至十五日舉行盂蘭盆法會，誦讀三經一懺——阿彌陀佛經、大乘金剛經、普門品經以及三寶佛讖。其獻祖物料為：山羌、白鹽、白糖、白飯、紅豆、小麥、旱粟、白稷、白芋、番薯、香菇、木耳、金尖、筍干、香花、茶菓等，大施食餓鬼物料：糕仔、麵包、麵蹇、山羌、白鹽、清飯、菜湯、銅錢、白米、紅豆、葫瓜、白菜、芎蕉、龍眼、荎萊、青花、糊（一碗）、湯匙（七枝）、清水（一碗）、灯（一抛）、竹欉（一枝）、縛旗（應用）等。另外依信徒需要或特殊慶日（如民國十九年慶祝該教成立三十週年）於農曆三月一日至四月十九日舉行功德法會或紀念法會，主要目的為先靈拔度超昇，共七周四十九天，每一周為一供期，第一供期演說太陽眞經，第二供期演說太陰眞經，第三供期演說鼎底詩，第四供期演說三寶佛讖，第五供期演說西方勸，第六供期演說陰陽道歌，第七供期演說實踐人道。信徒於四月十一日起在家敬飯三天，至十三日下午三時引魂入保安堂內功德堂奉祀，十八日夜間七時至九時弔祭孤魂，大施食餓鬼一同超昇，十九日道場完滿圓光閉會。

該宗教也爲信徒舉行開光、資度、攝召、祈安、懺悔、啓建、慶讚等道場，並有其專用的科儀與疏文，幾乎與民衆的生活習俗相結合，是一種依附於基層社會而生存發展的宗教，其主要作用在於協助民衆順應社會生活，具有社會互助與倫理教化的功能。在其「奉佛稟祖詞文疏」裏，除了密唸神咒外，其所恭請的神祇，反映其泛神信仰的主要崇拜對象：無極聖祖、無生老母、太極星君、菩提祖師、燃燈古佛、釋迦老祖、三寶如來、西天佛祖、天皇上帝至尊、皇祖皇宗暨列聖諸佛菩薩、觀世音菩薩、天上聖母娘娘、地藏王菩薩、十殿閻羅王、註生娘娘、大義將軍、王禪老祖、玄天上帝、九天玄女、太子元帥國聖公公、天師老爺、五公菩薩（康公、志公、郎公、寶公、化公）、老君公、孔子公、倉頡公、開漳聖王公、關聖帝君、劉伯溫仙公、鄭成功、司命灶君公、大道公、城隍公、土地公、陳林李三奶、學法夫人等㊵。

第五節　小　結

蘇澤養的新約龍華教，主要淵源於傳統社會的宗教信仰環境，反映民間的思想形態與文化背景。其與神人溝通的宗教體驗，是必須以神祕經驗加以證明，非學術研究的範疇。本文僅透過其外在的表現方式，探討該教具體可見的信仰結構與文化意識。

蘇澤養基本上是屬於突然感應式的靈媒，介於乩童與鸞生之間，或稱之爲「天才」（即天地人三才之一），不必經由其他禮儀，卽可直接透過其口傳達神意。此種靈媒與乩童不同，在於其所降附的神是一些神格較高的神，不單為人治病驅鬼、解決疑難，積極地想要設教化民，也就是所謂「天命」。但是經由靈媒所自立的宗教，必然與世俗價值結合，受到已有的信仰理念與價值體系所支配，形成一種混合性與簡易性的修持法門與宗教組織，以便獲得一般民衆的支持與皈依。另方面為了順利傳教常與既有的宗教結合，如新約龍華教與日本佛教曹洞宗保持密切的關係，曾協助曹洞宗建立台灣本山支院㊶，且常與日本僧人往來。也與龍華教保持傳承關係，如民國十八年龍華教福建觀音埔壹是堂空空周普經親臨該堂，並親授其妻陳英為保安堂傳燈（太空），法名普烈㊷。

該教也與政治結合，如將民間玉皇大帝信仰與日本天皇配在一起，又與台灣總督府往來密切，除了總督府社寺課長丸井佳治郎常親臨該堂外，總督安東貞美為其母壽誕致贈祝辭㊸。另外，從該教的齋堂規條可以看出此一宗教與其他世俗價值結合的情形：

第一條：諸信者如有希望要設堂奉安聖佛仙神座位，須有本堂傳道師或派訓導師到堂視察一切事宜，並向該管官廳報明之後，卽可率諸信者備置應用物品於清辰恭請聖佛仙神臨堂，證明安座以奉祀焉。

第二條：各經堂旣已安置神座，主事者宜早晚潔誠身心課誦經卷，以仰法輪常轉佛光永照，諸惡莫作衆善奉行，倘主事者有故他行，應設妥當代理人代行堂內一切事宜。

第三條：如有善男信女到堂參觀或囑託念誦經文，喜添油香及寄贈物品等事，主事宜遜讓，如不得卻要受之際，亦當問明住所記入捐簿，交付憑證，方許接受。

第四條：各經堂附有所屬善文經書研究所，以俾諸信徒研究經書，如有希望者可向近地經堂，請取入所願書用紙書報，該堂候查明人員多少，容積合宜，付與通知書之後，便可依指示日期進行研究。

第五條：各經堂研究所允讀誦經文者，不許太高聲到碍其他，又不許太低聲致首席者不得聞知，其正誤致妨就正事。又各研究者間宜挽有先聖雅訓所云，使先知覺後知，使先覺覺後覺，方合佛門慈悲之本旨。至於學徒賦質聰明魯鈍不齊研究遲速難等，望各研究者當知此道，毋生咀恨之虞，是所深切致意。

第六條：各經堂宜備置收入賬簿、支出賬簿及往來書信保存簿。綴至於用箋要印刷者宜先具樣式詳細說明，報告該管經堂申達本堂，候傳道師裁可能後，進行該事宜，斷不得擅行自專之事。

從以上六條看出，該教重視客觀化的紀律，有著由上而下的管理系統，對各分堂的人事、經濟、教化、修道等事宜皆有規定。採集體的修道方式與經濟的嚴格管制，使該教已具有教團的雛型，與原先重靈媒的民間信仰在本質上極不相同，此即世俗價值觀加入進來以後的必然發展。今日台灣源起於鄉土信仰的民間教團派支繁多，即是各靈媒的宗教體驗與世俗價值結合方式的不同所造成的差異性，當然也牽涉到許多人為的因素，最後那一個教團能成為大型且永久性的宗教就不得而知了。

注釋

❶ 拙作「台灣齋教的淵源及流變」（收入台灣民間宗教論集，學生書局，民國七十三年）曾作整體性的說明，本文試就其改革派，進一步探討該宗教的內在本質。

❷ 連橫「台灣通史」（台灣銀行經濟研究社，民國五十一年）第五七九頁。

❸ 廣松良臣「最新台灣誌」（台北台灣圖書刊行會，一九二四）第一〇一頁。增田福太郎「台灣本島人の宗教」（明治聖德紀念學會，一九三七）第二十二頁。片岡巖「台灣風俗志」（陳金田、馮作民合譯，大立出版社，民國七十年）第十集第四十四頁。

❹ 高賢治、馮作民編譯「台灣舊慣習俗信仰」（原名為「台灣舊慣冠婚葬祭と年中行事」著者為鈴木清一郎，衆文圖書公司，民國六十七年）第三十八頁。

❺ 林衡道口述，楊鴻博記錄「鯤島探源」（青年戰士報，民國七十二年）第三册第八七七頁。

❻ 台灣省通志稿人民志宗教篇（台灣省文獻委員會，民國四十五年）第八〇頁。

❼ 台灣省新竹縣志卷八宗教志（新竹縣文獻委員會，民國四十六年）第三十一頁。

❽ 桃園縣志卷二人民志宗教篇（桃園縣文獻委員會，民國五十三年）第二一一頁。

❾ 有關明代無為教與無生老母信仰，參閱鄭志明「無生老母信仰溯源」（文史哲出版社，民國七十四年）

❿ 宜蘭縣志卷二人民志宗教篇（宜蘭縣文獻委員會，民國五十一年）第十六頁。

⓫ 嘉義縣志卷二人民志（嘉義縣政府，民國六十九年）第三七五頁。

⓬ 台南市志卷二人民志宗教篇（台南市政府，民國六十八年）第八〇—八二頁。

⓭ 有關齋教的詳細傳承，請參閱鄭志明「台灣民間宗教論集」（學生書局，民國七十三年）第三十九—四十五頁。

⑭ 有關老官齋教與羅祖的關係，參閱戴玄之「老官齋教」（大陸雜誌第五十卷第六期，民國六十六年）第七頁。

⑮ 台中市民德堂的「龍華科儀」（民國六十四年）第四〇—四十三頁。

⑯ 台灣省通志稿人民志宗教篇，第一一一—一二六頁。

⑰ 林萬傳「先天道研究」（靝巨書局，民國七十三年）。

⑱ 有關蘇澤養的生平考證，主要根據其「奉戴天皇實踐人道書」中的「學道理由書」（一九〇一）及「奉戴天皇著集效驗雜經實卷」中的「學道理由書」（一九二八）整理而成。其卒年則是根據口頭訪查資料加以推算，恐有出入，其卒日為農曆五月初四日。

⑲ 「龍華科儀」（新保安佛堂，民國七十五年）第十三—十四頁。

⑳ 有關羅祖與臨濟宗的關係，參閱鄭志明「無生老母信仰溯源」（文史哲出版社，民國七十四年）第三一頁。

㉑ 參閱鄭志明「中國社會與宗教—通俗思想的研究」（學生書局，民國七十五年）第二一三—二二四頁。

㉒ 「奉戴天皇著集效驗雜經實卷」第八頁。

㉓ 剛開始只有五道，後增列理鏡一道。

㉔ 「白詩鼎底詩」（一九二〇）第十一頁。

㉕ 六道法根據「古今實例集」（一九一七）第六十二密語心法與「奉戴天皇著集效驗雜經實卷」（一九二八）第十二頁等資料加以整理。

㉖ 「羅祖派下八支因果經」（一九三二）第五卷七〇頁。

㉗ 所謂「寄口」類似乩童，但不必起乩，類似扶鸞，卻不必假借鸞筆，可以直接由口中說出仙佛訓文，據黃錫祉的「乾坤眞經序」（一九〇一）云：「聖佛有惻人之念，神仙有渡世之心，不但辛勤屢行著述，昔既同臨于感化，今猶寄口在保安啓蘇君澤養之精神，傳佛聖仙神之教化。」

㉘ 「羅祖派下八支因果經」第五卷第十九頁。另外在「奉戴天皇實踐人道」（一九三二）第一〇六頁謂：一遍一身離苦難，七遍合家保平安，十遍一庄護吉昌，百遍一郡保安康，千遍一洲無災殃，萬遍一國興道昌。

㉙ 「奉戴天皇實踐人道」第一〇九頁，即民國二十一年的價目，為限賣品，只有信徒才能以代金引換。

㉚ 「羅祖派下八支因果經」第五卷第十九頁。

㉛ 「羅祖派下八支因果經」第五卷第二頁，謂該教大綱領為：以信徒證為約以十二條為戒守，以傳訓佈先生為法師度衆復本還原，以慈悲為本方便為門救世為用，以十八本善文經書為教。

㉜ 有關光緒年間台灣的降筆會，請參閱王世慶「日據初期台灣之降筆會與戒烟運動」（台灣文獻第三十七卷第四期，民國七十五年）第一一三—一一八頁。

㉝ 「奉戴天皇著集乾坤眞經」（一九三一）第三頁。

㉞ 「奉戴天皇實踐人道」（一九三二）第四十一頁。其所謂「天皇」實為日本歷代君王，如又謂於大正二年（一九一三）十月初三子時，夢聖佛引進御入神宮，拜見明治天皇，奉戴明治天皇著集効驗雜經實卷。大正五年四月初十日子時，又夢聖佛引進御入神宮，拜見明治天皇，奉戴明治天皇化俗理論。（同前書第七十一頁）

㉟ 「奉戴天皇實踐人道」（一九三二）第十九頁。

㊱ 「奉戴天皇實踐人道」第一〇七頁。

㊲ 「釋迦尊佛一代史傳」（一九二八）第三十四頁。

㊳ 「聖國山保安堂華齋教門」（一九二七）第十頁。

㊴ 「著集效驗雜經實卷」（一九二八）第五十六頁。

㊵ 從其恭請的神祇中可以進一步追溯出該教的信仰源流，值得作深入研究。「著集效驗雜經實卷」第二十九頁。

㊶ 該教保留有宣統二年(一九一〇)曹洞宗管長石川素童的獎狀,以及民國三年(一九一四)台灣別院的委任書,以及與日本僧人的合照照片。

㊷ 周普經在台灣總共親授傳燈八名,見「羅祖派下八支因果經」第四卷第四十五頁。

㊸ 總督安東貞美祝辭的時間為大正四年(一九一五)十一月二十一日。其母蘇蔡氏時年八十四歲。

第十一章　台灣先天道的基本教義

第一節　淺說台灣先天道

台灣先天道大約在清代咸豐年間所傳入，是由李昌晉與黃昌成領李道生之命來台開荒，屬於大陸四川萬全堂系統，另外光緒年間，屬於張眞一的大陸江南乾元堂系統也由陳運榮傳入台灣北部地區（林萬傳，一九八四：二三二－二三七）。

日本領台以後，將台灣龍華教（老官齋教）、金幢教、先天道等三個民間宗教團體，統稱爲齋教，稱其宗教聚會所爲齋堂。據一九一九年日本台灣總督府的「台灣宗教調查報告第一卷」將寺廟與齋堂分開，而且將先天、龍華、金幢三派分別登錄，足見對民間宗教信仰的劃分相當的確實，茲將其統計數字表列於後：

其他日本學者如片岡嚴、增田福太郎、鈴木清一郎等人對台灣宗教的研究，也將齋教獨立，與儒、釋、道三教並列爲四。但是連雅堂的台灣通史將齋教視爲佛教的一支，歸屬於佛教，導致目前台灣省通志及各地方志，皆將齋教視爲佛教。拙著「台灣齋教的淵源及流變」（一九八四）一文指出齋教根本上就不是佛教，而是共同源出於明代武宗年間的羅教，是以「無

㈠寺廟、齋堂數量

種別＼廳名	寺廟 儒教	寺廟 道教	寺廟 佛教	寺廟 計	齋堂 先天	齋堂 龍華	齋堂 金幢	齋堂 計	小祠
臺北	二	一六七	三	二一九	一	一九	一	二一	一、七三三
宜蘭	六	二〇九	六	二二一	一	五	—	六	一三四
桃園	七	一〇八	二	一一七	三	八	—	一一	三四
新竹	一三	二五四	三	二七〇	六	三〇	六	四二	一、六三八
臺中	二五	六二七	—	六五二	三	二三	四	三〇	七一五
南投	一六	一一六	—	一三二	—	六	—	六	三六九
嘉義	一九	六三八	三	六六九	—	一一	四	一五	一、三九五
臺南	一一	六四二	一五	六六八	四	一五	六	二五	七三一
阿緱	五	一七八	一	一八四	一一	一	二	一四	五三三
臺東	—	八	—	八	—	—	—	—	一〇
花蓮港	一	二	—	三	—	—	—	—	一四
澎湖	五一	八四	一七	一五二	一	一	—	二	一〇一
計	一六五	三、〇六二	七七	三、三〇四	二	一一九	三	一七二	七、七八七

(二)信徒人數

廳名＼種別	先天 齋堂在住	先天 自宅在住	龍華 齋堂在住	龍華 自宅在住	金幢 齋堂在住	金幢 自宅在住	不明 齋堂在住	不明 自宅在住	計 齋堂在住	計 自宅在住
臺北	一	五一	三六	四九二	一	六	—	一七四	三八	七二三
宜蘭	一	二七	三	三五二	—	四三	四	一	八	四二三
桃園	一〇	六〇	二三	三九九	—	二七	—	五	三三	四九一
新竹	七	四二	五三	一、七五五	二二	一七一	—	四七	八二	二、〇一五
臺中	一	一五	三五	一、六二一	四	二一	—	—	四〇	一、六五七
南投	—	—	七	五二六	—	一	—	—	七	五二七
嘉義	—	二〇	一九	八七六	一	五六	—	八六	二〇	一、〇三八
臺南	一〇	一八二	二六	四三六	二〇	二四八	二	二七	五八	八九三
阿緱	二	一〇〇	二	一〇九	八	一五〇	一	三〇	一三	三八九
臺東	—	—	—	—	—	—	—	—	—	—
花蓮港	—	—	—	—	—	八	—	四	—	一二
澎湖	一	七	一	一八三	—	四	—	—	二	一九四
計	三三	五〇四	二〇五	六、七三九	五六	七四五	七	三七四	三〇一	八、三六二

生老母」與「龍華三會」為共同信仰核心的民間宗教團體。

一般學者將明代以來新建立的民間宗教結社，稱為祕密宗教或新興宗教，就其信仰的主神大可區分為四大系統，即彌勒佛信仰的白蓮教系統、無生老母信仰的羅教系統、三一教主信仰的夏教系統、聖宗古佛信仰的在理教系統，但是在明清之際，此四大系統的各地方性宗教，一方面因為時空背景、生態環境及內部成員的差異，形成多元性信仰結構；另一方面由於彼此在民間傳教，因習俗信仰的相類似而產生涵攝的現象，在教義上往往互通有無，演變成綜合性的信仰團體（鄭志明，一九八四：三八－三九）。

先天道創始於清代順治年間江西饒州府的黃德輝，基本上屬於明代以來新興宗教的一支，以「無生老母」信仰為教義的核心，應屬於羅教系統，因此日據時代將其與龍華教、金幢教並列為齋教，在宗教的歸類上相當明確。但是吾友林萬傳先生從事台灣先天道的查訪與研究，指出先天道不屬於無生老母信仰的一支，而是淵源於道教丹鼎派，是以道教金丹道（全真教）為內涵，以明清新興宗教的無生老母及龍華三會之信仰為外表的宗教組織（林萬傳，一九八四：一，二七）。其內外之分，與先天道的宗教本質是不契合，易造成宗教分類上的混淆，尤其台灣當前勢力最龐大的民間教團一貫道（最近改稱天道）是先天道晚出的一支，雖號稱為改革派，但是其基本教義仍承襲先天道而來。因此先天道的宗教本質研究，有助於釐清台灣民間宗教的信仰形態。

第二節　先天道與道教的關係

林萬傳認爲先天道與全眞教淵源深厚，其論據相當薄弱，其主要論點有五：一、根據黃德輝所著「皇極金丹九蓮正信皈眞還鄉寶卷」採用先天、金丹等字眼，卽斷定採取了金丹道的主要教義。二、根據其「九節玄功」的修鍊工夫，及其男不婚、女不嫁的嚴格戒律，卽斷言此種修鍊方式是新興宗教所絕無，是集金丹道南北宗的精華。三、強調先天道是秉承了道教瑤池金母信仰及龍沙會，非淵源於無生老母信仰及龍華三會的思想。四、先天道徒恒以某某子爲道號，不若新興宗教模仿羅教，輒以「普」字爲號，而認爲此是先天道保持金丹道傳統的一個確證。五、主張先天道的祖師傳承是採用天命祖派的關係，其八祖爲唐代的羅蔚群，而非明代無生老母信仰的共同祖師羅祖，九祖的金丹口訣是由神仙授與，其祖位直接受之於天。以上五點的論證，值得商榷的地方很多，逐條論辯於後：

明清之際祕密宗教更爲盛行，衍生轉化，教派林立（莊吉發，一九八二：二九〇）。黃德輝的先天道是新興宗教在清初衍生而起的一個教派，就其「皇極金丹九蓮正信歸眞還鄉寶卷」與明末清初其他教派的寶卷在內容與形式上差異不大，採變文的形式敷衍傳教故事，文字鄙俚通俗，並吸取了佛道經典的名相與故事，來勸人解脫生死，應變災難，以進入理想的未來極樂世界。若根據該皇極金丹寶卷所採取的佛教道教的教義成份而言，佛教的成份多於道教，比如其舉香讚的和聲爲「香雲蓋菩薩摩訶薩」，又云「南無盡虛空遍法界過現未來法佛僧三寶」，寶卷引用佛教神祇名號無數，佛教義理名相不少。若據此云此種宗教即是佛教，與據道教名相云此種宗教即是道教，同是荒謬。在本質上，這種宗教是佛道的混融後蛻變而出的新興宗教，如其宇宙的源起觀，包含佛道衆神，而以「老母」爲道統攝三教，已超出佛道教義的範疇。故謂其與道教有濃厚的淵源，不如說是民間宗教在中國文化涵攝下的一種新興宗教。然而黃德輝的先天道不是自己獨創的，其皇極金丹寶卷所開示的那一套教義，與明末清初的其他宗教寶卷在內容上大同小異，具有共通的基本模式。其模式的形態，據皇極金丹寶卷，簡述於下：三教之上，有一個無極本源，是老母所居，曾派無極原性下凡塵，却迷失本性不知回程，因此有三元刼數，命三佛輪流掌教，希望普度迷淪，返回道場，經過兩次收圓，尙餘九二億原子在人間輪廻。以上是明末清初新興宗教的基本模式，但是第三次收圓，各教因其所需說法不一，而造成各個教派的差異性。下是先天道所敍述第三次收圓的經過：老母世尊見衆生迷亂，令「彌陀」暗臨凡世，普度失鄉兒女。於是彌陀下凡，在無影山前無爲府三心堂，演談清靜九蓮皇極大道，普度原來聖性九二億靈光還鄉復本。皇極金丹寶卷的主要內容卽敍述彌陀（無爲祖師）傳道說法的經過，全書共三十二品，每一品大約分成三個部分，首先仿佛經經文敍述無爲祖師如何開示衆生，然後一大段十言偈重複經文的要義，最後以類似戲曲的宮調作結，內容大同小異，偏重在彌陀下凡救世，普度衆生，用不同的曲調反覆說明，其曲牌有：駐雲飛、九轉臨凡怨、寄生草、浪淘沙、畫眉序、挽烏雲、桂枝香、駐馬聽……等，幾乎每一品多用不同的曲調作結。這種寶卷的寫作形式，自明代中葉以來，廣爲新興宗教所採用（澤田瑞穗，一九七五；曾子良，一九七五）。皇極金丹寶卷中彌陀下凡救世，據第三品奉命臨凡品，世尊賜給他下列東西：混源册、諸佛蓮宗、明山寶地、皈家表文、九蓮捷要、三極香火、誓狀投詞、修行執照、文引關批、皈家牌號、守字合同、家鄉地位、皇極祖根、玄關門戶、妙竅眞一、金爐玉鼎、五信知覺、回途祕指等，加添了一些道家的科儀及儀式，使先天道比其他新興宗教更具有宗教的制度與組織形態，並且添入道教內丹修煉工夫，利用九轉煉丹大法來維持教徒信道的恒心，亦即以具體的持修來棄假歸眞鞏固求道的意志力，來修正新興宗教收圓理論的不足。可以說，先天道借用道教的丹鼎法來改革新興宗教，其煉丹的目的仍在於功完行滿回歸古佛家鄉，雖然也演化出嚴格戒律，以某某子爲道號，形式上類似道教，在本質上却非隸屬於道教的教義體系，故不可謂先天道淵源於道教。

先天道的教義，主要建立在龍華會的信仰，受到佛教彌勒下生經的影響。但是林萬傳一再強調先天道龍華會淵源於道教龍沙會，龍沙會是東晉許遜所創，比鳩摩羅什翻譯的彌勒下生經還早。然其有關許遜創龍沙會之說，採用的文獻資料竟是明清民間的宗教典籍如「林子本行實錄」、「葫蘆歌」、「天機祕文」等，在史料的判定上稍嫌草率。更何況愈晚出的宗教材料滲雜了更多的傳說，或者借古以自重，如明末「林子本行實錄」云：「吾仙去後一千二百十年間，龍沙遘八百眞之會。」到了清乾隆年間「天機祕文」變成爲：「言一千四百年後，當出三千天仙，八百地仙。」由一千二百十年到一千四百年純粹是後人爲了傳教所附會添加的。另外又主張皇極金丹寶卷中的「老母」是道教的「瑤池金母」，而非「無生老母」，但是根據該書第四品云：「無生母在靈山時時眩想，慮嬰兒並姹女恩愛牽連。」幾乎將無生神仙老母與瑤池金母信仰混同，前半段是採用新興宗教無生母念兒女的觀念，後半段則採用鑑中瑤池金母提煉嬰兒姹女的傳說。雖然先天道晚出的禮本有時稱為「瑤池金母」，但是其神格的意義已近無生老母，且次數不及無生老母的頻繁。有關瑤池金母的神格轉變，請參閱拙作「台灣瑤池金母信仰研究」（一九八四）一文。

有關先天道的祖師傳承的關係，也是學界爭執的疑點所在。先天道有一套祖師譜系，上推至盤古氏，依道統伏羲、黃帝至孔子、孟子，然後謂大道盤轉西域，由釋教接衍至二十八祖菩提達摩尊者東來，眞機復還中國，傳至六祖慧能，道降火宅，改在民間流行，黃德輝稱為九祖，中間七祖、八祖究為何人，頗引起爭議，據「廣野歸原寶筏」云其傳承為：「傳白馬第七祖儒道初起，羅八祖行大道捨却身軀，這衣鉢在唐朝老母收矣。」認為七祖為白、馬二人，八祖姓羅，皆唐詩人，到「勸衆修行歌」時指出羅祖名尉群，「道德淺說」也只稱羅八祖，指出其著作為通天鎖鑰、皂袍靈文，到了民國一貫道指出七祖為白玉蟾、馬端陽，八祖為羅蔚群，籍貫為北直隸涿州人（李世瑜，一九四八：五四）。民間宗教典籍的敍述，往往愈晚出資料愈齊全，可信度就愈低。依據其宗教語言，認為八祖以後，道統懸虛八百年，到了清順治年間，天遣地仙授命黃德輝為第九代祖師，正式開創先天道。從事學術研究，宗教語言的過濾極為重要。黃德輝創先天道眞的與羅祖的新興宗教無關？有一條線索值得追究，據「大道指迷直辨」執教門辨第八云：「白馬二祖修成，將道又傳與羅八祖師，名為大乘正教。」所謂大乘教與羅教有關，據莊吉發引用清軍機處檔案云：「羅祖教創立後，發展迅速，由羅祖教轉化而來的教派，名目繁多。羅祖後裔羅佛廣另傳大乘教，又名羅祖大乘教，教中尊羅孟浩爲祖師。」（一九八五：一三三）羅祖名號傳述頗不一致，孟浩、尉群是否同一人仍有待考證（鄭志明，一九八五：一六－一八）。

第三節　龍華三會

先天道主要是以「龍華三會」爲信仰核心。「龍華三會」一詞原取材於「彌勒下生經」，但是到了明末已出現了嶄新的詮釋系統，到了先天道，又作了若干的修正。舉明清之際的寶卷與先天道系統的寶卷作一對照，筆者選擇較具有代表性說法的七種寶卷來作分析，這七種寶卷分別是：

㈠明清之際的「古佛天眞考證龍華寶經」，簡稱「龍華寶經」或「龍華經」，大約成書於順治十二年（西元一六五五年）屬於明末灤州石佛口王氏家族大乘圓頓教的經典（澤田瑞穗，一九五五；宋光宇，一九八五）

㈡明清之際的「多羅妙法經」，簡稱「多羅經」，爲明末北直隸通州左佐塘金幢教的經典，成書年代已無法詳細考證。

㈢康熙年間的「皇極金丹九蓮正信皈眞還鄉寶卷」，簡稱「皇極金丹寶卷」，是先天道祖師黃德輝的作品，後經弟子增補，成書年代大約是康熙二十九年（西元一六九〇年）後數年間。

㈣道光年間的「萬年歸宗」，爲先天道十二祖袁志謙的作品，收集了三十二篇詞調，大

約成書於咸豐六年（西元一八五六年）

㈤同治年間的「三三歸一」，為甲己氏（不虛先生）與門徒道源、道成之間的問答語錄，為先天道十三祖之後五行水部道盤彭水德（又名儒童素一老人）這一支的作品。

㈥光緒年間的「道德淺說」，作者已無可考證，大約是五行金部道盤林金祕這一支的作品。

㈦光緒六年（西元一八八〇年）的「玉露金盤」，原為鸞堂扶乩的作品，非先天道的本道經典，但該書內容與先天道教義，頗為相近，是台灣先天道堂重要的輔教經典。

為了明瞭「龍會三會」的演說過程及其內容，在比較項目上分成八個重點：即1「名稱」，2「主神」，3「刼數」，4「運會」，5「傳法」，6「續燈」，7「掌教」，8「度衆」。製成如左「龍華三會演變表」：

寶卷／演變／項目	1名稱	2主神
㈠龍華寶經（明清之際）	龍華三會	天眞古佛 無生老母
㈡多羅經（明清之際）	龍華三會	無生老母
㈢皇極金丹寶卷（康熙年間）	龍華三會	三天古佛
㈣萬年歸宗（道光年間）	三會龍華（三期普度）	無生老母
㈤三三歸一（同治年間）	三期普度	先天道母（無極天尊）
㈥道德淺說（光緒年間）	三期普度（三會普度）	無生老母
㈦玉露金盤（光緒六年）	龍華三會	無極老母（金母娘娘）

3. 刼數	4. 運會	5. 傳法	6. 續燈
草芽刼 胡蔴刼 芥子刼	三葉青蓮開放 五葉紅蓮開放 九葉金蓮開放	四字彌陀 六字彌陀 十字佛	燃燈古佛 釋迦文佛 彌勒尊佛
三三刼 二九刼 九九刼	三葉青蓮三角天（青陽會） 五葉紅蓮四角天（紅陽會） 九葉白蓮圓滿天（白陽會）	玉液金丹法 禪定眞如理 無字眞經理	燃燈古佛 能仁祖師 彌勒能師
莊嚴九刼 賢聖十八刼 星宿八十一刼	三蓮黃陽會 五蓮青陽會 九蓮洪陽會	九蓮金丹道	燃燈佛（無極祖） 釋迦佛（太極祖） 彌勒佛（金丹祖）
星宿刼（龍砂刼）	白羊會（白陽會）	九轉金丹訣	燃燈佛 釋迦佛 彌勒佛
龍漢刼 赤明刼 延康刼	辰會 巳會 午會	修心煉性 明心見性 存心養性 修身立命	道教 佛教 儒教
龍漢刼 赤眉刼 龍砂刼	先天普度收圓會 中天普度收圓會 後天普度收圓會	四字佛法 六字佛法 十字佛法	燃燈古佛 釋迦古佛 彌勒古佛
	先天龍華大 中天龍華大 後天龍華大	先天大道	李聃 燃燈 呂洞賓（純陽眞人）

7.掌教	8.度衆
三教（老君 釋迦 孔子） 弓長祖	四萬餘圓 六萬餘圓 九萬餘圓
三教（老君 釋迦 孔子） 白佛	二億仙 二億僧 九二靈
彌陀教主（無爲祖師）	二億仙 二億佛 九二億仙佛
弓長祖	二億皇胎 二億皇胎 九二億皇胎
燃燈、老子 釋迦、彌陀 儒童、天元 徐、楊十三祖	二億原人 二億原人 九二億原人
	二億原良 二億原良 九二億殘靈
燃燈 釋迦 皇極主人	二億靈根 二億靈根 九二億靈根

從演變表中，可以看出民間寶卷主要是庶民文化的作品，表達了民間的宗教理念與雜揉性格。先就表中橫列的關係而言：㈠龍華寶經大體上受民間通俗佛教的影響，3.4.5.6.所採用的名相有的出自於佛經，2.7.則是明代中晚期以來民間宗教的特色：三教合一及其特殊的宇宙論。從㈡多羅經5中可以看出佛教的色彩逐漸減退，道教的觀念已被吸收到「龍華三會」這個觀念系統裏。㈢皇極金丹寶卷5則以道教金丹的修練方法來改變龍華三會的內涵。㈤三三歸一2.3.4.道教的色彩增濃取代原本來自佛教的說法，5.6.7.則是民間三教合一發展的趨勢，尤其7是民間自成一套說法的宗教語言。㈥道德淺說3.4.5.6.則是將來自佛教與道教的觀念重新調整，使二者各佔有不少的份量。從㈦玉露金盤6.中發現民間傳說與神話，加

入到「龍華三會」裏來了。

表中的直列關係架構出先天道「龍華三會」的整個理論體系，逐條作詳細說明如下：

「龍華會」與「龍華三會」一詞形成的年代較難考訂，就明代佛教、道教甚至民間宗教的典籍裏，已經常使用這個名詞，「龍華寶經」以「龍華」爲名，可以說是民間「龍華會」概念的集大成者，書中指出古佛曾設下五種龍華會卽聖景龍華會、三佛龍華會、天上龍華會、地下龍華會與人身中龍華會。民間宗教的龍華會是指三佛龍華會，其全稱爲三世諸佛龍華會，所謂三世諸佛卽是過去、現在、未來佛各統治一個世代。到了清代中葉有的寶卷以「三期普度」一詞取代了「龍華三會」，如乾隆九年（西元一七四四年）刋行的「闡道要言」第十二標題爲「證三期普度之應驗」，認爲佛經裏有三期普度卽地藏王的七十二願、古彌陀的四十八願與古觀音的十二大願。如此說法僅見於此一寶卷，可能是民間通俗性的教化理念。在㈣中將「龍華三會」稱爲「三會龍華」，或者稱爲「三期白陽會」。咸豐六年（西元一八五六年）集結的「歸原寶筏」則稱爲「三期普度大會」，在㈤中大多稱爲「三期普度」，有時稱爲「辰巳午三會」，㈥則「三會普度」與「三期普度」交叉使用，細分則爲「先天普度收圓」、「中天普度收圓」、「後天普度收圓」。㈦細分爲「先天龍華大會」、「中天龍華大會」、「後天龍華大會」。在㈠中龍華三會已有「天定三會」的意念，配合三次末刼，形成三期的觀念，卽皇極金丹寶卷云：「未來三會了三災。」由「龍會三會」轉變爲「三期普度」說明天命意識在先天道中的重要性，此重要性在下列幾項中再作詳細的敍述。

2.「主神」是民間宗教宇宙論部分，說明天地化生的過程。㈠指出宇宙混沌了五千四十八年後，有一先天眞炁聚氣成形，卽是「天眞古佛」來安置乾坤，創立世界，造化萬物。在㈠中天眞古佛與無生老母並沒有很明確的劃分，其詩云：「古佛出現安天地，無生老母立先天。」在該書第二品天眞古佛與無生老母是兩個同等地位的至上神，第三品的「無生父母」指的卽是天眞與無生二人。㈡則只保留了「無生母」一人爲至上神，但有「老世尊」、「無生尊」、「老無生」、「老古佛」等不同的稱呼。在㈢中「古佛」的稱號很多，如「三天古佛無極都教主」、「太皇古佛」、「皇極古佛」等。而「無生老母」的地位及其重要性不如㈠，二者的關係也沒有明切指出，在該書第七品中無生老母的稱號爲「九天萬壽元君」。㈣又捨棄了古佛，以無生老母爲至上神，㈤則指出「無極天尊」卽是「先天道母」，運元氣以安立天地人，其原因是以「道」爲「母氣」，如此「古佛」卽是「老母」，這樣的觀念在明代羅祖「五部六册」裏已經存在（鄭志明，一九八五：二〇－一一三）。先天道的經典除了「皇極金丹寶卷」外大多偏向於這種說法。㈦稱老母爲「老母娘」、「無極老母」或「金母娘娘」是屬於鸞堂系統，認爲老母就是一種靈眞性在空中化生，進而開創萬物。「古佛」與「老母」可能是民間二個不同的至上神系統，在先天道與鸞堂則將二者混合爲一。在台灣仍有保留「古佛」信仰的教派，如高雄市文化院。

3.「刼數」的觀念與「龍華三會」的結合，可能受到佛教末法思想的影響，隋書經籍志第四有一段解釋佛教末法的文字是民間宗教所謂「七佛治世，三佛收圓」的主要依據。經籍志云：「一成一敗，謂之一刼。自此天地已前，則有無量刼矣。每刼必有諸佛得道，出世教化，其數不同。今此刼中，當有千佛。自初至于釋迦，已七佛矣。其次當有彌勒出世，必經三會，演說法藏，開度衆生……每佛滅度，遺法相傳，有正、象、末三等淳醨之異。年歲遠近，亦各不同。末法已後，衆生愚鈍，無復佛教，而業行轉惡，年壽漸短，經數百千載，乃至朝生夕死。然後有大水、大火、大風之災，一切除去之，而更立生人，又歸淳朴，謂之小刼。每一小刼，則一佛出世。」在㈠的第二十二品謂「末刼臨頭，折磨衆生」，其末刼觀念引刼量經謂人間有三大刼：草芽刼、胡蔴刼、芥子刼，芥子刼有十萬八千年，地水風火齊下，黎民業苦，又稱「轆轆刼」。㈡也有三刼的觀念稱爲三三刼、二九刼、九九刼，卽九刼、十八刼、八十一刼，總計爲一百零八刼，在用詞上已不採用佛教的名相。在㈢莊嚴、賢聖、星宿三刼之名，取自「觀藥王藥上二菩薩經」，配合過去、現在、未來三佛的觀念，謂過去佛掌理十萬八千年，現在佛掌理二萬七千年，共有二十七刼，未來佛掌管九萬七千二百年，將有八十一刼。㈣則改採用道教的名相，隋書經籍志謂道教刼數的觀念略與佛經同，云：「每至天地初開，或在玉京之上，或在窮桑之野，援以祕道，謂之開刼度人。然其開刼，非一度矣，故有延康、赤明、龍漢、開皇，是其年號，其間相去經四十一億萬載。」開刼度人共有四次，㈤配合三會改稱三刼，卽辰會的龍漢刼，巳會的赤明刼與午會的延康刼，每會的時間採用邵雍「皇極經世」的說法爲一萬八百年。㈥將三刼的名稱改爲「龍漢刼」、「赤眉刼」與「龍砂刼」。㈦未有三刼的說法，但是強調三萬六千年的刼限已滿，天地將同時毀滅。末法思想與開刼度人的觀念，雖然2的演變中名相有所不同，其意識形態却歷久彌新，牽涉到民衆宗教信仰社會與心理的因素（白秀雄等，一九七八：四一八）。

4.「運會」與3.「刼數」是相配合的，在㈠中未指出運會的名稱，而說明在第一個運會裏，有三葉青蓮開放，人心則是三葉七孔；第二個運會裏，有五葉紅蓮開放，人心則是五葉七孔；第三個運會裏，有九葉金蓮開放，人心則爲九葉七孔。據明史「趙彥傳」可知直隸石佛口王氏教門被官方視爲白蓮教，爲了避免誤會稱爲「金蓮」而㈡則稱「白蓮」，設定運會名爲「青陽會」、「紅陽會」與「白陽會」，在青陽會中，三葉青蓮三角天，晝夜六時三甲子；在紅陽會中，五葉紅蓮四角天，晝夜一十二甲子；在白陽會中，九葉白蓮圓滿天，晝夜十八九甲子。三陽的說法在明代已經存在，據黃曆年間「混元紅陽顯性結果經」云：「過去青陽，現在紅陽，未來纔白陽。」在㈢中三會的名稱不同爲「黃陽會」、「青陽會」、「洪陽會」，在㈣中則稱第三會爲「白羊會」，也有「白陽會」一詞，其松葉滴淚詞云：「白羊會，大龍砂，領袖辦事防過差。」在㈤中以辰、巳、午三會取代三陽會，在先天道的經典裏，似乎避免用三陽的字眼，到了㈥則以三天取代三陽，卽先天、中天、後天各有一次龍華大會來普度收圓，先天大會的日期爲三月十五日，中天大會的日期爲五月十五日，後天大會的日期爲九月十五日。運會與普度的觀念相互結合，形成民間教團彼岸救濟的思想，以其收圓來救度衆生，登上快樂幸福的彼岸。

5.「傳法」就是救度衆生的祕訣。㈠指出在第一運會裏，是以「阿彌陀佛」四字來傳法，衆生念四字彌陀可以修眞養性，隨天運轉；第二運會是以「南無阿彌陀佛」六字來傳法，衆生念六字彌陀可以明心見性，隨天運轉；第三運會以「十字佛」來傳法，衆生念十字佛可以開心悟性，隨天運轉。「十字佛」的內容如何呢？據清代清茶門教其十字佛爲「天元太保南無阿彌陀佛」（「清代檔案史料叢編」第三輯「清茶門教」）。㈡則將第一會視爲道教時期傳的是「玉液金丹法」，第二會視爲佛教時期傳的是「禪定眞如理」，第三會是「衆元人」時期傳的是「無字眞經理」。㈠、㈡是兩種不同教派的說法，先天道較偏向㈠的說法，㈢雖強調第三會傳的是「九蓮金丹道」，其十七品云：「十字佛，九蓮經，三極奧理。」類似㈠第十三品云：「九蓮經，十字佛，轉大法輪。」㈥則與㈠相同，認爲第一會所傳的是阿彌陀佛四字佛法，第二會所傳的是南無阿彌陀佛六字佛法，第三會傳的是十字佛法以及各種經懺口訣，先天道的十字佛爲「南無天元太保阿彌陀佛」（林萬傳，一九八四：五四）。㈤與㈡相類似，以老子配燃燈，第一會是道教在傳法，其方法是「修心煉性」，第二會是佛教在傳法，其方式是「明心見性」，第三會則是儒教在傳法，其方式是「存心養性」、「修身立命」。以儒家教化作爲第三會的主要傳法，與鸞堂系統相似，以實行儒家的心性功夫來契合天道，是傳統民間宗教在儒家教化下的涵化現象（鄭志明，一九八四：一五七－一六六）。就先天道寶卷而言，早期仍受明代寶卷的影響，普遍有佛教的色彩，乾隆到咸豐年間如闡道要言、破迷宗旨、坤道師表、歸原寶筏等書在內容上偏向道教，同治以後，偏向三教合一，具有以儒家爲宗的發展趨勢。這種現象值得學界再作進一步研究。

6.「續燈」與7.「掌教」是一體的，6.是指運會的主持人，7.是指運會的執行人。㈠稱爲三佛續燈，三佛的觀念，取自佛經，稱爲過去、現在、未來佛。燃燈佛爲釋迦授記見於「佛本行集經」、「佛說太子瑞應本起經」、「修行本起經」、「六度集經」、「金剛經」等經典。金剛經第十六、十七云：「過去無量阿僧祇刧於燃燈佛前。」「燈燃佛卽不與我授記『汝於來世當得作佛號釋迦牟尼』。」由過去佛燃燈爲現在佛釋迦牟尼受記，釋迦牟尼佛爲未來佛彌勒受記，形成民間宗教「三佛續燈」的龍華三會普度理論。第一、二會的執行者，在㈠中沒有明確指出，只泛稱三教教主老君、釋迦、孔子的救世功勞，在第三會中其執行者每一部經卷都有不同的說法，都以該教團的負責人爲執行者，反映出民間教團大多是以「天命」爲主的宗教結社。在㈠中其執行者爲「弓長老祖」是「天眞古佛」投凡竅，降生在「燕南趙北，中元之地，草橋關，桑園里，大寶莊。」（第三品）㈡的執行者白佛是「眞空」的化身，其第三十六品云：「過多時，將眞空，推下寶座；致在凡，身顚倒，不省道意。」㈢的執行者爲「彌陀」，奉命下凡到「九州漢地無影山前天心無爲府三心堂」，自號「無爲聖祖」。㈣仍稱「弓長祖」指的是先天道袁十二祖，爲「元始天尊」化生降臨在四川成都府。在㈡中其「燃燈佛」的意義，已被暗中轉爲道教教主老子，到了㈤其續燈直接稱之爲「道教」、「佛教」與「儒教」，在道教時期以燃燈、老君掌教，燃燈是「先天元神」，老子是「先天老陽」，在佛教時期以釋迦、彌陀掌教；在儒教時期以儒童、天元掌教，儒童是孔子分性，天元是彌勒化身，又云：「孔子是水老，水老卽儒童。」可見儒童是指先天道十三祖之後掌五行水部道盤的彭水德。㈥則認爲第三會的執行者應爲先天道第十三祖的楊守一與徐吉南，楊掌外，徐掌內，同開普度，共佐收圓。㈦的續燈關係則又創新說，認爲第一會由老聃（老子）續燈，燃燈掌教，第二會由燃燈續燈，釋迦掌教，第三會由純陽眞人呂洞賓續燈，皇極主人掌教。民間宗教重視天命眞傳，有一祖師就有一天命，造成民間教團紛立的現象，每一教團都自認爲自己是天命單傳，形成彼此的相互攻擊。其實在㈠中其第十七「諸佛鬪寶品」指出，除了由「弓長祖」掌教外，天上仙佛各領一件聖寶下凡扶助收圓，以致教派叢起。

但是如此說法仍在抬高自己教派的地位，未獲得普遍認同。

8.「度衆」其所謂衆生的數字，在㈠中已指出為九十六億，但沒有九十二億這個觀念，到了㈡以後第一會度回二億，第二會度回二億，尚餘九十二億，等待第三次收圓大會。有關衆生的名稱，各寶卷有其不同的稱呼，如㈠的「圓」，㈡的「靈」，㈢的「仙佛」，㈣的「皇胎」，㈤的「原人」，㈥的「原良」，㈦的「靈根」。九十六億人的誕生，㈠認為是無生母產陰陽，化生女媧與伏羲，然後產生下九十六億皇胎兒女。㈤則認為：道母以無極一元之眞，生人於天地之間，象天之陽者造男人，象地之陰者造女人，乾用九，坤用六，故道母運氣分性，生於寅會的男女，稱為九六原人。㈦採「分裂說」，指出老母由自性分下「一粒」，吹上眞氣，一粒化成二粒，二粒化成四粒，四粒化成八粒，霎那間化成眞性靈根，放在金盤裏，化成人形。有關九十六億原人下凡塵，迷失本眞，無法返回家鄉，亦有下列不同的說法：㈠老母因乾坤冷靜，世界空虛，將原人派往東土住世，却因人間的酒色財氣，迷失本性，埋沒靈根，而不知還鄉（也無法還鄉）。㈤無離鄉之說，以為人化生後，任生死於天地之間，因人心機巧漸生，以致沈淪於萬刼之中，㈤的論點在民間宗教裏是個很奇特的說法。㈦更具戲劇性，認為九十六億靈根，往人間投胎時，因對老母身旁天神蚩尤不加理睬，導致蚩尤帶了五魔來截斷衆靈根的歸路。龍華三會的設立，卽是另開一條大道普度衆生回家鄉，如此構成民間宗教「原人降世——迷途——歸回」的基本模式。

第四節　普度收圓

龍華三會的設立，主要在於普度衆生，接引九二億原靈，擺脫紅塵業障，尋路皈原返回家鄉。先天道強調末刼與災變，重視末後一著的普度功效，創立超生了死無上的修行法門。民間宗教的修行法門大同小異，各有少許的變化。但是，先天道的修行法有其特色，自成一套系統。

在「龍華寶經」裏，老母賜給了弓長祖普度衆生的五個法寶：「十分點杖」、「十把鑰匙」、「十樣眞言」、「十分口訣」，「十步修行」。此五種彼此又有連帶關係。「十分點杖」又稱「蘆伯點杖」，該書第十一品云：「家鄉領來蘆伯點，通行天下傳大道。一訣一點透崑崙，響亮一聲開關竅。」第十五品云：「蘆伯點杖透三玄，點透崑崙天外天。」蘆伯點杖用來點醒衆生的智慧靈光。在清代清茶門教裏仍保留「蘆木點杖」的儀式，用竹筷點眼，口念不觀桃花柳綠；點耳時，口念不聽妄言雜語；點鼻時，口念不聞分外香臭；點口時，口念不談人惡是非（「清代檔案史料叢編」第三輯，第六十五頁）這個儀式可能經過簡化了，在「龍華寶經」裏稱爲「十把鑰匙」，即以點杖爲鑰匙，打開人身上的限制，總共點十次，稱爲十把鑰匙，第一把稱爲「混元鑰匙」，用來點開都斗玄關，出身門路；第二把稱爲「通天鑰匙」，點開聖六門，放大光明；第三把稱爲「靈芽鑰匙」，點開八卦，陰陽知覺；第四把稱爲「法輪鑰匙」，點開九鎖，九宮安身；第五把稱爲「圓明鑰匙」，點開佛門，睜開慧眼；第六把稱為「先天鑰匙」，點開三身，現顯圓明；第七把稱為「白雲鑰匙」，點開四相，分身變化；第八把稱為「金光鑰匙」，點開五眼，獨透蘊空；第九把稱為「天元鑰匙」，點開六通，家鄉聖景；第十把稱為「金剛鑰匙」，點開五蘊，空身出現。

「十把鑰匙」又稱「十分大點」，必須配合「十步修行」，第一步修行的內容是恰定玉訣，開閉存守；第二步修行的內容是先天一炁，穿透中宮；第三步修行的內容是捲起竹簾，廻光返照；第四步修行的內容是西牛望月，海底撈明；第五步修行的內容是泥牛翻海，直上崑崙；第六步修行的內容是圓明殿內，性命交宮；第七步修行的內容是響喨一聲，開關展竅；第八步修行的內容是都斗宮中，顯現緣神；第九步修行的內容是空王殿裏，轉大法輪；第十步修行的內容是放去收來，親到家中，「十步修行」又稱「十步眞功」或「十步功程」，在修行的過程中，還必須配合眞言口訣，所謂「十樣眞言」、「十分口訣」指的是「十字佛號」，即「天元太保南無阿彌陀佛」，又稱為「無字經」，其詩云：「誓中傳留無字經，十步修行度衆生。晝夜下苦綿搭續，參禪打坐透眞空。」（第五品）又云：「十把鑰匙十步功，十樣點杖祖留行。十分眞言十樣用，十步修行點空身。」（第十五品）除了以上幾樣法寶外，尙有「四句妙偈」、「四相功夫」、「四時眞香」、「四家門戶」、「三皈五戒」來佐助個人的修行。

「龍華寶經」認為世間共有三宗五派，九杆十八枝的教門，共同地替佛傳法，扶宗闡教，化利人天，領有老母的寶物，接續蓮宗替祖傳法。但是各教派所引度衆生，要經過九陽關的考驗，才能赴龍華大會。在九陽關裏要經過六關，先由「萬壽母」搭橋對竅，次由「圓頓母」考證合同，三由「地花母」標名掛號，四由「金花母」標寫法名，五由「天眞佛」收源結果，最後由「弓長祖」考證三乘。考核通過的有所謂「三場掛榜」即未能赴天盤的，先赴地盤，未能赴雲盤的，先赴人盤；未能赴龍華的，先赴地華。要通過考驗最基本要有二個條件，第一要有眞寶，第二要有功勞。眞寶是充分必要的條件，但是必須有修行，所謂「有修證標名掛號，無修行撲了頑空」，依修行的功績大小，在龍華會上有不同的地位。達到上乘祖師果位的，頭戴金花兩朵，手拈龍華一枝，十字披紅，相伴古佛續宴；達到中乘祖師果位的。頭戴玉華兩朵，十字披紅，手拈玉華一朵，分班次而坐；達到下乘祖師果位的，頭戴絨花，手拈金華一朵，十字披紅，兩班站立；無修行的人，有花無紅，各著執事，玄關外伺候，爲諸佛護法；無功無果的人，趕出雲城。

「皇極金丹寶卷」也重視法寶的傳承，在第三品裏，世尊傳給彌陀教主有七件法寶，即「眞傳訣點」、「祕密玄機」、「下落大事」、「明暗消息」、「皈家奧旨」、「十步玄途」與「三極查號」等收圓寶物，另外還交付協助傳法的寶器有混源册、諸佛蓮宗、明山寶地、皈家表文、九蓮捷要、三極香火、誓狀、投詞、修行執照、文引、關批、皈家牌號、守字合同、家鄉地位、皇極祖根、玄關門戶、妙竅眞一、金爐玉鼎、五信知覺、囘途祕指等二十件。在「皇極金丹寶卷」裏仍保留了「蘆伯點杖」的儀式，第五品云：「蘆伯點杖透天玄，透出天玄天外天，崑崙頂上春雷吼，觀見原身方寸間。」其「眞傳訣點」簡化了「十步大點」，只保留了一點，俗稱「點玄關」或「點香功」的儀式，以香枝來點破人的玄關，現出通明本色，如云：「指清一竅知來蹤，曉去路方入玄爐。透三玄分子午丹，歸玉鼎得成妙

果。」其十字偈云：「金丹道透皇極親傳直指，點玄關通天竅鬼懼神驚。」（第五品）

先天道所謂的「金丹」即是打開玄關一竅，如第十一品云：「杳冥一竅九玄中，一點眞如逈太清。」第十三品云：「懸虛一竅，金丹出鼎；藥產西南，指陰陽逆生順死。」第十五品云：「金丹道竅通玄妙。」第十六品云：「金丹成就過玄關。」又云：「大道分明一竅玄，金爐玉鼎用工參。」除了點玄關外，口訣也相當重要，口訣亦稱「無字經」，如第十九品云：「金丹妙理，指示分明，包含無字經。」另外尙有「八件修行」，認爲當今教門繁多有三千六百傍門，一萬二千小法，有的領有天命，所謂天命即是「八件修行」，在三會之前，「八件修行」的數目如下：第一件是赴會雲牌十萬九千七百三十七個，第二件是當機查號九千九百蓮宗，第三件是皈家表文一萬五千道，第四件是有名香火八萬四千個，第五件是生死誓狀四萬八千個，第六件是原來聖性九十六億，第七件是九十九樣談章，第八件是三百七十五樣消息。到了第三運會時，這「八件修行」賸下十萬八千赴會雲牌，三千六百一十六當機查號，九千九百皈家表文，三萬六千扣雲香火，二萬七千復業誓狀、九十二億眞空本體，三十六樣道德談章，一百八十一樣消息。

這八件修行主要是爲了赴古雲城龍華會時察核時用的，那時有五公佛來三盤九考，有牌有號的賢良玄中等人被白雲接引上崑崙，其十字偈云：「九陽關考修行凡察聖賢，三元神合同對較證殘零。功夫到行願深眞佛出現，天外天無色界相伴無生。」（第二十品）在「皇極金丹寶卷」裏也有「十步」的字眼，可能採用了「龍華經」十步修行的概念，如第十九品云：「加勇猛依十步清規保守，玉部上留名姓拔楔抽釘。」第二十品有「十步工」一詞云：

「立誓狀標投詞骨格不少，十步工修完了得覲圓明。」

「皇極金丹寶卷」以後，先天道將普度收圓集中在「點玄關」、「傳眞言」、「對合同」與「九轉還丹」等四個工夫上，將前人傳法的方式加以改革簡化。先天道與其他民間教團最大的不同，是以「金丹」作爲普度衆生的依據，在金丹寶卷第三十二品裏有所謂「九蓮正宗金丹祕指」，形容爲「展開則六合彌滿，收來則一竅懸明」，金丹祕指又稱「祕密玄機」，經過祖師的指點，就可以進入金丹本分鄉，齊赴龍華摩尼會。「金丹祕指」到了晚出的經卷多稱爲「一竅玄關」或「點破玄關」，是該教信徒修行的第一步，據道光年間「十二月唸佛歌」云：「一竅玄關傳正法，三教眞經一字猜。一字是把無縫鎖，我今送下鑰匙來。拿來打開無縫鎖，明明朗朗現本來。只要廻光並返照，和合陰陽結聖胎。」亦卽玄關一竅是人性本眞，經明師指點，就可以獲得返鄉的憑據，所謂「天堂掛號」、「地獄除名」，故續云：「一竅玄關了生死，兩半威音躲無常。」咸豐年間的「廣野歸原寶筏」云：「信授著一竅兒能躲無常，入大道受皈戒名登天榜，領佛旨地獄裏抽丁拔黃。」玄關是人類生命的樞紐點，要普度衆生就必須點破衆生的玄關，同治年間的「太和堂書帖」將先天道玄關的觀念，作更詳細的說明：「玄關就是無極圈，悟徹玄關非等閑。八萬四千一炁貫，三百六十骨節穿。五炁精華五德現，人身明月小地天。點破玄關通天眼，千佛不敢亂傳宣。只因刼運來得險，纔傳一字在南閣。要度嬰姹回家轉，超拔衆生返本原。」在點玄關這個儀式，屢見「一字」的記載。所謂「一字」，可能就是「一」字，在玄關上以「一」字形懸空點開。

在點玄關的同時，要傳眞言，又稱「無字經」，如「十二月唸佛歌」在「一竅玄關了生死」句前云：「無字眞經明心念，識得本來見得娘。」「萬年歸宗」云：「鍊金丹，要誦無字經。」唸眞言在於透露玄關裏的靈光，光緒初年間的「衣缽眞傳」云：「玄關竅裏藏眞經，人物登從性命生。有緣得此一眞經，超生了死得安寧。」又云：「玄關裏面一眞經，無文無字有眞靈。昔日達摩傳一本，能教萬法盡通明。」光緒年間「十字詞」云：「達摩祖末後的一著再傳，無字經玄關竅本來面顏。」點玄關與誦眞言，連稱爲「口訣指點」。

點玄關只是入道儀式而已，眞正的修行在於「九轉還丹玄功」，光緒末年的「鳳山盤道」云：「他傳我眞空法同離苦海，點玄關開九竅現出元神。採藥苗煉仙丹火候玄妙，九轉丹九步功九九成眞。」「九轉還丹玄功」又稱「九節玄功」，其名稱爲㈠築基，㈡煉己，㈢採藥，㈣得藥，㈤進火，㈥武火，㈦文火，㈧沐浴，㈨退符。每一節修煉必須由明師授於口訣與合同。合同是一種手勢或指訣，是禮佛和煉丹時所抱持的手勢。合同也是進入龍華會的憑證，如「鳳山盤道」云：「三關九口菩提道，三盤九問進雲城。佛祖答查來對號，菩提又令對合同。賢良對上無爲號，皈家認祖見無生。」

第五節 小結

先天道是民間教團中發展比較良好的一支，基本上仍屬於明代末葉以來三刼歷轉三世佛掌教的宗教系統。探討該教的宗教本旨，實際上可能擴展到其他民間教團，具有涵蓋性的意義與價值。僅依據前面幾節的敍述與辯證，將先天道的宗教本旨，作如下三點結論：㈠民間世俗性的宗教，㈡積極天命性的宗教，㈢彼岸救濟性的宗教。簡單概述於後：

㈠民間世俗性的宗教

就前面所引用的寶卷看來，其文字趨向於俚俗化與口語化，內容則具有平淺與雜揉的性格，是來自於基層社會屬於一般民衆的宗教讀物，撰寫者大抵上是鄉間的知識分子，程度參差不齊，其作品的對象主要是針對教育程度較低或未受教育的人，利用簡單的閱讀或口語的傳授，來帶領信徒進入其宗教領域，以其信仰理念來安頓鄉民的社會生活。寶卷所反映的文化現象僅是基層社會的通俗文化與思想形態，就知識理性而言，層次不是很高。難怪有人會如此感歎：這種荒誕不經的神話解釋，有什麼根據？憑空揑造之詞，其徒衆居然也深信不疑，其愚騃之極，叫人驚歎（雷天居士：一九八四：四十一）民間宗教的信徒眞的是愚騃之極嗎？還是民間另有其自成體系的社會結構與文化形式，鄉民自有其生活傳統與價值理念呢？

就寶卷的內容言，它具有通俗性的社會意識來引發鄉民的共鳴。所謂通俗性的社會意識不同於一般理性的哲理智慧，它可是只是一團破碎支離、東拼西掇、雜亂無章的混合性結構體罷了，是以自我利益爲基礎，在社會結構脈絡下所形成的集體意識，祈求能在現實的生活中離苦得樂，避免受到創傷，使精神有所寄託。宗教信仰是一種最普遍的社會意識，它具有生存的功能，可以彌補安慰人民在實際的生存過程中所形成的挫折與憂慮心理；也具有整合的功能，使個人擺脫精神上的衝突，使社會避免形式上的矛盾，以求人類的團體生活更加的和諧美滿。寶卷卽是基於這種宗教性的社會意識，來聯繫人與環境的密切關係，產生有效的組合力量，維護社會文化與人格特性的發展。然而民間的這種社會意識，受到民間各種文化訊息的影響，經過教化等傳播媒介，聯繫了鄉民共同的認知情境，以求架構一致的生活規範與人生體驗，獲得心靈秩序的平和與心理情緒的發抒。這些文化訊息包括佛教道教等宗教的教義與儀式，傳統神仙鬼怪的故事與傳說，古今名賢聖哲的名言與教訓等；在明代寶卷可以看出民間宗教取材於佛教的傾向相當地濃厚，但是先天道的經典自乾隆年間「闡道要言」以來偏向於三教合一，甚至以儒家爲宗，積極地提倡道德與倫理，很明顯先天道接受了儒家的文化訊息，使其雜揉在原來的信仰上，以達到個人與社會安定的文化效果，如道光年間的「八字覺源」，以完教的語言來詮釋「孝」、「弟」、「忠」、「信」、「禮」、「義」、「廉」、「恥」等意義與精神，如云：「由義路，充義氣，爲義人，壽義魄，以自修自度而自超焉可也。」將儒家思想帶入到先天道的宗教禮系裏，是由於儒家的道德思想經過長期的教化推展，已支配了社會的倫理價值，是民間教團不可忽略的文化訊息。李亦園認爲我國傳統宗教體系的特色一向是超自然信仰系統與道德倫理系統有相當程度的分離（一九八二：八九），但是民間世俗化的走向，則傾向於將道德與宗教結合，以神明的權威性來架構維持生存的道德倫理，以道德的實踐來加強修道信教的力量，這種現象幾乎成爲基層社會的一種文化特色。民間宗教就是利用這種文化現象，深入到民間社會意識的底層，利用宗教的形式來彰顯民間的通俗文化。

先天道是一個世俗化的宗教，在說明先天道來自於民間的生態環境，而且以這個生態環境的文化訊息，爲鄉民開闢出一條新的認知途徑與一套符合生活穩定要求的宗教體系。這種宗教體系，可以說是社會文化的綜合表現與發展，混融於社會基層的生活習俗中的一種地方性的教階威權。如此形態的宗教其最大的優勢，是與民衆結合在一起，具有溝通大傳統理性智慧的文化特質，也有教化小傳統一般百姓生活理念的同化作用，但是其劣勢則因爲常民文化的通俗性與平淺性，缺乏向上超拔的提昇力量，在教義化的通俗性與平淺性，缺乏向上超拔的提昇力量，在教義上一直停留在雜揉各教的宗教理論，作爲信仰的驗證，難以開拓出具有理性教義的高級宗教。

(二)積極天命的宗教

在前面的敍述中屢次提到「天命意識」在先天道中的重要性。其實任何宗教都有天命意識，架構出人與神之間各種脈絡結構，但是先天道(包含其他民間教團)幾乎將其教義全部擺在人與至上神(無生老母)之間天命傳承的關係上。人是完全附屬於神，而神也在照顧著人，以其無上的權威或懲罰，以維持宇宙的法則與秩序。並且經常派遣使者或親自分靈下凡，來普度衆生，挽救世間的危機。因此，先天道的宗教體系是架構在積極性的天命意識(或者稱為極端性的天命意識)裏。

先天道的祖師都是上天神佛的化身，奉承天命來普度衆生，如「道德淺說」將先天道內部傳承的關係作如下的解說：「六祖將大道帶歸火宅，傳與白、馬七祖，雙承道脈。七祖傳與羅八祖，八祖在唐朝知時候未到，隱道皈天，背有通天鎖鑰，皀袍靈文，算得九祖，將來出在黃家，卽將此文，設法塑在黃氏家祠，達摩初祖聖像腹中。後到清朝康熙年間，九祖出世，重修初祖聖像，拾得皀袍靈文，方纔覺悟，神遊天宮，受八祖之心傳，承紹道統。九祖傳與吳十祖，十祖傳與何十一祖，十一祖傳與袁十二祖，十二祖知三期刼至，非道不能挽囘，于是選定陰陽五行，三花十葉之葉，方將道統傳與徐楊十三祖，命徐掌內，楊掌外，同開普度，此時天人交接，天事付於人爲。」在「龍華寶經」裏，因當時民間教團派支繁多，並沒有「天命單傳」的觀念，先天道祖師的「皇極金丹寶卷」承續龍華寶經的說法，也無「天命單傳」的觀念。但是晚出的先天道經典，創立了道統說，依託於禪宗六祖惠能，以「道傳火宅」來肯定民間教團的合法性與歷史意義。以九祖奉承天命來切斷先天道與其他民間教團的血緣關係，使得「心法暗傳」、「天命獨承」成爲該教團宣教的主要特色。

相傳第九祖黃德輝是「元始天尊」的化身，十祖吳紫祥是「文昌帝君」的化身，十一祖何了苦是「九天斗母」的化身，十二祖遠退安是「元始天尊」的化身，十三祖楊還虛是「觀音古佛」的化身，十三祖徐還虛是「彌勒古佛」的化身，將祖師視爲天上神仙秉天命轉化而成，仍是一種類似以「靈媒」爲中心的巫術活動。這種巫術活動也是民間宗教成爲高級宗教的障礙。如從每一位祖師所刊行的寶卷分析，每一個祖師都重複演述三期普度的教義，而以自己爲白陽期的收圓祖師，如此以個人爲中心的宗教活動，使宗教的傳承極爲不易。而且這種以天命爲主的宗教，同時會發生來自於內部與外部的紛亂，內部的混亂是由於弟子的爭立，如第十三祖後有所謂道統混亂，群魔爭奪天盤，而實際上是每一個弟子都自命神仙下凡，獨傳天命所造成。一貫道所謂道統暗傳山西姚鶴天，也是來自於這種天命意識，其實先天道自身另有其傳燈譜系。這種宗教性的發展，使得同一個淵源化生出許多教派，而彼此又會爲「天命」的眞假相互攻擊而爭論不休。所謂外部的混亂，主要是先天道的客觀環境不是很良好，信徒奉道常會造成許多困擾，先天道建立「魔考」的觀念來加強信道的虔誠，但是效果不是很好，可能因爲既然是「天命獨傳」，至上神應該特別照顧，怎忍心借其他理由讓衆生再受苦難。

㈢ 彼岸救濟性的宗教

先天道的「三期普度」與其他民間教團一樣，重視人世間的苦難，希望透過宗教的情懷，以無生老母的救世熱誠來解除個體生命的恐慌，以逍遙自在的樂園世界來滿足人類永生的冀望。先天道的寶卷一再地透露著如此的心聲，如「皇極金丹寶卷」云：「但能殼死凡心追求聖理，到安養極樂國擺脫樊籠。入皇極清虛府杜絕生死，續傳燈歸戊已福慧隆崇。」先天道所謂人世間的苦難，不單是肉體上的生老病死，還包括了轉四生六道輪廻的地獄艱辛，如乾隆年間「闡道要言」云：「欲求了死，必求了生；欲求了生，必求超生。若遇明師指示大道，地府抽名，天宮紫府掛號，則可以躲避閻君，不落無常之手。」以修道悟開竅顯眞的方式，解脫身軀假我的限制，大致上是受到佛教教義的影響，如同治年間「太和堂書帖」云：「天地是臺人是戲，離合悲歡總非眞，認假爲眞眞是假，迷眞逐妄昧歸程。假的駝起眞的走，眞的反被假的坑，眞眞假假人難識，因此沉淪幾萬春。幸遇諸天開眼道，直指當來出世因，有緣有分隨吾進，斗牛宮內訪根生。」

傳統社會在佛教、道教長期的教化下，彼岸救濟性的宗教理念，已成傳統社會生活中的一部分，民間宗教只是將這種與中國社會結構調和的信仰予以組織化，有其特殊的民間文化意識與社會教化功能的價值存在，迎合了下層社會一般民衆的宗教需求。如此的社會與宗教現象是不容忽視的，希望我們能主動關懷與參予，考量民衆文化的價值趨向，疏導向合乎理性文明要求的現代化生活。

參考書目

白秀雄等 一九七八 現代社會學。台北：五南圖書公司。

李世瑜 一九四八 現在華北祕密宗教。台北：古亭書屋一九七五翻印。

李亦園 一九八二 台灣民俗信仰發展的趨勢，載民間信仰與社會研討會論文集。台灣省民政廳。

宋光宇 一九八五 龍華寶經。台北元祐出版社。

林萬傳 一九八四 先天道研究。台南：靝巨書局。

莊吉發 一九八二 四海之內皆兄弟——歷代的祕密社會，載中國文化新論社會篇。台北：聯經出版公司。

雷天居士 一九八五 清代民間宗教信仰的社會功能。國立中央圖書館刊第十八卷第二期。

一九八四　諸佛輪値掌天盤的荒誕。中國佛教第二十八卷第四期。

鄭志明

一九八四　台灣民間宗教論集。台北：學生書局。

一九八五　無生老母信仰溯源。台北：文史哲出版社。

曾子良

一九七五　寶卷之研究。政治大學中文研究所碩士論文。

澤田瑞穗

一九五五　龍華經の研究。日本跡見學園紀要第二號。

一九七五　增補「寶卷の研究」。東京：國書刊行會

第十二章　台灣一貫道的基本教義

第一節　淺說一貫道教義的研究

在保障宗教合法權宜及民衆信仰自由的前提下，內政部於民國七十六年元月解除對一貫道的禁令，使信仰「明明上帝」的民間教團能夠化暗爲明公開傳教。但是在長期被壓抑與歧視下，仍不免受猜疑與誤解，雖經大衆傳播與輿論的報導澄清了許多對一貫道的不實傳聞，可是在公權力濫用的嚴重錯誤下，尙有保守的宗教團體與人士仍然以邪教來看待一貫道，反對政府這項解禁措施。

一貫道是屬於中國傳統社會自發性的民族宗教，依存於通俗信仰的生態環境上，在教義思想上反映出民間文人或鄉土百姓的意識形態，難免粗俗簡陋，雜亂而不成章法，屢被正統的知識分子與宗教人士所詬病與非難。民國六十九年拙作「疏導台灣當今祕密宗教」一文❶已注意到一貫道內在教義的本質問題，客觀地分析民間教團的社會功能，希望一貫道能全盤考核其教義，保存與發揚其不違反社會道德與善良風俗能航導人類爲善的宗教性倫理。這七年來，一貫道的出版事業發展快速，對於其教義的闡揚與傳播助益不小，在理論上有新的建樹與突破，有值得再作分析與研究的必要。

近年來有關一貫道的研究，除了宋光宇所作的調查報告外❷，對該教的教義研究大多基於研究者不同的宗教目的，如雷天居士的「一貫道探隱❸」是以佛理來指責一貫道在教義上的俚俗性格，董芳苑❹與王光賜❺則基於基督教的神學觀念來批判一貫道的基本教義，蘇鳴東❻與林萬傳❼等人以護教的立場宣揚一貫道教義。本文寫作的角度偏重在分析一貫道宗教思想的形成及其義理結構，瞭解其教義的客觀本質與內在困頓，希望以理性的學術良知，表露出民間宗教的眞實面貌。

第二節　一貫道的天道觀

一貫道的宗教儀式與基本教義大致上承襲著清初的先天道，先天道的宗教功能與文化意識則不出明代末葉以來三刼歷轉三世佛掌教的宗教系統，拙作「台灣先天道的宗教本旨研究❽」已從歷史傳承的關係探討其教義的淵源與發展，故本文直接就其已有的教義形態來作分析，探討其形而上義理思索的內涵與趨勢。

一貫道又稱天道，其宗教的終極關懷在於闡明一貫眞理的先天大道，以養心悟性的內功，拯救善信以返理歸眞，躲避生死輪廻與末世災難。因此「道」或「天道」成爲其宗教形上理念的重要核心，幾乎是化生天地萬物的宇宙主宰，也卽其所謂的天道來自於中國原始宗教的天帝信仰，具有神義性與自然性的形上內涵，使其道或天道有著至高無上與統攝萬有的意義，有時它是位有德性、有威嚴與具有博大性質的神靈，如稱為「明明上帝」，又因其位居無極，而為開天闢地生人之道母，故又稱「無極老母」❾；有時又強調道只是秩序性或法則性的自然現象，是天地萬物所遵循的變化律則而已，由天地的自然運行生物化育，涵攝了人之所以為人的形上概念與存在模式，如一貫道強調「道」是性理的本體，就是無極眞理，乃吾人之天根，性命之大源，乃是萬古最神祕的「性理眞傳」口授心印的祕寶❿。由此可見一貫道的天道觀同時涵攝有神義性與自然性的形上理論，認為「道」具有超越經驗的宇宙論第一因的性格，承認宇宙創生的背後有一個指揮發動的權威主宰，而此一主宰又具有自然律則的形上原理，是內在於經驗事物之中，成為範鑄萬物的形式力量。

一貫道對「天道」的基本陳述及義涵時，同時兼攝了傳統社會宗教性與哲理性的文化意識，形成一種雜揉性的思想性格，充滿了豐富的歧義性與衝突性，較難作整體性的分析，尤其在不同的著作中潛存著非常嚴重的理論縫隙，很難自圓其說，保持其義理上的完整性。就一貫道早期經典對「道」的詮釋，大致上分成下列四義：㈠神性義㈡運命義㈢自然義㈣德性義⓫來加以說明：

甲、神性義：

1. 宇宙造化的創生者。

a 道學新介紹：「道能生成一切萬物之基本因素，為宇宙眞正本體，體用合一，實有不可思議之神妙能力。」

b 人生寶鑑：「道經云，大道無形，生育天地，足徵天地之源出於道，未有天地，先有此道。」

c 一貫道疑問解答：「因無極而有生育天地人類萬物之功能，是由無形而生有形，因有形而有名，是爲母，所以稱之爲無極老母。且無極既能生育天地萬物，而爲天地萬物之主宰。」

2. **無所不在的發動者。**

a 認理歸眞：「大而無外無所不貫，小而無內無所不包，彌綸天地包羅萬象，萬靈之主宰也，故曰：天地雖大不得此妙道不能成，人物雖靈但不得此道不能生。」

b 道學新介紹：「天地元始，渾渾噩噩，無聲無色，空而至靈，虛而至神，尊之曰無極，雖然空靈一團，感應萬變，爲宇宙之原素，爲萬有之本源。」

3. **至尊至貴的主宰者。**

a 率眞進修錄：「古今中外，男女老幼，皆有上帝、天父、我主、老天爺等等之尊稱與崇拜，可是這種稱呼與崇拜，其意義究爲何在？固然稱呼是個代名詞，然實際考察，確乃無形無象，至尊至貴，至清至虛，至中至正的一點眞理。」

4. **立功證果的執行者。**

a 覺路指南：「語云：不受魔難不成佛。蓋有眞道，即有眞考。考所以驗眞僞，魔所以改過失，不考則眞僞難辨，不魔則過失難改。」

b 出世必要：「於汚穢中修清淨，於火坑中種蓮花，這種纔是大智慧好賢良。凡正心誠意，死不退道之人，上天定然愛惜，替你消解災星。」

5. 博愛救民的濟世者。

a 道學新介紹：「點破千古不傳之秘竅，啓發人類久塞之理智，衝破中西文化之壁壘，肇開世界萬世之太平，灌疏人類各級層之道德精神，奠定萬國永久和平之基礎。」

b 一貫道疑問解答：「道是萬類生活之要素，是支配萬類之主宰，是一切有情之教主，是至虛至靜之眞理，是至聖至靈之玄德，吾人不可一時一刻得以脫離者也。」

6. 歸根認祖的始源者。

a 認理歸眞：「知此道者可返本還源，成仙成佛；迷此道者墜入輪廻苦，變爲陰鬼。」

b 明體達用：「諸天仙佛，所以能成爲大羅金仙，就因爲他們明達此理；世界衆生，爲什麼流浪在生死苦海中呢？亦由於迷昧這個本體。」

乙、運命義：

1、道安排個體的命運。

a 率眞進修錄：「道卽理，理卽路，萬事萬物，由道而生，故萬事萬物，亦各具其理。天有天理，地有地理，人有性理；天生理則星斗亂度，地失理則山崩川溢，人失理則倫常乖舛。」

b 明德新民進修錄：「道卽理也，在天爲天理，在地爲地理，在人爲性理；此性理乃聖聖相傳之心印眞法。」

2. 道支配生活的律則。

a 覺路指南：「修行家應認淸道心慾心，凡道心所發，要充分發揮，凡慾心所動，要澈底消滅。」

丙.自然義：

1.道具有普遍性。

a三教圓通：「嘗聞千古以上，此心此理同；千古以下，此心此理同；即四海內外，凡天之所覆，地之所載，血氣之類，此心此理，諒亦無有不同者。」

2.道具有自存性。

a認理歸眞：「按這本性，來自無極理天，在天謂之理，又謂之天命，賦與人則謂之性，又謂道心，良心，循此性（良心）而行，即謂之道。」

3.道具有恒常性。

a道義疑問解答：「在天謂理，在人謂性，理者萬物統體之性，性者物物各具之理，人人有而不知其有。知此者，大化聖神；迷此者，墜入鬼關。」

4.道具有統一性。

a道學新介紹：「道是理的假名，理天而無外，小而無內，放之則彌六合曰『一』，卷之退藏於密曰『〇』，無所不包，無所不貫，彌綸天地，貫澈十方，萬物之眞宰也。」

丁.德性義：

1.道是人倫的終極價值

a認理歸眞：「道是可以超生了死，脫輪廻登西方極樂理天，躲凶災，脫刼難，解寃孽，消罪愆，改命運，出苦海，眞有不可思議的妙處。」

b三教圓通：「天者萬物統體之理，性者萬物各具之天，人倫之父母也，大小有等，先後有序，而五服之親，五品之爵，由此而分矣。」

2.道是道德的全體朗現

a一貫道疑問解答：「吾道原是以理教人，以善化惡，入道以後，舉凡一切不良習慣及不正當嗜好，皆當屏去淨盡，方不失為一貫之忠實信徒。」

b道義疑問解答：「道之宗旨，敬天地，禮神明，愛國忠事，敦品崇禮，孝父母，重師尊，信朋友，和鄉鄰，改惡向善。講明五倫八德，闡發五教聖人之奧旨，恪遵四維綱常之古禮，洗心滌慮，借假修眞，恢復本性之自然，啓發良知良能之至善，己立立人，己達達人，挽世界為清平，化人心為良善，冀世界為大同。」

一貫道對天道的理解，來自於中國文化傳統裏豐富且多姿的宇宙意識，繼承了中國人心靈旁通統貫的哲理智慧。可是就一貫道的核心思想而言，是扣緊在具有宗教意味的宇宙意識上，將「道」視為一有意志、無所不在、具有智慧與無上權威，能代表人間正義公理的存有⑫，而不是落置在理智反省的哲理思辨上加以調和融通，因此其義理形態不能相應於由哲理性宇宙意識所展現出來價值體系，又因一貫道強調宗教體驗，不要求形上思考的周延性，使其對道的詮釋停留在「什錦式」與「雜拼式」的階段，如「明體達用」中云：「收圓已到，大刼臨頭，也沒有這麼多悠閒時間。何況各教經典，浩如煙海，多不勝數，讀不勝讀，而且各教經典總綱，都是闡明道的體用，來作收圓憑證的，全是發道的助機。」一貫道這種類似反智的言論，並非只是自圓其說的心態反映罷了，實際上從其教義的內容而言，很可能承襲了宋明以來的心學傳統，予以扭曲轉化，將心學的宇宙意識安置在宗教信仰之下，亦卽「宇宙卽吾心，吾心卽宇宙」的由體顯用之致良知工夫，成為一種解脫生死的無上法門。如前面詮釋道體所使用的語言大多脫胎於理學的範疇，可是就其形上意境而言，環繞在神義性的道體觀上，引申出解脫生死離苦得樂的宗教性功能，喪失了心學由良知本體說知行合一的實踐精神，反而由六經皆我註脚的簡易直捷之心性工夫上導入到全知全能的宗教境界上。因此，欲了解一貫道的形上主張，不能停留在字面上的語義解析，必須彰顯其自主性與獨特性的宗教意識與信仰情懷，才能眞正掌握其借用大道以描述超自然力的存在威權，作為宇宙眞理共同來源的理論架構與詮釋系統。

就道的形上意義而言，神性義、運命義、自然義與德性義正是道不同的四個面相，或四種典型的思維方式，也可說是中國形上學不同的詮釋體系，其對於彌貫天地萬有以及生命大化流衍的演繹系統，各有著不同價值中心觀的本體論。當這些相異形態的文化遺產同時展現在傳統社會的生態環境裏，是相互排斥呢？還是相互涵攝呢？唐君毅認為中國社會對於宇宙人生有著「通彼是物我」之大慧⑬，如三敎同源、三敎一家成為民間固有的思想形態。然而不同演繹系統的思想形式與內涵，如何互攝與密接為至善完美的最高價值統會，仍有賴於知識理性的超拔提昇，臻於更高明圓融的文化境界，但是傳統社會的文化意識無法完全從原始的宗教和神話的氛圍中掙扎出來，尤其宋明以來知識主體的形上理念，雖然展現規模宏濶內容繁富的思想體系，一轉到宗教信仰的教義內涵時，知性的理念都被替代為感性的教條，產生宗教的威嚇效力，因此運命義、自然義與德性義的「道」，也被重新利用與組合到神性義的「道」上，使「道」一方面是高高在上而又明鑒於下的主宰，一方面又只是生化萬物的普遍性與規範性的法則，但此法則常被用來證明其具有主宰人生社會及自然界的超能力。

就一貫道的早期典籍來說，仍受到傳統老式的教化方式所支配，延續了舊有的文化理念與認知體系，大量地引用儒釋道三家的文字與觀念來陳述其宗教理念，而其用來詮釋其信仰本質與修道心法的文字往往被斷章取義與穿鑿附會來自圓其說，不僅未能相應於其原有的開創性精神，反而蘊育著背反的矛盾性質，擠壓出純爲宗教利益的神話式語言。如「三教圓通」云：

> 道心理也，上應至靜不動天，此生天生地，常而不變之天也，造此者謂之聖域，儒曰大成至聖，釋曰大覺金仙，道曰大羅天仙。三教歸一者，歸於理也，故儒曰天理流行，道曰三品一理，釋曰一合理相，言雖不同，而理則一也。

一貫道頗能利用中國語言文字與思維方式的特色，不偏重在抽象化、理論化、邏輯化的外在系統性的表達方式，往往比較實際的、貼切於人生的，有內在系統而無外在系統[14]，但是這個內在系統保留著語言文字的注疏性傳統，用簡單的語句與形式，留有著許多自由詮釋的空間。方東美將注疏性的文化形式稱之爲妙性文化，貴在絜幻歸眞，人與自然彼此相因，流衍互潤，蔚成同情交感之中道，只有在這大方萬隅大道不滯之中，始能淋漓宣暢生命的燦溢精神[15]。所以當批判一貫道教義的雜亂無章時，反而會被指責太著重在外面的表象上，根本無法進入其盡生靈本性的宗教心法。故就宗教形態而言，類似於不立文字的禪宗，重視明心見性的頓悟工夫，而一貫道在其道統譜系中也自己認爲承續六祖惠能的法統。輕概念而重性靈本就是中國文化的特色，但是並非將一切概念性的問題都交由超越性的性靈去處理，二者之間仍宣暢著活躍創造的盎然生機，由性靈的自然流露也襯托出觀念系統的水乳交融與圓通無礙。然而在一貫道的教義體系裏仍以含混的語詞留下了許多應解決而未解決的逼切性觀念問題，要求信徒以宗教性心法來旁通領悟。可是教義的本身也是屬於心法的一部分，根據心法所展現的原理來討論至善的起源與發展，也必須是完備而周延。如前引文謂「道心理也」或者可借用宋明理學的詮釋系統來加以說明，但是將儒釋道三教教理合而爲一，這裏存在著許多不同的進路，其所謂「理則一也」，是繼承了宋明理學作進一步價值領域的開拓，還是基於單純性宗教皈依所僞裝出來的美麗外衣。假如是後者，本文的研究也就沒有意義了，因此我把一貫道看成一個發展性的宗教，其思想的義理架構仍不斷在補白與修正之中，尤其過去來自於通俗文化的非理性成分，也遭受到時代的衝擊面臨著種種危機正在作內部體質上的轉變。

一貫道初傳台灣時，在教義上大多採用早期原有的經典，開壇講道稍嫌保守，較少突破其原有的義理形態作開創性的發揮。近年來教徒層面的擴大以及文化事業的興盛，在教義上能在舊有的基礎上作整體性的開展。比如對「天道」的描述，較能注意到宗教性格的一致性，舉「圓覺淺言」所作條列式說明爲例：

(1) 天道是靈性要回理天唯一的不二法門。
(2) 靈性是吾人之本性，現爲人身之主。
(3) 迷失天道不知生從何而來，死從何處去，則墜入地獄生死輪廻之苦。

(4) 得聞天道，即明師指點覺路，可使靈性歸回理天爲仙爲佛。

(5) 天道是無形無象，天上之祕寶。

(6) 天道是非時不降，非人不傳，非有德者不載[16]。

以上六點說明在內容上並無新義，已見於早期經典，但是其綜合性的條目，表明一貫道宗教信仰基本模式的幾點特徵：第一、天道是解脫生死的宗教性法門。第二、天道是天上祕寶不可隨便傳人。第三、欲聞天道必須接受明師指點。此三個特徵架構出其「天道降世普度衆生」的信仰理念，指出天道乃應時應運降世，旨在向衆人揭示宇宙人生的絕對眞理，點破衆生眞我所在，使之明心見性，重現本來面目，直返極樂理天。故一貫道所謂的「天道」就是指天所降下來的明路，其理由如下所云：「考上古之人，性本至善，道行自然，無爲而治，故無降道之必要，迨至中古，人類智識漸開，不知世道崩潰，人心反常，際此單憑人力無法挽救之時刻，無分中外，上天必差遣聖人降世，使大道洩機，假天人交接之機運，指出眞我之所在和修復之方法。如中古人心漸趨於惡，故有伏羲氏之降世，倡明道宗；春秋之亂世，有孔子之周遊列國，提倡王道；戰國時諸雄，人心陷溺，有孟子之倡行仁義。而耶蘇基督與穆罕默道亦皆於亂世中奉命臨凡救世。總之，每逢衆生之惡業過重，釀成刼運時，必有道運重現，是以道運必與刼運並降，一方賞善，一方罰惡，世道人心經過如此一番淘汰與澄清後，始可歸復正常而穩定。[17]」這一段申論很明顯地將中國自先秦以來錯綜複雜的道體觀予以統一化，強調是上天特別降下的一條明路以重建人天之間的合理秩序。如此的論調是將問題簡單化，是否相應於中國哲人用來傳達對宇宙人生之理解的道體觀呢？是很值得商榷。

可是在一貫道的教義體系，由其「天道降世」的理念開展出其所謂的「天道」就是中國所有普遍性客觀性之形上原理的共同來源，也因此其天道的內涵可由任何歷史文獻來加以驗證，此種心態幾乎民間教團共有的現象，而一貫道近幾年來因在「國學講習班」與不同層次訓練班⑱的推動下，引經據典來佐證其天道義涵之情形相當普遍。值得追問的是其所引用不同思想家的形上實體觀，其價值理序是否眞的具有一致性呢？如黃培鈺的「天道與信仰」根據中國古代經典將道分成三層意義，雖然收入部分文句作爲例證，第一項創造萬民萬物的道——道爲宇宙萬物之始祖本原，共十三條；第二項道是人和物所秉用的常理——道卽天理，人事理則，自然性理，共八十六條；第三項道是超越時空，越乎人物的永恒萬地存有，共六條⑲。其所根據的典籍有老子道德經、莊子、管子、韓非子、論語、大學、中庸、孟子、荀子、墨子、易經、左傳、周子全書、正蒙、程子伊川語錄、二程全書、朱子四書集註、朱子太極圖說解、朱子語類、象山先生全集、陳亮文集、袁燮粹言、王陽明傳習錄、六祖壇經等。雖然中國浩瀚的經典都可以拿來替宗教作註脚，但是這中間有個重要的關鍵點必須先作清楚的劃分，卽其所引用的文句仍範限於其原有的思想結構上，作某個程度的綜合比較分析，還是左右逢原式地斷章取義，隨心所欲地爲其宗教說法；若是後者，這樣的引經據典是沒有意義的，並沒有眞正地發揮了經典的註脚效用，只是將經典當作權威以便抬高自己的身價罷了。

企圖將中國形上意義的「道」全部納入到一貫道「天道降世」的宗教義理上，在本質上是相當困難，其中最大的難處有二：第一、中國各家思想能否相互統合消融，去建立一套綜括天下古今學術的新系統，返歸到「道」上下內外神聖明王的全體大用中，莊子天下篇已有如此的理想[20]，可是在學術的層面，如何統合各家思想融會貫通爲一道術整全的形上架構，是相當困難而有其自身不易克服的問題存在。而一貫道轉向信仰的層面上，試圖通過宗教的終極關懷，會通天道實體以實現人存在價值的內在根源，在其義理形態上是否能契合到原有的文化智慧呢？第二、一貫道所謂的「天道」是人間一切價值理序的終極原理，還是其背後尚有一個主宰宇宙的超越根據，如果是屬於後者的話，超越性的天道仍在神義性的天帝之下，如此強調中國學術思想的形上結構是無意義的，根本無法達到虛靜明照的圓滿智慧。

當然，這裏存在著一個很有意思的問題，那就是將超越性的天道安置在神義性的天帝信仰之下，會產生出什麼樣形態的價值理序呢？舉「修道程序」一書第一篇求道章第六章「誰是道的主宰誰能傳此眞道」爲例來加以說明：

> 若問主宰這道的隱顯，收降，或濟度，或涅槃，這個權衡的人是誰的話，這又當先知道這個無極的妙道，乃是視而不可見，聽而不可聞，體物而不可遺的，玄玄妙妙的物無其物，最幽玄最神秘的，天地神明，亦莫知其奧，聖賢仙佛，亦莫名其妙，誰人可能知其玄妙的真理呢？誰能主宰其權衡呢？故曰：「天上天下唯道獨尊，這個玄奧的獨知者，就是大道本尊的無上尊神，天人皆尊之曰：『維皇上帝』，佛之密敎，稱為『大日如來』，這個玄妙真理，萬古最極神秘，絕不輕洩的真傳。」是謂人「性理真傳」者是也，主宰這個極秘的真傳，要隱要顯，要降或收，濟度涅槃的權衡者，就是維皇上帝本尊的大命，故千佛萬祖，再上尊號，稱為「玄玄上人」，又稱為「明明上帝」。又因為宇宙間所有一切萬靈萬彙，皆由此無極的妙道所生的，

恰似萬靈萬彙的生母一般，故又尊諭之，曰「無極聖母」，這無上的尊稱，就是大道的本尊，卽是「性理真傳」的元祖㉑。

由此段敍述可知，一貫道肯定天道是存在界一切價值理序的形上原理，在整個宇宙生命創進不息的持續過產中，盡其參贊化育的天職，展現出圓滿自足的永恒精神。但是就一貫道的終極信仰而言，停留在這種純理的玄想境界並不會感到滿足，所以他接著要問：誰主宰了這個極祕眞傳的天道。由於天道具有玄祕奧妙的特性，其所導向而出的主宰也必須同時具有無限量的尊嚴與美善，亦卽主宰天道流行背後的操控者，其特性也是自有而無限存在的。也就是說其造化宇宙萬物的主宰，由無形無質的虛空境界，轉變成具有人格神性質，象徵客觀宇宙秩序的統治者，其本質上同時包含著「有」、「無」二個概念，如稱其至上神爲「玄玄上人」、「明明上帝」、「無極老母」等三詞，前二個字「玄玄」、「明明」、「無極」卽是空靈的「無」，後二個字「上人」、「上帝」、「老母」則是實體的「有」。將「有」與「無」兩個境界配合在一起，可以說是中國民間宗教，共有的特色，混合了形上思想與宗教信仰的一種溝通方式，這種現象或許可以說是基層社會民衆所常表達的一種思維方式，將抽象的哲理趨向於「具象化」的詮釋與發展，透過具體的事物來理解高妙的玄理㉒。一貫道在教義上由「天道降世」到「天命眞傳」，其內涵始終停留在「有」的形態上，與傳統形上智慧的空靈妙境所展現出「無」的形態，是有一段距離的。

第三節　一貫道的天命觀

一貫道將天道作宗教性的發展，主要也來自於中國民間人倫日用的思想主流，將「極高明而道中庸」的最高精神底境界，轉換成純粹至善的天定命令的宗教性權威，作爲一般老百姓賴以安心立命的憑藉。因此其所展現的形態，是具有眞切的實感，在主觀的堅持下可以保證其願望的實現。如一貫道的「天道降世」的觀念必須配合亂世末刼的思想，強調大道確已降臨人界，挽救陷溺，成爲維繫人心的堡壘，滿足人們消災解厄企求永生的現實需要。舉「歸眞之路」中，道所以救刼的基本觀念：

> 無極生化萬物，十二萬九千六百年為一終始，名曰元會，每元會，因氣象之變化，而有數期之刼數，現年午會告終未會初起。自開天以來約有六萬餘年，已有三期之分，第一期曰青陽刼，應於伏羲皇時代，第二期曰紅陽刼，應於周昭王時代，第三期曰白陽刼，應於午未交接之際。每期道刼併降，降道救善信，降刼收罪孽。刼由人造，道因刼降，道宏則刼消，故宏道所以救刼也㉓。

由「天道降世」到「天定三會」（或「三期末刼」），實爲明代以來無生老母信仰的基本教義。三期末刼的內涵及其演變，拙作「台灣先天道的宗教本旨研究」一文已作詳細的論證，故本文對該教一些基礎性的教義不再解說，請參閱前文。雷天居士的「諸佛輪值掌天盤的荒誕」、「生命發源論的探究」、「依五行運轉說建立三期普渡之謬」等文，從佛教義理與正統文化的立場強烈地批判一貫道三期末刼的荒謬，認爲這是大衆文化採用虛構學說，形成「積非成是」或「積虛成實」的文化現象㉔。雷天居士是以護敎的立場來指出民間宗教在理論上的荒誕怪譚，但若從民間文化上的通俗性格處來加以同情性的諒解，則其思想形態也具有某種層面上的意義。如一貫道的宇宙創生說是否能將其視爲一種宗教性的神話，與其他宗教的創世說擺在同一個位階上呢？或許有人會強烈反對，對爲一貫道的創世說是雜揉各家虛構而成，違反了既存的歷史事實。一貫道的創世說是否虛構，這要從其生存環境的歷史文化傳統來加以理解。小傳統的常民文化，建立在基層社會某些特定的認知經驗，以形成信仰、價值與態度等生活理念，這種生活理念是社群共享而又相互傳遞的社會遺產，其中傳說性的通俗演義性格相當濃厚，往往將歷史中的人物、事件給予具象化與平淺化。因此，一貫道屬於於宇宙起源與人生歸宿的敎義性說明，是寄生在民衆原有的通俗性認知上，也有通俗演義的性格。值得追問的是：這些較爲一般民衆所採納的敎義，本身是否具有神聖性的宗敎體驗，經由其特殊性的神聖感受，產生信仰與崇拜的宗敎性行爲。這已非知識上的問題，故對其神話式的三期末刼觀，本文不作理論性的批判，而當作一種客觀的現象加以描述。

前引文中元會的觀念是從邵雍的「皇極經世圖」引申而出，作爲三期末刼天道濟世的理論基礎，但是宋光宇認爲：「如果要推翻三期末刼的說法，只能從邵雍的皇極經世去存疑。」㉕這種想法與心態是不符合知識層面理性的要求，一貫道借用理學來說明其三期末刼的宇宙觀是否完全符合邵雍的原意，還只是借用其簡單的概念作宗教性的附會呢？參閱「道學心德」中所云：

一日十二時辰，一月三十日，一年十二月，三十年一世，十二世一運，三十運一會，十二會為一元，一元就是天地的歲數。一元有十二萬九千六百年，一會為一萬零八百年。現在天地已至午未交接年，人類在這一刼的天地已將有六萬年。申會入滅，酉會地滅，戌會天滅，亥會天地混沌，重新創乾坤。故在這時上天慈悲要叫回流浪兒，此時如果我們還不清醒，猶在醉生夢死於世界，將誤天時，則回天無期[26]。

一貫道實際上只是採用其元會運世的概念，未能深入到邵雍「皇極經世」寫作企圖：在窮日月星辰飛走動植之數，以盡天地萬物之理；在述皇帝王霸之事，以明大中至正之道，於是陰陽之消長、古今之治亂皆皎然可照元會運世的公式演進，在說明天地始終的歷程，是企圖將自然與社會的現象統合於同一秩序之中。一貫道則將皇極經世的秩序觀予以具象化，強調末刼的來臨，重視天道的妙用，指出得道的種種好處，如「道學基礎」云：

(一)修道可以超生了死，證聖成眞。
(二)修道在生可以逢凶化吉，逃災避難。
(三)修道可以改惡向善，淨化人心。
(四)修道可以消禍刼，解冤孽。
(五)修道可以開通智慧，明白事理。
(六)修道可以超九玄，拔七祖[27]。

幾乎所有一貫道的典籍都會強調修道的好處及其尊貴，並且認爲一貫道的天道才是上天明明上帝所降下的眞天命、唯一能救人超離苦海了脫輪廻的大道。因此一貫道所修的道是有指定性的，非泛稱的道，故從其指定性的道，強調該宗教團體與其他教門不同，是當前唯一擁有「天命」的宗教，如「天道之尊貴與殊勝」一書云：「天道之殊勝與教門有別——五教聖人本來亦是奉天命下凡的，可是他們所領的天命爲教化，創立教門，著經典說法渡迷衆生上岸，暗藏玄機令覺者自悟覓求本性根源而得解脫。所以敎是敎人修善因，可得善報，不能直指衆生心性，未有給衆生指點受記的天命。因此只能傳經典，不能傳心性之心印大法，故教謂修因，非是修果。」㉘

道與敎的區別，在早期的典籍裏已建立了其理論基礎，如「道學新介紹」云：

宗教以五教聖人為開山，五教以前，人人有道，無須有教，至五教聖人之時，教義尚能道與教並傳，故有「正法」「末法」之分，又有「頓教」「漸教」之別，正法為頓教，得之而成聖，末法為漸教，修之而成賢。子貢說：「夫子之文章可得而聞。」末法也，「夫子言性與天道不可得而聞也。」正法也。末法有教無類，正法一脈相傳，不失道統，以儒教而言，正宗孔子之後，顏囘、曾參、子思、孟子，孟子而後正法失傳，末法蔓延世界，有教無道，故讀書者多，成聖者少，至今散為萬教，皆失正宗。

在這種理論之下，使得一貫道成爲一種挑戰性的宗敎團體，故當今其他宗敎反對一貫道的合法化，並非完全是情緒性的擧動。但是一貫道由「天命眞傳」強調其天啓性的唯一眞理，與西方神啓式的宗敎在形態上有些類似。這裏存有著一個頗値得學術界作深入探討的關鍵問題：卽在儒道佛的「天道」敎化下，爲何會由「天命眞傳」導出類似神啓式的宗敎形態呢？

是否在中國的傳統社會裏本就預設著有一絕對性的價值權威呢？當這個價值權威以「道」作爲其理論的根據時，能否以西方有關「上帝存有」的神學體系加以檢驗呢？

一貫道肯定其所傳的天道是宇宙主宰（明明上帝）唯一所傳的天命，即是主觀性的命定權威，本建構在其自成系統的宗教語言上，可是擺在傳統社會的生態環境上就成爲價值的判準，早加上其原有草根性，強烈地壓迫到已存宗教團體的生存條件。這本屬於社會學、人類學研究的範疇，但若是從教義上來加以分析，可以了解神啓式的宗教若能妥善調和原有的文化理念，加以大力傳播也能取得較佳的生存空間，或許這也可以用來詮釋，爲何中國大陸在無神論的共產主義下，基督教能在民間快速發展的原因。

「天命眞傳」是一貫道宗教信仰的根本核心，如「天命金線」一書云：「有天命金線的道才是眞道，才能天堂掛號、地府抽丁，而天命金線自古以來就是修道人的命脈。㉙」一貫道所謂「金線」即是指其天命的道統，據「道統寶鑑」一書，其道統說大致上可分成五個部分：一、七佛治世三佛收圓；二、孟子以前中國道統說；三、印度二十八祖道統說；四、中國禪宗六祖以前道統說；五、民間宗教教主傳承的道統說。以上五者形成其龐大的傳承譜系，就其內容而言，又可分成三個部分：一、來自於神話的傳說色彩；二、來自於歷史文獻的綜合演繹；三、來自於民間宗教的祖師傳承等。

雷天居士曾著「諸佛輪值掌天盤的荒誕」一文，批評一貫道「七佛治世三佛收圓」皆荒誕無稽不見經論，全是憑空揑造出來的烏有先生㉚。雖然一貫道採用佛教的名相，其意義却又與佛教經典不同，但是都可以算是具有神話意義的宗教教義，有些學者認爲宗教教義的發展無不借助於神話，因爲神話明確地建立信念、儀式、甚至道德實踐㉛。晚出的宗教能否再利用神話形式與內容來表達其思想結構呢？這也是一個相當有意義的問題，也就是晚出的神話是否仍具有神聖性的權威，足以成爲統合人類心靈的最有力工具呢？一貫道有關宇宙創生的神話如下：「蓋天地始定，乃子會開天，丑會闢地，寅會人降世，至卯會聖人出世。上帝命原靈降世，就派定七佛治也，三佛收圓。」其前七佛純屬神話，後三佛較爲複雜，有著佛教龍華三會的思想，又配合中國與印度的道統說，其三佛爲燃燈古佛、釋迦佛、彌勒古佛，據「道統寶鑑」其說法爲：

七佛以後三佛收圓，第八佛燃燈佛，掌盤為青陽期，顓頊三十年起，帝嚳、帝堯、帝舜、夏禹、商湯、湯已失傳而息五百餘年，有周文王起始畫八卦，修法頓悟心傳，繼往開來，後傳武王、周公、孔子、曾子、子思、孟子。孟子以後心法失傳，天命暗轉釋門，此乃上天之意，於是西域佛教大興，釋迦牟尼奉天承運，道統一脈相傳……傳至二十八代菩提多哪，奉西佛令承授道統東來，折蘆過江而入中國，改諱菩提達摩，以開佛法渡世，將道統復還中國，是為老水還潮，尊為中國初祖㉜。

當以歷史事實來架構神話語言時，歷史事實只是陪襯地位而已，借用歷史來演說神話作宗教性的闡釋。或者說利用實在界已存的時空秩序中，納入到聖境的神話世界塑造出新的意義結構。而這些神話信息的一些實質部分也受到原有的文化所支配，如韓愈以後宋明理學所發揚的儒學道統說，六朝以來老子化胡說，以及佛教禪宗的道統說等。利用已有的文化來架構神話，在本質上多半是曖昧的，一方面想利用已然的事實來增加其宗教的權威性格，一方面又欲以神話的超越意識調合既存世界的主客對立。雖然神話並不能解決宗教心靈的所有問題，但是透過儀式與祈禱，可以加以全面整合，產生信仰的動力。

一貫道比較引起爭執的是六祖以後的道統說，首先其傳承的譜系不是很清楚，六祖到九祖黃德輝之間，直接從唐代跳到清代，中間有數百年的時間是空白的，只好借助神話，說明是神仙直接傳授金丹口訣，遙接心傳道統。其中間七祖、八祖究為何時人頗引起爭議，尤其是八祖羅祖，是明代無為教的羅祖，還是如一貫道所說是唐代的羅蔚群。這也是學術研究的一個困境，從民間宗教的發展史而言，明代羅祖是一個相當重要的人物，但是先天道以來的典籍幾乎都想與羅祖劃清界限，以致在文獻上很難找到佐證㉝。其次傳承譜系經常別出為宗，如一貫道與先天道的差別在十四祖，據一貫道說法是：十三祖以後道統混亂，衆魔爭奪天盤，天命在隱顯之間，而有五老統理道統，而後道統暗轉山西姚鶴天，所謂「暗傳」可以證明一貫道是別出為宗㉞。別出為宗的主要依據是天命移轉，但是天命根據什麼標準來移轉，民間宗教大多停留在主觀的認定而缺乏客觀的準則，以致每一支教派皆自命為眞祖師，批評其他教門為假祖師，如「大道眞理圖說」謂自甲子年起有三十六假弓長，七十二假祖師，謂：

> 自弓長師尊與子系師母，天命明師歸空後，日月無光。假弓長、假彌勒陸續出現，號稱十九代祖師擾亂道盤，以考修道人的真心與智慧，我們須認理歸真，分辨正邪，不為邪魔外道所動搖，而斷了金線㉟。

又云：

> 理今白陽期，大道普傳，福音廣播，道魔並興，真道隱藏，邪道現身，擾亂道盤，自稱真天命，真明師，並另創三寶，致使後學者真假難辨㊱。

民間祖師之爭在明代羅祖五部六册卽有此種現象，指出西天有九十六種，外道三千六百旁門，都是羊質虎皮，魚目混珠，混亂正法㊲。祖師之爭來自於民間教團天命眞傳的內在困頓，亦卽天命眞傳有無其客觀檢定的標準。雖然目前一貫道以魔考來說明外道產生的現象，但是其表達的方式依舊是一種主觀形態。這種主觀形態的表達方式也出現在其所反對的教門裏，如在一貫道子母系外另外有所謂三盤，其謂三盤，是以路中一爲初祖，弓長，子系爲二祖，圓普、妙一爲三祖，卽是三盤祖師，據蘇鳴東的「致敬前人們一封信」中云：

> 暫停辦「道」，靜觀其變：根據仙佛的一再訓示，二盤道到癸亥年結束，從甲子年起，子系師母已無天命，繼續使用子系師母名諱辦「道」的一律無效，求道人超生了死是不可能的。因此，繼續以子系師母名義呈奏表文，將使求道人百年後無所歸依，後果十分嚴重，不如暫時停辦，只用道理成全，靜觀其變㊳。

一貫道子母系，謂甲子年（民國七十三年）起假祖師擾亂道盤，三盤則謂甲子年天運轉爲火風鼎卦，又稱地天泰卦，眞正三陽開泰，天道將進入一個嶄新的階段。三盤目前在台灣有六個組卽堯德、舜德、禹德、金剛、道德、儒德等，一再強調其三盤祖師的天命是千眞萬確的，要求其他道親相信三祖的眞天命而接線追隨。比較子母系與三盤都強調其天命是眞實而唯一的，此卽以主觀性天命作爲其教派傳承的依據，其內在性的困頓。然而在該宗教團體的各種神祕性天機密文的推動下，神蹟與神驗的信仰性格，使其客觀化的組織形態無法在人和的狀態下作理性的發展。

在一貫道「天命眞傳」化成「三寶」儀式來完成，也就是說其三寶被視爲得道的宗教符號，重新改變個體的存在結構，從此可以「天堂掛號，地獄除名」，所以在三寶儀式之後，必先對新求道的人加以恭賀，謂今日能獲得此三項祕寶就是有緣人，可以歸回無極理天，不必在人間輪迴。三寶儀式具有神祕主義的色彩，它不單只是基本性的「入教禮」，而是含有實證性的超自然宗教功能，有著「生命禮儀」的作用，對於個人在生命的證悟上產生象徵性的超越力量，使其精神與肉體獲得神祕經驗的永恒性解脫。三寶的效用，參閱「三寶道義補充資料」一書云：

> 三寶是我們白陽期得道入四天的憑證，也是我們修身的指針，得了三寶等於為返鄉鋪了寬廣的大道，一方面自求道起直至百年後一定把三寶牢記在心，依理實修，只要生時忠事愛國，孝父母友愛兄長、和睦鄰里，時時存著感謝天恩師德的心，則毫無疑問的，每一位求過道的道親都能成聖成佛，從過去許多前賢歸空後身軟如棉，可為印證。另一方面，三寶也是修天道道親的護身符，只要時存佛心，就能與仙佛感應相通，如遇危難時，兩目守玄，存心於明師指點處，心唸五字真言，手抱合同，自然會有仙佛保護，渡脫危難，逢凶化吉[39]。

三寶卽關、訣、印；關卽玄關竅，卽天人相通的地方，靈性所居住的地點，也就是靈性生來死去出入的門戶；口卽口訣，就是口傳心授的無字眞經；印卽合同，就是神印，得道之憑記，老母娘之孩兒也，能脫九九八一刼之信物[40]。近年來一貫道所刊行有關三寶的書不少，在內容上有一些創見，如「再覺金鐘」一書，將關解爲佛寶，訣解爲法寶，印解爲僧寶，綜合說明云：「玄關是體，在儒爲明德，在釋爲法身，在道爲理。口訣爲用，在儒爲親民，在釋爲報身，在道為氣。合同是體用合一，在儒為止至善，在釋為化身，在道為象。三寶心法深者見其深，淺者見其淺，三乘根人對三寶，其領受各不同：下根人認為可保佑平安，消災改厄，故若即若離。中根人認為可脫刼避難，是通天信物，故眞誠修行。上根人明白是五教妙義，千經之鑰，故能拳拳服膺。若是上上根人，則當下即悟，萬善具足，功德圓滿，隨緣渡人，代天宣化，同助收圓。」㊶

將三寶的宗教效能客觀化，是一貫道避免主觀性天命權威的一個較佳的選擇方式。如郭明義解說「合同」之義時讓人有一種新的感受，如云：

合同的真義卽在於此：「手抱合同，與世無爭。」老子曰：「夫唯不爭，故天下莫能與之爭。」世間之人紛紛擾擾，雖用心與行為千差萬異，但不離一個「爭」字，有人爭名，有人爭利，有人爭法，有人爭佛，所爭的雖有不同，但愚迷顛倒却是相同的。殊不知爭心一息，則萬物皆備於我㊷。

又云：

「子亥相交懷中抱」，子與亥交卽是「孩」。老祖師在吩咐我們手抱合同的同時，卽已叮囑我們要放棄成人巧偽之心，雕琢復朴。懷抱赤子之心，方能與致母合同，方能真實受用身心之妙用及世界之萬事萬物㊸。

近年來知識分子的投入，將原本較為粗糙的理念精緻化，從直接的宗教體驗引申到精神的修養與道德的實踐，注意到內在生命的存在法則，由人文化成展現出求道的積極意義，在萬象流轉中，以三寶來涵化自己的生命，解消外在紛雜的危機。如此三寶不單是千古不洩非人不傳的宗教性祕寶，也成爲復歸其自身的道德法則，注意到個體生命主體修修的實踐進路，建立了「自性三寶」的義理規模，契合了古聖先哲的文化慧命。

「自性三寶」的觀念，最先由慈無依所提出，他反對一般庸俗之輩將三寶視爲個人消災避厄的護身符，認爲三寶心法主要是令衆生解粘去縛，讓眞如自然顯露。其自性三寶的說法，見於「一貫義疏」云：

> 自性三寶，非從外得，人人本具，個個不無，只因累刼的迷昧無明，有而不知有。所以，師尊（母）頂刼救世，普度三曹，指點出自性三寶原不離我們自身。第一寶玄關卽是吾人之淸靜自性（無依眞人），第二寶卽是吾人之智慧，第三寶合同卽是吾人之言行。能不離淸靜自性，念念智慧，用之於言行——立愿了愿，代天宣化，救世救人，非聖卽賢[44]。

自性三寶是強調理性自我的虛靜照明，復歸於自在自得的生命本眞，以來代天宣化救世救民，因此其境界形態仍含有濃厚的宗教情操，但是在主體修證的存養擴充下，有助於淸靜自正的生命加以照顧朗現。如此自性三寶強調心外無佛，離身無道，主張玄同於道的主體修養。但是慈無依並不能完全擺脫「天命眞傳」的基本敎義，故其建立出外力的天命眞傳與自力的心法眞傳兩個系統來加以調和，勸人不要執著三寶名相，不識自性三寶，如云：

> 1. 在外力上說，我們有三寶可得。得三寶乃是表明我們和彌勒祖師結了參加龍華三會，見佛聞法而證果的善緣。
> 2. 在自力上說，無三寶可得，所謂得三寶，就是不失三寶，不離三寶。若自性無

三寶，卽使得了三寶也會失掉。人人具有自性三寶，然迷昧不知，故才要拖累師尊（母）降世不凡，勞期金口金指，指點出自性三寶原來就在我們的自身㊺。

人人有自性三寶，透過全體的修證工夫，可以回歸生命的素樸本眞，如此一貫道由天命所開展出來的道德倫理觀，才能眞正地投射入其生命自在的積極人格上，以內在的道德心靈來自我超拔，展現出圓通無礙的沖虛境界。但是在一貫道的其他典籍裏自性三寶的觀念並未普遍的開展，以致其道德倫理仍被安置在主觀的天命意志下，如「歸眞之路」談修人道時云：

老母聖訓曰：「時值三期末刼，大道全歸火宅。悖了倫紀清修，不入選仙之列，最上一等仙佛，孝悌克己為則。」由此應知修大道就是修人道。特別首重人道中之孝悌。人道之八德是回天之八條明路也㊻。

雖然一貫道在宗教倫理上，多能偏重在品性的修養，勸人身體力行來提昇其做人的境界，在這一點上是不能抹殺其社會敎化的功能。但是其倫理行爲背後的價值判準，不是來自於自性良心的道德價值判斷，而是經由宗敎性的最高倫理準則形成綱要規範㊼，這些規範主要反映出其所信仰之最高主宰的意識形態，傳達給信徒絕對性服從的無上命令。故一貫道雖強調儒釋道三家的道德倫理觀，來敎導其信徒在現實生活找到處世必須遵循的法則，但就其根本精神而言，是與三家的倫理價值觀不太相應，這一點是硏判民間宗敎倫理思想時，務必加以區別，才能掌握到其宗敎信仰下的倫理結構。

第四節　小結

雖然政府對一貫道的禁令解除，准其公開傳教。但是主觀形態的天命信仰，要整合成一個完整性的宗教團體，其前途相當坎坷，一貫道目前雖已成立「天道總會」積極想做整合的工作，可是天命的問題無法客觀解決時，持續分裂的情況將無法避免。也有些人提出改革方案，如蘇鳴東提出一貫道未來努力的五個方向：一、天道要與社會國家的脈動相結合，才能成爲成爲一個有用的宗教。二、要強調修道的實踐工夫。三、要重視天道的學術研究，提高信徒的知識水準。四、要重視心法的印證。五、要努力使天道成爲一個宗教的、學術的、道德的、社教的、慈善的綜合性團體[48]。這些意見雖然寶貴，可惜未能掌握到問題的核心。一貫道欲成爲一個永久且普遍性的宗教必須從事其內在體質的改革，將重視天命眞傳的主觀性意志轉向到客觀化宗教形態的建立。但是客觀化的建立是其原有形態的強烈性挑戰，也必然引起保守分子的反對，使得任何改革不是輕意可以實踐。本文基於知識理性的立場提供幾點淺見以供參考：

甲　教義客觀化

自明代以來民間的宗教團體常被視爲旁門左道，一直承受著某種程度的歧視，知識分子主動投入的情形不多，以致民間教團偏重在基層社會低次元傳統文化，在宗教主體上仍保有民間消災祈福的巫術信仰，對於知識分子的理性文化不僅未能完全吸收，甚至有反智的傾向，如常云：「讀破了千經萬典，不如明師一指點。」這種心態到了最近建立了比較完備的理論基礎，如郭明義在「天道為何沒有經典？」一文作如下申論：

天道弟子求道得的是「先天大道」，所謂先天大道卽是先於天地而生之「道」。既是先於天地而生，當然語言、文字皆未生，自然不用說經典了。天道弟子所傳的為「無字真經」，無有語言文字，卻是真實無上的直指人心見性或佛的心法，不傳經典……天道是不講經說法的，求道當時便讓你進入自悟，讓你具足一切法，若不能自悟，讀他個千經萬典，仍在迷途中以迷轉迷，所以六祖又云：「迷聞經累劫，悟則剎那間。」……所以天道有沒有經典對一般的道親並不具什麼意義，因為天道弟子不必依循經典修持解脫，一切經典的「法」，在求道時就已俱足㊾。

很明顯一貫道受到禪宗明心見性之頓教法門的影響，側重在心性開悟以展現存在智慧，這種超直入的頓悟方法揚棄了煩瑣的知識討論，直接契入本體的存在。但是六祖惠能強調「不立文字」並不是否定語言文字的功能，而是要人從知識迷宮的夢魘中驚醒，徹悟自性的存在。但是也因此六祖惠能以後，禪師們長時期的束書不觀，而空談明心見性，便使得禪學園地愈來愈貧瘠㊿，也造成民間宗教只利用其大乘般若的思想來吸引人求道，反而忽略了教義周延與完備的重要性，走入了空疏放誕的路子。儘管得道不須要語言文字，但是一貫道在傳道的過程中能避免「講經說法」嗎？任何宗教其智慧的發揚仍有賴語言文字作為傳達的工具，這時候所使用的語言文字必須體用兼顧方圓默契，而一貫道目前所展現出來的教義內涵能符合思路綿密應機親切的要求嗎？這是一個頗值得反省的問題，就如六祖雖然本人不識字，但是其「六祖壇經」却能契合大乘般若思想，發揮啓發頓悟的無上妙法。一貫道的基本教義大多仍呈現出通俗文化的性格，在理論上仍未完全吸取中國前人的智慧，開拓出高度的智慧。在這一點上郭明義已自覺到這個問題，強調五教經典可以有助於啓發自己的心性，但是他依然否定知識思維的重要性，如云：「諸位道親不管你讀了多少經典或沒有讀過經典，萬法皆已備於你身，天道弟子要將經典落實於修行，不可用來辯論，近世宗教辯風日盛，宗教變成一種口舌之戰，此風不可長，完全失去了古聖先賢立經著典的美意。」51

一貫道反對知識的異化，重視「無言之言，無教之教」是有其文化傳統。但是倘若其用來解釋「心法」的語言文字未能周延化與精緻化，以致錯漏百出時，是否會影響到其自性的圓通無礙呢？故一貫道欲公開地傳教，必須先全面性反省其所展現出來的教義形態。過去因政府的取締，造成生存環境的惡劣，以致沒有多餘的時間去培養學術人才。如今該可以拋開過去的歷史包袱，好好靜下心來客觀地檢討與改進，有那些教義受到非理性通俗文化的影響存有著矛盾或不足的地方，尋求合理解決的詮釋系統，以便重新架構一套完整而周延的教義體系。欲達成此一理想，必須先提高其講師以上神職人員的學術涵養，雖然一貫道目前有許多訓練班，但對經典的詮釋仍停留在通俗文化的格局裏。若能成立一貫道宗教學院，使其講師以上神職人員都能接受完整性的宗教學的訓練，眞切地學習五教義理的形上理念，回過頭來充實該教的研究機構，培育出該教的學術人才。教育與研究機構的設立是促使教義客觀化的最佳辦法，奠定未來再發展的基礎與潛力。

乙　儀式客觀化

由「天道眞傳」到「三寶心法」，將其傳道的儀式神祕化，不准公開讓外人參觀，也不可洩露三寶，主張三寶上不傳父母，下不傳妻兒，若加以洩露，將會遭受五雷灌頂等不幸事件。李亦園對一貫道在「傳三寶」的初戒儀式中一定要屏棄外人，在私祕的情況下舉行，作學理上的分析，提出其個人的意見云：

宗教之所以為宗教，就在於具有其「神聖」的性質。所謂「神聖」（sacred）者，依據杜爾幹的說法，那就是有別於世俗（profone）的東西，而避免被世俗所接觸而污染者。神的境界之所以被人崇奉，就在於那點不同於一般世俗的神聖性質，假如與平常世俗生活一樣，那就毫無特殊之感可言，也就不為人所崇拜了。就因為這一基本觀念，所以任何宗教都含有其或多或少的神聖性，有的宗教幾乎全部是極為神聖而不欲為外人所知，有的則保有若干儀式的特殊神聖意義，失去這種神聖性，就和日常生活一樣，那就不像是宗教了，這就是一貫道的道親們堅持要私秘地舉行其傳三寶的入戒儀式，因為它是一種宗教。可是，很不幸的，宗教儀式中藉避開他人以免被污染的象徵神聖手法，恰好與世俗領域中不願為他人所見到的秘密或神秘手段完全雷同；而在字形上，英文的 sacred 與 secret 兩字極易混淆，中文的神聖與秘密或神秘又如此相近，難怪宗教中的神聖性會被誤解為神秘或秘密行為，看來一貫道假如不稍解其「神秘儀式」，誤解還是不容易轉為諒解的[52]。

一貫道欲標舉為純正宗教，正常化其公開活動，必須先轉變民間宗教的祕密性格，將保守退縮外在形式轉變為神聖高尚的客觀法則。尤其將以前傳三寶時要緊關門戶不准他人窺視的心態，昇華爲對神聖儀式的無限敬愛，在誠於中形於外的莊嚴氣氛中，感受神聖而不可侵犯的信仰歸宿。如此三寶可以視爲神聖的事物或禮儀，作爲通往神聖境界的一種過關儀式，在儀式的過程與進行中同時具有外在禮儀形式與內在聖靈解脫的雙重意義。如此三寶的超越性價值不在於三寶概念的具體內涵，而是在於儀式自身的內在意義。

一貫道要公開傳教，必然要拋棄某些在祕密傳教中所形成的特殊性格。「再覺金鐘」一書在「去來今大勢的分析」、「過去的修行檢討與改進」、「今後應有的修道態度」、「今後要推行的幾個原則」等文，已能作理性的價值批判，來提昇自我的宗教境界。另外「天道人才基本教材」[53]，對辦道人才的培養，已較注意客觀形式的要求。在「三寶正法」一書裏重視叩首禮佛的神聖儀式化之內在超越意義，強調心心相印的儀式價值，其儀式內涵有三：

一、叩首禮佛——要想成佛勤禮拜——不二法門（以光生光）；

二、念彌勒經——持念當來彌勒經——眞正路徑（以光合光）；

三、反省懺悔——常持聰明智慧心——諸佛心印（反照圓光）[54]。

丙　教團客觀化

由「天命眞傳」到「應運明師」，一貫道在宗教組織上常強調不可欺師滅祖，重視師承關係，不太容許其弟子自立教派，又加上某些領導階層的保守作風，往往造成許多內部的紛爭，另外組與組之間在天命的爭奪下也難使其組織客觀化，賴宗賢在「正視一貫道」一文中提出幾點建議：一、公開化，二、編制科學化的教義，三、提高師資水準，四、提高對社會大衆潛移默化之教化功能，五、負起民間傳統信仰重整道風之責任，六、求道合理化，七、擴展企業人性化的管理領域，八、組織制度化、電腦化、合理化。在第八項中作如下的期望：「各組領導前人爲整個大局著想，能秉大公無私、寬宏的氣度，誠心團結合心爲一貫道建立一個健全的組織機構，以發揮團隊精神之功能，廣納人才將是一貫道眼前最急迫的課題。55」欲整合一貫道各個分支，成爲大型的宗教，在眞假祖師的對立情結下極爲困難，或許可以採取類似佛教會與道教會的組織，是一種統合性的聯誼組織，讓其成員保有充分的自足性，而各支分線之前人們，也能讓其組內的宗教英才自立門戶。也就是說不宜採用上下嚴密管制的宗教組織方式，宜以開放性的彈性自由，讓其成員各自展現其精華，如佛教的分宗、禪宗的分派，各自展現出佛教光輝燦爛的不同面貌。同樣地，一貫道不宜在「天命眞假」的限制下，造成一言堂的形態，或者是仇恨式的對立。「本是同根生，相煎何太急」應是一貫道在爭奪天命的當下，該冷靜思考的時候了。

回溯中國文化的發展，儒釋道三教的相互摩盪，涵融出民間宗教發展的溫牀。就其本質而言，則是透顯儒家的主位性，使中華民族的文化生命返本歸流，如「天道總會」在其組織章程草案中，一再強調該宗教是以復興中華文化，宏揚儒家精神，達成天人合一目標的宗旨，並且還要聯合各宗教，共同促進社會和諧，興辦社會公益及教育文化事業，協助政府推行政令，及配合政府從事社會風氣的改善等。面對民族色彩如此濃厚的宗教，應給予諒解式的尊重，不宜以邪教或迷信來對待他們。除了期待該宗教團體能面對問題自我充實改進外，也期望知識分子本著赤誠的熱忱，協助社會自生的文化作合理的拓展。

注　釋

❶ 鄭志明，「疏導台灣當今秘密宗教」（鵝湖月刊六十一期，民國六十九年七月），收入「台灣民間宗教論集」（學生書局，民國七十三年）。

❷ 宋光宇，「天道鈎沉」（民國七十二年）。

❸ 雷天居士，「一貫豈探隱」（中國佛教第二七、二八、二九卷，民國七十二、七十四年）。

❹ 董芳苑，「台灣民間宗教信仰」（長春出版社，民國六十四年）、「台灣民間宗教信仰之認識」（永望文化公司，民國七十二年）。

❺ 王光賜，「一貫道的拯救論」（橄欖基金會，民國七十四年）。

❻ 蘇鳴東，「天道概論」（巍巨書局）、「天道的辨正與眞理」（巍巨書局，民國七十二年）。

❼ 林萬傳，「先天道研究」（巍巨書局，民國七十四年）。

❽ 鄭志明，「台灣先天道的宗教本旨研究」（東方宗教研究第一期，文殊出版社，民國七十六年）。見本書第十一章

❾ 「一貫道疑問解答」（三陽印刷公司）第十四頁。

❿ 「認理歸眞」第三頁。

⓫ 李杜，「中西哲學思想中的天道與上帝」（聯經出版公司，民國六十七年）第九六頁。

⓬ 蔡英文，「天人之際—傳統思想中的宇宙意識」（中國文化新論思想篇二，聯經出版公司，民國七十一年）第二八八頁。

⓭ 唐君毅，「中國文化之精神價值」（正中書局，民國四十二年）第一九七頁。

⓮ 余英時，「從價值系統看中國文化的現代意義」（時報文化出版公司，民國七十五年）第六八頁。

⓯ 方東美，「中國人的人生觀」（幼獅文化公司，民國六十九年）第二一頁。

⑯「圓覺淺言」(源豐書局，民國七十年)第一一二頁。
⑰蘇鳴東，「天道概論」(七十二年革新版)第八五頁。
⑱一般分成七個班次，卽求道者、率性進修班、新民班、至善班、練講輔導班、準講師班、講師班等，參閱宋光宇「天道鈎沉」第一三五頁。
⑲黃培鈺，「天道和信仰」(孔孟聖道雜誌社，民國七十六年)第二八—四二頁。
⑳王邦雄，「論莊子天下篇評析各家思想的理論根據」(收入「儒道之間」，漢光文化公司，民國七十四年)第一二〇頁。
㉑「修道程序」(合信印經處，民國七十五年)第二〇頁。
㉒鄭志明，「無生老母信仰溯源」(文史哲出版社，民國七十四年)第一〇五頁。
㉓「歸眞之路」(三陽印刷公司，民國七十五年)第六頁。
㉔雷天居士，「依五行運轉說建立三期普渡之謬」(中國佛教第二十八卷第一期，民國七十四年)第四五頁。
㉕同注釋❷，第八九頁。
㉖「道學心德」(大世紀出版社，民國七十二年)第三二頁。
㉗「道學基礎」(源豐書局，民國七十二年)第十九頁。
㉘「天道之尊貴與殊勝」(慈氏雜誌社，民國七十五年)第七頁。
㉙「天命金線」(宏政圖書公司，民國七十六年)第三七頁。
㉚雷天居士，「諸佛輪值掌天盤的荒誕」(中國佛教第二十八卷第四期，民國七十三年)第四十頁。
㉛傅佩榮譯，「人的宗教向度」(幼獅文化公司，民國七十五年)第二五四頁。
㉜「道統寶鑑」(寸心印經處)第七一一〇頁。
㉝同注釋❽。

㉞鄭志明，「台灣民間宗教論集」（學生書局，民國七十三年）第四五頁。

㉟蔣國聖編繪，「大道眞理圖說」（國聖出版社，民國七十六年）第三七頁。

㊱同注釋㉟，第一七六頁。

㊲同注釋㉒，第一四六頁。

㊳蘇鳴東，「敬致前人們的一封信」（九蓮創刊號，民國七十五年）第七三頁。

㊴「三寶道義補充資料」（寸心印經處，民國七十四年）第二三頁。

㊵「天道三寶集義」（正一善書出版社，民國七十六年）第四九—五一頁。

㊶「再覺金鐘」（三揚印刷公司，民國七十五年）第一一六頁。

㊷郭明義講課，慈蓮華整理，「無生」（正一善書出版社，民國七十六年）第一七七頁。

㊸同注釋㊷，第一七八頁。

㊹慈無依，「一貫義疏」（慈光出版社，民國七十二年）第四七頁。

㊺同注釋㊹，第九二頁。

㊻「歸眞之路」（三揚印刷公司，民國七十五年）第二五頁。

㊼詹德隆，「基本倫理神學」（光啓出版社，民國七十五年）第一六五頁。

㊽蘇鳴東，「感想與期許」（聯合報七十六年一月十五日）

㊾郭明義，「求道以後的人生」（正一善書出版社，民國七十六年）第一七二—一七八頁。

㊿吳怡，「中國哲學發展史」（三民書局，民國七十三年）第四一六頁。

51 同注釋㊾，第一九二頁。

52 李亦園，「神聖與神秘」（中國時報七十六年二月九日副刊）

53 許耀惠編著，「天道人才基本教材」（天台聖宮出版社，民國七十五年）。

54 「三寶正法」（萬有善書出版社，民國七十一年）第三頁。

55 賴宗賢，「正視一貫道」（中華大道第四期，民國七十六年）第十一頁。

第十三章　夏教的宗教體系及其善書思想

第一節　台北地區的夏教

台灣光復後，大陸教門先後傳入，大多以台北地區爲佈教中心，再往各地發展。但是有些教門其傳教範圍未超出大台北地區，就目前而言，或可視之爲台北的地方性宗教。較具特色與規模的有：三教合一的「夏教」與五教合一的「弘化道院」。

台灣夏教始於民國四十五年創建的「養興堂」，並以夏教名義向市政府辦理寺廟登記，夏教爲一合法性宗教，始於抗戰期間，曾呈奉福建省政府陽申寒府民丁永字第八七六三七號指令開：「略以呈件均悉，除轉呈內政部備案外，仰依照先哲先烈祠廟保管規則辦理，並由該縣政府出示保護，以宗先哲」等由：通飭尊崇保護有案。

民國六十五年編修台北市志卷四社會志宗教篇增列夏教一章，但由於調查工作無法展開，收集的資料有限，只是抄錄了該教出版書籍上的部分文獻，對於夏教在台流佈情形，缺乏完整性的報告。多年來，筆者卽有心充實市志，從事調查與訪問，收集了許多寶貴資料，冀望有助於台灣文獻的整理與保存。

第二節　夏教的源流

夏教全稱爲「夏午尼氏道統中一三教」，或又簡稱爲「三教」，爲明代林兆恩所創立。林兆恩生於明正德十二年（西元一五一七年）七月十六日寅時，福建省興化府莆田縣人。字懋勛，別號龍江，道號子谷子；晚年證果後，自稱混虛氏或無始氏，其信徒初尊稱爲「三教先生」，後改稱「三一教主」，全稱爲「夏午尼氏道統中一三教度世大宗師」，卒於明萬曆二十六年（西元一五九八年）正月十四日寅時。

林兆恩在明代三教思想融合論的發展有極大的貢獻，頗受學者的重視，柳存仁與日人間野潛龍、酒井忠夫等學者都著有專門性論文，強調林兆恩在明代文化史上的地位與價值。林兆恩的著作相當繁富，四庫全書提要卷一二五雜家類云：「林子全集四十卷，生年立說，欲會三教爲一……是編及其門人涂元輔彙刻，分元亨利貞四集，每集十册。」該全集北京圖書館藏有一部分成四十一册，見北京圖書館善本書目卷四子部上雜家類云：「林子全集，元部十一册，亨部十册，利部十册，貞部十册，明林兆恩撰，明崇禎刻本，四十一册。」但是據林兆恩的年譜「林子本行實錄」的記載，於萬曆十二年（西元一五八四年），編其生平所著書共八十七集，分作六函，內四函以元亨利貞標號，又二函以乾坤標號，總題曰「聖學統宗非非三教心聖集」。

林兆恩著作不是純粹的學術研究，而是爲了傳教立說，宗教色彩相當濃厚，據「林子本行實錄」林兆恩於嘉靖二十五年（西元一五四六）三十歲時科試不第後，眞心學道，感動聖神授以眞訣，得到孔子仲尼氏夢中授以魯論微旨，老子清尼氏通之以玄，釋迦牟尼氏悟之以空。從此主張三教合一，建立其獨特的宗教體系，稱孔子爲「儒仲尼氏執中一貫聖教度世大宗師」，稱老子爲「道清尼氏守中得一玄教度世大宗師」，稱佛陀爲「釋牟尼氏空中皈一禪教度世大宗師」，認爲「道一教三」，三教歸於一，此一卽是心，在「三教以心爲宗」一文中指出：「我的心與黃帝釋迦老子孔子之心，一而已矣。心一道一，而教則有三。」三教雖殊而理一，認爲孔子的「執中」卽是老子的「守中」與佛陀的「空中」，孔子的「一貫」卽是老子的「守一」與佛陀的「得一」，然而此一原本歸於中土的「道統中一」之傳，到了林兆恩才追溯儒釋道的源流，合堯舜禹湯文武周公以前的道統，架構其思想體系，自稱「夏午尼氏道統中一三教度世大宗師」。林兆恩雖主張三教歸一，却有宗孔之說，在其「三教合一大要十條」中認爲道釋歸儒，儒歸孔子，故尊儒宗孔，或謂三教尊孔，重視孔門心法，如云：「士者能持受孔門心法，能時習舉子業，而兩不相妨礙者，是吾弟子也。」（林子本行實錄五十六歲條）

林兆恩所謂孔門心法，又稱「三教九序心法」，因第一序爲「艮背以念止念以求心」故亦稱「艮背心法」。但由於明代民間教團繁多，被視之邪教異端，遭遇嚴禁，林兆恩自創一套宗教修行法也不被朝廷所容許，又從孔子思想中衍化出宗教體系，得不到正統知識分子所認同，如謝肇淛著「五雜組」卷八人部四云：「今天下有一種吃素事魔及白蓮教等人，皆五斗米賊之遺法也。處處有之，惑衆不已，遂成禍亂，如宋方臘、元紅巾等賊，皆起於此。近時如唐賽兒、王臣、許道師皆其遺孽，而吾閩中又有三教之術，蓋起於莆中林兆恩者，以艮背之法教人療病，因稍有驗，其徒從者雲集，轉相傳授，而吾郡人信之者甚衆。兆恩死後，所在設講堂香火，朔望聚會，其後又加以符籙醮章祛邪捉鬼，蓋亦黃巾白蓮之屬矣。」又云：「著三教會編，授徒講學，頗流入邪說而不自知，旣老病得心疾，水火不顧，顚狂逾年乃死，此豈眞有道術者，而閩人惑之，至死不悟也。今其徒布滿郡城，其中賢者尙與士君子無別，一二頑鈍不肖者藉治病以行其私，奸盜詐僞無所不有，其與邪巫女覡，又何別哉？余十三、四時，見三教書，心甚不然，著論以闢之。」謝肇淛的批評，正反映出官方與知識分子對該信仰的看法與立場。因此萬曆十三年（西元一五八五年）按院楊四知將其人其書視之爲妖人妖書，出榜文，行分守福寧道云：「訪得莆田邑妖人林兆恩，倡教立言，招集朋徒，從遊數千餘衆，士大夫多出其門，初亦信其爲有道之士也。博訪其人，觀其妖書，狡猾隱怪，字字占地步，事事師奸狀，邪說橫議，惑世誣民，大壞名教，法應嚴禁……今兆恩正孔子之所謂異端，孟子之所謂邪說……其兆恩姑免究外，將三教堂扁並聖學統宗等書，速行燒燬，仍將發去案驗謄寫榜文，張掛明倫堂，幷入煙輳集去處，通行招示，其一切邪徒，各宜散曉，以正人心，以維世教，賢士大夫勿墮其術，則世道幸矣。」（林子本行實錄六十九歲條）林兆恩免於罪罰，但是其三教堂、宗孔堂等匾暨所著書書板均被燒毀，該信仰也被嚴禁，以免混亂正統的儒教，使學堂染上宗教氣氛。

但是到了萬曆二十二年（西元一五九四年）又令其弟子盧文輝將「聖學統宗」重加刪校編定，總名爲「林子三教正統論」三十六冊，同時又將正宗採輯結爲「三一教主夏午尼經」

三十六卷，共十二冊。萬曆二十五年（西元一五九七年）又集「三一教主夏午尼經纂要」四卷，後又著「經訓」一卷，成爲夏教的主要經典，以上四種經卷構成夏教教義。「林子三教正宗統論」台灣夏教會於民國五十九年、七十三年兩次翻印，其他三種只有抄本與影印本，尚未翻印，茲將各經卷書目條列於後：

甲、林子三教正宗統論

第一冊：三教合一大旨、原宗圖、倡道大旨。

第二冊：林子、宗孔堂、欲仁篇。

第三冊：夏語、心鏡描述、本體教、常明教、原教。

第四冊：明經堂、詩文浪談、歌學解、文武禮射圖說、著代禮祭圖說、崇禮堂。

第五冊：擬撰道釋人倫疏稿、六美條答、井甲、導河迂談、三綱卦。

第六冊：九序摘言（附）諸生疏啓（附）戒訊帖勉、疏天文稿（附）報東、倡道疏啓條答。

第七冊：心聖直指、心聖教言。

第八冊：元神實義、夢中人、佛菩薩義、見性篇（附）壇經訊釋、常道篇。

第九冊：先衎。

第十冊：三教會編（日部）盤古氏至秦二世。

第十一冊：三教會編（月部）漢高祖至隋恭帝。

第十二冊：三教會編（星部）唐高祖至後周恭帝。

第十三冊：三教會編（辰部）宋太祖至元順帝。

第十四册：三教無遮大會、眞我昌言、道業正一篇、度世、山人。
第十五册：絲銀喩、心聖圖說、心身性命圖說、性命答語、心炙、天人一氣。
第十六册：存省規條、七竅答問、初學篇、敎外別傳、何思何慮解。
第十七册：金剛經槩論四卷。
第十八册：心經釋略并槩論、常淸靜經釋略。
第十九册：道德經釋略乾部。
第二十册：道德經釋略坤部。
第二十一册：四書正義論語上。
第二十二册：四書正義論語下。
第二十三册：四書正義大學全。
第二十四册：四書正義中庸全。
第二十五册：四書正義孟子上。
第二十六册：四書正義孟子下。
第二十七册：豫章答語、豫章續語。
第二十八册：權實、破迷、寓言、持齋辯惑、念經辯惑。
第二十九册：心本虛篇、心本虛眞指、須識眞心。
第 三十 册：林子舊稿、續稿。
第三十一册：醒心詩、醒心詩摘註、聯句。

第三十二冊：聖學心要、玄宗大道、性空宗旨。

第三十三冊：無生篇上下卷。

第三十四冊：正宗要錄、非三教、世出世法、立本、易解俚語、信難篇。

第三十五冊：（附）玄譚、寤言錄、卓仙詩。

第三十六冊：（附）中一緒言、性靈詩、道統論、念祖名訓。

乙、三一教主夏午尼經

第一冊：夏總持經三卷。

第二冊：夏訊釋經三卷。

第三冊：如來性經三卷。

第四冊：衆妙玄經三卷。

第五冊：大成時經三卷。

第六冊：反身誠經三卷。

第七冊：度世正一經三卷。

第八冊：中和位育經三卷。

第九冊：明光普照經三卷。

第十冊：最上一乘經三卷。

第十一冊：洞玄極則經三卷。

第十二冊：道統中一經三卷。

丙. 三一教主夏午尼經纂要

第一卷：夏總持經纂十五章。道統中一經纂十六章。

第二卷：最上一乘經纂九章、夏訊釋經纂十五章、如來性經纂四章。

第三卷：衆妙玄經纂五章、大成時經纂四章、反身誠經纂三章。

第四卷：度世正一經纂九章、中和位育經纂十章、明光普照經纂十三章、洞玄極則經纂十章。

丁. 三一教主夏午尼經訓

一卷經訓十四章、諸生矢言四章、性靈心大道十三頌章。

林兆恩的三教信仰，雖受朝廷嚴禁，却在福建一帶展開，自萬曆十二年（西元一五八三年），至崇禎十年（西元一六三七年），前後五十四年間，由弟子所建的教主祠堂（三教堂）可查考的多達四十幾處，茲將興建地點與時間條列於後：（林子本行實錄六十八歲條）

1. 萬曆十二年黃芳等建祠於馬峰。
2. 萬曆十六年蘇簣、林自明等建祠於涵江上生寺。
3. 萬曆十七年林亶、林夢熊等建祠於瑤台。
4. 萬曆十八年林紅等建祠於美瀾。
5. 萬曆十八年陳芹等建祠於塘下。
6. 萬曆十八年林至敬等建祠於岳秀。
7. 萬曆二十年張謀、張原甫等建祠於冲沁。

8. 萬曆二十年朱逢時等建祠於水南後洙。
9. 萬曆二十一年張子昇等建祠於玉溪。
10. 萬曆二十二年蔡經携等建祠於南京國子監前。
11. 萬曆二十二年李應善、黃大寅等建祠於淸江。
12. 萬曆二十三年周啓明等建祠於岐山。
13. 萬曆二十四年林馨等建祠於谷淸硎頭。
14. 萬曆二十五年林鳴梧等建祠於泰谷林宅。
15. 萬曆二十六年林鳳儀等建祠於石城。
16. 萬曆二十六年王克芳、廖德馨、林速等建祠於楓亭。
17. 萬曆二十六年陳天祐等建祠於安民舖。
18. 萬曆二十六年王興率同福淸的林則誌、林則勃、林則育、林用霦等建祠於化北上澤埔。
19. 萬曆二十八年林應賓等祠於朱墩。
20. 萬曆二十八年李盛、李坤等建祠於五峴頭。
21. 萬曆二十八年陳奇華、陳應孫等建祠於南坂。
22. 萬曆二十八年蔡廷教等建祠於寒硎。
23. 萬曆二十八年王興率同在三山的游萬儁、張德敷、鄭紹鄉、陳韶鳳、張思倉、施天從、林安等建祠於鰲峰坊。
24. 萬曆二十八年王興又率同古田的楊鉞、孫栢等建祠於一都水口鎭。

25. 萬曆二十八年王興又率同徽州休寧邑的汪時署、汪汝規、吳應徵等建祠於梅林渡。
26. 萬曆二十八年王興又率同閩清的吳九成等建祠於在坊西隅。
27. 萬曆二十八年王興又率同建寧的吳洪等建祠於城中。
28. 萬曆二十八年王興又率同閩邑的黃公諶、黃應時等建祠於至德里唐嶼。
29. 萬曆二十九年林廷勛等建祠於澄江。
30. 萬曆二十九年衢州江山縣的徐良材、毛思信、趙洙等建祠於念八都。
31. 萬曆二十九年松江的陳濟賢等建祠於南北二門。
32. 萬曆二十九年陳天錫、余廷良等建祠於洪塘下塢。
33. 萬曆三十六年盧文輝建祠於涵江瑤島。
34. 萬曆四十二年蔡廷教、葉福慶、陳子輪等建祠於南台後浦。
35. 天啓元年方鐘台、陳大標等建祠於林墩。
36. 天啓元年惠邑的陳友等建祠於扶陽。
37. 天啓元年崇武的李正崑建祠於崇武所。
38. 崇禎二年錦江的董應階建祠於尙陽。
39. 崇禎二年醴泉的陳衷瑜建祠於崇東。
40. 崇禎十年福清的王開等建祠於鰲峰。

第一至第十四則是林兆恩生前弟子四處弘化所建，第十五至第三十二則是林兆恩死後四年間弟子紛紛各立門戶，四處建立弘法據點，已不限於福建一帶，而深入華中、華南各地區。第三十三至第四十則是盧文輝這一支所建立的祠堂，其他門弟子及再傳弟子所建立的祠堂必定很多，可惜未記錄下來。

第三節　在台的發展

台灣的墾民多由福建移入，三一教主的祠堂也曾在清代來台建立，據日人鈴木清一郎「台灣舊慣習俗信仰」一書記載，惠安縣樟坑人林主在新竹香山的鹽水坑建立奉祀三一教主爲主神的廟宇，但據筆者在該地區查訪的結果，未發現此一祠堂。目當台灣的夏教是由日據時代陳佈先傳入社子一帶，光復後移到中山北路附近，並與大陸新來台的教徒結合，成立夏教總堂養興堂。

養興堂的設立是民國四十五年農曆二月初四日由李良發發起，朱金通、朱錦新、李良福、朱文棋等人贊同，雕造三教教主金身於台北市中山區明和里新生北路二段六八巷二四弄十五號之二（朱錦新宅）設壇，教徒朱玉春、陳文清、蔡金泰、蔡鳳麟、陳元春等人加入，共推蔡金泰爲堂長（董事長），同年農曆七月十五日遷移至中山北路二段一巷一百十三號樓上（蔡金泰宅）設立新壇，續有蔡金連、蔡德林等教徒加入，同年十二月十五日前大陸捷元軒道長連瑞金聞訊而來。民國四十六年舉朱玉春爲住持，連瑞金爲道長，積極開展教務，聘余元煥（前大陸德本堂主持）擔任科儀導師，鼓吹三教，信徒日多，後續建龍山堂、三益堂、養聖堂、仙興堂、捷元宗孔堂、齊善堂。茲將各堂列表於後：

堂名	住持	堂址	備考
養興堂	朱文祺	中山區林森北路一七六巷五六號	夏教總堂
龍山堂	陳金財	中山區中山北路一段五巷七五之一號	
養聖堂	李良發	中山區八德路二段三四巷二八弄三號	
仙興堂	鄭阿九	永和市四維街一〇三巷二〇弄八號	
捷元宗孔堂	連瑞金	木柵區興隆路四段一七九巷九號	
齊善堂	黃明玉	南港區南港路一段二七九號	
三益堂		華江橋旁	已無宗教活動，只有教主神像供人參拜

夏教教徒不多，大部分多是光復前後由福建來台，早年曾在大陸參加夏教活動。茲將重要人物簡介於後：

1. 朱金通：福建仙遊朱寨村人，民國十二年生，受教於大陸夏午堂，爲養興堂發起人之一，民國四十七年十月十五日任養興堂第一任掌教。

2. 李良發：福建仙遊朱寨村人，民國十四年生，受教於大陸養成堂，亦爲發起人之一，民國四十六年十一月二十九日擔任養興堂第一屆筵師，現爲養聖堂住持。

3. 朱錦新：福建仙遊朱寨村人，民國十四年生，亦爲發起人之一，民國四十六年十一月二十九日任養興堂幹事兼第一屆副筵師。民國六十六年逝世。

4. 朱文祺：福建仙遊朱寨村人，民國十四年生，曾在大陸養成堂受教，亦爲發起人之一，民國四十六年十一月二十九日任第一屆副壇，民國六十二年八月十五日任養興堂第二屆住持。

5. 李良福：福建仙遊朱寨村人，民國十五年生，受教於大陸養成堂任幹事，亦爲發起人之一，民國四十六年十一月二十九日任養興堂興建委員會理事。

6. 朱玉春：福建仙遊朱寨村人，民國四年生，受教於大陸夏午堂，民國四十六年正月初四日任養興堂第一任開基主持，民國六十二年逝世。

7. 陳文清：福建仙遊朱寨村人，民國十六年生，受教於大陸夏午堂，民國四十六年十一月二十九日任養興堂文書。

8. 蔡金泰：福建莆田東沙村人，民國九年生，曾在大陸受任明三堂堂佐，民國四十五年二月初四日任養興堂堂長（董事長），民國六十一年逝世。

9. 蔡鳳麟：福建莆田東沙村人，民國十九年生，民國四十六年十一月二十九日負責養興堂雜工。

10. 陳元春：福建莆田人，民國前四年生，字武榮，號伯陽（後改一庸子），曾在大陸林墩宗孔堂受敎，民國四十六年二月十五日任三敎興建委員會理事長。

11. 蔡金連：福建莆田東沙村人，民國前三年生，受敎於大陸會三堂，四十五年七月二十日加入養興堂，民國七十一年逝世。

12. 朱玉水：福建仙遊朱寨村人，民國十年生，曾在大陸執中書院受敎，四十五年三月初一日加入養興堂，擔任會計，民國六十四年逝世。

13. 蔡阿結：福建莆田東沙村人，民國七年生，在大陸后宵村三敎祠受敎，民國四十五年七月二十日加入養興堂，服務四哥爺堂身之任。

14. 連瑞金：福建仙遊蓋尾前連村人，民國六年生，字升士，道號一中子道人，十六歲受敎大陸捷元軒，先後拜連鳳藻、連宗正二人爲師，十八歲任捷元軒第一任道長，民國三十七年十二月二十九日佩敎主開天符來台，四十四年春普考及格，四十六年正月初四日任養興堂第一任道長。目前爲捷元宗孔堂住持，夏敎經師班誦經團文武敎師。

15. 余元煥：福建仙遊厚埔村人，民國二年生，受敎於大陸德本堂，任第一任開基主持。民國四十六年正月十五日，道中公推暫權代理副壇師，兼科儀導師代行科儀，民國六十三年逝世。

16. 蔡金喜：福建莆田東沙村人，民國十年生，在大陸明三堂受教任堂奧，民國四十六年十一月二十九日道中委以出納之任。

17. 蔡清錦：福建莆田東沙村人，民國十五年生，民國四十六年五月十五日受教養興堂，民國七十二年二月十五日當選養興堂第三任董事長。

18. 陳宗治：福建仙遊前埔人，民國十四年生，曾在大陸錢山堂入門任經師，民國四十六年秋七月十五日參加養興堂。

19. 盧魁德：福建仙遊洋坪村人，民國四年生，受教於大陸普光堂，拜鄭道長開立為師，民國四十七年正月十五日加入養興堂。

20. 林金練：福建仙遊田頭村人，民國十年生，在大陸南山三教祠受教，民國四十七年四月十五日加入養興堂。

21. 郭啓池：福建仙遊城內人，民國十六年生，民國四十七年八月初一日受教養興堂，同年十五日任疏師。

22. 郭慶瑞：福建仙遊滄溪村人，民國二十年生，受教於大陸瞻斗書院職務武道經師。民國四十七年十月初一日加入養興堂，民國五十四年七月十六日擔任護壇。

23. 蔡瑞榮：福建莆田東沙村人，民國元年生，曾在大陸會三堂受教，民國四十七年十一月初一日加入養興堂，民國五十三年六月初一日當選養興堂第二任董事長。

夏教目前教內的組織是臨時性，不同於大陸的三教堂。堂設堂長（董事長）一人負責夏教對內對外事務。設道長一人管理宣教事宜，住持一人主持堂中日常事務。下設掌教、筵師、副筵師、壇師、經師、疏師、文書、總務等各有專司。另成立「三教興建委員會」設理事長一人，理事多人。

第四節　夏教的科儀

台灣夏教教徒大多來自福建省仙遊、莆田兩縣，該信仰在大陸主要是依附農村聚落而生存發展，已成當地百姓生活的一部分，以鄉民為基礎，師徒輾轉傳習，勸人焚香念經，祈求消災邀福，或教人坐氣運功，希冀長命保身。也與社會的生態環境結合，包辦一切宗教儀式，幫助鄉民養生送死，因此各種儀式與科文相當齊全，目前該教科儀書有下列幾種：儒道釋夏四尼寶經、午供科儀、醮懺疏稿大全、祈安懺悔啓建慶讚科儀、開光資度攝召儀文、經典懺典策、進貢儀文、蘭盆大會水燈儀文、祝讚十二光燈文、十二光、遶演九蓮儀文等。

燒香誦經是該教的主要宗教活動。燒香一次四柱香，不同於民間的三柱香，其意在祭拜孔子、老子、佛陀及三教教主等四人，誦經則唸「三一教主本體眞經」與「四尼大宗師寶經」，誦經的好處，見「誦經須知」云：「此經早晚晩誦，可以消災解厄，積德感天，自有明師相遇。低心求指經中之玄，下氣懇傳先天之道，照經修鍊，功果全備。在儒可以成聖，在釋可以成佛，在道可以成仙，學者其留意焉。」所謂「四尼大宗師寶經」即儒家的「大學」、「中庸」，道教的「常清淨經」，佛教的「摩訶般若波羅密多心經」，夏教的「三教本一」與「眞我昌言」。在誦經之前，先唸一段「淨天地神咒」：「天地自然，穢氣紛散。洞中玄虛，晃朗太元。八方威神，使我自然。靈寶符命，普告九天。乾羅答那，洞罡太玄。斬妖縛邪，殺鬼萬千。中山神咒，元始玉文。持誦一遍，却鬼延年。按行五嶽，八海知聞。魔王束手，侍衞我軒。離穢消蕩，道炁長存。」誦經畢則有「回向文」云：「願以此功德，普及於一切。我等與衆生，皆共成佛道。」另有「儒道釋夏三十六讚」，如對「儒仲尼氏執中一貫聖教度世大宗師」讚曰：「道祖唐虞精一傳，周公夢寐契先天。春秋大義天王重，二百餘年南面權。」對「道淸尼氏守中得一玄教度世大宗師」讚曰：「金台玉局繞彤雲，上有眞人稱老君。八十一化長生訣，五千餘言不朽文。」對「釋牟尼氏空中皈一禪教度世大宗師」讚曰：「雲山若行六年多，自性金剛斷衆魔。四偈劈開千佛祕，瞿曇花下笑彌陀。」對「夏午尼氏道統中一三教度世大宗師」讚曰：「道脈相傳自有眞，東山烏石現麒麟。混元五百三龍華，孔老釋迦合一身。」三十六讚後又有一段「回向文」云：「上來披宣，四尼經略。莊誦三十六讚，修持圓滿。懺謝精專，淸淨一心。蠲除諸障，和平永錫。品彙咸熙，心滿六虛。神通無極，逍遙自在。與道合眞，度世度人，功德無量。」

除了誦經外，夏教徒尚須持誦「懺悔啓章」，表明個人的求道心志，此一章的疏文是受「林子三教正宗統論」第六册「疏天文稿的影響，「疏天文稿」云：

具疏臣林兆恩謹疏，為依靠天地神靈，以自恐惕，以求無忝所生。竊念臣兆恩棄去擧子業，以從事於道，以倡明三教，以歸儒宗孔者舊矣。誓愿自今伊始，如有一念不協天心，而存於心也。卽是愧天。卽是怍人，卽是心死。夫人之所以異於禽獸者，以其有此心也。心旣死矣，而可謂之人乎？惟天其鑒之，以崇降不祥，以殛死。臣兆恩無悔也。

「懺悔啓章」分男女二稿，男稿針對士農工商應盡的本分加以懺悔，女稿針對婦女的三從四德加以懺悔，男稿云：

三教門人某某率門徒謹齋沐介贄啓領孔門傳授心法。於是始知吾性之善卽孔子，敢不戰兢惕勵，夙夜奉行，誓發一念之誠，學不至於孔子不已也。又敢不遵守明訓，以三綱五常為日用，入孝出悌為實履，士農工商為常業，修之於家，行之於天下，以為明體適用之學也。至於義利之辨，不可不明也；沉湎之凶，不可不戒也；方剛之氣，不可不創也。嗣續綱常，固於人為最重，而淫邪之僻，亦不可不懲也。如或敗綱亂常，不忠不孝，不士不農，不工不商；義利之辨，有所未明；沉湎之凶，有所未戒；方剛之氣，有所未創，淫邪之僻，有所未懲，卽是孔子罪人，將何以自立於天地之間也。為此肅啓，不勝悚慄之至，惟天鑒之。每日持不迁齋一飡，一平常須戒殺生。

天歲　年　月　日三教門人某某百拜謹啓

男稿是抄錄正宗統論第六册的「告天矢言」，女稿云：

三教門人某某率道徒門女謹齊沐介贄領啓聖門傳授心法。於是始知人性本善，敢不旦明惕勵，誓發一念之誠，以求復其性乎？又敢不恪守婦箴，以求副四德三從之教乎？自今以往謹遵懿訓，孝翁姑，和妯娌，洽鄰里，宜家室。凡閨閫當行之道，心懍懍然佩服不忘也。至於妬忌之心，不敢不戒也；慘毒之念，不敢不懲也；淫亂之思，不敢不防也；針黹之功，不敢不勤也。如或不孝不順，不和不正，不慈不貞，卽是敗綱亂常之婦。豈非背聖人之敎，有愧於閨房哉！為此肅啓，不勝惶恐之至。惟天鑒之。一每日持不迂齋一飡，一平常須戒殺生，一不許敗亂敎門道規，一不許忘師背祖。

大歲　年　月　日三敎門人某某（引證門女）焚香百拜上啓

民間所謂「儒敎」，是把儒家宗敎化，從林兆恩的「疏天文稿」與夏敎徒的「懺悔啓章」可以看出儒家思想的宗敎性發展，仰賴外在的神明意志來扶持儒家道德生命的實踐與完成，並以善惡果報的宗敎權威作消極性的行爲限制，再以超凡入聖的解脫意念積極地拓展內在的德性涵養。

誦經是宗敎儀式中進行的重要活動。該敎主要節日有三：一、上元節，農曆正月十五日，卽敎主昇天日。二、中元節，農曆七月十六日，卽敎主降生日。三、下元節，十月十五日，敎主普度日。在下元節舉行「三敎蘭盆大會」讚點水燈，普度衆生。點水燈儀式的進行，是向空設案，列香花、茶酒、文疏、紙錢、心經、冥衣等件，點水燈三十六盞或七十二盞或一百二十盞或三百六十盞，使人乘舟江海溪澗處放之，禱文云：「三敎倡建蘭盆會首某領合會人等，謹誠丹悃，燃點水燈，上照水府一切聖賢，下照淵源群生，物類久晦者，復顯沉滯者超昇。竊念水界之中，龍波之下，長波浩浩，常沉日月之光，若刼重重，不見地天之曉，往往漂沉等輩，多多枉命罪流。若非敎主普放慈光，如此幽魂，恐難脫離，是以開有情方便，特崇水府道場，憫物命沉淪，燃點光明燈……」誦云：「一棹孤舟放水燈，孤舟遠泛似浮萍。瀟瀟雨滴葩花慘，肅肅風吹波浪冷。火樹銀花光水府，梵音歌韻徹龍庭。下元神聖同慈憫，願救罪魂出海溟。」

在舉行祭拜等莊嚴儀式中，須先呈上「進貢儀文」，其中讚云：「我學孔子我是儒，聲臭俱無一太虛。若藉見聞能悟性，義皇以上讀何書。我學老子我是道，陰陽升降顛而倒。竅中之竅玄又玄，吾身自有蓬萊島。我學釋迦我是釋，崑頂摩尼圓又赤。不生不滅自如如，這個分明在咫尺。我學林子我是夏，三教由來同一駕。立本入門極則終，徹古徹今徹上下。」

除了三大節慶外，配合教徒的需要，另舉行開光、資度、攝召、祈安、懺悔、啓建、慶讚等道場，各有其專用的科儀，並且書寫疏文。疏文分成下列幾種：九蓮疏式、血盆疏式、目蓮疏式、薦修都疏式、薦修榜式、炤身牒式、開光都疏式、發使牒式、外封式、三官疏式、地藏疏式、供疏式、庫官疏式、水懺疏式、觀音疏式、三官疏式、十二光疏式、城煌疏式、夏貢狀式、天曹貢狀式、地府貢狀式、東獄狀式、水府狀式、普施疏式、請魂牒式、解齋牒式、宮社家庭疏式、四尼四府狀式、解血盆齋疏式、投契疏式、進貢狀式、業牒式、釋貢狀式、攝召旛式、娘仙安座疏式等。舉九蓮疏式爲例：

三教薦修資度陽居孝男某領孝眷人等泣血稽顙百拜謹疏爲報答親恩事痛念某爲亡考妣某入生卒
日時茲逢某七冥期仗同門友就哀堂建設
三教薦修資度道場禮請
四尼列聖

三界萬靈莊誦
儒道釋夏諸品眞經拜禮
三昧水懺今當燃點
九蓮燈炬讚揚
西方佛號祈薦亡考某某／妣某氏親魂超昇極樂
唯願
九蓮台上一切佛聖
齊放大光明
慈悲普攝受庶令某亡考某某／妣某氏親魂性天朗耀極樂國照見現前心地開明淨土境分明如在
蓮台九座登上品以生天
寶塔七層攝生前而見佛超凡入聖趨果受生某等不勝激切哀懇之至謹奉
疏稱
進以
聞
大歲　年　月　日謹疏

第五節　修道的心法

夏教有一套修持的心法，來打坐運氣，修眞養性，自稱爲孔門心法，但就整套修持過程言，近於道教重性命雙修的金丹道，但是據莊吉發的「從院藏檔案談淸代祕密宗教盛行的原因」一文指出民間宗教都有一套坐功運氣的口訣與祕密心法，來消災却病，延年得道，死後免入輪廻。夏教的修道心法正是受到當代民間宗教修持法門的影響，又加上明代對民間宗教的嚴苛法令，也採祕密方式來暗中傳習，不准教外人士聽聞，如其教徒的入教儀式必誓曰：「俯垂洞鑒，一戒不孝雙親，二戒不敬師長，三戒不忘友誼，四戒不作虧心，五戒不行淫邪，六戒不洩心法，以上所戒六條，不敢一毫疏忽，如有違背，惟聖神鑒之。」前五條仍以儒家的道德教化作消極性的禁忌規範，第六條表現出民間宗教的固有性格，一方面強調普度衆生，一方面又不准心法外洩，有限度地接引衆生，這完全受到當時政治與生態環境的牽引所致。台灣夏教修持心法的人已不多，入教不傳心法。筆者曾在「養聖堂」看到「三教九序圖之表」一書，詳細解說修持夏教心法的內容與過程，該書分成下列幾部分：指授起手要訣、五臟註五色、五心大小形狀、方位指點分明、養身小法、林夫子註煉心意、修內果必要註明、修練工夫等。其修練工夫分成九個境界，又稱「九序」，其名爲：一曰艮背，以念止念以求心。二曰周天，效乾法坤以立極。三曰通關，支竅光達以煉形。四曰安土敦仁，以結陰丹。五曰採取天地，以收藥物。六曰凝神氣穴，以媾陽丹。七曰脫離生死，以身天地。八曰超出天地，以身太虛。九曰虛空粉碎，以證極則，但是由於該書是不傳教外人士，筆者雖有幸親睹，也不能盡記其詳，另根據「三教正宗統論」第六册「九序摘言」、第七册「心聖直指」與「林子本行實錄」的記載，作簡要說明。

據「心聖直指」一文，「九序」又分成三部分：「艮背心法」、「行庭心法」與「虛空本體」。林兆恩教人修行由「艮背心法」與「行庭心法」開始，「林子本行實錄」七十三歲條云：「艮背行庭，乃求放心之法也。行艮背要得水升火降，渾身調適，行庭卽周天也，三百六十五度，吾身一小天地也。行周天要聚淸氣於吾身天地之內以抱神也，敢濁氣於吾身天地之外。」爲什麼叫「艮背」，林兆恩詮釋此句是採自易經「艮其背」一句，背從北從肉，是北方之內，北方從水，而人的心在南方，屬火，故謂艮背者水升火降，卽「以心之火之南而洗之，以背之水之北者易之，所謂洗心退藏於密，孔門傳授心法也」（心聖直指）將「洗心退藏於密」具體化，並受陰陽五行家的思想支配，已非儒家思想的要義，而是受到道家丹鼎派鍊養陰陽，返樸還淳等修道工夫的影響，其所用的名相皆承襲金丹道，而以儒家的話語來附會之。如何心升火降呢？「心聖直指」一文指出要念「三教先生」四字，云：「初由口念而至於背之腔子裏，久則念念只在於背，念念只在於背，則心常在背矣。念卽心也，念起於心，而非心之外，復有能念也。」「以念止念以求心」又類似佛教的修行法門。

至於「行庭心法」純粹取法於道教，認爲宇宙是一個大的天地，而人身是一個小天地，故云：「效乾法坤以立極。」人身如何是個小天地呢？「心聖直指」如此比附：人的頭是崑崙山，四肢是四海，腹是中國，腹的北方是恒山，南方是衡山，東方是泰山，西方是華山，腹的正中央是嵩山，以易經的「乾爲首，坤爲腹」來證明之。又認爲天的極上處與地的極下處的距離共八萬四千里，而人身是一個小天地，故心腎之間也相距八寸四分，心腎之間卽天地之間。所謂「行庭」卽運氣於吾身天地之中，首先須「通關」，「林子本行實錄」解釋爲：「以宣暢一身之筋脈，流通一身之滯氣，滯氣一散，而神則自虛而明矣，形則自淸而爽矣。」

「通關」之後，要「安土敦仁」，「心聖直指」解釋爲：「須先以五行之心，安於中心之心，而爲土中者，以敦養之，自有消息眞機，而心身性命相爲混合矣。」「九序摘言」云：「其曰土者何也？東木西金南火北木，而中央土地。苟能以吾心一點之仁，而安於土中以敦養之，水火旣濟，乃結陰丹。」所謂「陰丹」，「林子本行實錄」說明云：「結丹之法，乃以火散之於耳目口鼻，四肢百骸者，而復返之於肉團之心，然後方可謂之能有人道，曁有人道矣，又將以肉團之心而復返之於天地之間，然後方可謂之能得陰丹。」認爲眞丹來自於父母媾精一點落於子宮，人的一切卽由子宮之一點發出來，孩子出生後，此點落在臍下一寸三分的地方，後來移到心臍之間，所謂八寸四分的中央。然而人的眞丹，因人的貪欲而不常存，故須先收此放心而艮之於背作基礎，然後移之於天地之間，如五曰：「採取天地，以收藥物。」「九序摘言」云：「亥子之間，天地一陽來復，而吾身之天地亦然。巳午之間，天地一陰來垢，而吾身之天地亦然……天地非遠也，而陰陽之氣，常與吾身相爲流通。吾身非近也，而陰陽之氣，常與天地相爲聯屬。」然而眞丹屬火，在天地之間，不能不熱，至熱時移到臍下一寸三分的地方，稍停片刻，卽向臍後上升，夾脊雙關至泥丸下至鼻口，直到臍下一寸三分的地方，可得陽丹，卽六曰：「凝神氣穴，以媾陽丹。」「九序摘言」注云：「兩腎之間，名爲氣穴，竅中之竅，玄之又玄，老子曰：玄牝之門，是謂天地根。若能以心臍之間之所凝結者，而下藏之氣穴焉，迸歸土釜，以牢封固，蓋以俟眞陽之丹，自外而來也。」

可以達到七曰：「脫離生死，以身天地。」的境界，「九序摘言」注云：「天地廣大之中，自然有所凝結而與我之丹相爲配合，然後方可名之爲陽丹也。」

爲何說眞陽之丹自外而來呢？「林子本行實錄」如此解說：「今以既得陰丹，而復言之內外交修，煉之而復煉之，而必至於三千功滿，八百行全，以與天地合德，然後能得陽丹也，故曰：『丹自外來』，其曰自外來者，豈非我之眞陽，從太虛中來耶。」林兆恩認爲眞陽來自太虛，故八曰：「超出天地，以身太虛。」說明我不是個實體，太虛也不是個實體，所謂吸取眞陽，是混同太虛，「九序摘言」注云：「我能先虛我之虛，而後能虛太虛。以爲我之虛也，既虛太虛之虛，以爲我之虛，則能以我之虛，混合於太虛之虛，而與太虛爲同體矣。」爲何要與太虛同體呢？在「心聖直指」中林兆恩標出「虛空本體」，亦指人的本體就是虛空，天地也是虛空，天地是虛空而能生化萬物，則是太虛妙用，人是虛空却能參予造化，亦是太虛妙用。林兆恩這套思想基本上是受老子「天下萬物生於有，有生於無」宇宙論的影響，也可能來自佛教，受到早林兆恩六十年的羅祖無生老母信仰的影響（參閱拙作「無生老母信仰溯源」一書），或者「虛空」是當時民間最流行的宇宙論思想。

關於「虛空」，正宗統論第十四册「眞我昌言」，言之甚詳，茲將其結論抄錄於後：

「何者不是天地，何者不是我之妙用，何者不是虛空，何者不是我之本體。故孔子儒我以爲儒，老子道我以爲道，釋迦釋我以爲釋，天地用我以爲用，虛空體我以爲體。無儒、無道、無釋、無天地、無虛空，而無非我也。我而無我，無我而我，無我無無我，無無我無我。」

人本之虛空，又無虛空，故九曰：「虛空粉碎，以證極則。」這是夏教修持的最後一個境界，

「九序摘言」注云：「以太虛之空洞以爲身矣，而身天地者，非其至也，然必至於虛空而粉碎之，則是虛空又且忘之，而況於天地，況於身乎？到此地位，而求之三氏，蓋亦鮮其人矣。」

第六節　夏教的教義

夏教經典「林子三教正宗統論」與「三一教主夏午尼經」共四十八册，思想相當龐雜，不易作有系統的研究，本節採用其精華要本「三一教主夏午尼經纂」四卷與「經訓」一卷作素材，探求該教教義的基本形態。

甲、道一教三論

三教融合由來已久，唐高宗曾下詔云：「三教雖異，善歸一揆。」到了明太祖的「三教論」更積極地認爲：「天下無二道，聖人無兩心，三教之立，雖持身榮儉之不同，其所濟給之理一。」這些教化觀念，影響了基層社會三教合一思想發展的風潮，又宋明理學的勃興，對三教學理的會通助長了三教融合的傾向。另外在宗教信仰上，道教金丹道與全眞教的三教一致論及羅祖由通俗佛教發展出的三教調和論，對於民間社會影響更鉅，到了林兆恩夏教的建立，可以說是民衆宗教思想的成熟，展現出明代大衆文化的豐富內容，也可以探求鄉土知識分子對儒家道德實踐的認知及其性命涵養的方式。

夏教三教融合是採「道一教三」的方式，將「道」與「教」分開，三教合一的基源在於

「道」，如經纂卷一云：「道也者，所以本乎其教也，教也者，所以明乎其道也，但世人不識道與教之分也，故以教爲道焉，豈不謂之教三，而道亦三耶。」又云：「夫道一而已矣，而教則有三。」道與教分離後，才能以道統教，認定三教有一共同的來源，此來源稱之爲「道」，或稱爲「夏」，「夏」是「道」的本稱，經纂卷一云：

> 夏也者，大也，而太極在其中矣，太極而陰陽也，陰陽統於夏，陰陽而五行也，五行統於夏。退藏於密，卽儒是夏，谷神不死，卽道是夏，如是降伏，卽釋是夏。

「夏」即是宇宙的本源，與「道」異名而同稱，以「夏」爲教，即追溯到三教原初的本來面目，探求宇宙萬物生化的原理，此一原理的動力即是「夏」，卷一又云：「天得夏以清，地得夏以寧，人得夏以聖，皇得夏以道，帝得夏以德，王得夏以功，儒得夏以仁，道得夏以玄，釋得夏以空。」這段文字是脫胎於老子第三十九章，將「一」改爲「夏」，老子的「一」，是道的生化作用，如老子第四十二章云：「道生一，一生二，二生三，三生萬物。」林兆恩「夏」的概念純粹取法老子，認爲天地萬物皆道自生自化而成，由於道的緜緜若存，啓發天地萬物無限生機，故續云：「莫非天也，而日月星辰之麗於天者，得夏以照以臨。莫非地也，而山嶽河海之屬於地者，得夏以峙以流。大而元會運世之終始乎天地者，得夏以綱以維。小而飛走動植之並育於天地者，得夏以生以成。」

宇宙萬物皆天命流行而爲各物之性，是道的無限性展開，此一觀念基源於道家，但是夏教在談各物之性時，則拉回到儒家的道德層次上立說，如經纂卷一云：

> 太極者一也，天以一而陰陽之，而一陰一陽者，天之道也。地以一而剛柔之，而一

剛一柔者，地之道也。至於人則以一而仁義之，而仁義之道，莫大於三綱，故有夫婦而後有父子，有父子而後有君臣者，三綱也。

將仁義與天命結合，是透過個人的道德感情，契合宇宙法則的存在，更積極地開拓自我生命內在人格世界，透過人際關係的和諧驗證「一」的妙用。由於重視個人在現實社會的道德運作，故在三教中特別強調儒家，有釋道儒歸之說，其解釋「儒」的意義，見經纂卷三云：「儒也，从人从需，爲人所需者儒也。栖栖皇皇，席不暇煖，孔子以其心之聖，爲人所需而儒也。」以「爲人所需」解儒，是肯定人之所以爲人的人性價值，拓大孔子心聖的工夫，可以使人獲得生存的依據。

尊儒宗孔，來自於對孔子「仁」的皈依，如經纂卷三云：「性命之學，非落於空也，即吾心之仁也，吾而盡性至命矣，則可以仁吾身。」「以仁吾身」即重視道德的實踐意義，肯定人際間的一切關係，都被「仁」所統攝，成人成物是孔子仁心的呈露，如經纂卷三云：

父子以仁，兄弟以序，夫婦以別，而諸凡所以理家者，無不備於孔子時中之儒矣。君之使臣也，以禮，臣之事君也，以忠，內統萬民，得以順治，外撫蠻貊，又且威嚴，而諸凡所以理天下者，無不備於孔子時中之儒矣。

孔子時中的精神，是將法則性的天命與人性結合，凝結成生命的智慧，以化解存在的困頓，成爲行爲規範的根源，「父子以仁」、「兄弟以序」、「夫婦以別」雖是外在的人際關係，却是本之生命的本眞。林兆恩即基於人道的重要性來批評佛道二教，如經纂卷一云：「今道釋者流，飄然雲外，其有夫婦之別乎？不有夫婦之別，其有父子之仁乎？不有父子之仁，其有君臣之義乎？不有夫婦，不有父子，不有君臣，此則人道之缺典也。」林兆恩認爲老子與釋迦並未捨棄人倫，捨棄人倫非修持之正道，故卷一續云：「心性明矣，復在家而倫屬之。」

修道落在人倫的關係而言，是將抽象的天命法則，向人的生命中凝結，經由行爲規範的根源與保證，彰顯人的意義，使存在充滿了光輝。林兆恩重視士農工商的本分，強調人道的維護，其目的也就在於肯定世間的價值，掌握人類理性的存在，如經纂卷四云：

> 能盡士農工商之常業，而周旋於人倫日用之間，能得道也。不能盡士農工商之常業，而周旋於人倫日用之間者，且不可以為人，而況能得道乎？

林兆恩認爲求道不離世間，如卷一云：「誠使內能明乎心性之學，外不絕乎人倫之大，並時兼修，不相妨礙者上也，或先續綱常，後了斯道。」從人的道德行爲擴展到天命的完成，是合內外之道，以求人的安身立命。這種將宗教信仰落實到現實社會的人倫運作，是受儒家道德教化的影響，也是人文精神擴充的具體明證，使宗教感染著濃厚的人文色彩，挺立出人的生存價值。

乙、虛空宇宙論

宇宙是如何形成？這是每一個宗教所共同面臨到的主題，林兆恩是以玄妙虛無的「道」來說明宇宙化生的現象，就其理論基型而言，是淵源於老子一書，然其發展偏重在世俗性格，加上陰陽五行等民間神祕學說。

林兆恩認爲天下萬物皆道所變化，而道由虛無而來，復歸虛無而去，此爲宇宙的自然規律，在玄妙虛空之中生化萬物，如經纂卷二證云：

易曰：「變動不居，周流六虛」。而論語又曰：「仰之彌高，鑽之彌堅，瞻之在前，忽焉在後。」豈不以道本虛空也，無高無下，無內無外，無遠無近。

道是虛是空，其生化作用，無形可見，無跡可求，却能含有無限生機。老子從有無相生來說明虛空的變化，林兆恩也談有無相生，認爲天、地、人的生化皆由無而有，如經纂卷三云：「天而未始有，天者無也，由是而天，天非生於無乎？地而未始有，地者無也，由是而地，地非生於無乎？人而未始有，人者無也，由是而人，人非生於無乎？有無相生，而天地人之所不能外也如此。」有無相生即是道生成萬物的作用，是天地人的根源，在緜緜若存中產生無限妙用，老子第六章云：「玄牝之門，是謂天地根。緜緜若存，用之不勤。」

無能生有，即是道的妙用，道本太虛，却不滯於無，在素樸無爲中，渾然自成圓化萬有，經纂卷三云：

故太虛也，天地也，聖人也，一也。特其天地有形氣而無形氣，聖人有心身而無心身者爾，而其所以覆載照臨，所以錯行屈伸，所以流峙生生化化者，亦皆太虛之妙用也，亦皆天地之妙用也，亦皆聖人之妙用也。同一虛空也，同一妙用也。

林兆恩是以太虛（虛空）作爲宇宙論的本體，亦即虛空是宇宙的特性，說明道是無限的存在。道的本質是「虛」是「無」，却存有自然的妙用，由全而分，由一而多的創生機能，但是這種機能，非出於意志，是無知無覺自然化生而成，如經纂卷四云：「聖人太虛也，而不自知其有，聖人天地也，而不自知其能。然洪纖高下，孰非太虛之有乎？而太虛不知也。生成長養，孰非天地之能乎，而天地不知也。若聖人者，以何思何慮之體，而流通於無聲無臭之中，故能體同太虛，而用妙天地矣。」

聖人體同太虛，用妙天地，卽是聖人悟覺虛空的智慧，首在無爲，而任天地自化，所謂「至人無爲，大聖不作」順其自然，隨物造化，如經纂卷二云：

> 何以謂之無為？無為者，真常也，未發之中也。私欲淨盡，無復可得而損益之者，故曰損之又損，以至於無為。若也致虛，或有一毫之未極；守靜，或有一毫之未極，則亦尚有可得而損者，而安能遽到於無為之地耶？何以謂之無為而無不為？中庸曰：「至誠無息。」周濂溪曰：「誠無為。」又曰：「寂然不動者，誠也。」蓋寂然不動之中，而有真不息者在焉，何為之有？由是而悠遠，由是而博厚，由是而高明，配天配地，而章而變而成，是乃至誠不息之真機也。

無爲在於化除有爲，順從大道周行而不殆，化生萬物，故老子第二章云：「是以聖人處無爲之事，行不言之教。」林兆恩解無爲爲眞常，把握生命的眞常卽是無爲的要義。然而老子第三十七章云：「道常無爲而無不爲。」是順自然之無爲，萬物並峙於其中，卽是眞常的妙用，也就是林兆恩所謂「至誠不息之眞機」。

丙、無我人性論

林兆恩言「虛無」的動機與目的，不單純只爲了建立一套形上的宇宙論，而是基於人類生存的需求，向上推求到宇宙根源的處所，來安頓人類生命的存在，建立其「無我」的人性論，以決定與自己根源相應的生活態度，用來安身立命，呈露生命的價值與意義。

林兆恩主張「無我」根源於虛空，以切斷對人身假我的依戀，其論點見經纂卷三云：

「我卽天地，天地卽我也，我也者我也，無我之我也，若計有我，卽不名我。孟子曰：『萬物皆備於我矣。』此言我，無我之我也，無我之我，是名眞我。又曰：『反身而誠。』此言身，非身之身也，非身之身，是名大身。」關於「眞我」、「大身」的定義，該卷復歌詠云：

> 我未生前天是我，我旣生後我是天。浩然充塞兩間外，造化機微只一圈。物不自私物亦我，我能廣大我亦人。乾坤父母散殊在，一氣氤氳屬此身。火風地水却非眞，住世百年有此身……但得吾身正氣在，便為天地一陽時。也屬虛空也屬身，惟將一氣究天人。天人從古無分別，宇宙襟懷總一春。

所謂「無我」卽是不生不死的眞我，是虛空的造化，卷四亦云：「眞我無我，本體虛空，而道家所謂不死，蓋謂眞我之虛空。」不死，或稱「無生」，卷二偈云：「生死不是我，無生乃是我。我也先天地，無生卽是我。我也後天地，無生在天地。」身軀的有限性，使人的生命無法永恒長存，懷抱著無限的遺憾。唯有捨棄色身壞滅的我，達到與天地長生的我，才能天人無分別，獲致生命的永恒。

如何才能「無我」呢？林兆恩認為要法天地之無心，體會中和之眞性，經纂卷四云：「聖人固法天地之無心，以全性命，以成其聖。」又云：

> 我非我也，非我之我，而天地在我矣，天地在我，則天地之化育，不曰我之化育乎？故知天地之化育者，乃所以盡我性命。

盡我性命以參天地化育，是「無我」的眞諦，這種「無我」也就是該教所追求的理想人生，其「經訓」云：「我非天也，亦非地也，而天地之所以覆載者，由乎我也，無我則無以覆以載。」又云：「太虛無我，迺是眞我，寂而常感，感而常寂，而誠神之幾，莫不由我。」

第七節　小　結

台灣目前別於鄉土信仰的民間教團派支相當繁多，夏教只是其中微不足道的一支，僅流傳在福建同鄉的社群裏，勢單力薄有逐漸消退的現象，加上老成凋謝，恐將隨著時間的流逝而消聲匿跡。

夏教含有濃厚的本土文化色彩，自居爲原始的中國宗教，其夏教簡史云：「夏教，就是原始中國教。夏字代表中國，中原稱華夏，我國道祖唐虞，政教合一。孝經孔子謂曾參曰：『先王有至德，道以順天下，民用和睦，上下無怨，汝知之乎？』即此義也！其道統傳至春秋時代，周室衰弱，天下大亂，英雄並起，各霸一方，孔子老君相繼輩出，分門別戶，各創一教，此時一夏分三門，政教分立，夏教道統自此失傳。」從這一段記錄可知，林兆恩的夏教是源自於傳統教化，是社會文化的綜合表現，非僅其個人的文化意識，而是以民間共有意識，混融於社會基層民衆的生活習俗中，經由宗教的儀式與教義，傳達中國文化的訊息，使百姓安身立命於傳統智慧的薰染下。

本文除記錄該教流傳的寶貴資料外，希望也能表達出基層社會的文化信念及其宗教形態，有助於社會的改革，以傳統的人文智慧來疏導當今的宗教問題。

參考書目

林萬傳

一九八五　先天道研究（靝巨書局）

鄭志明

一九八四　台灣民間宗教論集（台灣學生書局）

一九八五　無生老母信仰溯源（文史哲出版社）

柳存仁

一九六七　*Lin Chao-en The Master of the Three Teachings*（T'oung Pao, Vol. LIII. Livr. 4～5）

Wolfgang Franke

一九七二　*Some Remarks on the "Three-in-one Doctrine" and its Manifestations in Singapore and Maloysia*（Oriens Extremus, Jahrgang 19.）

一九七三　*Some Remarks on Lin Chao-en*（Oriens Extremus, Jahrgang 20.）

間野潛龍

一九五二　明代における三教思想——特に林兆恩を中心として（東洋史研究十二～一）

一九六二　林兆恩とその著作について（清水博士追悼記念明代史論叢）

一九七九　明代文化史研究（京都同朋會）

一九八〇　林兆恩續考（東方宗教五十二號）

酒井忠夫

一九五五　明末の儒教と善書（東方宗教七號）

一九七二　中國善書の研究（東京國書刊行會）

荒木見悟

一九七八　明末における二人の三教一致論者——管東溟與林兆恩（東洋學術研究十七～五）

第十四章　弘化院的宗教體系及其善書思想

第一節　台北地區的弘化院

大台北地區，因不同移民集團形成多樣性的信仰圈，蔚成多元性的宗教活動，與大都會的文化發展產生同質性與異質性的互動關係網，值得詳加研究。

弘化院創立於民國五十八年，流行在大陸新來台的國大代表、退役將校、大專教授的移民集團裏，晚近因倡導慈善救濟與宗教醫療，信徒層面較廣，但是仍以知識分子爲主要訴求對象。該宗教團體倡導儒釋道耶回等五教合一，以忠恕、慈悲、自然、博愛、清眞等五教精神來度人，期能導迷信入理性，寓靈驗於無形。

目前該宗教採總院與分院二級制，總院的總院長、總主院、總監院，以及各分院院長爲領導核心，另設有名譽總院長與名譽院長若干人，其組織如下：

總院長：顏澤滋（國大代表）

總主院：唐貽湘（退役軍官）

總監院：袁日省（國大代表）

名譽總院長：李貫一（國大代表）
李化成（國大代表）
名譽院長：李　寰（前楊森的秘書長，著孔學通詮）
艾　政（退役將官）
李士珍（前中央警官學校校長）
高　梓（大學教授）
鄧文儀（大學教授）
袁　吉（前弘化蓮院主院）
弘化禪院院長：林至信（前國大代表）
弘化院院長：劉韻石（國大代表）
弘化蓮院院長：石補天（退役將官）
弘化清靜院院長：顏澤滋（總院長兼）
弘化靜修院院長：楊　傑（國大代表）
弘化清涼院院長：黃又青（國大代表）
弘化成道院院長：王　蘭（國大代表）
弘化興漢院院長：唐貽湘（總主院兼）
弘化敬天院院長：林永根（台灣文獻會職員）
弘化豐原院院長：任欽泓

另有三個財團法人機構，即：

財團法人宗教世界雜誌社

財團法人弘化世界文物館

財團法人私立弘化同心共濟會

弘化院的規模逐漸擴大，頗引起各方的重視，其欲成立「弘化五教聯合會」，因與「世界宗教徒聯誼會」社團性質相近，未被允許成立社會團體。就其信仰本質而言，其宗教團體實已成爲一獨立性宗教組織，本文針對其宗教體系作較完整性的探討。

第二節　弘化院的發展

弘化院成立於民國五十八年正月初七，發起人共有五人爲黃一鳴（國大代表）、李德義（國大代表）、臧廣恩（師大教授）、趙珙璠、唐貽湘等，於台北市和平東路師大宿舍臧宅正式成立「弘化禪院」，供奉儒、釋、道、耶、回等五教至尊，重扶鸞開乩，以濟佛爲導師，每星期在臧宅聚會習乩二次，原本是一個靈學實驗的小團體，以習乩來與靈界溝通，重視靈修的效驗。後來參予者要求爲其在大陸親人超荐誦經，始開超度法會，建立弘化道場，以黃一鳴爲院長，張　達（曾任江蘇警務處處長）爲主院、王華興爲監院。院長是道場的主持人，主院則負責道場的法會與管理事項，監院負責監督與推展工作。民國六十年黃一鳴辭去院長職務，由李化成爲第二任院長，民國六十五年李化成閉關持修，由鄭雲亭代理院長，黃又青爲主院，王華興、劉幹周、吳則柔、劉淑章等人爲監院。民國六十六年鄭院長往生，由黃又青代理院長，民國七十三年由林至信接任第五任院長。該院院址遷移不定，歷經十遷後，於七十五年七月遷於南京東路五段七十號十二樓，是一個一百五十坪大的道場，佈置高雅，神聖莊嚴，大異流俗，極具現代感的一座宗教聚會所。

永和弘化院於民國五十九年八月成立，劉韻石爲院長，艾政爲主院，李貫一爲監院，民國六十一年於永和市安樂路二九一巷三號設立永久道場，每年舉行「九皇護國禮斗法會」。

弘化蓮院於民國六十一年彌陀法會後成立，李化成兼任院長，唐伯華爲主院，朱佑衡（國大代表）爲監院，原設址於三重市溪尾街，後遷於三重市大同南路一三一號二樓，人事變動，朱佑衡爲院長，李化成爲主院，唐伯華爲監院，民國六十五年朱佑衡往生後，石補天繼任院長，袁吉爲主院，弘重爲監院，民國六十六年購置三重市大同南路一一七巷二十弄一號二樓爲新道場，原道場改爲弘化蓮院圖書館，增派王寶元、余文淵、王乃武、周陳粉、周妙珀爲主院，吳樹樑、王　蘭、萬文卿爲監院。民國六十五年王寶元於三重市自強三路七巷三十六號成立弘化蓮院分院，仍以石補天爲院長，王寶元爲主院，民國六十八年遷至新店市德正街二十一巷六號，爲六十坪大的新道場，民國七十一年改名爲弘化成道院，王　蘭爲院長，王寶元爲主院，弘厚、弘柔爲監院。

弘化靜修院於民國五十九年由楊傑發心建立，六十二年夏正式成立道場於陽明山，楊傑爲院長，劉明煒爲主院，蘇友仁（國大代表）、葉潤玉爲監院，後楊傑遷居新店中央新村後，其佛誕法會與清靜院合併。弘化清靜院於民國六十二年四月在新店中央新村三街五十六號成立道場，黃一鳴爲院長，林幸枝爲主院，林月霞爲監院。未久改由顏澤滋爲院長，加派陳焜爲主院，葛惠能、王時珍爲監院，林月霞往生後，由高梓繼任監院。弘化清涼院於民國六十年元月在台北市濟南路二段三十一之十一號三樓成立，黃又青爲院長，任欽泓、陳芳惠爲主院，盧鎭基、吳則柔、石啓瓊爲監院。弘化與漢院於民國七十二年在台北市延平南路八十四巷二號成立，弘化豐原院於七十五年六月在豐原市向陽路一七三巷五號四樓成立道場，任欽泓爲院長，余文淵爲主院。弘化敬天院於七十三年在南投縣草屯鎭碧山路碧華巷八號成立道場，林永根爲院長。

弘化總院於民國六十三年九皇禮斗護國大法會後成立，各院院長公推李化成爲總院長，黃一鳴爲總主院，李貫一爲總監院，袁日省、唐貽湘爲副總監院，綜理弘化各院的一切法務事務。民國六十五年由顏澤滋繼任總院長，民國七十一年唐貽湘爲總主院，石補天爲副總主院，袁日省爲總監院。

弘化總院下成立三個財團法人，即宗教世界雜誌社、弘光世界文物館與弘化同心共濟會等三個單位。宗教世界雜誌社於民國六十八年十月發行宗教世界季刊創刊號，發行人爲鄧文儀，編輯人申慶璧，總編輯爲鄧蔚林，總經理爲黃又青，社務委員會主任委員雲倬飛，委員有王雲鳳、王鴻儒、申慶璧、石補天、石得生、余文淵、吳則柔、李貫一、李紫虹、林顯鬆、袁曰省、夏益民、高梓、唐貽湘、黃又青、曾水沂、楊傑、葛維新、葉潤玉、詹聰田、趙桂慶、鄧文儀、劉韻石、顏澤滋、盧鎭基、顧依珍。編輯委員會主任委員申慶璧，委員有石補天、石常輝、李貫一、李紫虹、李建勛、汪文秀、唐貽湘、楊傑、鄧文儀、劉韻石、顏澤滋、盧鎮基。宗教世界季刊至民國七十五年十月共發行二十九期，計一四八、〇〇〇本，費用達二、二三〇、九三九元。其發行宗旨爲闡揚五教教義，報導各院動態，期以增進各宗教間之了解，順應世界潮流，配合國策，共謀摧毀無神論之共產邪說，消除赤化浩刼，早日光復神州，拯救苦難同胞，重建宗教事業，以實現五教至尊及仙佛神聖慈悲救世之宏願，即其具體目標有三：㈠促進各宗教團結自強。㈡反對共產無神邪說。㈢維護各宗教自由信仰。宗教世界雜誌社於民國七十三年八月二十五日向台北市政府新聞處申請設立財團法人，八月三十日獲准設立，九月六日在台北地方法院士林分院辦妥財團法人登記，號數爲第〇〇〇七號。

弘化世界文物館獲得台北市教育局民國七十二年十月二十六日北市教四字第五一三六〇號核准，編號一四七，同年十一月十一日向台北地方法院辦理財團法人登記，數號爲一〇三〇號。館址設於台北市士林區文林路七六五號十一樓之三，第一屆董事爲顏澤滋、李士珍、許曉初、郭鴻群、鄧文儀、楊傑、劉韻石、石補天、唐貽湘、王月鏡、李健春、林金能、鄭桂李等十三人，推顏澤滋爲董事長。該文物館設立的目的，在於廣泛蒐集展示及免費供人借閱儒，釋、道、耶、回等五教經典和文物書刋，同時印製經典善書免費贈送各界。已印製經典善書十八種，共二九、五〇〇册，費用計九〇〇、六五〇元。該館佔地七十一坪，目前爲開放式宗教圖書文物館，預定在士林內雙溪設立天壇式弘化世界文物館，初步構想以北平天壇爲造型，地面層直徑四十二公尺，高五十三公尺，每樓面積四二〇坪左右，總共七層約二、九〇〇坪，第一樓爲鬰雪樓，即帕米爾文物館，弘揚清白耐苦堅貞的鬰雪精神。第二樓忠恕樓，研究及弘揚儒教。第三樓慈悲樓，研究及弘揚釋教。第四樓自然樓，研究及弘揚道教。

第五樓博愛樓，研究及弘揚耶教。第六樓淸眞樓，研究及弘揚回教。第七樓弘化樓，爲弘化總院，供奉五教至尊，綜合研究五教教義並弘揚之。由於內雙溪預定地，爲國有財產，申請不易，該計劃已暫時擱置，另行研訂新的計劃。

弘化同心共濟會於民國七十一年八月二十一日成立，初期活動爲施棺及急難濟助二項。民國七十三年五月三日獲得內政部七十三台內社字第二二八二一三號函核准通過，同年五月十一日向台北地方法院完成財團法人登記，號數爲第一〇五五號。該會成立宗旨是以發揚儒、釋、道、耶、回五教至尊忠恕、慈悲、自然、博愛、淸眞的精神，辦理施棺與急難濟助等工作，使發心爲善捐款濟人者皆能適當表達其助人心願，藉以增進社會之和諧與安定。該會分爲年度會員（每年捐獻一、二〇〇元以上者）、月份會度（每月捐獻五〇元以上者）、隨喜會員（隨緣捐獻者）等三種。其活動情形分成下列幾項說明：㈠施棺：每喪家補助喪葬費五、〇〇〇元，迄七十五年十月共捐助一、八一四人，計九、〇六七、八〇〇元。㈡急難救助：對於遭遇不幸之個人，每人捐助三、〇〇〇元，以一次爲原則，共捐助一、四二六人，計三、九八五、五〇〇元（七十五年十月止）。㈢懷幼濟助：濟助博愛、中興、眞光、義光等十餘所育幼院，共捐助三、一六一、六六一元，另於民國七十四年在桃園縣大園鄉沙崙購下九戶花園別墅成立弘化懷幼院，收養不幸兒童。其房屋面積五四〇坪，空地面積九〇〇坪，已收養三十餘人，依現有設備及經費可收養一五〇人。㈣其他救助：泰北難胞濟助已捐出八十萬元，預定每年捐助一二〇萬元，捐助龍發堂，每月十萬元，已捐出六十萬元，支援中華民國醫療諮詢協會貧病患者免費醫療，每月四十萬元以上。捐扇給受刑人，自七十四年起已捐出

五六、九三〇支，計三九八、五一〇元。該會最近獲得善心人士捐贈新竹市香山地區建地一萬八千多坪，計劃設立弘化頤養院與弘化精神療養院，第一期工程已於七十五年九月十一日上午九時破土興工。

弘化院計劃成立弘化宗教研究中心，購地一百甲以上，建設各教教堂及研究大樓、文物館等，禮聘教授、副教授等學者專家訓練弘化弘法人才。且籌劃弘化醫院與弘化職業學校，希望自創事業，以事業的盈餘來從事發展宗教和慈善事業，改變各項經費都仰賴社會善心人士捐助的作法，目前已成立弘化建築師群、弘林營造股份有限公司、佛千股份有限公司、佛音股份有限公司等事業。

第三節　弘化院的教義內容

弘化院的信仰形態似台灣民間的儒宗神教，藉扶乩飛鸞來傳眞神意以感化人心，雜糅五教思想來代天宣化以和諧人間。其宗教態度是以神道設教，經由神明意志來維持社會秩序，其弘法原則有三：㈠五教合一，根據五教經典而弘法，不自造經典。㈡寓靈驗於無形中，導迷信而入理性。㈢院務採人神各半制。

弘化院主張五教合一，有其一套說法，認爲台灣是仙源神跡的發祥地，人心和大自然的罡氣，沒有被邪說詭詞所汚染，所有聖神仙佛，都齊集到寶島。不僅教會林立，寺廟鱗次櫛比、儒、釋、道、耶、回五大正教，都在此間各顯神蹟。自由、民主、平等、博愛等崇高目標，使信仰宗教的人能自由活動，絕不受任何干擾，得到政治與法律的保障，無形中已由聖神仙佛組成了神的聯合國，而採用五教合一弘法利生的姿態。這一套五教合一論實際是文化的涵化過程，從明末林兆恩的三教堂以來，民間宗教與社會文化一直是相互綜攝，產生調適與融合的趨勢，三教合一形成民間信仰的共同現象。民國初年鸞堂已逐漸從三教合一的立場，主張五教合一，甚至萬教合一，但是將五教合一的理論付諸實踐，則是弘化院的特色。弘化院以五教經典爲其經典，分成讀經與解經兩部分，讀經即高聲朗讀五教經典，其目前採用的本子爲儒家的四書（白話、注音）、佛教的妙法蓮華經（注音）、道教的道德經和南華眞經（白話、注音）、耶教的今日佳音（白話新約）和回教的古蘭經（王靜齋譯）。解經部分除了以上經典外，目前尚有金剛經、仁王護國般若波羅密多經、維摩詰經、六祖壇經等書。並配合五教神聖仙佛寶誕啓建各種法會，其壇期所誦的經典各自不同，如下各經：

1. 穆罕默德聖誕：誦古蘭經法諦哈章、阿素嚅章及伊賀倆素章。
2. 彌勒尊佛寶誕：誦彌勒三經。
3. 玉皇大帝寶誕：誦玉皇心印經。
4. 天官大帝寶誕：誦三官經。
5. 太上道祖寶誕：誦道德經或感應篇。
6. 觀音大士寶誕：誦妙法蓮華經觀世音普門品。
7. 普賢菩薩寶誕：誦普賢行願品。
8. 濟世聖佛寶誕：誦金剛經。

9. 釋迦文佛寶誕：誦妙華蓮法經如來壽量品。
10. 文殊大士寶誕：誦金剛經。
11. 純陽祖師寶誕：誦純陽大洞經、心經。
12. 正陽祖師寶誕：誦道德經或太上感應篇。
13. 少陽祖師寶誕：誦道德經或太上感應篇。
14. 觀音成道紀念：誦妙法蓮華經觀世音普門品。
15. 仁義古佛寶誕：誦明聖經、覺世經或玄靈玉皇經。
16. 大勢至菩薩寶誕：誦楞嚴經大勢至菩薩圓通章。
17. 地官大帝寶誕：誦三官經。
18. 地藏菩薩寶誕：誦地歲經。
19. 燃燈古佛寶誕：誦妙法蓮華經如來壽量品。
20. 至聖先師寶誕：誦大學首章。
21. 南斗星君寶誕：誦南斗延生眞經。
22. 斗姥元尊寶誕：誦斗姥一炁九皇眞經。
23. 觀音出家紀念：誦妙法蓮華經觀世音普門品。
24. 藥師如來寶誕：誦藥師琉璃光如來本願功德經。
25. 達摩祖師寶誕：誦楞伽經。
26. 阿彌陀佛寶誕：誦佛說阿彌陀經。

27. 耶穌聖誕：誦聖經禱告文。

28. 釋迦成道紀念：誦妙法蓮華經如來壽量品。

弘化院實際上仍以佛道二敎爲主，是民間佛道兩敎文化接觸的互動結果，有其長遠的歷史淵源，至於主張五敎合一，是民間文化再一次凝聚的累積，形成複雜的信仰形態。

弘化院的宗敎本質應爲重靈媒的薩滿信仰，其宗敎活動集中在通靈者的人神感應上，宣揚上天神祇的好生之德來消災解厄。弘化院的成立也是奉天承運來開院弘法，以五敎至尊爲信仰主神，其院務謂採人神各半，其實是以天神旨意爲主，人事實踐爲輔。天神旨意的傳達透過各院的敎導神，初期僅有濟公聖佛，續有純陽祖師、觀音大士、文殊大士、勢至大士等，是神界與人神的傳遞與溝通使者，經由特殊的靈媒形式（大多為沙筆扶鸞，也有靜坐觀靈）來傳達神意，臨壇說法講經。一般人際間事務則由各院負責的院長主院監院共同處理，人力無法解決的疑難、疾病、休咎等事，則訴諸各院敎導神明，以神靈的驗力來化解存在的困頓，以達到身心均衡的敎化功能。基本上以神靈或超自然力爲主宰宇宙的唯一力量，則人文的色彩減弱，人間成爲神界的延續，人的地位與價值必須依賴神明的庇護，拉低了社會人際間的人文結構與關係。弘化院強調「寓靈驗於無形中，導迷信而入理性」認爲神明的靈驗是與社會秩序結合，其旨意在於宣化人文道德，要求個人透過生命持修才能獲得聖潔光輝的人格。因此神蹟的靈驗，是在盡人事後而完成，所爲「至誠可以格天」，並非「不問蒼生問鬼神」的非理性崇拜，而是希望透過生命的參悟追求理性的人生。

弘化院雖然不自設經典，但是歷年來透過扶鸞集結不少五敎至尊與神聖仙佛的留言說法，已編印成「法要」數集，類似民間宗教的鸞書，可以視爲該教主要教義書。本文依其法要內容，分成下列兩項說明之：

甲、五教合一的基本觀念

五教合一是三教合一的延續，由民間原有三教混合的宗教現象，擴及到新傳入的基督教與回教，形成五教原一理的宗教理念，這種理念在民國二、三十年流行於當時的各民間教團，據醒世週刊第一期「五教圓通經義」說明當時五教合一的基本理念：

儒——存心養性，執中貫一。

釋——明心見性，萬法號一。

道——修心煉性，抱元守一。

耶——洗心移性，默禱親一。

回——堅心定性，清眞返一。

台灣儒宗神教在民國四、五十年代，五教歸一甚至萬教歸一已逐漸取代傳統三教合一的觀念，據「儒宗神教考證」一書記載其基本理念：

儒——執中貫一，存心養性，仁德心。

釋——萬法歸一，明心見性，慈悲心。

道——抱天守一，修心練性，善良心。

耶——默禱親一，洗心移性，博愛心。

回——清眞歸一，堅心定性，惻隱心。

很明顯的，台灣儒宗神教仍延續大陸民間教團的基本理念，認爲五教化殊而旨同，皆由一理而生，透過心性的涵養，以蓄養人類至大至剛的人格。弘化院的五教合一也是基於這種理念，如該教「五教合一法要」序文云：「儒教以忠恕而傳道，釋教以慈悲而傳道，道教以無爲而傳道，耶教以博愛而傳道，回教以清眞而傳道，驟視之，五教所傳之道，各不相同，指示世人依道修持，而內修其心，外修其身，最後得到內不見其心，外不見其身，自然而然修到身心一如而已矣。」

弘化院比儒宗神教更積極，不僅在宗教理念上主張五教合一，甚至強調在神界上五教至尊已成立共同的極樂世界，目前的弘化院即是由五教至尊聯合弘法的人間道場，如六十一年六月十四日的鸞文云：「儒釋道耶回，崇尚神明焉，善惡有分別，因果但憑天。五教造淨土，普度是大願，天上已大同，人間合一焉。」弘化院主張天上已經五教合一，而人間仍然五教分闡，故設立弘化院以傳達五教至尊的共同旨意。因此在六十一年六月七日的鸞文裏云：「今日弘化院所倡之五教合一，非如卍字會之五教合一暨廿字道之五教合一也。濟世聖佛早已明告諸子，弘化院所創之五教合一，乃五教至尊本方方闡教之意旨，處處度人之慈悲，寖假而發展到宗教大同而後已者也。」由此段文字可以推知弘化院與大陸民間教團淵源較深，而未注意到台灣同一種宗教形態的儒宗神教。但是弘化院不僅是理念上五教合一，更積極地在行動上揉合五教，同時宣揚五教教理，以達到宗教大同的目的。

弘化院主張五教合一的途徑有五：即㈠崇神明，㈡別善惡，㈢重因果，㈣設淨土，㈤施普度。所謂崇神明，是將聖、神、仙、佛、上帝、眞主皆視爲神明加以崇拜。弘化院在宗教形態上類似多神教（Polytheism），在信仰內涵上又含有一神教（Monotheism）的色彩，認為五教至尊共同弘法，雖教法有五，而救世則一，相信同時並存多個超宇宙實體的至上神，共同地創造宇宙且統治宇宙。弘化院也主張五教至尊是共推代表輪流掌教，目前由釋迦牟尼佛負責五教弘化工作，這又有些交替神教（Kathenotheism）的影子。就其教義而言，五教至尊即與宇宙自然合一，即是天道的化身，又近於泛神教（Pantheism）。在宗教的實質上，弘化院是一綜合性的雜神信仰，但是其衆神又具有共通的特質，如其鸞文舉例說明：儒家有云：「祭神如神在。」釋教有云：「心佛衆生，自性平等。」道教有云：「人得一而聖。」神、佛、聖甚至上帝、眞主，雖異名而同實，表現出神聖的超自然力量，導引人類自我圓滿完成。

所謂別善惡，是以宗教的信仰方式，重建光潔的人性，實踐倫理道德，亦即宗教含有社會教化功能，積極地勸人為善與教人避惡。五大教基本上是道德性宗教，以神判及報應來維持道德信條，鞏固規範行為。其鸞文云：「儒釋道耶回五教，皆設有天堂與地獄，視世人住世時所行之善善惡惡，及至臨命終時，有經閻王判斷者，有經各教教主判斷者。住世時行善者多，當升天堂；作惡者多，當墮地獄。公平處分，絲毫不爽，業鏡一照，黑白分明，爾雖有百口亦莫能辯，此五教別善惡之情形也。」別善惡的積極作用是心性的修持，據六十五年二月九日的鸞文云：「儒教以五常而修身，釋教以五乘而修佛，道教以五品而修仙，耶教以五福音而修福，回教以五功而修眞，驟視之，五教之修持方法，各不相同，細察之，皆修一心，則相同耳。弘化諸子，苟能依照五教修持之法，選擇一教而修持之，對於修心之法，可云得矣！要知心爲一身之主，既然爲人，已得此身，必須將此幻身，修到與心合一，屆時當可得到神形俱妙矣。」

所謂重因果，是指宇宙間存在著本來演變的現象，若不明宇宙間因果的眞理，惡業不能止住不造，善業不肯努力實現，更不能避禍趨福離苦得樂。因果論基於佛教業報與輪廻等因緣理論，但是弘化院有其一套說詞，見其鸞文云：「五教闡道佈教之宗旨，欲使世人明因知果，行善去惡，以自然之法則教導世人，以經典爲根據，啓廸世人，只要不種其因，即可免去其果，但一般凡夫俗子，常畏果報之來，而不知種因之可怕，是故五教之神聖仙佛苦口婆心，隨緣度化者，使衆生非但知果之可畏，更應知因之更可畏也，此五教重因果之大概情形也。」因緣會合而生果報，也受到修持工夫的影響，據六十三年六月十二日鸞文云：「佛教教人修無生，道教教人修長生，儒教教人修現生，耶回兩教教人修永生，驟視之，各說其說，詳研之，隨根器而度，非不爲也，實乃因人因時而隨緣方便普度者也。焉可以小大、高低、深淺、難易而相提並論者哉！是故吾告諸子，五教至尊之慈悲及在各方顯化之事實，只要細心考察，皆可得到感應道交之果者也。」

由於信仰的目的，往往爲了脫離生死，離苦得樂，以獲得長壽永生，故所謂設淨土，是設立一個永遠無災無難的歸宿地方，來滿足人類追求無限永生與和諧安滿的共同願望與宗教心理。這種樂園的追尋與安頓在五教教理裏佔有相當的份量，表達世人對於不可知仙境的遂願心理，以排解身軀有限性所帶來的疑惑與恐慌。其鸞文云：「五教至尊指引世人修持之方雖有多門，但其目的地各有一方。儒教欲造人間之淨土，爾等細讀大同篇可知其然也。佛教所設之淨土多矣！超三界者有二焉，在東方有琉璃淨土，在西方有極樂淨土；未超三界亦有二焉，其一曰兜率淨土，其二曰忉利淨土。道教所設之淨土，概分之可得有三，即所謂太清宮玉清宮上清宮是也。耶教所設之天國，回教所設之清靜天國，祇要世人住世時誠心求之，往生後當可生焉，此五教所設淨土之大概情形也。」設淨土在於施普度，是五教至尊弘教救人之悲願，如其六十一年七月二十六日鸞文云：「儒教以五倫而修行，道教修五品而成仙，佛教以五乘而度人，耶教以五福音而救世，回教以五功而事神。乍觀之，似有差別；詳言之，殊途同歸。皆本大慈大悲之心，大喜大捨之願，變此五濁惡世而爲極樂天堂者也。以娑婆世界爲穢土，五教所設之理想化城爲淨土，釋迦如來在說五教合一大道時，其最後說五教均設有淨土者，誠非虛語也。」

所謂施普度，是指宗教的救世情操，透過人格神的權威意志來維持宇宙的秩序，進而救濟衆生躲離生死輪廻苦海，闡示修身養性之法來提昇世人自己心性的生化作用，參悟宇宙的造化原則，開拓自我內在的生命境界。其鸞文云：「儒、釋、道、耶、回五教，其度人也，其度衆生也，皆本大慈大悲之心，大喜大捨之願，用四攝法而普度者也。並教其教徒行善積德，廣開方便之門，有疾病者醫之，有困苦者救之，未信者使其信之，已信者使其修持之。爾等一讀儒教經典，教其行仁義禮智信五常，佛教之經典，教其守五戒行十善，修四諦及十二因緣，廣施六度萬行，自覺後還要覺他，必須達到覺行圓滿而後已。道教之修眞養性……耶教之廣大博愛，回教之清眞不二，皆五教闡道佈教普度世人之概略情形也。」在六十一年七月二十七日的鸞文裏將設淨土與施普度合起來作詳細的說明，架構出五教合一的理論基礎，由於文章甚長，僅摘錄前一引文所忽略的道、耶、回三部分，至於儒、佛雖有更詳細的說明，爲了節省篇幅，只好略去不引用。其鸞文云：「道教至尊爲黃帝老子，黃帝著有內經，老子著有道德經，他若清淨經玄妙經，乃至黃庭經等，皆道教修持之法，又設三清淨土，希世人一經修持，修長生者得長生，修飛昇者得飛昇，此黃老對世人之慈悲也，乃道教至尊所發之大願也。耶教至尊，能捨其子耶穌基督釘上十字架，代世人而受罪，其所說之聖經，以三位一體而立說，以五福音而救世，現在舊教天主所定之舊約與新教基督教會所傳之新約，與當時啓示耶穌基督之聖經略有不同，但無論新教舊教，皆奉耶和華至尊爲上帝，此不可否認者也。凡依照聖經修持者，均可生入耶教所設之淨土天國，此耶教至尊所發之大願也。至於回教安拉至尊，以古蘭經啓示穆罕默德，以五功爲修持之法。回教之規定異於他教，一入回教必須全家奉教，且與他教不通婚姻。其所稱五功者：即唸、禮、齋、課、朝是也。奉回教者，一生能將五功均做到，即可生回教之清淨天國，此清眞安拉至尊所發之大願也。」

從以上所引用的鸞文看來，弘化院的鸞文對五教的理解相當有限，僅停留在表面的觀察，但是弘化院近年來集結出「學佛法要」、「學道法要」等書，已逐漸進入五教教理的核心。另外其強調五教合一，也受到今日世界局勢的影響，認爲五教至尊是爲了化刼救世才聯合弘法，如六十年二月五日耶和華所降鸞文云：「五教至尊，本其慈悲仁愛之精神，極力設法阻遏，使其不致靡爛於全世界，貽害於人類而後已。是以各地降靈，接納地方習慣，修改教義以利弘化。爾等不觀吾教，在今年春節提倡祭祖乎！此非他也，因時因地而制宜者也，將吾之博愛，普及於全人類也。此中轉變，各教教主，均策勵其教徒全力實行，以化赤化大刼，而拯救世人於水深火熱之中也。今後五教教徒應當切實聯合，無分彼此，則挽救此浩刼將有望焉。」因地制宜，聯合弘化，實爲弘化院的初衷與目的。

乙、政教合一的宗教理念

弘化院的危機意識相當強烈，與現實社會客觀環境的衝擊有密切的關係，該院的鸞文屢次強調以五教至尊慈悲救世的宏願來消滅赤化浩刼，早日光復神州，拯救苦難同胞，重整世界秩序。這種與政府政策相配合的宗教理論，反映出其信徒結構的集體需求與共同意識，爲該宗教團體的最大特色。該宗教的主要幹部以國大代表爲主，大多是大陸淪陷後新來台的移民團體，又以知識分子爲多數，更能感受到社會局勢的動盪不安，興起世界浩刼的末世意識，而希望以宗教的力量來化刼救人，如宗教世界發刊詞云：「今日世界的現象，思想紛岐錯雜，政治黨派鬥爭，經濟能源困擾，社會道德式微；天災人禍在各國相繼發生。這是人類危急存亡之秋。如何挽救浩刼，消弭戰爭變亂，是當前的緊要急務。惟有依靠各宗教的力量，本著救世救人的偉大悲願，弘揚各宗教教義；團結本教，聯合他教，共同努力；批判共產無神邪說，防止共黨滲透宗教，嚴密組織，乃能收到挽回浩刼效果。」以宗教來輔助國家教化的不足，以收化民成俗的功效，由來已久，亦即以神道設教來共存天理，維持人間秩序，早已成爲傳統社會的文化功能。弘化院主張天上神明時時在關心人間秩序，如認爲金門古寧頭大刼，即是由關聖帝君顯靈助國軍驅退匪兵，使本島二十餘年來得以安寧，民國六十七年農曆六月二十四日關聖帝君曾藉鸞說明，其鸞文云：「騎赤兔，到弘化，見諸子；會議開，諸仙佛，賀我壽。今日會，意義大，弘五教；利天下，聖教宮，興建後。佑中華，除共匪，施法力；

保基地，因緣熟，收故土。憶往年，顯靈驗，救金門；退匪兵，廿年來，得安靜。以此心，保人民，今賤辰；諸子賀，虔一經，有奇應。」關聖帝君的意識形態幾乎與官方的立場一致，正顯示該教借扶鸞來宣揚政府教化政策以維持人世間的和諧與安寧。

弘化院除了崇拜五教至尊與天上聖神仙佛外，認定國父孫中山先生與先總統蔣中正先生，已昇爲天上聖神，前者被稱爲「復漢尊者」，後者被稱爲「興漢尊者」，二人曾多次降鸞弘化院，敍述革命經過，指示中興大道，剖析當前世局與敵我形勢，弘化院將這些鸞文集結成「革命與中興大道」一書。國父與先總統蔣公被提昇爲天上聖神，基本上是一種靈魂崇拜，將歷史文化中的英雄人物，視爲具有特別法力與神祕性的神祇加以崇拜，要求其能視察人間，保佑世人。這種崇拜行爲在傳統社會相當盛行，歷史上的文化英雄，在民間幾乎都有專祠奉之。弘化院崇祀國父與蔣公，基本上仍是從仰敬的心理上超拔而來。二人活著時是信徒們的領導中心與精神支柱，一旦肉體消失後，仍希望他們的精神常存，化成幽冥的神祇暗中繼續保佑我們，指引我們，完成反共復國的大業。

宗教信仰與其社會生活有密切的關係，超自然的秩序在某種程度上是以社會的普遍需求作合理的投射，亦即宗教的權威力量被視爲社會意志的反映或延伸，尤其是扶箕的宗教活動，其鸞文必須吻合信徒的心理狀態與意識形態，並且必須架構在共同的認知體系中。在復漢尊者（國父）與興漢尊者（蔣公）的鸞文，其內容幾乎集中在二人的生平事蹟及其豐功偉業，若述及其逝世後的國際局勢，也僅侷限在已發生的事件，絕少對未來作預言或猜測，若有預言也僅含糊交代，如六十五年四月十四日興漢尊者往生週年留言云：「興漢尊者，吾在天上之尊號也；周年留言者，酬答諸子爲吾作周年之祭耳！現在可告慰諸子者，吾在天上已將毛酋之罪過訴諸上天矣！爾等諸子，在人間與大陸反共反毛同胞，意志已同聲相應矣！如此一來，天人合一，毛江諸酋之亡，指日可待，將來裏應外合，一舉而收復大陸矣！他若俄共之虎視東北，雖仍爲患我國，但爲民族大義所驅，祇有龜縮而去矣！諸子可拭目以待之。」

扶箕飛鸞的宗教活動以反應神意，闡明天道眞理，啓悟人心規正爲主，即是以鸞書的立言作爲天下行爲的法則，以助國家郅治的隆盛。五十九年十月十日復漢尊者(國父)亦下「革命大道」一文，開始即基於教以化民爲目的，展示革命的本質來挽救民心去邪歸正，在遵守奉行下集聚反共復國的力量，其鸞文云：「今日爲光復我大漢故物之時，我大漢民族，不論在國內國外，甚至鐵幕匪區，有公開慶祝者，有祕密慶祝者，若以文字形容，可云普天同慶矣。今夕應濟世聖佛之邀，臨永和弘化院，爲諸子說法講道。余講何道，余所講之道，非五教至尊所行之道也，乃余承五教至尊之慈悲，而解救被壓迫民族，革舊鼎新，順天應人之革命大道也……」將革命視爲神明慈悲的改革復振運動，是以宗教的權威作爲世界和平秩序的唯一準則，亦即人類的一切行動，皆必須接受天意的支配，由天遣聖人扶助天地之正氣，啓肇泰天之景運。國父即是承天運而興的聖人，禀天命來革命，建立新的人文秩序。前鸞文的結語云：「革命大道，可分三個時期，湯武之革命，可稱君主革命，先公而後私者也；劉漢朱明之革命，可云平民革命，先誠而後僞者也。余所領導之國民革命，發乎誠而止乎正者也。今應濟佛之請，爲爾等講此革命大道，爾等均屬吾徒，自當了解吾之苦心。至於吾往生後之事跡，及未來之動向，有親歷其境者，有默察而知者，何待吾明而直告。要知仁者無敵，暴政必亡，迴光反照，勢所必然，諸子參悟此言，必有所得焉。」

這些鸞文有點類似官方文告，尤其在雙十國慶降鸞而成，其用意頗耐深思。弘化院似乎要建立另一個教化系統。透過宗教的力量來加強政府政策的宣導。因此，在鸞文裏，有些內容與政府出版的宣導文件如出一轍，只是加上一些比較獨斷的語氣，比如六十四年五月二十四日，先總統蔣公於逝世七七日後，留下「中興大道與復國契機」一篇鸞文談到「中道」云：「中道者，堯以是傳之舜，舜以是傳之禹，禹以是傳之湯，湯以是傳之文武周公孔子，孔子傳之孟軻，孟軻傳之國父，國父傳之余也。韓愈說之於先。吾爲諸同志告者，三民主義即循中道而衍成者也。我等欲繼承國父遺志，應堅守中道而不移。中道簡單解釋，即不偏之謂中，不易之謂庸也。中庸一書，雖出自孔門弟子，實則儒家至尊所傳治世安人之大道也。宋儒雖然雜佛老於儒家，對於中道特別宣揚，若朱熹者，將大學中庸，由禮記選出，而成四書之二者，皆宣揚中道之所爲也。諸同志若深研此大學中庸，則中道可明，大人可成，與易之九二九五相互發明，而得一安邦定國之至道，雖百世而不易也。諸同志有暇，對此二書，應深研細讀；而余之處國事，主軍政，皆本此中道而行，未嘗須臾離也。只有以此中道，可破共產邪惡之說！以此中道，可復與我國家！以此中道，可安定全世界！是以余以『中道不偏易』而告諸同志。」

所謂五教合一，就其思想形態而言，實際上是以儒家的人性論爲基礎，認爲五大教的宗教目的，無非修善立德，去邪歸正，以心性功夫來契合天道，以聖神的嘉言懿訓來體天行道。弘化院扶箕飛鸞的目的即是要求信徒體悟上天好生之德，立志誠心修行，挽救人世間的危機。

以國父與蔣公的革命理論做爲信仰核心，亦即基於儒家以中道爲主的人性論，強調由三綱五常的修養工夫，可以治國平天下，來相應天道，安頓人生，將一切人文教化的現象統歸於靈明圓通的神明世界。但是，以鸞書作爲教化的準則，存在著二種危機，一種是將民間傳說與神話，給予合理化，造成以神明的權威性與神祕性，支配了人類的行爲與價值理念，如前一則鸞文云：「若謂吾之往生，本應在兩年之前。吾向上天祈禱，假余之年，以觀其政！直至今年清明節日，吾之往生之期業已到矣！諸同志均已親見，當時大風大雨，雷電交作，大地震動，余在此時，由西方三聖之接引，而安然往生矣。」倘若民間的各種傳說與神話，都可經由神明的權威性來加以證實，則天意成爲人間秩序的唯一準則，使神明的信仰價值侵入到人文體系裏，各種外在的巫術活動取代了原先已存的教化功能。另一種危機是鸞文可能是一種集體心靈作用底表現，利用扶箕的神聖儀式傳達某種人爲的情緒，如前鸞文續云：「余往生之後，相繼而亡者，有棉越兩國，前者亡於美人失信，後者亡於美人背信！而東南亞公約組織國家，袖手旁觀，不相援助，以速其亡。」扶鸞的宗教現象，目前尚缺乏整體性的研究。但透過鸞文的分析，似乎是想經由扶箕的儀式行爲，反映出合乎民衆心理的共同意識，而這種心理經由神明信仰的方式產生集體性的力量，在羣屬認定的依據中，建立出新的價值觀念與行爲模式。但是集體的情緒，未必完全合乎理性需求，可能滲雜著人爲的意識形態。

第四節　弘化院的信仰儀式

弘化院自民國五十九年舉行中元法會後，法會成爲弘化院的主要宗教活動，每年舉行的大小法會共三十多個，大法會多稱爲護國法會，主要祈求上天護佑中華，小法會則祝賀五教神聖仙佛寶誕，誦讀經書及請求乩示。另外於民國六十二年正月聯合中國佛教會，舉行全國仁王護國大法會七天，民國六十三年正月聯合中國道教會，舉行全國仁王護國大法會四十九天。其每年舉行法會與寶誕如下：

1. 彌勒上元護國法會：農曆正月初九至十五日，由弘化清涼院主辦。
2. 觀音護國大悲法會：農曆二月十一日至十九日（每隔三年舉行法華勝會），由弘化蓮院主辦。
3. 清明護國薦親法會：農曆二月二十六日至二十八日，由永和弘化院主辦。
4. 世尊護國慈悲法會：農曆四月初二日至初八日，由弘化禪院主辦。
5. 觀音成道護國法會：農曆六月十三日至十九日，由弘化成道院主辦。
6. 中元普度護國法會：農曆七月初九日至十五日，由弘化清靜院主辦。
7. 九皇禮斗護國祈福法會：農曆九月初一日至初九日，由永和弘化院主辦。
8. 觀音出家護國法會：農曆九月十七日至十九日，由弘化蓮院主辦。
9. 藥師護國息災法會：農曆九月二十七日至二十九日，由弘化清涼院主辦。
10. 彌陀護國大悲法會：農曆十一月十一日至十七日，由弘化禪院主辦。
11. 世尊成道護國法會：農曆十二月初六日至初八日，由弘化成道院主辦。
12. 彌勒尊佛寶誕法會：農曆正月初一日上午，在弘化總院舉行。

13. 玉皇大帝寶誕法會：農曆正月初九日上午，在弘化清涼院舉行。
14. 太上道祖寶誕法會：農曆二月十五日上午，在弘化清靜院舉行。
15. 觀音大士寶誕法會：農曆二月十九日上午，在弘化蓮院舉行。
16. 普賢大士寶誕法會：農曆二月十九日上午，在弘化蓮院舉行。
17. 濟世聖佛寶誕法會：農曆三月二十三日上午，在永和弘化院舉行。
18. 文殊大士寶誕法會：農曆四月初四日上午，在弘化禪院舉行。
19. 釋迦世尊寶誕法會：農曆四月初八日上午，在弘化禪院舉行。
20. 純陽祖師寶誕法會：農曆四月十四日上午，在弘化清靜院舉行。
21. 正陽祖師寶誕法會：農曆四月十五日上午，在弘化清靜院舉行。
22. 少陽祖師寶誕法會：農曆六月十五日上午，在弘化清靜院舉行。
23. 中天仁義古佛寶誕法會：農曆六月二十四日上午，在弘化成道院舉行。
24. 大勢至菩薩寶誕法會：農曆七月十三日上午，在弘化清涼院舉行。
25. 地藏大士寶誕法會：農曆七月三十日上午，在弘化蓮院舉行。
26. 燃燈古佛寶誕法會：農曆八月二十三日上午，在弘化清涼院舉行。
27. 至聖先師寶誕：陽曆九月二十八日上午，在永和弘化院舉行。
28. 南斗星君寶誕法會：農曆九月初一日上午，在永和弘化院舉行。
29. 斗姥元尊寶誕法會：農曆九月初九日上午，在永和弘化院舉行。
30. 藥師如來寶誕法會：農曆九月三十日上午，在弘化清涼院舉行。

31. 達摩祖師寶誕法會：農曆十月初五日上午，在弘化禪院舉行。

32. 阿彌陀佛寶誕法會：農曆十一月十七日上午，在弘化禪院舉行。

33. 耶穌聖誕法會：陽曆十二月二十五日上午，在永和弘化院舉行。

34. 穆罕默德聖誕法會：農曆十二月十四日上午，在弘化清靜院舉行。

弘化院的大法會，據七十年二月十六日「弘化各院歷年啓建各種法會所積功德與因緣」讖文，主張共有十二個，已啓建十一個，唯「道祖西升護國法會」尚未舉行。

法會的上表儀式共有十九個過程：1.全體肅立。2.主供就位，副供就位。3.魚磬（五磬五魚）。4.主副供五叩首。5.上香。6.獻光明。7.獻清河。8.獻鮮花。9.獻鮮菓。10.獻素供。11.獻壽桃。12.獻壽麵。13.獻壽酒。14.供長生。15.讀祝文。16.主副供五叩首，與行鞠躬禮退。17.各班弟子分班行禮。18.鳴炮。19.禮成。上表儀式是整個法會的重要活動，其表文相當特殊，錄民國七十一年觀音護國法會的表文爲例：

伏以　護持中華，端賴三民主義，啓建法會，祈禱五教仙佛，以無為之法施，轉換閻浮，虔有效之經典，安定娑婆。　觀音大士本慈悲喜捨，必能達到拯救萬類，普度衆生者也。

壬戌年季春時節，　弘化各院　奉

五教至尊勅令「弘化蓮院啓建壬戌年觀音護國普度法會七天」

香主化香　化淡　副香主　玄行　弘詩等，謹遵照　五教至尊勅令：唯謹奉行擇於農曆二月十三日辰時開經至十九日未時結經，總計七永日。假三重市弘化蓮院舉行，除開經結經之日，奉誦 仁王護國般若波羅密多經 卷，五教經典 卷，護持中華民國安定娑婆世界，其餘五天奉誦 妙法蓮華經觀世音菩薩普門品 卷，僅以此功德 伏乞

五教至尊暨五教神聖仙佛，慈悲普被，消弭赤化浩刼，拯救世界人類。觀音大士暨法華會上佛菩薩，喜捨頻施，開示悟入佛知見，轉換娑婆世界，更布以三民主義統一中國。台澎金馬基地繁榮鞏固，農產普遍豐收，經濟繼續成長，工商進步發達，國防自衞增强，人人厲行莊敬，個個本諸自强，早日反攻大陸，解救苦難同胞，十二偉大建設，加速超前完成。社會安和民生樂利，風調雨順，國泰民安。受恩感激，曷有涯涘！謹拜表以聞 肅誠上達

南無慈悲五教至尊

南無十四位仙佛聖號（以下略）

壬戌年觀音護國普度法會

香主 化香……

弘化總院總院長弘一總主院弘暉……

天運壬戌年二月十九日謹具

這種政敎合一的疏文，是中國神道設敎的遺風，以上疏禱祝上蒼，來挽救天災人禍，進而移風易俗，來共同遵守與發揚國家政策，如疏文提到「以三民主義統一中國」是國家既定的目標，弘化院設立的護國法會則是希望以宗敎的力量來達成政治目的，其終極關懷在於早日反

攻大陸，解救苦難同胞。

弘化院的祭拜儀式，因基於五教合一必須供奉五教至尊，其儀式的規定較為複雜，共有下列八項：1.雙手握拳，表示五教聯合。2.雙膝跪下，連作五叩首，表示禮拜五教至尊。3.誦佛教經典時、或上供，可用合十行之。4.誦道教經典時、或上供，可用稽首行之，稽首方式，右手握拳在內，左手搭於右手之上，作太極圖式。5.佛教上供時，用三跪九叩禮。6.道教上供時，用三跪九叩禮（免用四跪八拜）。7.耶教念禱告文時，雙手上下相合俯首默禱，念至「阿們」時，大衆同時念「阿們」。8.回教念「法諦哈」「阿素嚅」「伊賀倆素」時，雙手上下相合俯首默禱。

位於台北市忠孝東路五段的弘化禪院，在前國大代表林至信的領導下，改革了法會與扶鸞的宗教活動，而以念經、讀經、觀靈、超度為主要活動，其方式如下：

1.念經：每星期六、日下午三時至四時半，穿著海青，在魚磬的指引之下，高聲朗讀五教經典。每週輪讀一種：即讀儒家的四書（白話、注音）、佛教的妙法蓮華經（注音）、道教的道德經和南華眞經（白話、注音）、耶教的今日佳音（白話新約）和回教的古蘭經（注音）。

2.經書導讀：講解五教經典，目前講經活動為(1)每星期三晚上七時至九時，金剛經、仁王護國般若波羅密多經、維摩詰經等依次導讀。(2)每星期六下午四時半至六時半，道德經、南華眞經、妙法蓮華經等依次導讀。(3)每星期日下午四時半至六時，講讀六祖壇經。

3.觀靈：弘化禪院雖不再扶鸞，但仍重靈媒活動，其主院化燈是位通靈者。信徒假使事業或工作長期的不如意；身體生病，吃藥無效；夫妻感情不睦或婚姻不成……大概都與靈界有關，可能受到靈界的干擾。弘化院於每星期六、日下午一時半至二時五十分，免費替人觀看，如發現眞受到靈界干擾，請他到禪院虔誠念經。

4. 超度：每星期六、日下午的念經，同時爲受到靈界干擾的同修超度，請靈界的靈不要再干擾他而離開他。其理論依據有四：⑴請五教至尊出面調解：「經」是五教至尊講的，受靈干擾的人來念經，纏他的靈也一定會到，虔誠念經等於恭請五教至尊出面調解，不再怨怨相報。⑵禪院代爲償債：靈纏身可能爲要債或報仇，該靈若不接受五教至尊的調節，則以弘化禪院行善佈施所積的功德代爲償還。⑶禪院請客：念經是以理調解，功德回向是代爲償債，另欲界靈另有其他欲望，由禪院以供品來滿足他們的需求而欣然和解。⑷靈皈弘化、升天或轉世：要靈不再糾纏，需要靈有去處，禪院歡迎靈來皈，在五教聖神仙佛護佑下修持，提升了，可上升極樂蓮邦，或上升天界或轉世投胎，如此問題就迎刄而解。

弘化禪院的觀靈與超度，實際上是一種宗教醫療，專門醫治心理疾病（也包括生理疾病，但以心理治療為主），認爲各種不祥厄運都是沖犯神靈鬼魅而造成，透過念經的宗教儀式與神化力量，給禍福莫測的人生予以慰藉，在非科學的神祕經驗中，以「能力顯現」（Krato-phany）展示現世的平安福祉，在神聖的氣氛中獲得存在的滿足。

第五節　小　結

弘化院的弟子大多是故總統蔣公的學生幹部及中央民意代表、大專教授等組合而成，針對世界各大宗教的相互紛爭與共產邪說的橫行，提出五教合一的宗教主張，希望用有神論來擊敗無神論，以挽救世界危機，由宗教大同發展到世界大同。其理想性頗高，但是重靈媒的薩滿信仰，使其淪爲民間宗教的一支，停留在傳統精靈崇拜之巫術信仰的層次裏。近年來弘化院的發展提供了新興宗教較理想的信仰形態，頗值得讓其他民間教團參考與學習。

弘化院的宗教發展，其特色有三：㈠簡化與純化宗教信仰活動。㈡收支明確的宗教福利事業。㈢具體可行的宗教教育計劃。試簡述於後：

㈠簡化與純化宗教信仰活動

台灣民間宗教大多採取教義的混合主義，著重在迎合民衆心理需求與寄託的現世實利，將文明理念予以通俗化，提供現世安全的保證。而這種保證建立在靈媒與神明的交感活動上，透過許多複雜的宗教儀式來完成，幾乎是民間各種神祕思想大雜燴，使怪力亂神的宗教現象極爲氾濫。尤其乩童與鸞生，甚至各種通靈者，到處作法，傳達神意，使台灣一時衆神雜陳，各顯神通，原始的巫術與薩滿行爲充斥，使人間成爲神界的延續，一切都仰賴神的旨意，降低人類存在的主體意義，雖然民間宗教以神的旨意來宣化人文道德，重視個人的生命持修，但終究人附屬於神，缺乏人類道德本心的主體精神。民間宗教有的逐漸脫離薩滿的靈媒活動，以其他神聖的儀式代替之，如屬於儒宗神教的行天宮系統放棄扶乩降筆的宗教儀式，改採解籤協談與收魂祭解等儀式，降低靈媒對人的壓迫感，以神聖的宗教氣氛來滿足信徒祈安求福的心理。

但是行天宮系統仍有一套繁雜的儀式如收魂、祭解、見證、恩主公義子與乞香火等，來達到委諸神明保佑解除心理困擾等作用。弘化院以法會爲主的儀式活動，原具有簡化的效果，將人神的一切溝通在法會中完成，其主張院務採人神各半，希望以人的力量來寓靈驗於無形之中，導迷信而入理性，可是以神諭爲信仰核心，人只能附屬於神，所謂人神各半成爲無法達成的理想。近年來弘化禪院去除了扶乩降筆與法會等傳統儀式，簡化所有宗教活動，剩下觀靈與讀經二個經年性的儀式。觀靈是一種心理協談（psychologioal counselling）免費爲人解說來指引迷津，以宗教語言達到精神醫療的效果；讀經原本是很平凡而常見的宗教行爲，弘化禪宗予以神聖化，成爲莊嚴的儀式。每星期二次的讀經成爲主要的宗教活動，以潔淨的讀經形式改革重靈媒的巫術儀式，進而在五教經典的人生哲學下淨化信徒的心靈，在神聖的氣氛中體會靈肉結合的宗教經驗。

弘化禪院在簡化與純化的兩個理念下，改革了傳統繁複的宗教儀式，堅持不燒香、不燒金紙、不燒冥紙、不用符令，甚至繁雜的祈福法會也加以簡化或廢除，僅以五教經典的閱讀與朗誦，來提昇信徒對傳統文明的認識，以淨化自己來身體力行古哲思想，昇華了自己做人的境界。另外開展慈善事業，熱衷於社會關懷，將宗教熱忱透過積極的社會參予，發揮宗教的社會教化功能，使其弘法護國的理念更能具體落實。

(二) 收支明確的宗教福利事業

民間宗教其經濟來源與收支流通的情形，大多無客觀與完整性的記載，目前各民間教團都熱衷於善書的刊印與興辦公益慈善事業，雖然大多將捐助人的名字刊印在其發行的刊物上，但是對於收入的總金額與支出的情形都密而不宣，弘化院的同心共濟基金會則設立會計部門，按月按年度編制收支預算及結算報告外，並將其收支內容刋印在「宗教世界季刋」裏，以資證明與徵信。尤其工作人員都是義工性質，早期因工作需要的各項雜支實報實銷，最近則由其負責人的相關事業支付。茲將其收支情形列出簡表，可以從其經費的支配探討民間宗教的經濟活動。弘化院的活動能力並不是很強，但是其收支情形已相當龐大，則其他活動能力大的民間教團其收支情形就更爲可觀了。

弘化院同心共濟基金收支一覽表（72、6－75、9）

收支情形＼日期	72、6、16－72、9、15	72、9、16－72、12、15
捐獻總收入	714,706	429,256
施棺支出	595,000	340,000
急難濟助	101,000	48,000
懷幼支出		
醫療濟助		
其他救濟		
結存	18,706	41,256
備註	總收入包含前期結存。	

72、12、16—73、3、15	492,363	435,000	49,500				7,863	
73、3、16—73、6、15	593,204	470,000	75,000			5,000	43,204	
73、6、16—73、9、15	672,151	485,000	163,008				24,143	急難濟助包括8元手續費（劃撥）
73、9、16—73、12、15	793,933	620,000	147,005				26,928	5元手續費
73、12、16—74、3、15	778,845	644,800	126,050				7,995	50元劃撥手續費
74、3、16—74、6、15	1,174,137	710,000	181,040	247,108			35,989	40元劃撥手續費

75、3、1—75、5、31	74、12、16—75、2、28	74、9、16—74、12、15	74、6、16—74、9、15
3,596,585	1,890,547	1,980,609	1,626,744
1,110,000	755,000	855,000	680,000
876,143	505,548	315,045	243,063
802,030	328,849	809,878	552,408
300,000			
400,000			122,500
108,412	301,150	686	28,773
143元手續費	48元手續費	45元手續費	63元手續費

75、6、1 —75、8、31	4,535,671	1,080,000	918,159	421,388	1,070,000	755,431	289,097	159元手續費 另繳稅捐1,437元

弘化院在短短三年間，有關信徒財施方面成長極爲快速。有關捐獻人的名册極爲詳盡，若從經濟的角度作深入的研究，或有助於探究民間宗教興起的因素與本質，也能分析出民間宗教與生態環境間的相互關係。其支出細目表也很明切，支助的對象多由各地鄉鎮市公所、各市縣政府社會福利服務中心與各級醫院社會服務部所提供。

宗教發展與經濟流通的關係，值得作專門性的研究，尤其是民間宗教的捐獻收入以及慈善活動、廟堂建設、善書刋印等經費支配，有助於瞭解宗教對民生的影響。近年來民間宗教多將經費用在廟堂的建設上，以致耗資億元的大型廟堂比比皆是，雖有助於觀光事業的推展，然而廟宇的密度增多，相對也降低其他社會文化的建設，若民間宗教緩慢建廟的脚步，把聚集的民財透過公益慈善事業重新分配，對社會有相當大的貢獻。弘化院也有建廟堂的計劃，其經費大多取之於其負責人的營利事業，亦即將其個人的事業成爲宗教的一部分，提供給同修就業機會，並以事業的盈餘來發展宗教。這種自力更生的作法，將信仰、工作、生活三位一體，開拓民間宗教的新境界。

㈢ 具體可行的宗教教育計劃

一個完整性的宗教應有其文化事業、慈善事業與教育事業，然而民間宗教在教育事業上不如佛教、基督教與天主教。主要是民間宗教來自民間，又強調靈媒與神蹟，在教義上稍嫌俚俗又雜揉各教教義，往往被視爲迷信集團或低級宗教，在知識層面上往往遭受到許多誤解與歧視。弘化院有鑑於此，訂於七十六年一月起舉行弘化宗教講座，每週一次，輪流敦聘對各教教義有深入研究的專家學者分別講授各教教義。

又計劃於七十六年九月成立弘化宗教研究中心，培養出優秀的弘化弘法人才。師資方面禮聘教授、副教授等專家學者講授，學生方面則公開招聘，由中心支付足夠生活之研究費，俾使專心研究。在課程方面分成一般課程，專書研究、論文寫作與外國語文訓練等。弘化宗教研究中心計劃設在一百甲以上的土地上，建設深具代表性規模弘大的大教堂各教一座，作爲各教各自禮拜他們的教主及舉行宗教儀式之用；建設規模弘大研究中心，各教一棟，作爲宗教學術研究之用。並希望成爲未來世界研究五教教義的中心，在此召開五教聯合的國際性會議。

民間宗教原興起於民間基層社會，反映基層的文化體系，依附於民間固有的生態環境，原本在文化的發展上就存在局限性，但若能往以上三個方向發展，也能提昇其文化層次，成就其理性宗教，提昇其宗教境界。

第十五章 鸞書「聖賢眞理」的社會思想

第一節 淺說鸞書

民間新興宗教源起於傳統社會文化，表現出歷史性生活團體的整體文化歷程與結果，其中包含了終極信仰、觀念系統、規範系統、表現系統與行動系統（沈清松，一九八四：二五）。民間宗教的主要信仰理念，是由對人生與世界的究竟意義與終極關懷，在俗化的歷程中展現爲集體意識，透過這種集體意識來架構認知自己與世界的觀念系統，以及行爲規範的價值標準，進而在藝術表現與具體行動中實踐，形成普遍化與雷同化的文化活動現象。

唐君毅認爲中國傳統下的民俗宗教其終極信仰，是以儒家盡心知性以知天的天人合一思想爲核心，開創出生命之宇宙、精神之宇宙的生機世界觀，建立了儒家思想形態的天德宗教（唐君毅，一九五三：三二六——三四四；一九七四：三六二——三六六），亦卽民俗宗教的信仰情懷是落在人如何以自我的道德實踐來體現天道，並依之踐成人世的德行而臻及宗教的境界（潘朝陽，一九八六：一五〇）。楊慶堃認爲在中國傳統社會裏民俗宗教與儒家思想形成相互支持的社會教化功能，亦卽儒家的道德思想支配了社會的倫理價值，而民俗宗教則對此一倫理價值給予超自然的支持（段昌國譯，一九七六：三三四——三三六），李亦園根據楊慶堃的「道德與宗教分離」理論，分析台灣當今民間信仰有功利主義與道德復振等發展趨勢（李亦園，一九八二：八九——九九）。董芳苑認爲民俗宗教是一種文化現象，目前正面臨「傳統化」與「西方化」的文化衝擊，而其基本理念採取宗教混合主義，以人生哲學作爲號召（董芳苑，一九八三：四一——四二，二二五－二二六）。

台灣民間新興宗教與民俗宗教信仰很難作明確的劃分，亦即新興宗教大多採取民俗信仰的文化內涵作組織性的發展，却又沒有明顯的經典，企圖將其信仰與儀式混入民間風俗習慣與其他制度之中。新興宗教的終極信仰，反映著民間隨著生活形態而來的流動性文化現象，傳承了鄉土百姓的心靈世界，保持了許多地方性巫術與泛靈信仰，也吸收了儒釋道三家的宗教義理與文化形式。就其教義思想而言，大致上是接受儒釋道三家思想的指導，但仍受到群體意識的限制，有其自然流動的趨向，並非完全依照儒釋道的宗教理念做合理的實踐（鄭志明，一九八四：二五）。因此，從客觀的學理或實際的觀察中，想要探求民間新興宗教的文化特質與社會思想，恐難一窺全貌。

新興宗教的共同特色是扶鸞著書，標擧爲代天宣化，藉傳遞神諭的靈媒，架構出一套符合民衆心理需求的教義系統。這些書雖然神話連篇，却傳送了該信仰神道設教的文化內涵，透過這些文字資料，可以補充實地觀察與查訪的不足，有效地詮釋民間新興宗教的文化核心意義（鄭志明，一九八六：二四五）。目前民間鸞書多達千種以上，很難作全面性與整體性的研究，故本文採用抽樣的方式，選擇台中市聖賢堂所刊印的「聖賢眞理」第一輯至第五輯爲研究對象。主要原因是這一套書扶鸞的時間擴跨七十年代到八十年代初期，是民間宗教扶鸞著書較興盛的時期，共收集仙佛揮鸞聖藻近千則，闡教說法的層面甚廣，在形式上與內容上是一部頗具代表性的鸞書。

第二節　聖賢眞理的內容分析

台灣鸞書著造始於光緒十七年（一八九一）澎湖馬公一新社樂善堂，以演說因果報應故事從宣化社會倫理，在台灣本島的鸞書則偏重在論說社會秩序與人際倫理的道德文章（鄭志明，一九八四：九九——一〇三）。「聖賢眞理」偏重在道德文章的宣講，每一則鸞文先有「題目」，如「談婚喪遵論勿非分妄求」、「論祈雨澤人」、「述夫妻相敬之道」……等，文章大約在三、四百字左右，也有少數是一百字左右的短篇及七、八百字以上的長篇。偶而記錄因果報應故事及地獄審判案例，次數不多。聖賢堂是民間宗教興起後的專業鸞堂，以扶鸞著書爲主的宗教活動，與早期鸞堂不太相同，專靠扶鸞來宣導教義，使鸞書的形式與內容呈現出豐富性與多樣性（鄭志明，一九八六：二五五）。專業化鸞堂是以飛鸞宣化爲神聖儀式，藉與聖神溝通的宗教經驗，作爲其終極信仰的意義取向，因此「聖賢眞理」對於該信仰的宇宙觀、世界觀以及生命存在的價值作過多次的詮釋，有助於探討民間宗教的文化系統與價值系統。

將「聖賢眞理」第一輯至第五輯近千則鸞文，依每一則的主要內容分成終極信仰、治身修道、勸世化民等三大類。第一類終極信仰是指由人類的社會關係延伸到超自然境界，發展出一套信仰架構來處理宇宙本身、支配宇宙的力量與人在宇宙中的地位等問題，這一類主要集中詮釋自然與宇宙的神話與義理，以及人神溝通的儀式與信仰，顯示出新興宗教一套詮釋世界、生命以及人類活動的理論系統。第二類治身修道是指由超自然的境界落實到生命完善化的追尋，發展出一套道德信念與行爲來安頓生命存在的價值標準，以及體現天道以達到高上的終極存有境界。第三類勸世化民是指由生命完善化的追尋擴大到社會秩序的維護與生活的和諧，發展出一套民族生活的文化系統來安定人際關係的客觀準則，以獲得現實情境的滿足，避免發生各種矛盾與衝突。第一類終極信仰是新興宗教的主要神學理論，從超自然的信仰中引申出第二類治身修道與第三類勸世化民的道德系統來，前者著重在個人的修養工夫以達到成德證果的境界，後者則透過倫常的教化功能以達到圓滿的人文世界。列表說明「聖賢眞理」的內容與這三大類的關係：

輯名／次數與百分比／內容分類	第一輯		第二輯		第三輯		第四輯		第五輯		合計	
	次數	%	次數	%	次數	%	次數	%	次數	%	次數	%
(一)終極信仰	60	20.6	56	38.1	58	35.8	98	39.5	28	19.2	300	30.2
(二)治身修道	96	33.0	46	31.3	58	35.8	101	40.7	102	69.8	403	40.5
(三)勸世化民	135	46.4	45	30.6	46	28.4	49	19.8	16	11.0	291	29.3
合計	291	29.3	147	14.8	162	16.3	248	24.9	146	14.7	994	100.0

表一　內容分類統計表

「聖賢眞理」第一輯至第五輯共收錄鸞文計九百九十四則，不包話該堂主神例常性交代事宜及對鸞生期許的鸞文。第一輯裏鸞文的字數不多，趨向於短小精緻型，故篇數共二百九十一則，第二輯以後長篇漸多，第二輯一百四十七則，第三輯爲一百六十二則，第四輯則因頁數增加。所收錄的鸞文也多，共二百四十八則，第五輯與仙佛慈訓合刊，有不少鸞文以詩詞的方式表達，較前四輯爲多，是第五輯的特色，共有一百四十六則。

就內容分類，終極信仰與勸世化民兩項各佔三成，治身修道佔四成，但因第五輯集中在治身修道一項，若根據前四輯的總和，三項平分秋色，顯示民間新興宗教重視終極性與超越性的信仰力量，一方面又轉向安身立命的人文道德，由追求自身的完善，以及崇功報德的心理，在致誠敬以徹通幽明的展現中，將宗教精神轉換爲對現世的關愛。在第一輯中第三項勸世化民的比例偏高，顯示出由勸善性質的鸞堂到專業化鸞堂的過渡時期，大約在七十年前後，扶鸞時間將近十年，仍受早期鸞書的影響，側重在演說歷史故事以來宣講勸善，達到社會倫理教化的傳播功能，另方面逐漸從單純精靈崇拜的民俗信仰中，架構出一套以傳統文化意向爲主的信仰系統與觀念系統，其基本形態是以儒爲宗，以神爲教，稱之爲「儒宗神教」，儒宗神教的信仰形式大約在三十年代完成，據一九三六年「儒門科範」云：「南天文衡聖帝關跋：吾與呂、張、王、岳諸同僚，共擬儒宗神教，道統克紹眞傳法門。」一九五六年「茫海指歸」云：「神道設教，以儒道釋耶回五教爲宗，教祖在天之靈，深懷救世慈悲，每奉天命造書，參贊序文，亦藉飛鸞傳眞，故共立儒宗神教道統克紹眞傳法門之稱號。」（鄭志明，一九八四：一〇三——一〇四）近年來儒宗神教的勃興，則是由於專業化鸞堂的大力鼓吹，有系統地建立其對世界、生命、存有等終極性的問題，作宗教層面完整性的詮釋體系，如第一輯第一則卽解釋該信仰的基本原則：「藉飛鸞提醒人心，遵五倫，守八德，警奸治邪，匡正世道。」又如第二則續云：「本教由來已久，乃正宗中國之聖教，設砂盤，以桃枝爲筆，藉神靈揮鸞闡教，題詩文以提醒人心，守三綱五常，遵四維八德，改革異端邪說，摒去邪教，破除迷信而歸正道。」飛鸞設教屬於薩滿信仰，是中國原始巫教，稱爲「正宗中國聖教」也無不可，其信仰的核心建在人神的溝通，本具有神秘與神聖的宗教氣氛，但是說要「破迷信而歸正道」，是將神明信仰與人文精神等二種不同體系的文化範疇硬要比附在一起，欲借信仰的超越性與權威性來建立道德本心的主體性與實踐性，這種結合在義理上是一種弔詭的存在，甚至是荒謬的，却是儒宗神教成立的主要宗旨，如第二則續云：「此乃鸞門揮鸞以宏揚孔孟道德，喚起民族精神，愛護國家，勸化大衆棄惡從善，輔助政府治安之所不及者，此乃本堂唯一之宗旨也。」以宗教力量來協助道德宣化，是以宗教虔誠的情懷，來圓滿天人關係的倫常秩序，亦有其生命的悲情，經由心靈的超越性與無限性，凝聚住的人文的教化精神。因此，新興宗教必積極建立出人神之間的宇宙觀與人性觀的思想理論，架構了終極信仰，以避免意識上的危機，另方面又透過積極的修道活動，開闢精神心靈的神聖領域，使終極信仰在生活空間中獲得擴展與延伸。在第一輯裏，第一項終極信仰與第二項治身修道，在內容上很難作明確的劃分，僅依其偏重作大略的分類。第一項雖僅六十則，第二項九十六則中也有一半牽涉到該信仰的某些宗教理念，足見該信仰對於宗教體系的建立是極爲迫切。

第二輯收集七四到七六年間的鸞文，這段時間聖賢堂與鸞友雜誌社分家，王翼漢等人擁有鸞友雜誌的發行權，另成立「武廟明正堂」，邱垂港等人則以聖賢堂名義另發行「聖賢雜誌」，針對這種人事的變遷，第二輯中文衡聖帝序文作如此說明：「本堂開堂至今，已有十六年歷史，向以扶鸞闡教，度人救世爲宗旨。著作及發行善書經典不計其數，對復興文化、糾正人心，頗收卓効。滄海桑田，雖其中屢遭變故，然激濁揚清，生滅代謝，原爲天地循環之理。」由於新創立聖賢雜誌，對於該信仰扶鸞宣化的宗教本旨反複申論，故第一項終極信仰佔五十六則，居三項之冠。第二十二頁對儒宗神教的宗旨作進一步的聲明與辯正，云：「儒宗者，即在宣揚孔孟仁義道德；藉飛鸞闡教，即是神教也。然飛鸞闡教之理不出孔門心法，雖神教綜合儒道釋耶回之教理，但均系引經據典，絕非離經叛道之外道可比。」終極信仰是宗教團體在認知上、道德上與存在上的合理詮釋系統與行動模式，故必須屢次加以傳播，使該資訊形成文化意識，凝聚成信仰力量，架構出一套生活準則。第二項治身修道是其生活準則的意義核心，是以宗教信仰來制定行爲的道德規範，以道德的規範來確立存在的價值與人際間的和諧。個人生命的修持原本是哲學的思想範疇與行動原則，但是民間新興宗教分享傳統文化的理性傾向，經由俗化運動引導民衆追尋眞實的自我，在眞實的面對中展現存在的意義。第二輯第二項共四十六則，藉儒家的道德思想體系來展現由人道入天道的宗教思想，如第三十二頁「論孔門心法」云：「希天下蒼生，學往聖先賢進德修業之道範，勉求大道，進入孔門儒宗，修身齊家，而後治國平天下。蓋儒宗心法，不外由倫理道德爲根本，根固則樹向天而伸，由人道接天道，眞道得矣。」第三項勸世化民的則數與第二項相近，爲四十五則，認爲人天的感通與超越，必須透過生活的體驗與文化的陶冶，在現實社會裏作眞切的實踐，故第二輯中歷史的勸化故事減少，以致第三項所佔的比例也明顯的降低，其內容著重在具體事件的教化上，如第七十頁「論風俗革新」對傳統「死貓吊樹頭，死狗放水流」的風俗，作如下的結論：「因世景變遷，風俗也應當改變，只要用遵敬之心、將有功人類動物，死後入土為安卽可，既能革新，又無損於古道，希世人遵行之。」

第三輯收集七七到七九年間的鸞文，在信仰內涵上有明顯的轉變，在第一輯、第二輯未出現的「老母信仰」，以「瑤池金母」的名號出現（有關老母信仰的教義體系及其演變過程，請參閱拙作「台灣瑤池金母信仰研究」一文與「無生老母信仰溯源」一書），渡原靈以歸天的觀念出現在序文，但本書鸞文則依傳統方式敍述，較少提到老母信仰的教義系統。由此看來，老母信仰化作成無極老母或瑤池金母侵入儒宗神教的信仰體系，大約在七九年前後，第四輯金母飛鸞的次數甚少，到了第五輯才多一點，且將老母信仰的基本觀念引入鸞堂的終極信仰裏。老母信仰這幾年來在民間的快速發展，使得民間宗教在終極信仰上有逐漸一致性的趨勢（鄭志明，一九八六：二五七）。第三輯第一項與第二項則數相同，各為五十八則，佔七成強，在終極信仰上，「度人」的理念加強，但是「理天」的極樂境界並未建構出來，僅強調修道以求解脫，求得一個清靜人間，如六十頁主張修道在於體會天人合一以淨化心靈，云：「上天不忍宗教相殘，故選賢才，創立鸞堂，以飛鸞傳眞，啓示教義，調和宗教歧視，以五教平等說法，凡是有緣者，入鸞門修身，行善造功立德，人倫和平相處，以建立和樂清靜人間。」第三項四十二則，也少歷史故事的講述，而集中在社會倫理的勸化上，以具體的例子來達到勸善化惡的放果，在內容上極具現代感，如由朱熹降鸞的「談惡補與善補」一文，對今天升學主義有強烈的批評。第四輯收集七九到八一年間的鸞文，在形式與內容上與第三輯相近，第一項與第二項則數差不多，但二者比例增加，佔八成，第三項的則數不多，出現的頻率很明顯的下降。可以看出該信仰逐漸重視由終極關懷而來的內在生命境界，經由信徒內在而超越的修持工夫以達到天人的感通，在反求諸己的心性涵養下，展現豐富且活潑的宗教情懷。

第五輯收集八一到八三年間的鸞文，這一時期又有人事變遷，以扶鸞「天堂遊記」與「地獄遊記」出名的鸞生楊贊儒自立門戶，創建「聖德堂」，發行「聖德雜誌」，此一舉動對聖賢堂的打擊相當嚴重，在第五輯太上道祖的序文裏作如下的疏解：「道有顯有隱，修道之人，不必爲此顯與隱而擔憂或疑慮，因爲顯與隱本是自然之現象。」但是仍然出現情緒化的語言，如第一頁云：「仍有猜疑不修者，實令人可嘆！又有些迷濛愚痴之輩，每視宗教之教義爲迷信空談。咳！衆生聰明自誤，怨於何人？」第三頁云：「修道是修給誰看？修道是修給自己心看。修道是何人之事？修道是自己生死之事。因此，他人不修與你何干？他人謗道與你何干？他人退志與你何干？」這些情緒化的語言，主要是出現了競爭對手，爲了維持信徒的向心力，而以較激烈的方式要求信徒不要三心兩意。也有用較溫和的語氣，如第三頁云：「雖然聖賢堂在狂風暴雨之中，但是，諸生却能處變不驚，穩駕道航，實爲不易」第五輯集中在第二項「治身修道」的講述，共一百零二則，佔七成，主要卽是以修道來鞏固信徒皈依之心，認爲在修道的過程中有「天考人魔」等種種障礙，必須透過各種修道的方式才能達到理想的境界，第十五頁提出要「全修」、「全行」、「全悟」，而批評修道不專心的人云：「修道半進半退之人謂之半修，入堂忽浮忽沉之人謂之半行，入鸞好求玄虛之人謂之半悟。」另外也採用老母信仰龍華三會的觀念，以樂土的境界來吸引信徒修道，如四十二頁云：「仙佛面前心快定，性命雙修齊並進。莫將道途自相誤，龍華會見老娘親。」

第三節　新興宗教的終極信仰

宗教主要建立在崇拜的客體（神）與崇拜的主體（人）之間的文化活動現象，亦即宗教是人神之間的交往方法，藉以追求人生之究極意義，來解決生存問題的社會現象（董芳苑，一九八五：四三），宗教基本上是一套理論系統或象徵系統，以共有的經驗與觀念來詮釋存在的各種問題，且進一步地假設宇宙中有某種控制力以維護人類文化體系的生活秩序。故宗教架構在終極信仰上，以一套精微複雜的理論，來支持與調整人類的社會關係。民間新興宗教其終極信仰大致上屬於本土化運動，反映對傳統社會的文化詮釋與文化關懷，以社會所累積的文化經驗，作爲信仰的原則與標準，形成行爲的態度與方法。

民間新興宗教其終極信仰的內容受到固有文化、儒家思想、佛道宗教等影響與支配。爲了具體掌握其終極關懷的內在意義與價值，分成㈠飛鸞儀式的天人溝通，㈡三教經義的理論統攝，㈢善惡報應的因果觀念，㈣傳統社會的神祕思想，㈤宇宙現象的神話詮釋等五項，列統計表如下：

輯名 次數與百分比 內容分類	第一輯		第二輯		第三輯		第四輯		第五輯		合計	
	次數	%	次數	%	次數	%	次數	%	次數	%	次數	%
(一)飛鸞儀式的天人溝通	16	26.6	19	34 0	16	27.6	36	36.7	11	39.3	98	32.7
(二)三教經義的理論統攝	10	16.7	16	28.6	14	24.2	20	20.4	9	32.1	69	23.0
(三)善惡報應的因果觀念	15	25.0	4	7.1	5	8.6	7	7.1	3	10.7	34	11.3
(四)傳統社會的神祕思想	10	16.7	13	23.2	17	29.3	21	21.4	4	14.3	65	21.7
(五)宇宙現象的神話詮釋	9	15.0	4	7.1	6	10.3	14	14.4	1	3.6	34	11.3
合計	60	20.0	56	18.7	58	19.3	98	32.7	28	9.3	300	100.0

表二　終極信仰分類統計表

儒宗神教原爲薩滿信仰，以特殊的靈媒形式，爲信徒治療疾病、解決疑難與卜問吉凶等，在神人交感的宗教儀式中滿足信徒物質與心理的需求，另方面與傳統文化結合，以神聖的神人溝通儀式，將民俗文化作更通俗性的傳播。如此，通靈的薩滿信仰透過宣化道義與闡教勸世的宗教使命，轉換成理性和諧的宗教形態，使通俗性神靈降壇的巫術昇華爲因緣說法的宗教經驗，建立出一套價值觀念來整合群體的生活規範。但是以神諭靈媒爲核心的宗教儀式，過分地強調超自然的感應及其靈驗的事實，雖可以與傳統人文道德精神作某種程度的結合，然在這科技昌明的時代，求眞與批判的人文態度，使得神靈的權威性與超越性遭受懷疑，故新興宗教對其扶鸞的宗教儀式必須提出一套合理的詮釋系統，以滿足信徒在認知上與生存上的需求，導致從第一輯至第五輯第一項「飛鸞儀式的天人溝通」所佔的比例一直偏高，總數爲九十八則，佔三分之一弱。儒宗神教從純民俗的巫術信仰到具有完整神聖儀式的宗教，基本上吸收與調和儒釋道三教的教義體系，展現其宗教情操與信仰境界，故第二項「三教經義的理論統攝」出現的則數居第二位，共爲六十九則。顯示出儒宗神教是一種混合性的宗教，以三教的終極信仰爲其終極信仰。因果報應的福禍心態，原本爲民間敬天畏神的主要動力，在第一輯有十五則提到以因果報應來維持人間正義與秩序的宗教理論，但第二輯以後積善銷惡的因果觀念出現的頻率普遍降低，顯示出儒宗神教逐漸淡化因果報應的神蹟作用，而改以安身立命的修道工夫，轉換善惡果報的功利心理，爲主體性道德持修，結合了傳統社會的倫理規範，培育安定民心的宗教情操。第四項「傳統社會的神祕思想」共有六十五則，以第三輯最多，有十七則佔該輯約三成左右，說明儒宗神教是傳統社會神祕信仰的集大成者，傳統精靈崇拜的巫術信仰以及佛敎道敎的神祕法術與宗敎經驗，轉換成新興宗敎豐富的靈異世界。另外第五項「宇宙現象的神話詮釋」是第四項的延續，指傳統社會各種大衆化與普遍化的神話傳說，形成對大自然各種現象的詮釋系統與共有意識，其數共有三十四則，有助於分析新興宗敎的認知心態與文化背景。以上五項的內容詳細說明於後：

(一)飛鸞儀式的天人溝通

儒宗神敎是以人神交感的靈媒活動作爲神聖儀式，以傳達神意，輔助社會敎化，架構出一套信仰與實踐的體系，以維持信徒應付不可知超自然力的行爲動力，以達到自我平衡與精神慰藉的文化模式。因此儒宗神敎不僅是民間的巫術活動了，已脫離了早期治病祈福的直接人神交感的操作方式，而足以儀式系統來加強信仰與情緒的表現，組成群體的宗敎活動，有其固定的敎堂、儀式、祭典時間，以及虔誠敬畏的信仰態度，基本上已具有組織性的宗敎信仰團體，不能與民間重神蹟的傳統巫術（如童乩、尫姨等）混淆在一起。有關儒宗神敎以飛鸞儀式所構成的宗敎體系，分條說明於後：

1飛鸞儀式的基本形態：飛鸞儀式是一種與超自然力（神明）溝通的信仰行爲，其方式是以桃柳做彫鸞狀爲筆，由正鸞生執筆，任由神靈揮毫題字於砂盤，以傳意而化人（第一輯：一），其目的在於借柳筆以傳心，假砂盤而度世（第四輯：三）。此一儀式據武廟明正堂的「大漢天聲」鸞書認爲始於孔子，見靈鸞飛落沙地，以尖嘴寫字以沙上，傳達天意，孔子後以桃柳枝製成鸞嘴狀，又製沙盤，選靈覺者通仙靈以傳眞天意，形成此一宗敎儀式（鄭志明，一九八四：一二六）。這種傳說純爲宗敎神話，肯定該信仰是由孔子所傳，是爲其

「儒宗」作一合理的詮釋。扶鸞儀式有固定道場，必須受玉帝敕封為「南天直轄鸞堂」，才擁有通天靈筆來宏揚聖理（第一輯：六九）。扶鸞儀式形成長期性的法會，或間隔一天、二天、三天、五天或七天，完全依鸞堂活動力大小而定，聖賢堂是一個扶鸞著書的專業化鸞堂，儀式的舉行相當頻繁，所扶鸞的文字皆刊登在「聖賢半月刊」上。有時也受特別節日的影響，如農曆年期間於十二月廿三日夜停乩封筆，隔年正月十五日才又開筆扶乩（第四輯：二四）。扶乩儀式相當複雜，在人員的安排上是集體動員，其信徒必須宣誓入鸞，儀式舉行時必須來堂候教，且各有司職。儀式的禮節相當隆重莊嚴，大致上分成進壇與退壇，必須誦讀下列寶誥：九天馬天君寶誥、南宮柳天君寶誥、南天廖天君寶誥、先天豁落靈官王天君寶誥、文昌應化張仙大帝寶誥、救苦眞君季寶誥、定遠帝君趙寶誥、雷闕桓侯大帝寶誥、關平太子寶誥、九天司命眞君寶誥、南宮孚佑帝君寶誥、南天文衡聖帝寶誥、大成至聖先師孔夫子寶誥、關聖帝君降筆眞經等，以及唸請各種神咒：淨心神咒、淨口神咒、淨身神咒、淨天地解穢咒、安土地神咒。儀式進行中須獻香、獻茶、獻菓、獻花，在第三輯第二九頁至三十頁，對「焚香」、「敬茶」、「敬菓」、「獻花」的活動意義加以說明，如云：「拜神除清茶、清香、水菓外，更獻以鮮花，此乃講求高雅大方美化環境也。」足見儒宗神教重視儀式的神聖氣氛，且符合淨化、簡化與潔化的現代宗教活動之共同趨勢。

2飛鸞儀式的教化功能：儒宗神教異於通靈式的巫術，在於其神明的社會教化力量，以訓誡的鸞文提供或指導正確的人生行為，以支持社會制度與人文教化的正常運作，延緩社會激烈變遷所帶來的衝突與矛盾，具有改善人類生活條件的整合與分隔功能。儒宗神教強調其爲「神教」意義在於：以神爲教，藉飛鸞提醒人心，棄惡從善，扶危救刼，護國衞民，道化均沾，此乃神教之宗旨也（第一輯：五）。可知該宗教具有輔導信徒的心理功能，協助信徒調整自己的生存情境，以「棄惡從善」的實際教化中來點醒人心，以獲得心理的調適來排除存在的挫折。扶鸞儀式在該教被視爲具有教化百姓心理的革新之法，如云：「鸞堂闡教在末法之世，可謂革新度衆之法，因人類追求時代潮流，一些古法已被人遺棄，而我鸞教以桃枝柳筆通靈傳播靈界最新消息，針對時弊流病，投以藥劑救治，故扶鸞闡教正應時運而興，凡有緣者，無門戶之執者，皆能接受聖靈訓示，而修身養性。」（第三輯：一九）即是將神明訓示與時代背景結合，提供個人心理上的支持與慰藉的力量，在神明的指示下，排除自然與社會環境變遷所帶來的焦慮與痛苦。又藉神明的訓示來加強世俗的道德規範，以維持社會秩序，故一再強調要輔助政府治安的不足，以鸞堂作爲社會教育的根據地，如云：「儒宗神教，乃是杏壇，猶如學校，鸞生如學生，到鸞堂學校中，乃是求道德，學做人做事之眞理……希天下衆生能明本教之宗旨，一是皆以修身爲本，不可參雜有炫奇迷信之說，鸞堂以傳道授業解惑，輔助王化之不及，有功於社會國家。」（第二輯：二三）欲以宗教信仰來確立規範與維持秩序，整合行爲人格與道德意義，具有世俗化的發展趨勢，以滿足人類的自我實現與鞏固社會的正常運作。

3. 飛鸞儀式的內在困頓：飛鸞儀式在本質上存在著衝突性格，造成不可避免的困頓現象，那就是神靈降壇的眞假問題，聖賢眞理對此一問題頗爲注意，曾作多次的討論。飛鸞的宗教活動中正鸞生是主角，正鸞生又名正乩，是神的使者，其任務即是扶鸞，把神意表達在砂盤上（第一輯：三）。正鸞生是由有善根的人依法門煅乩四十九天，才能功滿而成「通天靈筆」，但是有的道根慧根具備則收短煅乩時間，如聖賢堂的勇筆年僅十五歲，却僅煅筆十五天就大功告成（第一輯：七〇），也有煅乩久而未成，如聖賢堂蔡生，由於元神過猛，一直無法神人合一（第二輯：七八），但是往往有人未奉旨煅筆而自稱正乩，以致識神用事無法傳眞神意（第一輯：三），人與靈的合一傳眞有一無形的天線存在，但是有些正鸞的天線接觸不良，不能傳眞神意，靠自己的天才自唱，造成識神用事的現象（第二輯：一五），第四輯「論鸞筆道力與正鸞之修持」說得更清楚，指出乩法有三：不知不覺乩法、半知半覺乩法與全知全覺乩法。不知不覺乩法，是指正鸞在扶乩時無半點意識，不會受識神支配，却難增進道力；半知半覺乩法，是指正鸞在扶乩時處於半知半覺恍惚狀態中，容易受邪靈侵入，無法自我控制；全知全覺乩法，是指正鸞在扶乩時處於清醒狀態，容易受識神用事，但若能具有先知先覺的智慧則又是最高之法（第四輯：九五）。若從鸞文的內容分析，大多受生態環境的文化理念所支配，來自於傳統社會的文化經驗，難怪許地山將扶鸞視爲心靈作用底表現（許地山，一九六六：一〇七）。承認扶鸞是一種潛意識的心理作用時，則是從根本上否定了飛鸞儀式的宗教價值與信仰意義。尤其是鸞堂相互攻擊爲識神用事時，這種衝突現象更爲尖銳化。通靈的巫術是容易造成「迷信」或「邪教」的印象，特別是在中國人文思想的傳統教化下，故在「聖賢眞理」裏對正道與邪道作多次的辯正，強調儒宗神教是正道，即爲正宗的教（第五輯：一六），非異端的邪說，不假神靈迷惑民衆，堂堂正正藉神靈的聖理以啓發人心向善的宗教（第一輯：一二），強調儒宗神教是先天堂，以修身來行正道，與一般只奉聖像的後天堂不同（第四輯：二〇），又主張該教綜合了儒、釋、道、耶、回等五教教理，非離經叛道的外道可比（第二輯：二二）。

㈡三教經義的理論統攝

在傳統社會裏儒釋道三家各有其文化體系，造成多元性的宗教信仰現象，另方面三家的信仰內容在同一個生態環境的涵攝下有合作與妥協的發展趨勢，以某種共同的價值觀念，結合成自我平衡的集體信仰模式，是社會互動下的文化必然走向。民間三教信仰的相互雜揉的現象由來已久，但是傳統文獻大多僅記錄上層社會三教思想會通的文化現象，對於民間三教信仰的混雜或異化轉化的情形著墨不多，以致無法探知其眞實的文化面貌。本文企圖從「聖賢眞理」一書，探討新興宗教如何吸收、調節三教信仰的文化次序以適應時代環境的變遷，獲得社會民衆的普遍文化認同，能繼續生存且有較佳的發展。

1信仰層次上的統攝現象：民間所設定的超自然崇拜行爲可能是社會人文世界的一種投射或歪曲的現象，亦卽信仰的形成往往是人類生活形態的反映與延伸，投射出遍存的與有力的宗教情緒與信仰動機。因此，三教的信仰體系與儀式行爲可能與現世社會的文化規範相互重疊，爲了應付現實情境的需要，必須作某種程度的調整，以滿足世俗價值的文化理念。儒宗神教對三教信仰體系的吸收，實際上是有選擇性，所謂「三教合一」往往是用三教的祭典儀式來印證傳統社會的巫術信仰與神靈崇拜，如該教認爲三教聖人是不忍蒼生沉迷才一再度化，神道設教乃應運而生，其宗旨乃本仙佛渡化爲主，現靈說法則爲過渡時期的方便法門（第四輯：二一）。可見該教對三教的理解是偏重在仙佛渡化的靈媒交感上，是以三教光彩的外衣來修飾其原始性神靈崇拜的表面形態，如將孔子的「祭神如神在」解釋為：凡抱虔誠之心敬奉之，則神靈感應，作善之家天必降禎祥，作惡之家天必降災殃，善惡兩途，陰陽同其賞罰，此乃神教力挽狂瀾，勸人棄邪歸正者也（第一輯：五）。將祭神的禮儀，成為控制超自然力的操作方式，來化解災禍獲得福報。引用佛教的禮儀，這種福報的觀念亦重，但牽就現實而有了新的說解方式，如云：「衆生平時不燒香，臨時抱佛脚，孽債已滿，才找佛祖保佑，實太現實，並非吾不慈悲，是乃衆生太自私也，希衆生常抱公道之心，一旦有刧臨頭，吾必暗中化解其難矣！此乃不求佛祖，自得感應。」（第四輯：三八）第三輯中認為佛教唸佛實無神祕之感，唸佛卽是叫佛，如同今天的求救信號，拍發出「SOS」的危急電報，凡附近過往的神仙聖號前來搭救（第三輯：四八）。由此可見，新興宗教是藉三教的信仰內涵來支撐其神道設教的世俗價值，取三教具有共通的祭典儀式相互混淆應用，其統攝現象是雜揉的，而非自主性的調和。

2教義層次上的統攝現象：新興宗教在信仰層次上是以神靈崇拜來雜揉三教與超自然力溝通的象徵儀式，但是在教義層次上必須具有某種程度的自主性，才能消化三教教理，表現出一致性的價值標準。首充認為三教在本質上是相同的，如謂：儒之「執中貫一」，道之「抱元守一」，佛之「萬法歸一」，三教其理同源（第一輯：二二），或謂：儒以「正」設教，釋以「大」設教，道以「尊」設教，觀其好生惡殺，同為「仁」，視人猶己同為「公」，懲忿窒慾，禁過防非，同為「修行」，更而雷霆衆瞶，日月群盲，皆同一「風化」（第二輯：七五）。新興宗教的三教同源觀實受上層社會三教合一思想所支配，也從人性論的角度來加以驗證，如謂：儒之「正心誠意」，道之「清心寡欲」，佛之「明心見性」，皆能平心融會，直探源頭（第二輯：七五）。但若從其詮釋三教的相關名相之鸞文看來，往往極爲俚俗，很強烈的功利色彩，無法眞正表達出三教義理的精彩處，却有助於該宗教的傳播與發展，藉人格神的酬報關係，撫慰百姓空虛的心靈，建立出共同的行動標準，如其「論三業與人之關係云：「身業爲付諸實行，其罪最重；口業間接傷人，僅次身業之罪；意業爲隱藏之地雷，一觸卽發，危險萬狀，近於禍患邊緣。故三業連貫不可分開，人不論修道與否，心神常清淨，不起惡念惡行，當於刼壞時，此身常不滅，已成爲大羅金仙，逍遙自在。故能消三業，便跳出三界也。」（第三輯：六三）

㈢ 善惡報應的因果觀念

善惡果報的道德觀念幾乎是新興宗教的主要文化意識，以人格神賞罰的報應權威來維持社會道德的人文精神，表現出基層社會寓道德於宗教感應的教化現象。亦卽儒宗神教的終極信仰，是在宗教天命與人文道德相互沖盪下，形成了概括化與系統化的信仰體系。最近，儒宗神教將善惡與禍福的關係，集中在勤修天道以求生命解脫的修養工夫上，重視人天直接交應的內在感通，減少對外在因果報應的依賴與寄託。「聖賢眞理」對於善惡因果報應有較現代感的詮釋，如云：「善爲天堂之路，惡爲地獄之根，人皆不信善惡因果報應，說無鬼神，無天堂地獄之說，一味胡爲，自招罪戾而墜落地獄受苦，何不思人間有監獄、有法院、有警察，陽間既有憲法以治人，陰間豈無陰律以治鬼，陰陽一理也。」（第一輯：六）卽是以因果報應的神明權威意志，作爲世俗價値與人文規範的推動能源，在自律的要求上，以達到社會安定的教化效果。在現世社會裏善惡未必有報應，則必須加上生死輪迴的因果關係，所謂為惡而不滅者，其前生積德，德享完則滅矣；為善而不昌者，其前生之孽未消也，消則昌矣（第一輯：二〇）。而儒宗神教致力於認理歸眞的修道工夫，要從根本上去掉生死輪迴的因果報應（第四輯：一〇二）。

四　傳統社會的神祕思想

民間新興宗教可以說是傳統神祕學說的集大成者，是通俗文化的結晶，凡是具有靈異的神祕經驗統統被吸融進去，於是傳統社會的占卜、扶乩、神算、符咒、啓靈、渡亡、禪機、神通等各種神人溝通方式，架構出新興宗教豐富且多姿的靈異世界。大致上新興宗教是各種神祕法術的大雜燴，愈是稀奇古怪的神異靈驗，愈能增強信徒悸動性的宗教經驗。當然這種靈驗神蹟必須在其詮釋系統所及的限度裏。如對「啓靈」求神通者加以限制，認爲啓靈必須先修善積德，否則果仙佛日日現身眼前，仍然無益於己（第三輯：三五）。啓靈的方式在於靜觀，所謂冥思閉眼，慧光普照，濾塵除障，方能隨心所欲，靈通十方（第二輯：八二）。將啓靈與道教結合，認爲元靈若能修至反璞歸眞脫胎換骨，即可白日飛昇，神遊於太虛，而成神仙（第四輯：二六）。又如對「符令」的看法，認爲符之應用乃仙眞法令所在，如長官印信，部屬百姓皆應遵守之，故符之用途適於驅邪縛魅等事，一般邪魔見符，如見警察，因符爲拘捕令，犯者逮捕，故主張符不宜濫用應運用在精神治療上，如佛徒之念大悲咒、飲大悲水，耶回各教之祈禱，皆偏在精神醫療（第三輯：二五）。儒宗神教也吸收其他民間教團的神祕思想，如認爲在天堂與地獄之外，有一個九陽關負責考核修道（第一輯：四八），用來加強信徒對該教的向心力。

(五) 宇宙現象的神話詮釋

在中國的文化體系裏有一套不容置疑的邏輯、結構和豐富性的神話傳說系統，以一種特殊的思考模式在共同的語意環境中架構其世界觀，表達出人類心靈巨大而複雜的文化網路。新興宗教對於各種神話傳說很有興趣，消化最多，尤其是經過文人修飾後的各種荒誕無稽的小說，轉身一變為新興宗教普遍而眞實的神話，在大衆傳播下加強了認知上的共識程度。在神話中對於大自然的奧祕有壹套詮釋的方式，在傳統社會裏其對大自然的詮釋或多或少受到佛道二家宇宙觀的影響，新興宗教則又加上一些較為理性的解說，如釋「天仙」，謂：「天者」乃超脫之義，自拔自超於流俗；「仙者」古之住山修靜之人，山者靜之象，靜可致神與自安，今則不拘乎住山，能靜為先，亦不可以光怪陸離觀念自惑其心，不能心靜，氣自不清，何能謂仙（第三輯：五六）。對「天」的詮釋大多受道教影響，認為天有十三層，再分為三十六天，十三天外謂之無極天，乃古老金仙所居，又分成東、西、南、北、中天，只有南天有門與人界溝通，由齊天大聖把守，玉皇大帝的凌霄寶殿在十三層天的中央，其職責上掌三十六天三千世界，下轄七十二地四大部洲（第一輯：五四）。對自然現象的詮釋受到科學的衝擊，如釋「電鳴與閃電」，承認因雨塊帶有多量異種電之雲相接時，則電衝破其中間空氣之絕緣而放電，並發強音（電鳴）與長電花（閃電），但是接著說：「人生有因果報應，作惡多端者一旦時刻，則造物主，自能使其應時落電，而受殛死也。希世人，勿重於科學，而輕視因果報應。」（第四輯：一一）科技的發展或許會改變人類認知的方式，但是信仰的意志仍能轉成某種合理的語言，指向其生命終極意義的宗教經驗上。

第四節　新興宗教的修道理論

新興宗教的終極目標在於個人生命的延續與其本性的體現，各種傳統的信仰只是外在的助力，協助人類如何由窮宇宙之理進一步體現宇宙之性，故道教的吐納、煉丹等修養方法，在於保持人的本質與活力，以求得塵世的不朽或精神的永生；佛教的唸佛、誦經以至修行，在於悟見本心，見性成佛，培養與發展契入佛心的自性。所以新興宗教雖然崇拜鬼神，祭祀鬼神，其終極的目的無外乎欲獲得天啓的助力來自我體現，進入內在超越而又豐富的心靈生活裏。欲縮短天人的距離達到永恒常存的生命境界，必須透過不斷超越的修養工夫，方能從存在的有限性中完成性命的眞實展現。這種工夫新興宗教謂之修道，本節分成修道的意義與價值、修道的態度與方法與修道的功能與境界等三部分，作詳細的說明：

新興宗教的理論基礎是以個人的心性修養來駕御天命，透過自我的體現契合存在的終極境界。爲了使信徒嚮往這種存在的理境，新興宗教往往以現實經驗的事實爲起點，不斷地強調修道的意義與價值，希望以神奇奧祕的宇宙神能來結合創生不已的傳統形上理念，展現出追求永恒存在圓滿無缺的人生境界。

表三 修道內容分類統計表

輯名／次數與百分比／內容分類	第一輯		第二輯		第三輯		第四輯		第五輯		第六輯	
	次數	%	次數	%	次數	%	次數	%	次數	%	次數	%
(一) 修道的意義與價值	32	33.3	13	28.3	15	25.9	23	22.8	22	21.6	105	26.1
(二) 修道的態度與方法	45	46.9	22	47.8	36	62.0	66	65.3	42	41.2	211	52.3
(三) 修道的功能與境界	19	19.8	11	23.9	7	12.1	12	11.9	38	37.2	87	21.6
合計	96	23.8	46	11.4	58	14.4	101	25.1	102	25.3	403	100.0

修道內容分類統計表：依上顯示出第一項「修道的意義與價值」所佔的比例有逐漸降低的趨勢，顯示出價值的肯定雖然重要，但不能停留在理論的階段上，必須開拓出一套具體可行的修養方法與態度，才能透過實踐完成生命的無限延伸，這也是第二項「修道的態度

與方法」一直高居四成以上的原因，尤其第三輯、第四輯高達六成，說明新興宗教其宣教的重點在於人格的教化上，企圖以儒釋道三家的形上理論體系架構出價值實現的經驗方法或態度，以達到智德圓滿參贊化育的眞實勝境。亦即新興宗教要以修道的具體實踐來完成倫理德性的文化境界，在宗教的狂熱情操中含有傳承文化慧命的社會功能，這可從第三項「修道的功能與境界」在前四輯所佔比例普遍降低中可以看出，新興宗教是較注意方法的進路，希望以教化的薰陶提出可供努力的方向，至於努力後所可能達到的境界描述不多，在第三項中大部分的則數偏重在詮釋修道的功能上，顯示出新興宗教其基本形態仍由儒家所支配，重視生命創造的歷程，以提昇人格的理性作用來獲得理想的生存秩序。第五輯第三項比例的增高，反映出新興宗教在八十年代的轉變現象。因爲民間新興宗教在八十年代發展極爲快速，導致競爭相當利害，就如聖賢堂在台中市鸞堂的地位逐漸被新設立的聖德堂、重生堂、聖天堂等所取代，因此鸞書慢慢將其宣教的主力擺在修道的功能與境界上，來激發起信徒祈悅嚮往的慕道情思。

㈠ 修道的意義與價值

新興宗教的修道觀念是以傳統社會的形上思想爲其基本核心，受儒釋道三教宇宙觀的影響，形成極具價值意蘊的宗教目的，追求理想人格的自我實現，從生滅變化的存在悲劇中轉換爲超脫永生的原理系統。但是新興宗教在社會經驗的主導下，往往雜揉三教的文化意識形成獨特性的信仰行爲與生活規範，因此將新興宗教的修道理念與三教思想作對比分析，探討新興宗教採取何種進路來調和三教豐富意蘊的形上思想。

1儒家的性命思想導引著新興宗教的修道精神：儒家安身立命的人文精神，統攝了性與天道，開闢了內在人格世界的無限顯現，這種涵具無限性與超越性的心靈境界也主導了傳統社會的宗教信仰，以安身立命的道德實踐成爲其莊嚴神聖的宗教精神，如儒宗神教尊崇孔子，認爲孔子之道是以三綱五常四維八德爲立脚之本，所謂盡人道以合天理，行天道以順人心（第一輯：八）。可見新興宗教所謂「修道」是要修人事以合天道，超越自己生理欲望的限制，實證性與天命合一的宇宙法則，不同的是儒家從主體性的道德自覺，架構出客觀人際間三綱五常四維八德的行爲規範，而新興宗教則以儒家的行爲規範作爲其修道的準則，往往不能很準確地掌握到主體性的道德精神，到最後必須藉神明的權威意志來鞏固個人德性的擴充，如云：「故天感修道至誠者，於結果之期，試以魔考，煉其心志，期能超凡入聖，證位九品，此天心仁慈也。」（第二輯：一一）也就是儒家以道德的主體性將人存在的意義從宗教超拔到人文境界裏，而新興宗教則將此超拔的力量又回歸到宗教的權威意志中，將道德法則性的超經驗性格又依附在傳統有人格性的宗教意識裏，使得所謂「修道」是將生命與天命結合，一方面重視自身的道德修養，一方面又必須承認人格神的存在，企圖以自身道德的修養工夫印證最高無上的宗教感情，亦即道德的修持只是進入宇宙法則的一個手段或工具罷了，與儒家道德修持卽是其人生目的，在本質上是不相同的。可是，儘管本質是不相同，儒家的道德思想確實導引著新興宗教塑造出豐富的修道意蘊。如云：「千聖萬眞，不能無誠敬而別有心法；千經萬典，不能舍靜定而別有工夫。正心誠意，是作聖之基，卽修眞之路。未有心地未清，而可以超凡入聖者。」（第二輯：六六）但是若僵化了儒家主體性的道德精神時，往往使道德淪為因果報應的法則，如謂：心德不守，道行則破，故守心德，道亦可成；不守心德，常立假善，輪廻常轉。諺曰：「有其德定有其果，有其果便見其德。」（第四輯：三五）反映出新興宗教以道德的實踐作為得福或赦罪的信仰儀式與價值理念。

2道教的修眞系統奠定了新興宗教的修道基礎：新興宗教修道的主要動機是受道家全眞養性與道教練性成仙所影響，如其「述元靈與修道」裏謂元靈是指心的靈性，又稱元神，卽三魂七魄，凡修道的人，不論儒道釋，必須修至元神凝固不離，謂之丹道，方算大成；元靈若能修至反璞歸眞脫胎換骨，卽白日可飛昇，神遊於太虛，而成神仙（第四輯：二六）。新興宗教主張性命雙修，反對搬運吐納、安爐立鼎等修煉方式，主張煉性運炁不必強煉製化，只要時時守玄廻光返照，不使妄念叢生，自然五炁朝元三花聚頂（第五輯：六一）。新興宗教所謂返樸歸眞的修道方式大多採取道家「天地與我並生，萬物與我為一」的宇宙觀，如云：「人之自性本與天地相同，內含太虛太和之中，人能抱此道，則我之一身，與天地合光同塵，與天地同長久矣。」（第五輯：六二）可是新興宗教的修道仍保持了民間教團所謂「天道普降」的觀點，認為自古以來天道之理未嘗輕洩，際此三曹普度，上天有好生之德，大開方便之門，眞道普降，使有根緣的人皆可以修而得之（第一輯：二二）。又謂「道」本是至尊至貴之物，非時不降，非地不逢，非人難得。今世之人適逢奇緣，有大道普傳，若不認眞了悟精進者，是可惜矣（第五輯：五六）。有些鸞文則將修道與末世觀結合，認為末世以來，人心不古，孜孜矻矻，無非為求得榮華富貴，窮其物慾而已，反之修身養性之人，却受人鄙視，因此氣數轉移，戾氣屢生，浩刼屢起，皆是蒼生行惡作孽，自受災殃之報也。幸有鸞堂代天佈道，使大道繼傳有人，便使天下蒼生皆有天梯可攀，同登聖城，逍遙無邊（第五輯：三五）。可見鸞堂的修道架構出其信仰體系，以解決宇宙創生與有情衆生的存有問題，雖然是自圓其說，過份地抬高自我身價，但就生命大化流衍的本體論而言，承認宇宙間有著動態的秩序，若能從精神上加以契會與領悟，也能開展人類創進不息的內在價值。

3.佛教的修行法門擴大了新興宗教的修道的內涵：佛教的終極目的在於透過各種超智力的修行法門以開悟成佛，脫離自性或自我本質的虛假觀念，體現空靈無盡的精神價值。在「聖賢眞理」裏對佛理的詮釋不多，且偏重在禪宗的悟道上，但並不深入，僅藉佛理以擴大其說解的層面，如云：大道之修，全靠自心，非借外力，故禪宗以心傳心，卽心卽佛，不緣事修，但迷人捨自性之佛，而求外佛，因此皆迷於形相之中，不能回復本眞（第五輯：六）。又謂：佛云：「人人皆有佛性」，因此，世人無論何人皆可修道，皆能成道，但是今人受物欲染塵已深，妄念叢生，不得一日清靜（第五輯：六三）。就新興宗教對佛理的體會而言，偏重在佛道義理的雜揉性格，如云：「佛之所謂佛者，乃合於諸空；仙之言仙者，乃是返回虛空，合道於無極，故其造詣一致。」（第三輯：三一）其對佛家的「空」幾乎以道家的「無」來詮釋，或者說新興宗教以通俗方式來詮釋佛道兩家義理，可以說不夠眞切，但是自成一套理論系統。其內容如下：虛無謂之「空」，無無謂之「空」，不見亦謂「空」，無相亦謂空，宇宙有「空」有「有」，故「有」與「空」之中造化甚妙，亦帶來歷刼以來之迷惑，不知空是有，有是空。因爲有形之物，皆非眞常之物，非眞常之物，便非本有之物，因此「有」是虛幻之物，變化之物，輪廻之物。但是「空」卽不同，是可用之處，是萬用之妙，是無所不在之處，是共有共存之妙（第五輯：六九）。足見新興宗教對「空」與「無」的體會，皆未深入佛道二家義理的核心，反映出民間通俗性格的教義形態。

4.新興宗教的修道意義類似墨子「天志」與「唯利」的價值觀念：一般人認爲民間宗教是三教雜揉後的產物，其實民間宗教繼承了人文思想興起以前的宗教傳統，含有濃厚的原始宗教的色彩，與墨子由「天志」與「唯利」所構成思想系統與文化性格頗爲類似。墨子將傳統權威主義與功利主義的觀念會合爲一（勞思光，一九七八：二一九），以天志爲最高的價值規範，以便於「興天下之利」，透過天神的權威意志，以求行爲的具體實效。在本質上是以宗教的制裁力量以維持人世間的秩序，如墨子天志上篇云：「順天意者，兼相愛，交相利，必得賞；反天意者，別相惡，交相賊，必得罰。」承認有一主宰在賞善罰惡，其賞罰標準則本於仁義，如天志中篇云：「今天下之君子，中實將欲遵道利民，本察仁義之本，天之意不可不愼也。」徐復觀認爲墨子宗教性的天命思想，是直接反映當時平民的利害與意識，其所反映平民的利害，可以構成廣大社會正義的基礎，其所解決問題的構想，也常以平民現實的情形作根據（徐復觀，一九六九：三一七）。新興宗教的終極信仰與墨子之所以相類似，可能是傳統社會宗教心理的一種反映，表達出民間素樸的信仰形態。新興宗教與墨子最類似的地方則是道德地功利主義的性格，如云：天有天理，地有地理，人豈可無心理乎？但心理若不守正，則道已離，而成無道矣，無道則不能上天堂，而墜地獄者也。願世人應勤修道果，棄惡從善，而成爲有天理良心之人（第一輯：一四）。新興宗教以神祕力量來支配或導引人類的道德行爲，建立其所謂「人道圓滿，天道自圓」（第五輯：一九）的修道價值觀。

(二) 修道的態度與方法

新興宗教雖著重在各種靈驗的神祕經驗，但就修道的態度與方法而言，則訴之於耳聞目見的經驗事實，要求修道者在日常生活中致力於改變自己行爲，以符合道德的標準。其方式是採原則式或條列式很淸楚地列舉出來，以作爲共同遵守的人生準則與行爲規範。新興宗教來自民間，吸收民間的價值理念，傳承其固有文化走向，反映出傳統社會神道設教的敎化性格。其具體的敎化內容則可從條列的經驗事實中加以分析得之，掌握到自成系統的民間通俗文化。

1修道的基本態度：新興宗教在世俗化的趨向中，在神聖的修持行爲裏加重崇德報功的理性思想，以促進社會道德的世俗功能。可以說是修行的宗教行爲乃推廣社會道德與教化民衆的有效進路。甚至對世途艱難與人情澆薄的存在困頓，給予強力穩定的精神支撐，形成一套適合衆生的普遍性行爲準則，如第四輯八九頁提到修道的四個基本態度：㈠修道人，忍辱爲先。㈡修道人，謙虛爲本。㈢修道人，仁慈爲懷。㈣修道人，參聖訓爲務。前三則是以退離的方式敎導信徒避免人事上的衝突，進而在參聖訓的單純活動中解消塵寰中人事上的擾撓。另外有所謂「修道三苦」與「修道三樂」，修道三苦是指不明理之苦、肉體受磨之苦與跋山涉水之苦；修道三樂則是靈性自在之樂、智慧明朗之樂與朝向光明目標之樂（第五輯：二九－三〇）。以三苦說明修道之難，要能忍受各種存在的客觀壓力，培養出精神上的主觀樂趣。在第四輯五三頁中提出修道者五點應有認識：㈠戒律——守戒爲修道第一步，戒者收起各種不良心念與行爲。㈡經典——宗教各有其經典，奉行之以修心明智。㈢齋戒——修道者須有有好生仁慈之性，以齋食培養清淨聖靈。㈣靜修——以禪定爲主，避免心神外放。㈤智慧——今日千門萬教齊發，各展神通，其中不乏言語道斷、人意作祟者，須有智慧以得正見。新興宗教強調以上五點認識，說明鸞堂從巫術與泛靈信仰中逐漸發展出具有道德系統的教理體系。楊慶堃曾對傳統社會巫術教派的宗教運動，作如下觀察：巫術需要不斷地證明其靈驗，才能維持其徒衆的信心，而巫術不可久恃，這也部分形成以巫術爲主的教派其影響力的興衰，這種性質不適合發展出一個穩固堅強的組織。就巫術本身而說，如沒有一個神學理論或更高目的支持，在一個不同信仰的多神論的環境下，並不會成爲加強組織的一個因素（段昌國譯，一九七六：三四六）。在台灣的新興宗教普遍有建立教理的自覺，吸收固有的文化理念以擴充其修道的內涵，如指出修道者的四種威儀：行如風、坐如鐘、禮如恭、貌如庸等，承繼了傳統對行坐臥的教化要求，有時則將古代文字翻成白話成爲當代的處世態度，如譯論語孔子所謂「恭、寬、信、敏、惠」爲五種美德，其解釋如下：㈠爲人能有恭敬之行爲，則不受大衆之欺侮。㈡爲人能有寬厚之行爲，則可受大衆之愛護。㈢爲人能有信實之行爲，則可受大衆之信任。㈣爲人能有敏捷之行爲，則作事有成之希望。㈤爲人能有施恩於人，則可使大衆心悅，而願供你使用。以上五則是聖人銘訓，希世人能了悟奉行，則可修成人道（第一輯：五七）。

2修道的要點與須知：如何才能達到圓滿無缺的修道境界呢？新興宗教採用列舉法，只要按著某些要點去做，就可以自我淨化與超昇。在第二輯與第五輯各有「修道十要」的條文，其表達方式不同，引錄於後：㈠修道基本要點：㈠持齋者絕不可口出惡言。㈡無持齋者必禁牛犬之肉。㈢凡遇善舉，不可固執宗教門戶而不爲。㈣不遵國法者，天律已犯，離道遠矣。

㈤批評或排斥他教之非，已造口業，道不能成之。㈥乘坐車船須讓坐老弱婦孺，此為修道者應行之事。㈦不入風花場所，以立清靜之德。㈧對歷代聖賢及祖先應慎終追遠，按時節施祭之，對雙親應孝敬之。㈨見苦不救，仁心既失，仙佛無位。㈩不信神者，不得神助，目空一切者，道不能成之（第二輯：九〇）。(乙)修道十要：㈠修道者，不迷於外緣。㈡修道者，不迷於顯化。㈢修道者，不貪求享樂。㈣修道者，不標新立異。㈤修道者，不自矜自誇。㈥修道者，要有始有終。㈦修道者，要身心清白。㈧修道者，要認理歸真。㈨修道者，要忍辱精進。㈩修道者，要愛人如己。

以上是二種不同的表達方式，前者偏重在外在行為的機制作用上，提出具體的規範模式，以導引信徒建立固定化與習慣化的宗教人格；後者則偏重在內在行為動機的培育效用上，提出合理的行為標準，以鼓勵信徒積極地改變自己的氣質與心性，塑造出完美化與理性化的宗教人格。外在的行為規範受到社會所共通傳遞或承認的人文制度所規定，以表現共同的人格特性。但是這種人格特性若欲化成日常的行為規條，其數目是相當龐大，非上列十點所能概括。就上列十要點來說，第㈠，㈡，㈢，㈤，㈩項是規範信仰行為，第㈣、㈥、㈦、㈧、㈨項是規範日常生活，未能窮盡，稍嫌空泛，故第三輯有「修道大忌」二六條，作更仔細的規範，其表達方式，舉第二條為例：修道須平實用功，依師聖修持，大忌妄想天開，或生天外之奇想，否則魔卽著之（第三輯：三六）。就內在行為動機而言，若欲條例化，也可能列舉出許多條來，如第三輯有所謂「神仙大要」二六條，其表達方式，舉第一條為例：神仙者，精、氣、神自足於內，故能自承自肯其精神之完全性，不待外求（第三輯：五四）。另有

「量仙尺」三二條，擧前四條爲例：何以是仙？心正體正。何以是仙？宿疾盡消。何以是仙？不染惡習。何以是仙？不逐世樂（第三輯：一〇〇）。有時則雜揉以上二種表達方式，同時對外在行動與內在動機作要求，如「二十條同修須知」云：「第一佛法無怠慢，第二孝悌可登仙，第三久遠心不變，第四教訓性莫偏，第五忌情並絕念，第六品貌要行端，第七俗鄙無半點，第八度量海濶寬，第九勤謹無厭倦，第十禮儀最爲先。十一內外無缺陷，十二樣樣潔白鮮，十三見善早學好，十四忍辱加鳴謙，十五自己有主見，十六和氣養眞元，十七受得魔與難，十八怎敢謗聖賢，十九不甘身下賤，二十規清戒又嚴。」（第四輯：一三）

3.修道的步驟與方法：修道的基本動機在於獲得個人的長壽永生與社會的和諧安樂，亦卽使用某種神祕與道德的方式，使生命在宇宙中發生變化，在自我努力修練中，變化成仙，獲得永恒存在的保證。這種追求神仙不死的信仰理念，是民間新興宗教共同的信仰動機。追求永生是民衆的共同意願，在第三輯中認爲欲達成此一意願，其步驟有三：問道、行道與成道（第三輯：七六）。亦卽在修道的過程中心須有堅定的信念，促使努力實踐，在某種神祕體驗下，達到心理上特殊純淨的生命境界。由行道至成道的修道過程是經由長時期的道德實踐與生命修持，改變原有的性命結構，開拓出先天稟受的內在氣性，可以說是用後天的積德來完成本眞的生命，在第四輯提出修道者「造命之道」有四：孽造禍福之命、自造順天之命、再造後天之命、直造先天之命（第四輯：二七）。人類渺小的生命是宇宙生成原理的一部分，凡夫胡作非爲，故有禍福之命，若能安分守己，則可順天之命，符合宇宙造化秩序，若能積極行善，則能擴充造化之機來延年益壽，當個體行功立德，功果圓滿，則可直超極樂聖境，修成正果，印證宇宙生成原理，此爲先天之命。修成正果須靠自我心性的不斷昇華，在道德禁制與養神存形的工夫下完成。其工夫的進路，在第四輯提到「修心之五法」：㈠見苦必救，見人必度，此謂之慈悲心。㈡見色不迷，見財不貪，此謂之貞廉心。㈢見逆不怨，見仇不報，此謂之平安心。㈣見善必行，見惡必退，此謂之智慧心。㈤誇言不說，虛言不說，惡言不說，穢言不說，道德好話多說，此謂之好口好心。以上五種修心之法，如能守全，則金仙有份（第四輯：一一〇）

㈢ 修道的功能與境界

在中國悠久而豐富的文化傳統裏，儒家淑世的倫理道德加上佛教與道家的體能心性上的修練，蔚成追求人生崇高完善境界的終極信仰。新興宗教除了以飛鸞儀式作些齋醮法術外，幾乎偏重在個體的修眞學道。在「聖賢眞理」裏對於修道的效果幾乎偏重於現世利益的具體功能上，讓信徒在修道的體驗中獲得生理與心理的滿足，但對於修道後的靈異境界著墨不多，由此可見儒宗神教是一種入世型的倫理宗教，神蹟與靈驗是附屬在社會倫理的道德實踐下，給予其行動力量的一種超自然之支持作用罷了，只要能在現世裏充分滿足存在的需求，也可以忽略這種超自然力的存在。修道的功能主要在求超生了死，登天堂，往極樂，以免生生死死輪迴不息，但欲求超生了死必先求了生，求了生必先超生，欲求超生必修眞理，欲修眞理必先修心，即修三綱五常四維八德，才能得道來超生了死（第一輯：一七）。即是以道德來支持宗教，形成對自然或人爲能力的一種功利形態的控制作用。新興宗教是以積善銷惡的宗教形式來維護民間的倫理秩序，其主要的功能即是在通俗性倫理道德與行爲規範上，其實際的教化內容則於下一節中詳述之。修道的功能偏重在人倫的實踐以挽救世道，如云：希天下蒼生，學往聖先賢進德修業，以修身齊家而後治國平天下，蓋儒宗心法，不外由倫理道德為根本，根固則樹向天而伸，由人道接天道，眞道得矣（第二輯：三二）。或者以人的修持契合宇宙眞理，作為修道的功能，如云：人得清靜之道，便可運行天地，大轉法輪；四季有序，八節不亂，合於人身，則乾坤同老，日月通明（第二輯：四八）。修道後生命的本眞歸於何處呢？新興宗教提出「虛空接靈」的觀念，如云：「觀空不空玄微中，虛空接靈妙烝充，浩然壇庭已燦爛，聖賢諸子煉聖功。」又云：「虛空接靈，氣達蒼穹，提靈充烝，煉性歸中。」（第五輯：四九）但是虛空在何處呢？近年來儒宗神教吸收了無生老母「眞空家鄉」的觀念，以無生老母的無極理天作為靈魂的歸宿地，如云：「有緣方能同門入，道脈相同面相識，共修相勉更相進，早日瑤宮會娘親。快趁末刼未來前，應該早把前途定，方講性命雙修盡，原靈同歸孝恩親。」（第五輯：四二）

第五節　新興宗教的社會關懷

在世俗化的趨向中，宗教信仰往往被用來節制或規範社會行為，亦即傳統的信仰與價值，被理性與實用的經驗態度所取代，神聖儀式的活動範圍逐漸縮小，而通俗的社會文化大幅成長，使得信仰不再僅是單純地追求眞理的終極意義，必須與世俗價值結合，以求適應新的時代環境，因此新興宗教在傳教時，特別重視家庭倫理與社會倫理：

次數與百分比 / 內容分類 / 輯名		第一輯		第二輯		第三輯		第四輯		第五輯		合計	
		次數	%	次數	%	次數	%	次數	%	次數	%	次數	%
(一) 家庭倫理	1. 父子關係	22	16.3	6	13.3	5	10.9	3	6.1	0	0	36	12.4
	2. 夫婦關係	18	13.3	2	4.4	3	6.6	2	4.1	0	0	25	8.6
	3. 長幼關係	6	4.5	1	2.2	2	4.3	1	2.1	0	0	10	3.4
(二) 社會倫理	4. 上下關係	24	17.8	0	0	2	4.3	3	6.1	1	6.3	30	10.3
	5. 人際關係	28	20.7	13	28.9	10	21.7	11	22.4	6	37.5	68	23.4
	6. 公益關係	9	6.7	11	24.5	8	17.4	12	24.5	4	25	44	15.1
(三) 其他(個人行爲)		28	20.7	12	26.7	16	34.8	17	34.7	5	31.2	78	26.8
合計		135	46.4	45	15.5	46	15.8	49	16.8	16	5.5	291	100.0

表四 勸世內容分類統計表

傳統社會中有其倫理體系，具有限制個人行動與安定社會秩序的功能，一般稱爲五常，即君臣、父子、夫婦、長幼、朋友等五種人際關係，父子、夫婦、長幼爲家庭倫理，君臣、朋友爲社會倫理，依時代變遷，本文劃分成上下、人際與公益等三種關係，上下關係是指長官與部屬，或國家與國民等階層關係，人際關係則是指家庭倫理以外，人與人之間的相互關係，公益關係是指個人與群體、或群體與群體之間爲了追求和諧維持穩定所形成的行爲標準。無法歸入家庭倫理或社會倫理者，則列入第三項其他類，這一類偏重在個人行爲的勸導上，如戒淫，戒賭，戒煙，戒酒，戒貪，戒疑，也有勸人愛惜光陰或注重生理衞生等。就上表可以看出新興宗教較重視社會倫理，約佔五成左右，其中又以人際關係與公益關係比例偏高，反映出在現代化的過程，社會控制的重要性，必須加強人與人、人與社會之間的聯繫紐帶，俾可消除各種磨擦與衝突，以使個體的存在能獲致最大的利益。

㈠ 家庭倫理

家庭生活與親人關係是中國倫理思想實踐的場所，由父慈子孝兄友弟恭的內在德行，組成立身處事的行爲標準，但是由於社會變遷，使得互動關係的行爲模式也隨之調整。就父子與長幼之間的倫理關係大多仍禀承著傳統的教化理念，堅持貫徹孝悌之道，如云：「操心茹苦爲兒孫，作馬作牛不怨言，望子成龍期此日，揚眉吐氣耀家門。」「十月懷胎似海恩，三年乳哺德猶存，諄諄教誨期成器，父母劬勞念益敦。」（第一輯：七五）儒家的家庭倫理思想是建立在個人內心的眞誠與尊嚴上，是人性直覺性與自發性的道德行爲，重視個人適當發展以謀社會幸福。故儘管在現實社會裏，親情的關係已大如前，但是新興宗教仍然寄望於儒家的倫理思想，希望透過完善人格的塑立，重新展現由親情而來的倫理結構與價值體系。就夫妻之間的倫理關係而言，新興宗教面臨了新舊觀念的挑戰，首先是吸收了傳統習俗的價值理念，如云：男重品行，女重貞節，女人若能守貞節則萬古流芳（第一輯：二四）。主張男人應守三綱五常，女人應遵三從四德（第一輯：一五）。由於時代變遷夫妻之間有許多怪異的現象，因此鸞書以「夫妻相敬之道」來批評當今的社會風氣：「夫妻結髮，宜相敬如賓，始顯琴瑟之高雅；也唯相敬才能尊重對方，如嬉戲無節，放蕩無禮，皆易招致家庭破敗。歐美近有行換妻之戲者，把妻女當爲妓女、貨物看待，可任行交換易主；或視離婚爲家常便飯，慨歎世道之太窮乎！」（第三輯：一七）又對於今日的自由戀愛，提出「婚姻須謹愼」的勸告：「男女交誼，坦誠對待，素心淡情，經過層層考驗而不變志，方能困難相助，逆境相勉，無仳離之心，方是佳偶自天成也。否則一時貪著對方美貌財富而結合，久而原形暴露，頓生離異之心，此乃是怨偶由人成也。」（第四輯：一〇四）對婦女之德有新的規定，比如不可貪看電視（第三輯：四八）。

(二) 社會倫理

爲了協助信徒適應時代變遷，新興宗教的入世性極強，重視新時代的文化整合。比如傳統忠君愛國的理念推廣到對當今國策的擁護，其云：「共匪陰謀，竊據大陸，毀我文化，殺害我民，如此暴行令人髮指，願期筆戈掃盡妖氛，早日還我河山，希我漢民族喚起民族精神，熱愛祖國，方不愧爲炎黃子孫也。」（第一輯：六七）新興宗教以國家政策作爲其宣教的內容，顯示出民間信仰與政治秩序的相互關係，民間宗教組織希望與世俗權力團體結合，情願成為世俗政權或社會教化的宣導核心，這可從儒宗神教一再強調「輔助國家治安之不逮」的主張可以看出。大多數鸞堂堂規強調「遵守國法」，認為該信仰的宗教目的為「助國家郅治之隆，挽民心去邪之路」（鄭志明，一九八四：一二九）。其輔助國家治安的主張，在於以德化民，如云：現今世道，能受善刋佈化之人，少有犯罪行為，此乃善刋普揚的效力，然仍有為非作惡之輩，專作不法行為，如經濟犯罪、竊盜犯罪，皆是治安之瘤，因此普化之成效應繼續努力（第四輯：四二）。

新興宗教對於社會問題相當關心，如就今日的就業問題與升學主義作勸導云：雖現時社會，人浮於事，但只要安分守己，循正道而行，從不見路有餓死之人，千萬不可憑己所學鑽漏洞而營求不正當利益，取非分之財。如考試落榜，亦不用傷心氣餒，好好學習一藝，將來一技在身，一生受用無窮（第二輯：三四）。對色情問題也加以批評，如對馬殺雞的「觀光理髮廳」勸導云：勸世間開理髮廳的人，應守國法，正正當當替人理髮，勿藉觀光之名而行邪業，不然其罪愆與經營淫窟相同，陽法難逃，陰律亦重，希速改之（第二輯：五二）。鸞書反對商人倫機取巧，如云：希望販賣冰茶者，當用實料，不可以化學原料僞充之，雖能一時賺錢，然此不道德之錢，無法遺留後世，反使子孫遭受天譴，惡報不絕（第四輯：六六）。

對整個社會風氣有更多的批評，新興宗教針對不良風俗提出「匡正人心」、「匡正世風」的辦法：歐風美雨侵襲東土，男女好奢華，心忱耽淫佚，日趨邪徑，夜走偏途，盜賊如鼠，淫如野狐，不倫不類，傷風敗俗。頹風已極，狂瀾難挽，欲匡正世道人心，必須男守正，女守節，廣行聖道，懍遵聖訓，由鸞堂鸞下生首先推行，至家庭，至社會大衆，始能復堯天舜日（第一輯：八）。在傳統社會原有一套文化約束而成的社會機制，以相互滿足人際間的社會資源，建構穩定的價值觀念與社會行爲。但是社會的快速變遷，新興宗教將靑黃不接的文化弊病歸咎於西方文化的東侵，故在意識上有強烈本土化的傾向，企圖以傳統的文明理念來敎化民衆滿足現世實利，如「歎世文」云：「嘆世界，日維新，舊道德，已不聞。競科技，忘聖心，談風月，少淸音。親與友，較兩斤，恭謙讓，勝千金。歎末世，藐聖神，貪色相，墮迷津。搶奸殺，稱新聞，聖賢册，價無銀。吾勸世，當認眞，修大道，問良心。虔修者，德業深，積功果，證仙神。」（第三輯：二八）就人際關係的維護仍以社會習俗的人文敎化爲主，以個人的道德情操作爲社會凝結與社會流動的穩定因素，表現出強烈的保守性格，重視傳統禮敎，如云：「嗟乎，歐風美雨吹襲東土，異端百出，男不男，女不女，男不遵規，女不守矩，談戀愛爲正常，說自由爲平等，抛頭露面，接吻抱身，棄貞節而不顧，視禮儀而敝履，藐視國法，輕蔑聖道，傷害風化，敗壞倫常。嗚呼，人而無禮與禽獸何異。」（第一輯：二四）這種保守性格雖然能激發對傳統文化的熱烈情緒，但是這種熱情必須建立在客觀化與理性化的人文精神上，否則過於保守的情緒有礙於文化的更新，這也是新興宗教在本土化運動下所應省思的課題。

㈢其他

不能分類者歸於其他一項，其中大多偏重在個人行爲的勸導上，尤其是「吃喝嫖賭」的不良行爲備受重視。勸導次數最多的，則是「淫」的問題。「淫」是破壞社會倫常的生理衝突，因外界約制力量減退時的一種人性共同弱點，新興宗教認爲淫佚的行爲是造成社會道德敗壞的主要因素，所謂「萬惡淫爲先」，其詮釋的方式如下：淫者，乃夫妻之交外之濫交，應知色相皆空，不可荒淫，應戒除慾念，雖美色當前，亦不邪念叢生，若發生邪念淫人妻女，則己妻女終亦被人所淫，天理昭彰，難逃孽報（第一輯：九）。克制淫念的方法如下：凡人最易失足，只在美艷當前，勃然難制之一刻，此際有三魔：眼光落面，妖態攢心，骨熱神飛，烟騰焰熾，是謂火魔；任督潛開，精門難禁，如堤將崩，如溜欲決，是謂水魔；水火相烹，形魂互盪，如輪不息，如環無端，是謂風魔。斬三魔只憑「慧劍」，「慧劍」即「忍刀」，所謂飢不食虎餐，渴不飲酖酒，美色不沾也，既忍得過，水火風三魔不能近，則我不受其害（第二輯：八九）。以內在的道德修持來克制「淫」的發作，以達到淨潔的心性，維持人際間關係的和諧。

「賭」的問題也變嚴重，「聖賢眞理」扶鸞時期大家樂雖未盛行，却已對賭博的行爲屢作勸戒，如云：賭之害者，皆由小而大，傾家蕩產亦所不惜，甚至鬻妻賣女亦不知恥，及至告借無門，就淪爲竊盜搶刼，一旦東窗事發，就難逃鐵窗之苦，又因賭而結怨，心懷芥蒂，終惹殺身之禍（第一輯：九）。現世報應是較理性的勸導方式，民間最常用的是藉託地獄冥報來嚇阻人類不良行爲，如云：因賭能荒廢家業，影響兒女教育，陰律所判亦重，希世界男女勿再嗜賭造孽，否則一旦三寸氣斷，墮落地獄，必受斬手之刑，反悔已遲矣（第二輯：五八）。在「吃喝」方面除了戒煙、戒酒、戒花酒外，也重視衞生問題，如談「夏令衞生」云：「夏天病菌活潑，四處尋找有緣，如路邊冰水，飯店海產類等，一過時候，容易變質，食者注意，病從口入，應加小心。冷氣電扇雖好，汗後毛孔大開，久吹成病。冷茶過飲，胃

腸失和，皆是致病之因。當心平氣和，按步就班，注意飲食，度過夏天，以維健康。」（第四輯：一一一）

第六節　小結

台灣近年來新興宗教的蓬勃發展，已非單純的信仰問題，牽涉到傳統社會通俗思想的承繼與變遷的問題。亦即新興宗教的信仰內涵是全面性的文化改革運動，包含了終極信仰、觀念系統、規範系統與行動系統等整體變動與塑造，以其特殊的結構型態與意義取向來調和時代的變遷壓力，以解除社會的危機滿足現世安全的需求。這種改革運動的本質可以說是啓發文化認同的社會關懷運動，透過自我的修持印證內在心靈的本眞，契合傳統文明的人生智慧，且在熱心公益的積極活動中，散播其救世的理念與社會關懷，延續原有的文化成果，也創造了新的文化成果。

在終極信仰上，新興宗教面臨著神聖化與世俗化、理性化與功利化的衝突與抉擇，一方面繼承了儒釋道三家超越而內在的主體生命精神，一方面又必須符合在俗化歷程所存在的社會機制與價值標準。就新興宗教而言，其本質是屬於民間通俗文化的一部分，利用民間的文化水準與價值取向，架構支配大衆的處世態度與社會行爲，也保持了民間非理性的文化傳統及其內在困頓。最明顯的是來自於原始宗教的巫術信仰，一直是與來自道德主體的人文精神相互衝突與矛盾，却又常常將二者糅合爲一形成弔詭的辯解，使得民間的宗教理念在理性與功利的導引下遊離不定，這是民間宗教先天性的缺憾，捨棄不了以靈驗爲主的功利心理，也背離不了固有的人文道德精神，只好將個人的主體精神建構在權威靈力的契約關係上，要求個人自我生命的努力修持，以得到神明的期許，獲得適當的回報。這種民間半合理性的生活態度，形成新興宗教特殊認知的觀念系統，架構具有歷史意義的修道規範，作爲判斷一切事物的價值標準，並與現實社會的典章制度結合，組成了新興宗教的行動系統。

新興宗教的社會思想反映的是整個民間的文化傳統，並非從一個具有理性主義的社會基礎中發展出來的，而是奠基於傳統社會的宗教意識，逐次地吸收來自世俗領導集團的結構原則與價值系統，產生富有流動性且半合理性的生活傳統，提供作爲現世安全的保證。新興宗教如果欲以此生活傳統發展出勢力強大有組織性的宗教運動，則必須開拓出完整性的神學理論，將宗教信仰與道德倫理作某種程度的分離，才能有效地吸收三教義理的精華，提高其宗教信仰的層次。但是新興宗教混入於世俗制度，依附於民間的文化傳統，以支配民衆的生活理念，其未來的發展將只是來自於民間而歸於民間的信仰現象罷了，終不能發展出永久與正規性的宗教組織。

參考書目

李亦園
一九八二　台灣民俗信仰發展的趨勢。民間信仰與社會研討會論文集，台灣省民政廳。

沈清松
一九八四　解除世界魔咒。台北：時報出版公司。

徐復觀
一九六九　中國人性論史。台北：台灣商務印書館。

唐君毅
一九五三　中國文化之精神價值。台北：正中書局。
一九七四　中國人文精神之發展。台北：學生書局。

許地山
一九六六　扶箕迷信底研究。台北：台灣商務印書館。

勞思光
一九七八　中國哲學史第一卷。台北：文華圖書供應社。

董芳苑
一九八三　台灣民間信仰之認識。台北：永望文化公司。

一九八五　原始宗教。台北：長春文化公司。

楊慶堃，段昌國譯
一九七六　儒家思想與中國宗教之間的功能關係。中國思想與制度論集，台北：聯經出版公司。

潘朝陽
一九八六　台灣民俗宗教分佈意義。台北：師大地理研究報告第十二期。

鄭志明
一九八四　台灣民間宗教論集。台北：學生書局。
一九八五　無生老母信仰溯源。台北：文史哲出版社。
一九八六　台灣民間新興宗教的發展趨勢——遊記類鸞書的宗教分析。台北：台北文獻直字第七十七期，本書第十六章。

第十六章　遊記類鸞書所顯示之宗教新趨勢

第一節　淺介民間宗教的研究現況

近年來台灣民間宗教信仰變遷極爲快速，早期移墾社會的通俗信仰逐漸式微，取而代之是新興宗教的蓬勃發展，使得傳統社會原有的宗教意識有了明顯的轉變，影響鄉民信仰的行爲與態度，引起學界的留意，是目前學者熱衷的研究題材之一。

學者對台灣民間宗教發展形態的現象分析，首先藉助官方寺廟調查資料的統計數字，有瞿海源的「我國宗教變遷的社會學分析」（一九八一），潘朝陽的「新竹縣地區通俗宗教的分佈」（一九八一），余光弘的「台灣地區民間宗教的發展：寺廟調查資料的分析」（一九八三），姚麗香的「台灣地區光復後宗教變遷之探討」（一九八四），瞿海源與姚麗香合著的「台灣地區宗教變遷之探討」（一九八五），潘朝陽的「台灣民俗宗教分佈意義」（一九八六）。利用寺廟統計資料能掌握台灣民間宗教整體的發展趨勢，及其宗教信仰的若干現象。然而最近十年來擴散性的新興宗教如一貫道、儒宗神教與各種形態的神壇，或依附於傳統信仰的神祇，或自命爲道教的改革派，或另自衍生新的信仰神祇；向官方登記的內容，往往與實際出入甚大，而絕大多數的新興神壇集中在人口稠密的住宅區，未向政府登記報備，這一類神壇這二、三年更加普遍，其傳播速度也極嚇人。當今任何一種寺廟統計資料，對於新興宗教的調查幾乎闕如，欲掌握其中的變遷現象，仍有困難，須與其他統計資料相配合，最通用的方式是問卷調查，瞿海源的「現代人的宗教行爲與態度」（一九八六）即利用問卷，探討台灣居民的宗教態度及其表現行爲，分析了當今功利性及靈驗性宗教受人歡迎的原因。

資料的統計能預估其外在發展的傾向，但是欲眞正了解新興宗教的內在本質，田野的訪查工作極爲重要。台大人類學系學生在李亦園教授指導下，曾對新興宗教作實地的觀察，撰寫學士論文，有王志明的「聖皇宮」（一九七一），宋光宇的一貫道「守德佛堂」（一九七一，發表於一九七八），周用蘭的軒轅教（一九七二），張燕秋的儒宗神教「行天宮」（一九七二）。外國學者Overmeyer 實地調查慈惠堂教派（一九七四），篠原壽雄調查軒轅教（一九八二）。近年來我國有關傳統社會新興宗教的實地採訪與研究的成果漸多，有宋光宇的在理教（一九七七）、一貫道（一九八二，一九八三），一貫道較受注目，研究的有董芳苑（一九六九，一九八〇，一九八三）、鄭志明（一九八〇）、瞿海源（一九八二）、楊惠南（一九八二）、蘇鳴東（一九七八，一九八三）、何穎怡（一九八三）、王光賜（一九八五）、雷天居士（一九八三—五）等，其他教派有董芳苑的大原靈教（一九八三）、「行天宮」（一九八〇），鄭青萍的「慈惠堂」（一九八三），林萬傳的先天道（一九八五），鄭志明的齋教（一九八四）、儒宗神教（一九八四）、夏教（一九八六b）、瑤池金母信仰（一九八四）、無生老母信仰（一九八五）、關聖帝君信仰（一九八六a）及其他新興宗教調查報告（一九八六d）。

來自於傳統社會的新興宗教派支繁多，目前較受注目的，僅其中數支罷了，董芳苑的「台灣新興宗教概觀」（一九八二）一文，首先綜論台灣新興宗教的派別，探討其沿起、發展與變遷。有關新興宗教的學理詮釋，李亦園教授貢獻最多，在「台灣民俗信仰發展的趨勢」（一九八二）一文中，從中國傳統宗教體系中超自然系統的分離，進而分析因此導引出民俗信仰行為中兩種發展的趨勢——功利主義的趨勢與道德復振的教派。在「傳統民間信仰與現代生活」（一九八三）一文中，繼續以人類學學理詮釋民俗信仰的以上兩種趨勢。在「社會變遷與宗教皈依：一個象徵人類學理論模型的建立」（一九八三）採用象徵人類學的理論架構，用以分析在社會變遷過程中，台灣地區所出現之特殊宗教儀式。在「現代化過程中的傳統儀式」（一九八五）一文中，對童乩、一貫道、恩主公崇拜叢等教派的儀式在社會變遷所產生危機的適應，詮釋新興宗教在中國傳統文化的脈絡中可能發展的趨勢，及其彼此間互通的法則。

李亦園所提出新興宗教發展的兩個趨勢，確是卓論，另用象徵人類學分出儀式的四個象限，以探討社會轉型的宗教變遷，也相當恰當。瞿海源在「探索新興宗教現象及相關問題」（一九八六）一文則對新興宗教現象提出七個特徵：一、全區域及都市性，二、悸動性，三、靈驗性，四、傳播性，五、信徒取向，六、入世性，七、再創性與復振性，又說明日趨興盛的六個原因。李、瞿兩位學者理論性的省察，能掌握出新興宗教面對著現代化社會變遷的發展趨勢，並且釐清了其所發生的可能社會脈絡與時代癥結。但是一套理論的建立，可資利用的材料愈多，愈具可靠性；除了對流動性的宗教儀式與活動的直接觀察外，這些宗教還留下大量的文字資料，或可補充實地觀察與查訪的不足。尤其近年來扶鸞著書的風氣大興，書刊流通的數量非常驚人。

這些鸞書標擧爲天立言，代天宣化，承天應運來普化衆生。故此類書的內容，極關注傳統社會遭遇時代變遷後的調適與安置，藉傳遞神諭的靈媒，架構出一套符合民衆心理需求的教義系統。這些書當然神話連篇，大致是勸化世道人心向上與挽轉社會頹風，其目的在於神道設教，維持社會秩序，以獲得安定的生活。鸞書是扶鸞的文字記載，扶鸞卽扶箕，許地山認爲其宗教現象只是心靈作用底一種表現（一九六六：一〇七），林永根則認爲是天人的通靈感應（一九八二：七），實際上扶箕也是一種儀式，據英國人類學家 Edmund Leach，認爲在人類三種行爲之中，溝通行爲與巫術行爲，都是藉外在符號與象徵來表達的儀式行爲（一九六六：四〇三—四〇八），扶箕卽是個人與神溝通下的符號與象徵，也是一種神聖儀式，藉著文字的宣導，復振傳統倫理道德，提昇內在性命的修持，經由形式化的儀式以達到實質的目的。可是，民間鸞書多達千種以上，整體性的研究極爲不易。故本文採抽樣的方式，選擇最近幾年才興起的遊記類鸞書作研究的對象，探討台灣民間新興宗教的現象及其發展趨勢。

第二節　遊記類鸞書的由來

目前民間常見的遊記類鸞書大約有下列幾種：

表一　遊記類鸞書一覽表

編號	書名	降鸞神	扶鸞者	堂號	地點	扶鸞時間	出版時間
1	地獄遊記	濟公	楊贊儒	聖賢堂	台中市	一九七六、八、一六—一九七八、六、二六	一九七八
2	天堂遊記	濟公	楊贊儒	聖賢堂	台中市	一九七九、六、三—一九八〇、十一、三〇	一九八一
3	三曹成道捷徑史傳	哪吒	王子逸	武廟明正堂	台中市	一九七九、六、九—一九八〇、八、二五	一九八〇
4	靈珠子遊記	靈珠子（哪吒）	王子逸	武廟明正堂	台中市	一九八〇、八、二六—一九八一、二、一九	一九八一
5	陽間善惡遊記	濟公	王善生	靈隱慈善堂	高雄市	一九八一、一、八—一九八一、五、一九	一九八一
6	畜道輪廻記	濟公	楊贊儒	聖德堂	台中市	一九八一、三、一五—一九八二、三、三	一九八二
7	人間遊記	濟公	蔡溪南	聖賢堂	台中市	一九八一、八、一三—一九八二、十、二六	一九八三

8	因果遊記	濟公	王善生	靈隱慈善堂	高雄市	一九八一、九、三〇—一九八二、一、二八	一九八二
9	瑤池聖誌	哪吒	王子逸	武廟明正堂	台中市	一九八一、三、一九—一九八二、五、一五	一九八二
10	道濟遊記	濟公	梁玉柱	靈德堂	彰化縣員林鎮	一九八二、九、一七—一九八二、十、二八	一九八二
11	九陽關遊記	濟公	林重修	重生堂	台中市	一九八二、十、二七—一九八二、一二、九	一九八二
12	水晶宮遊記	哪吒	王奇謀	武廟明正堂	台中市	一九八二、八、二八—一九八三、四、三〇	一九八三
13	天佛院遊記	天然師尊	慈悟緣	天喚佛壇	台中縣大里鄉	一九八二—一九八三	一九八三
14	阿鼻地獄遊記	濟公	邱錦棠	聖天宮	台中市	一九八三、一二、一五—一九八四、四、一五	一九八四
15	極樂世界遊記	濟公	蔡溪南	聖天堂	台中市	一九八四、一、二五—一九八四、七、一五	一九八四
16	聖道遊記	濟公	楊贊儒	聖德堂	台中市	一九八二、四、一七—一九八四、一二、二二	一九八五

17	原靈園遊記	濟公	羅飛鸞	重生堂	台中市	一九八四、十、二八—一九八四、一一、五	一九八五
18	正道與玄奇	關帝等	張乃文	三侯宮	台中縣烏日鄉	一九八五、四、二三—一九八五、七、二〇	一九八五
19	蓮花佛國遊記	濟公	羅飛鸞	重生堂	台中市	一九八五、十、二七—一九八五、一一、五	一九八六

由上表可以看出遊記類鸞書是近十年才流行起來，最早扶鸞時間是在一九七六年八月十六日，而且大部分遊記類鸞書集中在中部地區，尤其以台中市最盛，這是台灣當今鸞堂與鸞書新的發展趨勢。

台灣鸞書大約分成南北兩大系統，即南宗與北宗，南宗最早的鸞書始於光緒十七年（一八九一）澎湖馬公一新社樂善堂，後在澎湖一地極爲興盛，鸞堂近四十所，鸞書多達百部，日據時代傳入台南、高雄一帶，鸞書的內容以講因果，說報應爲主，多演說故事來宣講勸善，故事題材偏重在厲鬼討冤、造孽亡家、昧心惡報、善人獲福等社會倫理教化。北宗最早鸞書始於光緒二二年（一八九六）宜蘭碧霞宮的「治世金針」與喚醒宮的「濟世慈航」，後在北部地區展開，在清代統治時，已有鸞堂四十餘所，鸞書六十多部，日據時代則以新竹一帶最盛，著書最多，日據時代中晚期傳入彰化、雲林、南投等地。鸞書的內容偏重在論說社會秩序與人際倫理的道德文章，比如勸父子有親、勸行仁義、勸朋友有義、戒色、戒貪等（鄭志明，一九八四：九九—一〇三)。台灣光復後，鸞書的著作與刋行更趨蓬勃。但是須劃分成兩個時期，以民國六十年(一九七一)爲一分界點，初期仍保留早期鸞堂與鸞書的特色，其他新興宗教的鸞書不多見，數量甚少，僅有屬於「道院」系統正宗書畫社的「五公明心見性寶經」、「濟佛說泗州大菩薩四字禪經」，慈惠堂是台灣新誕生的教派，其鸞書與傳統鸞書相近，其書有「瑤池金母普救坤道血盆眞經」、「萬庭眞經」、「眞宗寶鑑」等，一貫道也扶鸞著書，多假托民間鸞堂，教派立場隱晦不明。民國六十年以後民國新興宗教如雨後春筍快速發展，傳統的鸞堂走向組織化與系統化，串聯成教團組織，形成一種半制度化的宗教，由大陸新傳入的教團及台灣新成立的教派，也紛紛在全台各地建立據點，成立分堂分院或佈教所，開始扶鸞著書，使鸞書呈現多樣性，而且鸞書的型態與分佈地區與早期大不相同。

根據林永根的「台灣各地鸞堂著作善書名鑑」(一九八二)將前後期的鸞書列統計表加以說明：

表二　光復後台灣區鸞堂鸞書統計表

縣市　鸞堂　鸞書	一九四五—一九七一		一九七一—一九八二		總計	
	鸞堂	鸞書	鸞堂	鸞書	鸞堂	鸞書
基隆市	一〇	四三	一	二	一〇	四五

台北市	二〇	四九	一	一	二一	五〇
台北縣	五	五	四	九	八	一四
桃園縣	二	四	〇	〇	二	四
新竹縣	一	二	〇	〇	一	二
苗栗縣	一	一	三	三	三	四
台中縣	〇	〇	二	三	二	三
台中市	一	一	一〇	五九	一一	六〇
南投縣	六	一〇	二	二	八	一二
彰化縣	二	二	四	一二	六	一四
雲林縣	一〇	一三	六	六	一二	一九
嘉義縣	一	一	二	二	三	三
台南縣	四	一〇	〇	〇	四	一〇
台南市	三	六	二	三	五	九
高雄縣	一七	一九	八	九	二三	二八
高雄市	二六	三七	一四	三一	三四	六八
屏東縣	一〇	二三	八	一四	一五	三七
台東縣	一	二	〇	〇	一	二
花蓮縣	二	四	〇	〇	二	四

宜蘭縣	一	一	三	三	四	四
澎湖縣	二八	六一	一四	二一	三八	八二
總計	一五一	二九四	八四	一八〇	二一三	三七四

台灣光復後初期，鸞堂分佈與扶鸞著書仍承繼日據時代，其他新興宗教的鸞堂與鸞書甚少，多集中在台北市。由表二可以看出鸞堂南北二宗的消長，北宗以基隆、台北爲中心，擴及南投、雲林。但基隆、台北兩地自一九七一年以後幾乎已經沒落，如基隆市雖有十個鸞堂，到了一九六〇年就僅有醒修宮長期扶鸞，著有「醒修寶籙」、「瑤池寶鈔」、「南宮孚佑帝君正氣經」、「蓮宗靈應集」、「三聖應化靈驗篇」、「文昌帝君宣講集」、「東華帝君修道妙經」、「呂祖感應頌」、「瑤池金母洪慈普度教刼經」、「三教箴言」、「普渡慈航」、「濟世寶箴」、「聖佛仙神祝文」等書，鼎盛一時，可以說是當時北宗的領導核心，但自一九七一年後就不再扶鸞著書了。台北鸞堂著書集中在一九五〇年代至誠堂、愼修堂、拱南堂、醒心堂等處，六〇年代則是新興宗教慈惠堂、道院、正宗書畫社等較多扶鸞著書，七〇年代新興宗教扶鸞著書的活動也移到中南部。北宗是在日據時代中晚期傳入中部地區，以雲林、南投兩地較爲興盛，七〇年代則北移至台中、彰化，尤以台中市爲中心，聖賢堂、武廟明正堂、聖德堂、重生堂、聖天堂等長期扶鸞著書，一時蔚成風氣，成爲北宗鸞堂新的集中地。

南宗變遷不大，其發源地澎湖，仍是扶鸞著書最多的地方，澎湖縣、高雄縣、高雄市三個地區，鸞堂大多是同一個系統，其名稱都有一個「善」字，卽某某社某善堂，還保存了早期宣講勸善的民間教化意義，寓教育於宗教勸化活動中。澎湖是以金龍殿福善堂、海靈殿兼善堂、宣講社從善堂、登岸社禮善堂、至善社友愛堂、安吉社新善堂、道德社和善堂等長期扶鸞，是鸞書重要的刊行所，其中以金龍殿福善堂鸞書最多。高雄縣與高雄市的鸞堂有組織化的傾向，如高雄縣鳳山市協善堂、龍成堂、啓成堂、心吉堂、心德堂、至誠堂等六堂聯合扶鸞著書，高雄市朝陽寺、率性堂、協善堂、至誠堂等四堂聯合，明性堂、至炎堂、至德堂等三堂聯合。澎湖因離島的關係，又本身鸞堂自成系統，較無新興宗教的色彩，但其扶鸞著書到了近代已大不如前，老成凋謝，有逐漸萎縮的現象。而高雄縣市則不同，原本鸞堂與新興宗教結合，形成了新的教團，這種現象擴及到屏東縣，使得這三個地區成爲台灣宗教的聖地。新形態的鸞堂大致上形成於六〇年代初期，以屏東縣林邊鄉同心社靈善堂、高雄市光明社中庸堂、高雄縣協善堂聯堂較爲興盛。到了七〇年代高雄市的文化院、慈善社明善堂、靈隱慈善堂等教團的組織相當完備，各地分堂爲數不少，這種風氣到了七〇年晚期擴張到台南縣市，以無極混元玄樞院最著，或稱「大道院」系統，其鸞堂必加上「無極混元」四個字，又自稱爲「無極聖教」。屬於新興宗教如一貫道等教團的鸞堂也不少，但不熱衷扶鸞著書，有高雄市修身社養性堂的「白陽天柱」，高雄市聚星宮護法堂的「群仙嘉言錄」，屏東縣林園鄉慈性佛堂的「醒化金章」，台南市慈惠堂的「大明寶章」等書。

瞿海源認爲新興宗教第一個特性是具有全區域性與都市性，即新興宗教是擴散性的宗教，在分佈狀況方面基本上都不是地方性的，幾乎是全台各地都有，其間在各都市地區更爲興盛。每個私人神壇看起來都是地方性的，但就廣佈各地的現象而論，似乎也不能視各神壇爲獨立現象（瞿海源，一九八六d）。鸞堂雖然是地方性的獨立單位，但就鸞堂的儀式與鸞書的內容而言，都有一個共通的系統，近年來鸞堂也採用聯堂的方式，成爲全區域的宗教，最有績效的是高雄市慈善堂與南北百多所鸞堂互通鸞音，一九八四年更名爲「無極明善天道院」，成立「中華三教聯盟堂」，共有四十二堂參加，每半年扶鸞「儒宗寶典」，集聯各堂扶鸞文字，刊印發行。其聯盟的目的，儒宗寶典第四卷之二〇四頁云：「一則親善觀摩，二則聯盟宣化，期使中華道統宏揚於世，並達到救國救民之目的。」聯堂南北都有：台北的明光堂、修眞堂，板橋的明耀堂，龍井的明聖堂，烏日的慈惠堂，潭子的三天宮、玄修宮，台中的靜修堂、明恭堂，彰化的福興宮、古靈宮、明輝堂，員林的南壇宮、慈法堂、明修堂、明理堂、廣寧宮，豐原的明德堂，嘉義的鎭天宮，大林的妙修堂，斗南的關天宮、感聖堂、天聖宮，鳳山的挽善堂、協善堂，北斗的慈道宮，埔里的鎭安堂，溪口的開元殿、明惠堂，日祥的慈惠堂，茄萣的明悟堂，秀水的明靜堂，和美的聖安堂、朝和堂、廣興宮，梅山的明善堂，伸港的紫天府，高雄的振天壇、英慈宮、至揚宮、龍鳳殿等，可以說已具有相當的普遍性。台灣新興宗教除了勢力較小的夏教、弘化院尙停留在台北地區外，其他如一貫通，慈惠堂、軒轅教、理教、天德教、天帝教等教堂幾乎散佈全省各地，又以慈惠堂最爲顯著，其各地分堂近四百處。至於新興宗教的都市性由表二可以找出線索，台灣光復後，出版鸞書的鸞堂，大多集中在基隆、台北、台中、高雄等大都會，尤其是南部各主要城鎭，扶鸞著書的活動一直是相當活躍，未曾衰退，但是基隆市、台北市由早期九十一本鸞書下降到三本鸞著書的宗教活動幾乎停頓，而台中市則由早期一本鸞書增至五十九本鸞書，這種消長的變化，與大都會的社會變遷及文化背景有密切的關係。扶鸞原本是一種神媒的儀式，轉變爲傳達神意輔助教化，則由宗教的生存功能移爲認知功能與整合功能，脫離純粹生態環境的功利需求，轉向爲鸞堂內部信徒間的組織性維護，靠著鸞書導引信徒對宗教產生認同感。而鸞書的著作來自於宗教精英分子的創造，在清代是士子的結合，日據時代則靠鸞堂來推廣漢學，成爲鄉間知識分子集中地，台灣光復後新的教育制度，取代原有的社會教育，又加上老成凋零，扶鸞著書就更加不易。台北地區扶鸞著書的衰退，則由於文化的普及，講經的活動日愈興盛，不必再借用扶鸞的儀式來宣揚教義。

早期鸞堂扶鸞的主要功能不在著書，而是扮演著神媒的角色，爲信徒治療疾病、解決疑難、卜問吉凶、求財尋物等，其主要功能在滿足個人的心理與物質的需求，扶鸞著書則是附帶的宗教活動，提升信徒的宗教情操與信仰境界，層次較高，其對象是鸞堂的基本信徒，卽鸞下生。因此，由表二可以看出鸞堂的鸞書種類不多，大部分鸞堂只出版了一部或兩部鸞書。但是到了晚期出現了專業扶鸞善書的鸞堂，訓練乩手人才，專門傳眞入神，宣化道義，闡教勸世，有了普度衆生的宗教使命。台中市鸞書的興盛，卽是由專業化的鸞堂所帶動而起。專業化鸞堂有其明顯的教派意識，靠扶鸞來宣導教義，使鸞書的形式與內容呈現豐富性與多樣性，爲了推陳出新，遊記類鸞書因此誕生，但是形式上承襲了早期寶卷，最主要是受到民國初年雲南鸞堂所扶鸞「洞冥寶記」與「蟠桃宴記」等書的影響。

表一十九本鸞書分屬於九個鸞堂，除第一三本是一貫道所扶鸞的，其他都是以鸞書的著作或出版爲主要宗教活動的專業化鸞堂。其主持人皆是宗教的精英分子，頗能利用其扶鸞善

書，靈活運用其傳教策略，透過各種可資利用的管道有效地傳佈其宗教，傳播的速度相當的快速，對民間信仰影響甚大。茲將鸞堂列表整理於後：

表三　鸞堂一覽表

堂號	主持	住址	主神	正鸞	建堂日期
聖賢堂	邱垂港	台中市北區邱厝南巷六十號之一	關聖帝君	楊贊儒、蔡溪南	一九七一
武廟明正堂	王翼漢	台中市北屯區天祥街一二九號	無極老母	王奇謀（子逸）	一九七六
靈隱慈善堂	靜慧法師	高雄市苓雅區河南路四一巷五號	王母娘娘	王老得（善生）	一九七八
聖德堂	楊贊儒	台中市北屯區青島路四段三九號	瑤池金母	楊贊儒	一九八二
靈德堂	游西泉	彰化縣員林鎮永和街三九號	王母娘娘	梁玉柱	一九八〇
重生堂	林重修	台中市北區陝西路八一號	瑤池金母	林重修、羅飛鸞	一九八一
聖天堂	蔡溪南	台中市成都路一九〇號	瑤池金母	蔡溪南、邱錦榮	一九八三

三侯宮	張乃文	台中縣烏日鄉九德村自強街四二號	準提佛母	張乃文、張美華	一九八三
天喚佛堂	童福全	台中縣大里鄉立德東街二二巷七號	明明上帝	慈悟緣	一九七五

由表三祭祀主神分析，無極老母、王母娘娘與瑤池金母三者異名而同實（鄭志明，一九八四：六三－九〇），與一貫道的明明上帝同屬於明代的無生老母信仰（鄭志明，一九八五：一九七－二三七），而聖賢堂的關聖帝君信仰，也與無生老母信仰合流，是台灣儒宗教的共同發展（鄭志明，一九八四：一〇六－一一四），三侯宮的「準提佛母」是民間新興的神祇，該堂認爲準提佛母（又簡稱佛母）證道成佛約二萬五千年（約三陽期之青陽末期），與南無燃燈古佛，同皈依三清道祖門下同修天道，是目前延續法命除災收圓的至上神，可見佛母信仰其主要宗教思想，仍由無生老母分化而來。台灣目前雖然新興宗教派系分立，但考量其教義的基本形態與宣教的宗旨則大同小異，而且逐漸有一致性的趨勢。

第三節　悸動性與靈驗性

宗教的基本形態建立在神人相互的交感原則，透過儀式整合人類的生存意義，現代新功能學派人類學家 Spiro Melford 認爲宗教儀式有三個功能：㈠生存的功能（adaptive function)，㈡適應的功能（adjustive function），㈢整合的功能（integrative function）（一九六四）。台灣新興宗教蛻變於中國民間通俗信仰，受到儒釋道三教的文化導引，雖然偏重在人神交感的薩滿信仰（Shamanism）和靈媒（Spirit medium）活動，但就整體社會文化發展而言，其神人交感的模式具有一套完整的神聖儀式的宗教功能，是新興宗教形成其教義體系的主要來源。台灣童乩的通靈活動，頗受中外學者的注意與研究（謝世忠，一九八六，五一二），較偏重在神靈附身的童乩作法的觀察與分析，然而新興宗教的神人溝通儀式，偏重在文字宣化的扶箕活動，一般稱爲文乩，以別於舌語（glossolalia）的童乩（又稱爲武乩），扶鸞文字表達，層次較高，較能與傳統中國文化結合，使純民俗的宗教儀式蘊含中國文化的價值觀，透過通俗的宗教儀式，將文化作緊密的整合與連結，頗具有傳播的普遍性與發展性。

新興宗教偏重在傳統文化與民俗信仰的結合，具有整合羣體，鞏固生活規範的整體社會功能，但是其基源的動力仍來自於宗教的生存功能，過於依賴神力以安頓生活，因此重視靈媒的神通性與靈驗性。瞿海源認爲新興宗教第二個特性是悸動性，第三個特性是靈驗性，著重在獲得特殊心理產生令人悸動的宗教經驗，以及伴隨著悸動性宗教經驗而來的神通與靈驗，扶鸞著書是一種團體性的儀式活動，以傳達神諭的靈媒爲核心，組合信徒共同參予神聖降壇因緣說法的神秘宗教體驗，在莊嚴隆重的儀式氣氛，感染著神靈附體的悸動情緒。扶鸞著作是常期性的法會，或間隔一天、二天、三天、五天、七天……不等，端視鸞堂活動力的大小而有不同，且是整體動員；鸞堂的基本信徒，必須宣誓入鸞，稱爲鸞下生或鸞生，遇扶鸞闡教時，必須來堂侯教，各有司職，並須靜神聽訓，職責區分爲正鸞生、監鸞生、唱鸞生、校正生、記錄生、宣講生、外務生、文房生、司禮生、奉香生、布置生、敬茶生、獻果生、誦經生與迎送生等，協助靈媒以完成神人交感的宗教儀式。整個過程受到傳統祭典儀式的影響，有回歸本位的宗教傾向，藉與聖神溝通的莊嚴儀式中，達到對神靈的皈依，以此宗教經驗來提昇個人的生活行爲，經由回歸中國傳統倫理與社會價值觀的趨向，來調適社會文明的變遷（李亦園，一九八三b：一九－二四）。但是這種儀式雖然是集體參予，眞正與神聖溝通者只有正鸞一人，其他鸞生是在儀式的過程中感覺到神明的降臨，產生了悸動的情緒，而獲得特殊的心理經驗，以致有強烈的宗教感應。

正鸞卽是通靈者，是新興宗教的信仰核心，唯有他才能與聖神直接溝通，傳達神意代天宣化。這種具有神通的人，必須透過煅乩的訓練過程，在某一聖神的教化下，成其弟子，經由該神明的引導，才能上天下地，透露上天的旨意與信息。據表一可知，一般正鸞的導師有二：一爲濟公活佛，一爲哪吒太子。二者皆是民間傳說中靈異神祇，是目前民間通靈者主要教導師，與通靈者師徒相稱。通靈者又稱精神靈媒（mental medium），可以直接透過其教導師的協助，與神靈交通，宣示神意，與精神恍惚神靈附體的童乩作法，在本質上不太相同，林永根解釋精神靈媒，是人與靈經由培育所產生的親和力，親和力者是異性相吸的電力作用，則扶鸞卽靈神界對人間的傳播，神力經由靈媒的傳力感應而成（一九八二：七－八）。通靈者（正鸞）本身是沒有神力，他只是神人之間的媒介，是其教導師的使者。經由手執鸞筆沙盤現字，來代天傳道說法。沙盤現字的扶箕行爲，大多已改良爲凌空揮寫，如遊記類鸞書直接由其通靈者透過鸞筆卽可與教導師相互對答，烏日三候宮的通靈者圓願與圓念，自稱由其教導師賜其慧眼與神耳，不必再藉助鸞筆，經由靜坐唸佛所凝聚的道心、元神，與仙佛融合與神靈交接（正道與玄奇：五）。天帝教以心物一元二用的理論，也不用沙盤寫字，而是在打座時直接與神祇交談，或者借教壇上「光壁」所顯現的字形溝通。所謂「光壁」，就是供桌後一塊黃布幔，通靈的人可以在這塊布幔上看到字（乾利貞，一九八二：六五）。以通靈者爲核心的宗教儀式，是以超自然的感應及其靈驗的事實，來增加信徒的集體宗教情緒與強化意識整合作用，大致上仍是薩滿信仰，但是去除了躍動、狂歡與激動的神靈附身方式，改採理性與和諧的態度，經過通靈的神異法術，作爲某個特定神祇使者，也是代天宣化的祭儀執行者。Ralph Piddington 對非洲居民的宗教觀察，有類似新興宗教以通靈者爲祭儀執行者的現象：「薩滿和祭司廣義的區別是：薩滿的活動和私人或個別的巫術有關，如疾病的診斷與醫治、驅鬼、祈福等。祭司，通常僅限於指代表社會大衆執行公共典禮的人，但是在某些文化中，例如非洲，我們發現同一個人却具有上述的兩種功能。」（一九五〇：三六五）民間新興宗教建立在通靈者的祭司作用，作爲該信仰的領導核心。正反映出傳統宗教有薩滿與祭司合一的趨勢。

說明：

通靈者如何以一凡夫身，在其教導神的領導下上天下地，進入靈異的世界，其方式列表

表四　通靈出遊方式一覽表

書名	交通工具	助力	動作	方式	目的地
地獄遊記	蓮花台	浸清心池	閉目	魂魄出遊	地獄
天堂遊記	蓮花台	飲一瓶天水	睜眼	魂魄出遊	天堂
三曹成道捷徑史傳	伏在師背	飲聚靈符	套住乾坤圈	電波感應	天地人三曹
靈珠子遊記	風火輪	飲通靈符	睜眼	電波感應	人間
陽間善惡遊記	白蓮花台	服護心丸	閉目	魂魄出遊	人間
人間遊記	蓮花台	服定神丸 浸清心池	閉目	魂魄出遊	人間
道濟遊記	芭蕉扇 五彩雲端	清靜靈台 咒唵嘛呢叭嘛吽	閉目	魂魄出遊	人間、冥間、天醫府
九陽關遊記	大鵬鳥	地獄府明珠	閉目	魂魄出遊	九陽關
天佛院遊記	蓮花台	心眼	閉目	魂魄出遊	天佛堂
水晶宮遊記	風火輪	飲靈符、龜息之法	睜目	靈神出遊	水晶宮
阿鼻地獄遊記	蓮花台	服定心丸、 浸清心池	閉目	魂魄出遊	地獄
正道與玄奇	現代交通工具	慧眼、神耳	神人交感	眞人出遊	世間

由表四可以看出民間宗教的另一個發展趨勢，卽傳統民間神異傳說的大集合，亦卽通俗文化的重新整理與會通。尤其是文人荒誕無稽的神怪小說，原只是民間的消遣文化，却轉而變成新興宗教多采而又豐富的神話內容。神話與譬喻和虛構小說不同，是當初傳誦神話的人們，以爲神話是眞實的，而目前由於神怪小說的大衆化與普遍化，也產生了眞實感的共識，加以認同而成爲神話了。台灣新興宗教大多偏向於信徒生態環境與認知程度的整合，完全以信徒的文化背景爲取向核心。遊記類鸞書卽是這種意識心態的產物，其內容反映出鄉民宗教信仰的觀念，比如鄉民對神祇的要求，靈異性比眞實性重要，許多虛構小說的人物，由於其靈異的神能，而享受了民間的祭物與香火。舉個例子說明，孫悟空原是西遊記虛構的人物，民間傳說認爲他目前鎭守南天門，許多遊天堂的鸞書都承續了這種說法，天堂遊記的鸞生曾有質疑，却被如此的解說給合理化：三藏法師旁邊跟著被收伏的孫悟空，原來是一隻山中猿猴。一個修道者要往西方路程，一個佛心，一定隨著跳躍的猴（凡）心，是需要經過種種魔難、錢財、美色的考磨，若能將此心猿意馬制住，收其放心。這隻跳躍「心猿」最難克服，一旦悟色卽空，空卽色，則西方路程十萬八千里，剎那就在眼前。所以孫悟空隨著聖僧唐三藏，是言之有物，見之無形的，世人切勿輕視之（天堂遊記：一二一一三）。新興宗教卽以新的詮釋方式，重整舊有的神話，建立新的神話，作爲宣教的內容，是奠基於民間通俗文化。

新興宗教除了吸收了民間神話傳說外，也是民間神秘學說的大會合，基源於民衆對神異靈驗事蹟的依賴，凡是具有效能的神秘思想與學說，都統統被吸融進去，使新興宗教像個大雜燴，近年來三教合一、五教合一、萬教歸宗等形態的教派都是這種心態的反應，混合了傳統精靈崇拜的巫術信仰、儒釋道的三教思想以及各宗教的經典禮儀神話傳說（鄭志明，一九八四）。表三通靈者出遊的方式，大略有三種：魂魄出遊、電波感應與眞人出遊，後者是改良的方式，以人就地，實地與神靈溝通，前二者則是一種神秘的交感現象，是民間傳說中神人溝通的方式，亦稱靈魂出竅，通靈者的魂魄被教導神帶往到另一個世界，有了新的體驗，傳回到鸞堂，經由鸞筆宣示出來。但是此時通靈者的魂魄已出遊了，誰在扶鸞呢？水晶宮遊記補充說明，當其靈神出遊時，由鎭堂仙師暫入其身軀，接受通靈者所傳回來的電波，原靈園遊記則認爲是附身的仙師以法眼觀，以天耳眼，書寫在沙盤上。三曹成道捷徑史傳解說的更具現代化，認爲扶箕是採用科學化的電波方式，當通靈人靜心入定，就可產生神人合一的電波，能雲遊四海，將遠在十三天之天外在的事情，盡收眼底。通靈者的魂魄是沒有神力的，必須有交通工具，大多是乘用其仙師的蓮花台或風火輪，九陽關遊記則出現了大鵬鳥，是鴻鈞始祖的愛鳥，到了原靈園遊記，通靈者是乘坐自己多年修持的蓮花台。顯示出新興宗教已逐漸有神化的趨勢，認爲通靈者經過修持也有神能，而又認爲其鸞堂受到天兵天將的護持。過分強調神蹟與神力的宗教行爲，雖能導引出信徒悸動性的宗教情緒，也可能造成過度的反應，降低了社會的人文精神，使人間成爲神界的延續，人的地位附屬於神，一切都仰賴神的旨意爲旨意，人的意義就完全喪失了，只剩下宗教的狂熱罷了。

台灣這幾年來新興宗教的大力傳播，超越形體有限存在社神通與妙態，成爲吸引社會大衆皈依的主要原因，其信徒皈依後不斷地修持，其目的有二，獲得神通，能未卜先知，排解存在的困頓，另一是獲得永生，即千年福信仰（Millenrianism）。通靈仍不能滿足人類對超越生存的渴望，還是有限。欲突破時間與空間的限制，通靈仍必須有外在助力，才能獲得其渴望的神通，表四列出了許多獲得神通的助力，大類可分成服食丹藥、飲靈符、持咒、浸清心池與修練龜息之法等，這些都是傳統的神秘法術，對鄉民依舊有相當的吸引力。法術實際上是經由交感原則而來的「交感巫術」（sympathetic magic），必須透過特殊的訓練及機遇緣分，非一般信徒所能達到的境界，目前只有經由仙師調教的通靈者才有機會運用法術，一般信徒僅經由通靈者的扶鸞儀式感覺到聖神的降臨，及其所帶來的神通與靈驗，產生悸動性的宗教經驗。新興宗教欲增強信徒這種悸動性的宗教經驗，以來世的極樂永生，誘導信徒熱衷儀式的參予與個人的持修，認爲今生塵世積善立功可以逃避十殿閻羅十八地獄的來世苦刑，而進入永世安樂的世界，在至上神的照顧下躲過末刼的災難。

第四節　入世性與功利性

千年福信仰是對來世的嚮往，但是民間新興宗教與「天國復臨」的教派有所不同，不在毁去原有存在的網絡，重新建立新的世界（李亦園，一九八三b：二二），而是在原有的社會網絡中，以獲得進入新世界所需要的憑證；就其信仰形態而言是入世的且具功利性，可以說入世是爲了出世，但是入世是其獲得出世的唯一手段，基於功利的考慮，加強入世的虔誠與完善，以獲得出世的好處與福分。

遊記類鸞在書前有懿旨或玉詔（大多二者皆有），懿旨是老母宣達的命令，玉詔是玉帝所頒下的聖旨，在內容上大同小異，可以就此分析新興宗教千年福信仰的基本形態：㈠至少神以蒼生爲念，㈡社會秩序的敗壞，㈢世界末日的來臨，㈣派遣使者開堂闡教，㈤洩露天上眞機，㈥勸化求道修眞，㈦引導歸返樂園，㈧奉旨撰寫鸞書，㈨書成論功昇賞，㈩表揚鸞生努力成果，(十一)要求鸞生來堂效勞等內容，反映出遊記類鸞書是「虔信宗教」（pietism）的宗教書籍，與一般通俗信仰不同，是由於社會危機造成對人生精神與意義的重新反省與追尋，企圖藉著與神明溝通的神聖儀式與法術幻覺來謀求物質與精神生活的進一步滿足，實際上是功利主義的作祟，迫使人類注意個人的入世行爲。如這一類鸞書另附有助印該書的功德回向，凡是求壽、求功名、却纏病、消寃孽、修功德、化罪愆、爲祖先超拔、求冥福者，要先懺悔心，然後在神前焚香稟告印贈此書廻向，就自然會得到靈驗。

表五　鸞書懿旨與玉詔內容分析表

內容分析＼出現次數	懿旨(九)		玉詔(十六)	
	次數	百分比	次數	百分比
㈠至上神以蒼生爲念	九	一〇〇	一六	一〇〇
㈡社會秩序的敗壞	九	一〇〇	一六	一〇〇

(三)世界刼數的來臨	二	二二・二	六	三七・五
(四)派遣使者開堂闡教	九	一〇〇	一六	一〇〇
(五)洩露天上眞機	九	一〇〇	一六	一〇〇
(六)勸化求道修眞	九	一〇〇	一六	一〇〇
(七)引導歸返樂園	八	八八・九	七	四三・八
(八)奉旨撰寫鸞書	九	一〇〇	一六	一〇〇
(九)書成論功昇賞	九	一〇〇	一六	一〇〇
(十)表揚鸞生努力成果	七	七七・八	一二	七五
(十一)要求鸞生來堂效勞	七	七七・八	一〇	五五・六

十九本鸞書中，除了「正道與玄奇」沒有懿旨或玉詔外，共有十六篇玉詔與九篇懿旨，其文字不多，最多才三、四百字，少者僅一百多字，據表五可知，其寫作的內容有一定的格式，一篇完整的玉詔與懿旨基本上必須包含了這十一項，但是由於行文的關係也有所簡略，大多以第一、二、四、五、六、八、九等項爲根本要件。其主題擺在第二項「社會秩序的敗壞」上，其描述文字最多，而第一、四、五、六、八等項，則企圖以超自然力的神靈來挽救人間的危機，藉宗教信仰與儀式控制維護社羣體制的和諧，以個人的求道修眞來抗拒暴戾、貪婪、荒淫的社會風氣，重新架構人際間的倫常結構與社會制度。第九、十、十一等項則是以因果報應來加強個人的求道修眞的意志與信心，基本上是功利形態，却比純理性的道德境界更爲廣大的民衆所接受，亦卽功利式的善惡果報觀念能積極有效地引導民衆建立因應實際生活的處世態度。第三、七兩項雖是新興宗教的核心理論，以刼運的來臨與樂園解脫的末世觀，化除現實社會所產生的困惑、憂慮與挫折，根據統計數字顯示，可以不必一再地強調。

強調社會秩序的敗壞，建立救世主普度衆生的思想，西方稱爲「千年福思想」（Millenarianism），原爲基督教末世論（eschatology）的一種，而在歐洲造成民衆熱烈的宗教救世運動，英國人Norman Chon對基督教信仰圈的千年福運動中的救世觀，建立一套詮釋體系（一九七〇），被學者用來詮釋世界各國類似的宗教運動。日本學界譯爲「千年王國信仰」用來研究中國民衆的宗教運動，較著名的作品有鈴木中正編「千年王國的民衆運動の研究—中國、東南アジアにわける」（一九八二），尚有其他學者如野口鐵郎（一九八〇），鈴木中正（一九七六）、三石善吉（一九七八，一九七九）等人的研究。但是，台灣新興宗教的發展趨勢，與中國早期民衆宗教運動，有很明顯的差異，未強烈地渴望救世主的出現，而積極從事現世社會的救濟，以恢復傳統的教化體制，來挽救現世文明的危機。對於社會秩序的敗壞也著重在個人倫常道德的觀察，其共同的表達方式如下：朕居尊而鑒卑，無時不以蒼生是念！怎奈原靈愚昧，不行正道，偏趨邪徑，受聲色犬馬之迷，爲非作惡，致本性之善不彰，貪欲之念常萌，妄求目的，不擇手段。造成烏煙瘴氣，佈滿人間，禍及善良人民，俱受災殃，到處可見迷途羔羊，徘徊於懸崖邊緣，此皆人心不古，棄道標於不顧，不畏天敬神，不信因果循環，善惡之報應（靈珠子遊記：三）。或者用現代的語言來描述：朕居靈霄，心懷世道。查末世以來，科技發達，物慾橫流，歐風美雨侵東土，致使淫風熾烈，殺、盜、淫、妄、酒，層出不窮，而普化之大任，唯有幾處作爲扭轉頹風之勢，致使善風不足，惡風有餘（極樂世界遊記：三）。由此可見，遊記類鸞書的扶鸞著作是對當代社會變遷的一種宗教儀式的回應，針對社會規範的廢弛與個人道德的淪喪，作積極的宗教改革，企圖由神明的力量，整合人際間的倫常關係，以克服現代化過程中的社會危機。這種將道德觀念引入宗教信仰裏，由來已久，如詩經大雅烝民篇曰：「天生烝民，有物有則。民之秉彝，好是懿德。」左傳昭公十一年曰：「天之假助不善，非祚之也。厚其凶惡而降之禍也。」天命思想在中國的教化制度下一直源遠流長，當今的新興宗教也承續了這種傳統，而有下列常有的表達方式：古今聖哲德配天地，道貫古今，測知天地鬼神之事，故代天傳道解惑，以解開人類生死之謎。宗教正是通往生來死去之門，故於物慾橫流之世，非藉宗教教育，無以淨化人類心靈，使其達到歸眞返樸，明善復初境界，而宗教理論，又因距教主去日遠，古有經典理論及詮釋，對現代注重實證人們，總覺空洞無可捉摸，故在物質充斥，精神空虛之世，人類精神無所皈依，奢侈犯罪行為自然急劇增加（天堂遊記：七）。新興宗教認定聖人是代天傳道，是將道德依附於宗教，這種神道設教的觀念，淡化了盼望救世主降臨的狂熱心態，其千年王國的運動偏向於回歸傳統本位的現世理想，由積極的入世復建舊有的社會網路，並在敬天畏神的功利心態下，結合了中國傳統倫理與當今社會規範，企圖培育出一般安定社會人心的宗教力量。

遊記類鸞書主要遊歷的地方大約分成地獄、人間、天上神界等三類，然而地獄、神界是人間社會的延續，行善則死後可以進入天上神界，作惡則死後下地獄受苦，以善惡果報將人類存在的空間立體化，並對生命的有限性作無限的開展，在某個程度上滿足了信徒企求長壽永生的心理願望，以及發揮了溝通社會和諧安樂的整合功能。宋光宇著「地獄遊記所顯示的當前社會問題」（一九八二）即注意到神明世界與民間呼吸相關的整體性，而其主體在於表達現世社會通俗化的倫理道德，致力於解決生活周遭的諸般困擾，以超時空的永生憧憬化除了生存的危機。地獄與人間類的遊記側重在消極性的道德禁制，以竊善銷惡的報應事蹟，限制了修道者的行為規範，在有所不為的約制下，降低了物慾橫流的人性衝突；亦即以福降禍散苦業離身的功利式解脫心態，作保守性的行為退縮，以調和生存所需的人際關係。天上神界類的遊記側重在積極性的人格啓發，在清靜性天人合一的涵養下，以身體力行來提昇自我的生命境界，但是不可避免的是道德自覺的主體精神，仍必須以天上福報的果位來加強求道的信心，以克服在現實環境壓迫下困惑、矛盾與衝突等心理問題。

地獄與人間類鸞書的內容，主要在宣傳勸化故事，以因果報應的必然性報導發生在陽間的眞實故事及其死後所得到的應有報應，以陰間的冥律來維護人間的秩序與正義。宋光宇將地獄遊記有關社會問題的勸化故事，分成家庭倫理、政治風氣、爲富不仁、詐欺行爲與經濟犯罪、淫佚之戒、不良行爲（偷竊、賭博、殉情、車禍、挑撥離間、口是心非、出口傷人、趨炎附熱……）、宗教問題等七項。另舉阿鼻地獄遊記、靈珠子遊記（畜道心聲）、畜道輪廻記、陽間善惡遊記、人間遊記等書，列出統計表，探討新興宗教其宗教思想與社會文化結合的發展趨勢：

表六　鸞書勸化事件統計表

社會問題 ＼ 統計數字 ＼ 鸞書	地獄遊記	阿鼻地獄遊記	靈珠子遊記
(一)家庭倫理	五	二	二
(二)政治風氣	三	一	一
(三)爲富不仁	二	〇	一
(四)詐欺行爲與經濟犯罪	九	〇	〇
(五)淫佚之戒	二六	五	五
(六)不良行爲	三〇	六	七
(七)宗教問題	六	〇	〇
總計	八一	一四	一六

畜道輪迴記	一	一	二	四	一七	一三	二	四〇
陽間善惡遊記	〇	〇	一	三	三	二	五	一四
人間遊記	二	〇	一	四	九	一〇	二	二八
總計	一二	六	七	二〇	六五	六八	一五	一九三

由表六統計數字得知，以第六項不良行爲最多，其次是淫佚行爲，佔全部事件三分之二多，可見新興宗教著重在以宗教力量化除暴戾、貪婪與荒淫的社會風氣。第六項不良行爲數量較多的原因，是包括了個人殘暴的惡劣行爲，其中以黑道分子與不良少年遭受報應的事件最多，其他有關賭博、偸竊、搬弄是非等個人行爲次數較少。「淫」是個人行爲中最受新興宗教排斥的，所謂「萬惡淫爲首」，淫是破壞社會倫常的生理衝動，是人性的共同弱點，當外在約制力量減退時，生理本能就自然加強，故民間有關戒淫的勸化書爲數不少，以「關聖帝君戒淫經」，流通數量最多，認爲「淫」是造成社會道德敗壞的主因，唯有克制「淫」的發作，才能使道德重新運作，以達到淨化人心，制裁社會的效力（鄭志明，一九八六a）。第一項有關家庭倫理的事件是早期鸞書的主要內容，但是其問題的根源仍是個人受教化的優劣，受道德涵養的影響，與第六類不良行爲有重疊的現象，故單純標擧不孝不悌的事件就減少了很多。

第四類詐欺行爲與經濟犯罪，是當今工商社會所造成的，干擾民間生活甚鉅，因此描述商人受惡報的事件也就增多，希望藉託地獄重罰，來嚇阻商業社會的惡習。第三類爲富不仁的事件減少，顯示今日社會結構的改變，貧富不均的社會問題已逐漸不受重視。第三類有關政治風氣的事件不多，對於官僚作風與司法公正的問題僅偶一提起。第七類的宗教問題，以「陽間善惡遊記」，描述最爲詳盡，由於台灣這幾年來宗教信仰相當興盛，難免良莠不齊，以致造成神棍惑衆與教團相互競爭等現象，新興宗教致力於宗教儀式的完美無缺，來自救救人。由以上的分析，新興宗教多是積極入世，以善惡果報的功利形態，針對各種有問題的社會行爲發揮勸戒與管束的力量。

天上神界類鸞書的內容，在於透露天界的眞機，以善人昇天逍遙實況，來鼓勵信徒誠行修道多行善事，求靈魂善終歸宿，得以安息永生。這一類鸞書有天堂遊記、瑤池聖誌、九陽關遊記、天佛院遊記、極樂世界遊記、原靈園遊記與蓮花佛國遊記等書。對於天上神界的描述，有「天界傳眞」與「天界透視」兩部鸞書，「天界傳眞」是台中聖賢堂扶鸞著作（一九七五），有系統地解說天界的組織狀況，是儒宗神教的集體創作。「天界透視」也是採用遊記類的方式，由正鸞縱遊天界，透露天界消息，是高雄市聚星宮護法堂扶鸞著作（一九八二），其教義近於一貫道，與天界傳眞一書出入甚大。「天界傳眞」將天成五天，中天是玉皇大帝所居，是宇宙行政中心；南天主司天上、人間的行政；西天是佛地，是如來佛所居；東天主司考核諸眞昇降；北天主司鎭壓寰儀消除刼厄等。東天有三宮十二府，又附有東厨宮、九天馬天君府、神農殿、東斗星君府、太陽宮等。南天分成八部、六府，普度府下設振文院、鸞務院；西天有二所三院，即皈依所、監修所、修道院、證道院、天道院等；北天則五宮一府；中天爲靈霄寶殿，另有無極天，包括玉虛宮、太清宮、上清宮、五老宮、至聖宮文華宮、無極逍遙宮等。「天界透視」則將天分成三天，即無極理天、太極氣天與皇極象天，無極理天即是西方極樂世界：爲佛聖及大羅金仙所居，太極氣天則是中天，爲玉皇大帝所統轄，皇極象天即有形世界，亦稱地球天。由於每一個教派都有其自己的宇宙論，天上神界的遊記，在內容上有許多差異，「天堂遊記」是聖賢堂所扶鸞，最接近「天界傳眞」一書，「瑤池聖誌」則描述「天界傳眞」中的無極天，而其無極天在內容上近於「天界透視」中的無極理天。「極樂世界遊記」描述「天界傳眞」的西天，而較少「天界透視」的無極理天的成分。「天佛院遊記」是一貫道所扶鸞，最接近「天界透視」，但是創立了許多新名詞，如收圓籌備處、亡魂稽查總署、得道候息室、九九紫陽關、八卦功果院等。「九陽關遊記」、「原靈院遊記」、「蓮花佛國遊記」皆是台中重生堂所扶鸞，其天界的基本架構受「天界傳眞」一書的影響，內容上偏重於原靈的證悟與持修，與「天佛院遊記」相似。

這一類鸞書也有極濃厚的功利色彩，以未來的福報來支撐現世的修行，以「九陽關遊記」一書爲例，來探討新興宗教以修道爲憑藉的千年福信仰形態。鈴木中正認爲中國宗教信仰可以區分下列三種理念型（一九八二：一五五）：

1. 咒術的信仰	→	Thaumaturgical
2. 安心立命信仰	神秘主義的 →	Conversionist
	救濟信仰的 →	Introversionist
		Manipulationist

3.千年王國信仰——→Revolutionist （Millenarism）

在中國宗教世俗化的發展下，以上三個理念型不是很明顯，往往相互結合，各有偏重地展開，形成了錯綜複雜的信仰形態。千年福信仰雖然是各個教團的主要信仰結構，卻也滲雜了其他信仰因素，例如：

台灣新興宗教其信仰理念幾乎是雜揉的，千年王國信仰經由安心立命型信仰或咒術信仰以完成。九陽關遊記指出：一個修行者的後天習氣若未完全消除，是不能直接進入天堂，必須到九陽關接受磨練，直到功德圓滿，才能登上夢寐以求的理想樂園。九陽關第一關磨眞關，修道人唯我獨尊目空一切者入此關；第二關化氣關，未能改變後天剛愎之修道者入此關；第三關寒池關，未有平等心之修道者入此關；第四關暑池關，尚有業障之修道者入此關；第五關了凡關，塵緣難脫之修道者入此關；第六關固容關，貪愛虛榮之修道者入此關；第七關誠敬關，善談玄論虛之修道者入此關；第八關練性關，妄言效證之修道者入此關；第九關成聖關，禮儀不威嚴之修道者入此關。由九陽關的內容得知，是以人道連接天道，個人的修道若不能純然成聖，是不能進入理想樂園。爲了達到至福的境界，是必須眞正安心立命，開拓內在人格的無限超拔，受到傳統儒家教化的影響，但是本質上仍是宗教性的立命思想，而非道德性的立命思想。

第五節　復振性與再創性

由上一節可知新興宗教入世性很強，協助民衆適應社會變遷，有相當濃厚的復古色彩，作爲袪除現代社會缺失之憑藉，然而在西方文明的強烈衝擊與社會的急遽變遷下，企圖回到傳統形態的文化復振趨勢，本質上是屬於「由立而破而再立」（葉啓政，一九八四：一七七——一九七）的再創性。是以社會既存的不同宗教或文化理念，在外來文明與傳統社會交互影響下，予以創新改革或重組，在量上，存有許多程度不同的文化適應，而在質上，也產生了與現代文明息息相關的文化蛻化。李國祁曾以宗教信仰的變遷，探討十九世紀五、六十年代以後台灣社會的轉型，認爲當中國在外力的衝擊而產生近代化作用時，台灣的社會與文化則產生對中國本土文化強大的向心力（一九七八：一三一——一五九）。這種文化走向，這幾年新興宗教反應更爲激烈，李亦園稱之爲「道德復振教派」，區分爲有組織的道德復振教派與恩主公崇拜叢（一九八二：九五——九七）。道德復振是新興宗教文化適應的主要表現形態，但是在新文明的教化下，其蛻變是多層面，由思想、價值、信仰的文化理念轉移到行動層面，影響到政治、經濟、社會等實際問題。

宗教的存在可以維持人類生活體系的和諧，對社會結構存有自補的功能，但是科技化與現代化的發展，使得宗教信仰深受懷疑，甚至一再地被否定，使得宗教在文明社會有了所謂「宇宙觀的危機（crisis of weltanschuung）」（Mannheim Karl，一九三六）或「合法性的危機（crisis of legitimation）」（Habermas Jürgen，一九七五），台灣新興宗教克服這種危機意識，除了強化神明的靈驗性與個人道德的復振性，也企圖以現代文明知識來解釋宗教現象，希望在民衆信仰上建立共識。舉「畜道輪廻記」第一二——一四頁中一段文字來探討民間新興宗教如何利用文明知識將宗教思想現代化：

> 四生——胎、卵、濕、化，也都是「畜道輪迴記」中的內容，牠們的形軀雖然有異，這如一個電（靈）源，可以促動各種器具產生作用，如燈的光明，機器的運轉等皆是。宇宙萬物，雖然有飛潛動植等物，其原靈都是發源於無極，如今要尋根，其源頭就是「原靈、電能」。由於世人的過度消耗能量，加以生活脫離正道，日趨於物慾奢華，精神磨損，物質損耗過鉅，供不應求，所以產生能源危機。人類的靈能如再不修養節約，終被物慾腐蝕，要挽救人類靈能耗弱與恢復心智上的健康，宗教薰陶與靈性修養是一門迫切需要的功課。要探悉動物的靈性生活，就如科學家取顯微鏡在窺視細菌活動一樣，人類的肉眼所觀，只是動物們的外殼及肉體活動，至於萬物靈性的動態，非藉靈性清明者，或仙佛超覺的能力不可。在科學昌明時作，要探悉另一次元世界生活狀況，有人造衛星、太空梭，在宗教方面則用法眼，通靈法去求證。但是宗教的靈界之旅，是用在提昇人類靈性，避免人性墮落化為獸性，進而將人性提昇為神性，達到孔夫子所說的大同世界。

原文相當長，引文是刪減濃縮而成。這一段話出自於神仙濟佛的口中，一個古代的神聖能扶鸞出這一大段具有科學知識的話，是值得學術界作專門性的觀察與研究。本文引這一大段文字的用意，則在說明民間新興宗教其教義內容的流動性，雖以舊有的文化理念爲基礎，但其發展則在重整後，以全新的面貌出現，或其中大部分來自於傳統的文化經驗，然在調適社會變遷下其所創生的能力，是再一次經過締造共識的社會化過程中，重組了一些具有主體互換性的規則、信仰與標準。比如「通靈」現象，純是一種宗教意識，來自於巫術信仰，民間相信透過特殊的修練，可以使人的靈性與神明通靈，再由神明的指示來爲人治病、驅鬼或祈福等宗教活動。此一引文則以新的科學知識來解釋通靈現象，認爲通靈就是一種電源相互感通的現象，人都具有同一個靈源所發出來的電能，因此每一個人都有通靈的可能性，無法通靈是由於個人電能的消耗，以致喪失了清明的靈性，這可從當今能源危機證明之。故須藉宗教薰陶與靈性修養來涵育個人的電能，與靈界通電，就如人造衞星與太空梭一樣從老遠的地方傳來宇宙的訊息。而且個人充電的目的，在於提昇自我的神性（卽電能），以便回歸至靈源，在無極處安享極樂，達到至福的境界，一方面也因爲每一個人在世間都致力於電能涵育，而造成現世福的大同世界。這一套理論將傳統與現在的文化理念作相互溝通，形成信徒延續傳統適應現代的認知體系。

從遊記類鸞書裏發現，民間社會有時相當的保守，對世代所承續而來的傳統文化經驗，相當地念舊，不斷地透過集體性的力量，將傳統的核心文化傳承下來。一方面又有某種程度的開放，在思想、行動、信仰與價值等社會活動上，能作適度的調適與創新。這說明了在基層社會其生存的基本結構來自於傳統的延續，必須在羣屬認定的經驗依據中，具備了社會化的共識條件，但是在實用的需求下，又必須作某種程度的修飾或創新，以維持生活的穩定與和諧。尤其是現代社會的結構主要建立在民主政治的運作，對傳統社會而言，是一種強烈的刺激，也是社會轉型中所面臨的挑戰，不僅具體的行爲模式要加以調整，屬於形上理念如思想、信仰與觀念等也必須變更，才能消除新舊社會的衝突與不安。然而傳統社會也有其定型結構存在，所建構而成共同遵守與不可觸犯的民俗民德。宗教信仰即是其中一種，而新興宗教則從傳統信仰中蛻化而成，企圖在固有的定型結構中尋求變與不變的基因，以滿足新時代民衆信仰的需求。

在鸞書裏，其天人的政治結構仍保存了古代的帝制，其懿旨、玉詔，最後一定要信徒「叩首謝恩」，但是也受到新文明的影響，比如玉皇大帝是天上主宰萬機的元首，目前也採用投票推舉的方式，公開禪讓，解決了帝制的「政道問題」（鄭志明，一九八六a），而其治道的方式仍承襲了中國傳統的民本思想，關心人民的生活，經由各種管道來體恤民情，教化民衆。比如關心現代人民的公德心，云：在新生活的規範中，除了「五倫」之外，中華人民應要加強的地方，就是第六倫——公德心，使人人遵守公共道德，公共秩序，共同建立一個安定祥和，互助互惠又美滿的新生活社會，這是國人應該共同奮鬥的目標（人間遊記：一二二）。這些話好像是官方的宣導文告，竟出現在濟公的口中，似乎天上神明是在替政府維持人間秩序，如濟公又說：如果每個地方都要站著交通警察，那麼等於每個十字路口，都要一位辛苦的警察，也須繳更多的血汗錢，花在請褓姆的警察身上啊！就像剛才這位不遵守交通規則的人，只怕自己被罰錢，而不知道節省自己的血汗錢，結果因小失大（人間遊記：一二四）。以簡單的推理來宣導公德心的重要性，反映出新興宗教重視世俗社會的普遍性問題，希望藉宗教來改善生活空間的社會條件。

新興宗教的復振性與再創性是一體的兩面，主要來自於傳統社會的變遷，所激發而起的回應。一方面回歸本位傳統，利用其定型結構（比如儒家的倫理道德與民間的風俗習慣），來穩定社會民心，在神聖莊嚴的儀式活動下找到安身立命的依據。另方面步向現代文明，洞察文化交替的實質內涵，進行社會價值觀的批判與改革，以新的面貌來吸引信徒的皈依，甚至產生熱烈的宗教情操。

第六節　小　結

這幾年來台灣民間新興宗教的蓬勃發展，不單是宗教上的問題，也呈現出民間新的意識形態或新文化的塑造。本文以遊記類鸞書作研究的素材，大抵上也只是抽樣性的觀察，反映出其部分的文化特質與一般的發展趨勢，只能探究到某個程度上的共識問題。由於當今新興宗教教派繁多，呈現出複雜性與分歧性，欲作全面性的研究，仍有待進一步探討的必要。

本文主要是針對民間扶鸞儀式與鸞書內容，來探討新興宗教的特徵及其發展趨勢。扶鸞的宗教儀式具有神聖與世俗的兩面性，表現出與超自然力的交感作用，也反映出社會變遷下世俗化的程度。在神聖化的要求，重視神通與靈驗的法術活動，使得扶鸞的宗教儀式漸有悸動性的趨向，引起信徒對宗教的強烈感應，並且在功利性與靈驗性的引誘下，更爲風靡，信徒們往往不能自己。在這種情況下薩滿信仰的抬頭，人文主義的色彩就自然減弱，神靈與超自然力成爲主宰宇宙的唯一力量，使人的地位附屬於神，人間變爲神界的延續，一切都仰賴神的旨意來作決定。但是在世俗化的要求下，宗教不能與社會文化脫節，在神聖化的儀式中也含有信徒的行爲形式與象徵意義，存在著普遍共有的情感與意念，所以也必須是積極入世的，企圖對人類因物慾追求所引起出的道德淪喪與秩序敗壞，作強而有力的回應，故回歸傳統固有的道德文化，重整中國的人文思想，以人意來改變神意，又注意到時代變遷，創造新的處世精神以化解文化的危機。神聖性與世俗性的交替運作，正是當今民間新興宗教的發展趨勢，表達出信徒的信仰理念與內心情感，以滿足實際生活的心理需求。

民間新興宗教其儀式的神聖化與世俗化是相互交融，當其神聖化的意念過度興盛時，世俗化的呼聲也隨之增高，而達到均衡的狀況，這正是中國本土文化的特質之一，因此民間新興宗教也是在民間文化的涵攝之中。欲解決或疏通台灣當今的宗教問題，不能只注意到宗教現象，必須納入到整個文化體系之中，探討社羣的集體意識及其文化走向，而從文化的本質上作有效的提昇，來化除社會上一些怪異現象，包含宗教信仰在內。

參考書目

王光賜
一九八五　一貫道的拯救論，台北：橄欖基金會。

王志明
一九七一　台北市基隆路的一個民俗醫生和他的信徒們，台大人類學系學士論文。

余光弘
一九八二　台灣地區民間宗教的發展——寺廟調查資料之分析，中研院民族學研究所集刊第53期。

李亦園
一九七八　信仰與文化，台北：巨流圖書公司。
一九八二　台灣民俗信仰發展的趨勢，台灣省民政廳：民間信仰與社會研討會論文集。
一九八三a　傳統民間信仰與現代生活，中華文化復興月刊十六：一。
一九八三b　社會變遷與宗教皈依——一個象徵人類學理論模型的建立，中研院民族學研究所集刊第56期。

李國祁
一九八五　現代化過程中的傳統儀式，台北：桂冠圖書公司，現代化與中國化論集73～91。

一九七八　清代台灣社會的轉型，中華學報五：二。

宋光宇

一九七七　在理教發展簡史，思與言十五：一。

一九七八　一貫道之民族學探討，中華文化復興月刊十一：六。

一九八二a　地獄遊記所顯示的當前社會問題，台灣省民政廳：民間信仰與社會研討會論文集。

一九八二b　探索一貫道，中國民族學通訊第18期。

一九八四　天道鈎沉，台北：作者自印。

何穎怡

一九八三　一貫道信徒媒介使用與媒介認知之研究，政大新聞研究所碩士論文。

周用蘭

一九七二　從社會人類學觀點看台灣新興宗教軒轅教，台大人類學系學士論文。

姚麗香

一九八四　台灣地區光復後宗教變遷之探討，台大社會學研究所碩士論文。

林永根

一九八二　鸞門暨台灣聖堂著作之善書經懺考，台中：聖德雜誌社。

林萬傳

一九八五　先天道研究，台南：靝巨書局。

張燕秋

一九七二　台北行天宮的調查，台大人類學系學士論文。

乾利貞

一九八二　關聖帝君喊寃，聯合月刊第7期。

許地山

一九六六　扶箕迷信底研究，台北：商務印書館。

楊惠南

一九八二　我所知道的一貫道，聯合月刊第7期。

雷天居士

一九八三～五　一貫道探隱，中國佛教第27、28、29卷。

董芳苑

一九七五　台灣民間宗教信仰，台北：長春出版社。

一九八三　台灣民間宗教信仰之認識，台北：永望文化事業公司。

葉啓政

一九八四　社會、文化與知識分子，台北：東大圖書公司。

鄭青萍

一九八三　台灣的西王母崇拜——花連慈惠堂的宗教現象，收入董芳苑（一九八三）書中。

鄭志明

一九八四　台灣民間宗教論集，台北：學生書局。
一九八五　無生老母信仰溯源，台北：文史哲出版社。
一九八六a　台灣關聖帝君善書思想及其宗教信仰研究。
一九八六b　台北地區夏教的宗教體系研究，台北文獻直76期，本書第十三章。
一九八六c　中國社會與宗教，台北：學生書局。
一九八六d　台灣民間新興宗教，手稿，尚未出版。

潘朝陽
一九八一　新竹縣地區通俗宗教的分佈，台灣風物三一：四。
一九八六　台灣民俗宗教分佈意義，師大地理研究報告第12期。

謝世忠
一九八六　試論中國民俗宗教中之通神者與通靈者的性別優勢，思與言二三：五。

瞿海源
一九八一　我國宗教變遷的社會學分析，台北：東大圖書公司，我國社會的變遷與發展三五七—三九五。
一九八二　政教關係的思考——一貫道，職合月刊第7期。
一九八六a　現代人的宗教行爲與態度，中華文化復興月刊十九：一。
一九八六b　探索新興宗教現象及相關問題，中國時報七五年二月一日第2版。

瞿海源、姚麗香

一九八五　台灣地區宗教變遷之探討，中研院民族學研究所專刊乙種之十六。

蘇鳴東

一九七八　天道概論，台南：靝巨書局。

一九八三　天道的辨正與眞理，台南：靝巨書局。

三石善井

一九七八　千年王國運動としへの太平天國，日本筑波法政第1號。

一九七九　千年王國運動としへの黃巾の亂，日本筑波法政第2號。

野口鐵郎

一九八〇　白蓮教運動理解への試論——千年王國論に觸發されて，中嶋敏先生古稀記念論集，汲古書院。

篠原壽雄

一九八二　台灣の民衆宗教——管見軒轅教　酒井忠夫古稀祝賀記念，國書刊行會。

鈴木中正

一九七六　漢代宗教反亂にみろれる千年王國信仰の側面，愛知大學文學論叢56、57號。

鈴木中正等

一九八二　千年王國的民衆運動の研究——中國・東南アジアにおける，東京大學出版會。

Habermas, Jürgen

一九七五　*The Legitimation Crisis*, Boston, Mass. :Beacon Press.

Mannheim, karl

一九三六 *Ideology and Utopia*, New York : Harvest Books.

Norman, Chon

一九七〇 *The Persuit of Millennium*, Oxford V. P.

Leach, Edmund

一九六六 *Ritualization in Man in Relation to Conceptual and Social Development*. Philosophical Transaction of the Royal Society, vol 251.

Overmeyer, Danial L.

一九七四 *The Tz'u-hui T'ang : A Comteporary Religious Sect on Taiwan*, Paper on Toronto, Canadian Society for Asian Studies.

Piddington, Ralph

一九五〇 *An Introduction to Social Anthropology*, London : Oliver & Boyd.

Seaman, Gary

一九七八 *Temple Organization in a Chinese Village*, Taipei : Orient Cultural Service.

Spiro, Melford

一九六四 *Symposium on New Approaches to the Study of Religion*, Seattle : University of Washington Press.

國立中央圖書館出版品預行編目資料

中國善書與宗教／鄭志明著. 初版. --臺北市：臺灣學生，民77

面；　公分.--(宗教叢書；3)

ISBN 957-15-0570-6 (精裝). --ISBN 957-15-0571-4 (平裝)

1.民間信仰-中國　2.社會倫理

721.9　　82006922

中國善書與宗教（全一冊）

著作者：鄭志明
出版者：臺灣學生書局
發行人：丁文治
發行所：臺灣學生書局
臺北市和平東路一段一九八號
郵政劃撥帳號〇〇〇二四六六八號
電話：三六三四一五六
FAX：三六三六三三四
本書局登記證字號：行政院新聞局局版臺業字第一一〇〇號
印刷所：淵明印刷廠
地址：永和市成功路一段43巷五號
電話：九二八七一四五
香港總經銷：藝文圖書公司
地址：九龍偉業街九十九號連順大厦五字樓及七字樓
電話：七九五九五九五
定價 精裝新臺幣三四〇元 平裝新臺幣二八〇元
中華民國七十七年六月初版
中華民國八十二年九月初版第二次印刷

20004

ISBN 957-15-0570-6（精裝）
ISBN 957-15-0571-4（平裝）

臺灣學生書局出版

宗 教 叢 刊

①嘉祥吉藏學說	廖明活 著
②莊子宗教與神話	杜而未 著
③中國善書與宗教	鄭志明 著
④明代三一教主研究	鄭志明 著
⑤明末中國佛教之研究	釋聖嚴 著 關世謙 譯
⑥唐代的比丘尼	李玉珍 著
⑦西域與佛教文史論集	許章眞 譯
⑧中國社會與宗教	鄭志明 著
⑨漢代的相人術	祝平一 著
⑩宗教與文化	鄭志明 編
⑪中國民間諸神	呂宗力 欒保群 編
⑫中國文學與宗教	鄭志明 著
⑬游戲三昧：禪的世界與終極關懷	吳汝鈞 著
⑭中國意識與宗教	鄭志明 著